"이 책은 칼뱅의 생애와 사상을 배우고 싶은 분들에게 아주 탁월하고 귀한 종합적 지침서가 되어줄 것임을 확신한다. 이 책은 경건으로 압축되는 칼뱅의 신학사상에 대해 당시의 정황들을 명쾌한 원자료와 탁월한 칼뱅 학자들의 연구물들을 근거로 제시하면서 소상하게 밝혀주고 있다. 칼뱅의 죽음까지에 이르는 전생애와 사상과 사역에 관련된 중요한 사건들은 거의 모두 언급되어 있어서, 그의 전체적인 가르침과 교훈들을 폭넓게 이해하도록 도움을 준다. 각주 등에 어려운 내용이 있음에도 불구하고, 각고의 수고 덕에 모처럼 정확한 한국어 번역본이 탄생하였음에 찬사를 보낸다."

김재성, 국제신학대학원대학교 부총장

"독특하고 신선하다! 마이클 호튼의 이 책은 칼뱅의 경건에 대한 총체적 이해를 제공한다. 칼뱅에게 경건은 신앙과 실천, 교리와 삶 모두를 포괄하는 것이다. 따라서 호튼은 칼뱅이 말하는 그리스도의 삶을 논하면서 하나님, 그리스도, 교회, 세상에 대한 지식을 다루고 있다. 이 책은 그리스도인들이 어떻게 하면 탄탄한 신학적 이해에 기초한 삶, 즉 경건에 이를 수 있는지를 흥미로운 방식으로 풀어간다. 이 책을 읽고 나면 칼뱅의 핵심에 다가 서 있는 자신을 발견하게 될 것이다."

박경수, 장로회신학대학교 역사신학 교수

"저자는 칼뱅 선생이 목회자/신학자로 성장하는 면면을 정물화 그리듯 보여주면서 우리도 그와 같은 하나님의 사람으로 살고픈 의욕을 북돋운다. 이야기하듯 선생의 신학을 조직신학의 주제를 따라 정리하면서 선생을 우리 곁으로 바짝 데리고 와서 그의 눈으로 한국교회를 되돌아보게 하고, 탄탄한 교리에 기초한 교회가 부흥할 것임을 잘 보여주는 역작이다."

유해무, 고신대학교 신학대학원 교의학 교수

"이 책은 칼뱅이 그리스도인의 삶에 관해 어떻게 생각했는지를 논하는 듯 보인다. 그러나 책장을 넘기는 동안 당신은 마이클 호튼이 당신을 칼뱅이라는 관광버스에 태워 기독교 신학 전체를 둘러보게 하고 있음을 알게 될 것이다. 그리고 사실, 이야말로 저자의 (그리고 칼뱅 자신의) 목적이다. 온전한 그리스도인의 삶을 살기 위해서는 온전한 성경적 복음이 필요하다. 호튼은 그리스도의 두 본성에 관한 고전적인 공식('구별되되 분리되지 않는다')을 사용해 독자들에게 칼뱅의 가르침에 접근하는 열쇠를 제공한다. 나아가, 제네바의 그 종교개혁자가 그리스도인의 삶에 대해 가졌던 견해가 왜 여전히 비길 데 없는 것인지도 알려준다. 매우 만족스럽고, 아주 재미있고, 기꺼이 추천하고픈 책이다."

싱클레어 퍼거슨, 리디머 신학교 조직신학 교수

"제네바의 그 종교개혁자에 관한 이 풍성하고 탄탄하며 정확한 연구서는 유식함, 명쾌함, 노련한 구조와 힘찬 표현이 돋보이는 대단한 걸작이다. 총 4부에 걸쳐 칼뱅의 모습이 생생하게 되살아난다. 경건한 지혜의 인물로 알려진 칼뱅의 명성과 생생한 글쓰기로 유명한 호튼의 평판이 명불허전임을 입증하는 책이다."

제임스 패커, 리젠트 칼리지 조직신학 교수

"학자이자 목회자인 마이클 호튼은 칼뱅이 말하는 경건(복음이 우리의 모든 관계 안에서 만들어내는 존경과 사랑을 가리키는 칼뱅의 용어)에 관한 훌륭한 입문서를 제공한다. 호튼의 책이 갖고 있는 가장 매력적인 측면 중 하나는 그리스도인의 삶 전반에서 - 그리스도의 두 본성에 관해서든, 은혜와 성례에 관해서든, 교회와 국가에 관해서든 - '분리되지 않고 구별된다'는 주제를 추적해 나가는 방식이다. 이 책은 이 분야의 초보자들의 눈을 뜨게 할 것이고, 베테랑들에게는 신선함과 도전을 줄 것이다."

조엘 비키, 퓨리턴 리폼드 신학교 학장

"마이클 호튼은 최신 연구 자료를 활용하는 한편 그 자료들이 스스로 말하게 하는 가운데 칼뱅이 그리스도인의 삶을 바라본 방식에 대한 놀라운 개관을 제공한다. 이 책에서 호튼은 칼뱅이 이 세상의 삶에 대해 취했던 열린 자세를 보여주면서 지금도 여전히 그에게 붙어 있는 풍자들을 일소한다. 호튼의 책은 학문적이고도 실제적인, 보기 드문 훌륭한 조합이다."

헤르만 셀더르하위스, Refo500 사무총장, 국제칼뱅학회 회장

하나님의
주권과 영광

Calvin on the Christian Life: Glorifying and Enjoying God Forever

Published by Crossway
a publishing ministry of Good News Publishers
Wheaton, Illinois 60187, U. S. A.

This edition published by arrangement
with Crossway through rMaeng2, Seoul, Republic of Korea.

ABBA
CHRISTIAN
LIFE
SERIES
I

하나님의 주권과 영광

마이클 호튼 지음
김광남 옮김

아바서원

우리는 우리의 구원과 그 모든 부분이 그리스도 안에 들어 있음을 안다. 그러므로 우리는 구원의 가장 작은 부분이라도 다른 곳에서 도출하지 않도록 주의해야 한다. 만약 우리가 구원을 구한다면, 우리는 예수의 이름으로부터 그것이 "그에게 속해 있음"을 알게 된다. 만약 우리가 성령의 다른 은사들을 구한다면, 그것들이 그분의 기름 부으심 안에서 발견될 것이다. 만약 우리가 능력을 구한다면, 그것은 그분의 다스리심 안에 있다. 만약 순결을 구한다면, 그분의 수태 안에 있고, 온유함을 구한다면, 그분의 탄생에 나타난다. 그분은 우리의 고통을 느끼는 법을 배우려고 나면서부터 모든 면에서 우리와 같은 존재가 되셨다. 만약 우리가 구속을 구한다면, 그것은 그분의 수난 안에 있고, 죄 사함을 구한다면, 그분의 정죄 안에 있다. 저주를 면하고 싶다면, 그분의 십자가 안에 있다. 만족을 구한다면, 그분의 희생 안에, 정화를 구한다면, 그분의 보혈 안에, 화해를 구한다면, 그분이 지옥으로 내려가신 것 안에, 육신을 죽이고 싶다면, 그분의 무덤 안에, 새로운 삶을 구한다면, 그분의 부활 안에, 불멸을 구한다면, 그 역시 부활 안에, 천국의 유업을 구한다면, 그분이 천국으로 들어가신 것 안에, 보호와 안전과 충만한 복을 구한다면, 그분의 나라 안에, 고통 없는 심판을 기대한다면, 그분에게 주어진 심판의 능력 안에 있다. 요컨대, 그분 안에 온갖 선한 것이 풍성하게 있으므로 우리 모두 다른 곳이 아니라 그분의 샘에서 마음껏 마시자.

장 칼뱅,

『기독교강요』 2.16.19

칼뱅 학자요 나의 멘토이자 친구인
W. 로버트 갓프리에게

목차

제3부 그리스도의 몸 안에 사는 삶

제4부 세상에 사는 삶

시리즈 서문

우리는 그리스도인의 삶에 관한 온갖 자원이 넘치는 시대에 살고 있다. 책, DVD 시리즈, 온라인 자료, 세미나 등 날마다 그리스도와 동행하도록 격려하는 매체와 기회가 주변에 즐비하다. 오늘날의 평신도는 과거에 학자들이 꿈꾸었던 것보다 더 많은 정보를 접할 수 있다.

그러나 이 모든 풍부한 자원에도 불구하고 무언가 빠진 것이 있다. 그것은 과거, 곧 우리와 다른 시대와 장소에서 지금을 바라보는 관점이다. 달리 표현해서 현재의 지평선 위에 너무도 많은 것이 있어서 과거의 지평선을 바라보지 않는다는 말이다.

이는 안타까운 현상이 아닐 수 없다. 제자의 길을 배우고 실천하는 문제를 생각하면 더욱 안타깝다. 마치 대저택을 소유하고도 한 방에만 살겠다고 고집하는 모습과 같다. 이 시리즈는 다른 방들도 탐색해 보라고 당신을 초대한다.

우리가 탐색을 시작하면 지금과는 다른 장소와 시대를 방문하게 될 것이다. 거기서 다른 모델들과 접근법, 강조점들을 보게 될 것이다. 이 시리즈는 이런 모델들을 무비판적으로 모방하라고 격려할 의도가 없으며 과거의 어떤 인물을 우리와는 종족이 다른 '슈퍼 그리스도인'인양 저 높은 곳에 올려놓을 생각도 없다. 오히려 당신에게 과거에 귀를 기울여보라고 권한다. 지난 20세기에 걸친 교회 역사 속에 그리스도인으로 사는 데 필요한 지혜가 있다고 믿기 때문이다.

_스티븐 니콜스, 저스틴 테일러

감사의 글

내가 이 책을 쓰면서 일일이 거명하기가 어려울 정도로 많은 사람들에게 빚을 졌다. 나는 십대 때 주로 제네바의 그 종교개혁자와 직접적으로 관련되지는 않은 여러 교회의 사려 깊은 평신도들을 통해 칼뱅의 저술을 소개받았다. 거기에 속해 있던 R. C. 스프로울, J. I. 패커, 그리고 제임스 보이스 같은 이들이 내가 계속해서 칼뱅 연구의 여정을 가도록 도와주었다.

신학교 시절에, 아니 그 이전부터 이미 나는 W. 로버트 갓프리라는 이름의 탁월한 교회 역사가의 마법에 빠져 있었다. 그리고 이제 그의 동료가 된 나는 여전히 칼뱅의 작품 전체와 그가 처했던 역사적 상황의 지극히 상세한 부분까지 이르는 그의 전문 지식에 계속해서 경이로움을 느낀다. 그 이후의 은사들, 곧 케임브리지 대학의 역사가 피터 뉴만 브룩스와 옥스퍼드 위클리프 홀에서 박사과정 중일 때 나를 지도해준 알리스터 맥그래스에게도 큰 빚을 졌다.

또한 웨스트민스터 신학교의 동료 교수들, 나의 학생들(특히 『기독교강요』 수업을 수강했던 이들), 함께 화이트 호스 인을 운영하는 동료들, 그리스도 연합 개혁교회 교우들, 크로스웨이 출판사 편집자인 톰 노타로에게 감사의 마음을 전한다. 노타로의 전문성과 원고를 다루는 세심함 덕분에 이 원고는 예상보다 훨씬 좋은 책이 되었다.

늘 그렇듯, 나의 아내와 아이들에게 특별히 감사하고 싶다. 그들은 때때로 하염없이 생각에 잠기는 이 저자를 인내하며 격려해주었다. 그리고 무엇보다도 우리에게 장 칼뱅 같은 신실한 종들과 그리스도의 양떼를 모아서 먹이는 수많은 무명의 사역자들을 보내주신 우리 주님께 감사드린다.

1. 칼뱅이 말하는 그리스도인의 삶: 서론

"장 칼뱅의 영성은 검토되는 적이 거의 없다."[1] 하워드 헤이그만(Howard Hageman)의 이 평가에 주목할 만한 예외들이 없는 것은 아니다. 하지만 신학적 혹은 주석적 문제와 관련해 수시로 칼뱅을 참고하는 이들조차 영적 지도에 대해서는 다른 곳을 살피는 경향이 있는 듯하다. 그들이 이렇게 칼뱅을 간과하는 중요한 이유가 "영성"(spirituality)의 의미와 관련이 있다고 나는 생각한다.

다른 시대

먼 옛날, 일상의 리듬에 질서를 부여했던 것은 교회의 종소리와 교회력에 따른 연간 주기였다. 사람들은 삶의 중요한 순간들을 기념하기 위해 교회 마당에 늘어선 초석을 지나 예배당 안으로 들어갔다. 또한 세례식에서 장례식에 이르는 삶의 전 과정에서 넌지시라도 하나님의 임재를 느꼈다. 신앙은 사람들이 공유하는 공적 준거 틀이었지, 신학자 프리드리히 슐라이에르마허(Friedrich Schleiermacher)가 말했던 것처럼 "종교적 재능이 있는" 혹은 "무한한 것을 좋아하는" 이들의 사

---

1 Howard Hagemen, "Reformed Spirituality," in *Protestant Spiritual Traditions*, ed. Frank C. Senn (New York: Paulist, 1986), 60.

적 취미가 아니었다. 하나님의 손길은 풍요로운 추수뿐 아니라 홍수나 불 혹은 전염병 같은 재앙에서도 나타났다. 물론 그런 신념을 참된 신앙이 아니라 쓸데없는 소리라 여기는 사람들이 많았는데, 당시에는 아무도 신앙이나 영성을 사적인 삶의 한 구석으로 생각하지 않았다.

종교개혁과 문제의 핵심

종교개혁이 근대를 어떤 식으로 앞당겼든 간에, 그것은 크리스텐덤(Christendom, 콘스탄티누스가 기독교를 국교로 지정해서 나타난 제국화된 기독교를 가리키는 용어 | 역주)에 의해 형성된 세계에 속해 있었다. 특히 종교개혁자들과 그 계승자들에게 신앙과 이성, 교리와 삶, 성스러운 것과 세속적인 것은 서로 가까운 사이였다. 지금 현재 맥락에서 설교나 연설문, 자연에 대한 시나 창조주 및 구속주에 대한 찬송, 히브리어나 그리스어 문법, 그리고 지구의 움직임에 관한 몇 가지 계산 결과 등에 관한 글을 '일주일 동안에' 모두 쓰는 신학자가 있다면, 이는 엄청나게 놀라운 일일 것이다. 진리와 선함과 아름다움은 단일한 지식 체계 안에 들어 있는 모든 학문의 관심 대상이었다. 사람들은 차분히 성경을 연구할 때만큼 하늘을 탐색할 때도 하나님의 사역에 관해 경건하게 묵상했다.

종교개혁이 순전히 좋은 것들만 가져왔다는 주장은 정당화하기 어렵다. 그러나 최근에 일부 저자들이 주장하듯 종교개혁이 세속주의를 향한 표류를 촉발했다는 주장은 그보다 훨씬 더 받아들이기 어렵다.[2] 다양한 기준에 비추어보면, 당시 중세 후기 크리스텐덤의 솔기 부분이 이미 터지고 있었음을 쉽게 알 수 있다. 사실 그 세계는 행정관들의 방대한 네트워크로 불안정하게 그러나 확고하게 지탱되고 있었을 뿐이다. 오랜 세월 누적된 교황의 폭정과 권력 남용은 광범위한 냉소

주의를 만들어냈고 다양한 형태의 개혁운동을 촉발했다. 잠시 "공의회주의자들"(conciliarists, 교황보다 교회의 공의회가 앞선다고 주장했던 이들)이 승기를 잡는 듯 보였으나 마침내 승리한 것은 "교황주의자들"(papalists)이었다.

14세기에 들어와 특별히 불안한 순간이 도래했다. 세 명의 교황이 서로 교황권을 주장했던 것이다. 1309년에 시작된 서방교회 대분열(the Western Schism, 종종 "교회의 바빌론 유수"라고 불린다)은 마르틴 루터(Martin Luther)가 95개 조항을 내걸기 꼭 한 세기 전인 1417년에 열린 콘스탄스 공의회에서 겨우 종결되었을 뿐이다. 추기경 요제프 라칭거(Joseph Ratzinger)는 교황 베네딕토 16세(Benedict XVI)가 되기 전인 1987년에 이렇게 말한 바 있다.

> 거의 반세기 동안 교회는 두 개 혹은 세 개의 교회로 나뉘어 서로를 파문했다. 그로 인해 모든 가톨릭 신자들은 이 교황 혹은 저 교황에 의해 파문된 상태에서 살았다. 결국 아무도 그 경쟁자들 중 어느 쪽이 참된 권리를 갖고 있는지 확신 있게 말할 수 없게 되었다. 교회는 더 이상 구원의 확실성을 제공하지 못했고, 모든 객관적 형태에서 의심스러운 존재가 되었다. 그로 인해 구원의 참된 표지인 참된 교회는 그 제도 밖에서 찾아야 했다.[3]

---

2 이에 대한 최근의 주장들 중 하나를 보려면, 노트르담 대학교의 역사학자 Brad Gregory, *The Unintended Reformation: How a Religious Revolution Secularized Society* (Cambridge: Harvard University Press, 2012)를 참고하라. 그와는 아주 다른 해석을 보려면, Scott H. Hendrix, *Recultivating the Vineyard: The Reformation Agendas of Christianization* (Louisville: Westminster John Knox, 2004)을 참고하라.

3 Joseph Cardinal Ratzinger, *Principles of Catholic Theology* (San Francisco: Ignatius, 1987), 196.

그러나 종교개혁자들의 관점에서 보자면 이것은 빙산의 일각에 불과했다. 로마의 원로원과 수도사들에 대한 풍자는 일상이 되었다. 그런데 루터나 칼뱅 같은 종교개혁자들은 정곡을 찔렀다. 그 핵심은 바로 교리, 그것도 이런저런 교리가 아니라 복음 메시지의 본질이었다.

하지만 "개혁"이라는 단어가 암시하듯, 그들은 새로운 교회를 만들려 하지 않았다. 또한 그 운동은 단순한 비판이라는 수렁에 빠지지도 않았다. 그 목표는 본질상 건설적이었는데, 말하자면 크리스텐덤을 재복음화하는 것이었다.

첫째, 종교개혁은 기독교적 경건을 **심화함으로써** 그 갱신을 촉발했다. 루터는 그의 소요리문답 서문에서 성경에 대한 무지가 만연했음에 놀라움을 표명했다. 하지만 그보다 한 세기 전에 파리 대학교 학장이었던 신학자 장 게르송(Jean Gerson, 1363-1429)은 사제들마저 성경의 기본적인 메시지와 등장인물, 대략적인 내용에 대해 무지하다며 안타까움을 글로 표현한 바 있다. 종교개혁을 수용했던 이들은 잃어버린 보물을 되찾기 위해 근원으로 돌아가서 그에 대한 깊은 지식을 획득하고 거기에 투자했을 뿐 아니라, 필요하다면 복음을 위해 죽을 각오까지 하고 있었다. 요컨대, 그들은 그리스도 안에 있는 하나님의 값없는 은혜의 복음을 처음 깨달았다고 확신했던 것이다.

또한 종교개혁은 그 진영을 **넓힘으로써** 참된 경건에 불을 붙였다. 하루 종일 기도와 묵상을 하는 수도사와 수녀들은 "종교적인 자들"이라고 불렸다. 기본적으로 그들은 세속의 평신도들을 대신해 영적 훈련을 수행하는 대리인들이었다. 당시 수도사들은 지금의 스탠드업 코미디 같은 데서 자주 다뤄진 대상이었다. 그런데도 종교개혁자들이 성가시다고 받아들여진 것은 당시의 수도사들의 악폐, 게으름, 무지, 미덕을 조롱하는 데 가담했기 때문이 아니라 수도사들의 소명의 "적법성"에 도전했기 때문이었다.

모든 길이 성당이나 지역 교구로 통하던 시대에, 교회 지도자들은 사람들이 최소한 1년에 한 번 미사에 참석하도록 요구하는 칙령을 발표해야 한다고 생각했다. 하지만 그때조차 평범한 예배자는 미사의 전례를 이해할 수 없었고, 평신도는 성찬의 포도주를 마실 수 없었다. 설교는 순회하는 탁발 전도자들이 마을을 찾아오는 경우를 제외하고는 들을 수 없었다. 본질적으로 미사는 하나의 구경거리, 즉 장막에 의해 분리된 사람들이 멀찌감치 떨어져서 지켜보는 사치스런 무대의 이벤트였을 뿐이다. 점차 - 적어도 거리에서는 - 기독교의 허식이 벗겨지면서 다양한 토착적인(기독교 이전의) 민속적 이교주의가 드러나고 있었다. 케임브리지의 역사가 패트릭 콜린슨(Patrick Collinson)이 결론짓듯, 종교개혁은 "훨씬 더 뿌리가 깊은 세속화 과정"을 중단시켰던 "재(再)기독교화 혹은 일차적인 기독교화의 에피소드"였다.[4]

이제 복음을 원천(源泉)으로 갖게 된 신자들은 하나님의 은혜의 수단을 통해 그분의 자비에 완전히 그리고 동등히 접근할 수 있게 되었다. 그들은 자신의 언어로 설명되는 말씀을 들었다. 장막은 제거되었고, 공적 전례에 참석한 회중은 성찬 때 빵만이 아니라 포도주까지 받았으며, 그것도 1년에 한 차례 이상 그렇게 할 수 있었다. 얼마 지나지 않아 가난한 신자들까지 성경을 손에 쥐었고 그들 자신의 예배용 시편집(Psalters)을 교회로 가져갔다. 또 그들은 가족과 함께 저녁식탁에서는 물론이고 농장이나 가게에서 일을 하다가도 그 시편집을 사용해 찬양을 드렸다. 대개 순교자들이 자신을 지켜보는 군중의 곁을 지나

---

4 Patrick Collinson, *The Religion of Protestants: The Church in English Society 1559-1625* (Oxford: Clarendon, 1982), 199.

치는 동안 찬양을 부르며 이 땅에서의 마지막 순간을 맞이했기 때문에, 당국자들은 그들을 화형대로 끌고 가기 전에 그들의 혀를 잘랐다.

종교개혁자들은 고대교회의 예를 모방해 교리문답서를 만들었다. 성별을 막론하고 십대의 복음주의자들(evangelicals, 그 무렵에 종교개혁의 기치를 따랐던 이들 | 역주)은 대부분의 사제들보다 신앙의 내용과 근거에 대해 더 잘 알고 있었다. 그로 인해 가톨릭교회의 반종교개혁 세력은 복음주의적 신앙과 행습으로의 전환을 저지하기 위한 노력의 일환으로 자체 교리문답서와 다른 교육 수단들을 만들어냈다.

전임 사역에 종사하는 수도사들과 일반 신자들을 분리했던 벽을 허묾으로써, 공적 예배에서의 경건이 심화되고 넓어졌을 뿐 아니라, 세상에서의 소명에 대한 관점이 새롭게 정립되었다. 하나님께 영광을 돌리기 위해 그리고 이웃의 유익을 위해 소젖을 짜는 일조차 영적인 활동이 되었다.

칼뱅과 하나님 앞에서의 삶

근대 세계가 과거보다 더 세속화되고 있었다면, 그것은 칼뱅의 경건과 정반대되는 현상이었다. 칼뱅은 계몽주의의 자율적 개인주의를 예기했던 진보주의자가 아니라 "근원으로 돌아가라!"고 외쳤던 복음주의적 휴머니스트였다. 그가 장려했던 신앙은 그 시대의 대중적인 경건보다 훨씬 깊고 넓었다. 모든 경건한 아우구스티누스주의자처럼 칼뱅 역시 인생의 모든 측면이 코람 데오(*coram Deo*), 즉 하나님의 얼굴 앞에 있다고 여겼다. 아마도 칼뱅은 오늘날 우리가 사용하는 "영성"이라는 단어의 개념을 이해하지 못했을 것이다. 오늘날 우리는 영성을 객관적이고 공적인 이성의 바다에 둘러싸인 상상 속 주관적 불합리성의 사적 섬으로 이해하기 때문이다.

칼뱅에게 그리스도인의 신앙과 실천 모두를 포괄하는 용어는 영성이 아니라 "경건"(*pietas*)이었다. 이 용어조차 근대에 그 가치를 잃어버렸다. 우리는 교리와 삶 사이에 선을 그은 후 "삶" 부분에 "경건"(혹은 "영성")을 위치시키도록 배워왔다. 하지만 고대 교회는 달리 보았다. "에우세비아"(*eusebia*, 경건)는 교리와 삶 모두를 포괄했다. 그것은 헷갈리지 않게 "경건" 혹은 "정통"으로 번역될 수 있었다. 칼뱅은 그와 같은 포괄적인 시야를 갖고 있었다. 그에게 교리와 예배, 삶은 하나였다. 교리는 언제나 실천을 지향했다. 그리고 실천은 언제나 그 뿌리를 참된 교리에 두고 있었다. 사실 "이신칭의는…모든 경건의 요약이다."[5] 경건의 뿌리는 복음에 대한 믿음이다. 사랑은 모든 의무를 가늠하는 잣대이며, 구약과 신약 성경에 들어 있는 하나님의 도덕법은 "하나님을 향한 경건"과 "사람들을 향한 자애"를 포괄하면서 이 사랑의 실천적 특성을 규정한다.[6] 칼뱅은 자신이 쓴 『기독교강요』(*Institutes of the Christian Religion*)를 "기독교적 경건의 요약"으로 정의했다.

만약 우리가 역사적 거리로 인해 경건에 대한 칼뱅의 견해를 이해하기 어렵다고 느낀다면, 칼뱅 스스로도 그리스도인의 삶에 대한 독특한 견해를 가졌다는 외부의 인식을 당혹스러워 했을 것임을 이해해야 한다. 실제로 "칼뱅주의자"(Calvinist)라는 명칭은 1552년에 루터파 논객 요아킴 베스트팔(Joachim Westphal)이 만든 것인데, 칼뱅은 그 명칭을 애정이 담긴 용어로 여기지 않았다. 내가 다음 장에서 지적하겠지만, 칼뱅은 종종 그 자신의 독특한 천재성 덕분으로 잘못 알려진 그의

---

5 Calvin, *Institutes of the Christian Religion*, ed. John T. McNeill, trans. Ford Lewis Battles (Philadelphia: Westminster, 1960), 3.15.7. 『기독교강요』.

6 앞의 책, 3.3.1; 3.3.16.

견해 중 많은 부분을 형성하는 데 도움을 준 과거의 거인들과 동료 종교개혁자들의 어깨 위에 서 있었던 인물이다.

요약하자면, 그동안 칼뱅은 반대자들로부터는 너무 많은 비난을, 그리고 지지자들로부터는 너무 많은 찬사를 받아왔다. 그의 참된 천재성은 모든 기독교 전통의 사상 중 최상의 것들을 종합하고 그것을 엄밀한 주석적 기술과 복음주의적 본능으로 체질하며 살폈던 그의 탁월한 능력에서 찾아야 한다. 그의 수사학적 원칙은 "간결함과 단순함"이었다. 그리고 이는 진리로 불타오르는 마음과 결합해 다양한 때와 장소에서 - 특히 우리가 길을 잃은 듯 보일 때 - 우리를 그의 우물로 데려가서 시원하게 마실 수 있게 해준다.

뜻밖의 종교개혁자의 탄생

1536년, 빨간 머리의 설교자 기욤 파렐(Guillaume Farel)은 인기 있는 소책자를 쓴 한 젊은 프랑스인에게 제네바에 와서 자기가 수행 중인 개혁 작업을 완수하도록 도와달라고 요청했다. 그 소책자의 저자는 장 칼뱅(Jean Calvin)이었고, 그 책은 당시에는 복음주의 신앙의 간략한 요약에 불과했던 『기독교강요』의 초판이었다. 칼뱅은 자기는 그저 학문에 매진하고 싶을 뿐이라며 그 영예를 정중하게 거절했다. 그런데 뜻밖에도 제네바가 종교개혁을 수용하도록 이끌었던 그 격정적인 설교자는 그 소심한 프랑스인에게, 만약 그가 필요한 곳에서 개혁운동을 도우라는 하나님의 명령을 거절한다면, 하나님께서 그의 학문 연구를 심판하실 것이라며 그에게 으름장을 놓았다. 파렐과 몇몇 사람들에게 설득당한 칼뱅은 마침내 그의 제안에 동의했다. 처음에는 단지 성경 교사의 직위를 맡겠다는 것이었는데, 곧 정기적 설교와 목회적 책임까지 덧붙여졌다.

제네바는 기본적으로 종교개혁을 받아들였던 인근 도시 베른에 종속되어 있었다. 칼뱅은 베른은 물론 제네바의 행정관들로부터 교회를 더욱 독립시키기 위해 1년간 투쟁한 끝에 파렐(그리고 다른 두 명의 목회자들)과 함께 그 도시에서 추방되었다. 칼뱅은 스트라스부르에서 새로운 집과 사역을 마련했다. 그곳의 지도적인 목회자였던 마르틴 부처(Martin Bucer)는 칼뱅의 영적 아버지가 되었다. 부처(그리고 피터 마터 베르미글리[Peter Martyr Vermigli])는 영국 캔터베리 대주교 토머스 크랜머(Thomas Cranmer)가 「공동기도서」(The Book of Common Prayer, 1552)를 개정하도록 도우면서 영국의 종교개혁에도 영향을 준 사람이었다. 스트라스부르에서 종교개혁은 이미 탄탄하게(그 젊은 종교개혁자가 제네바에서 이루고 싶었던 바로 그런 방식으로) 자리를 잡고 있었다. 칼뱅은 5백여 명의 프랑스인 망명자들의 목사가 되었고, 갓 결혼한 그의 아내 이들레뜨(Idelette)와 함께 유스호스텔을 시작했다. 스트라스부르 시절에 그는 제국의회에 참석했고, 애초에 겨우 6장으로 이루어져 있던 『기독교강요』를 16장으로 완전하게 증보개정했으며 로마서에 관한 주석을 썼다. 마침내 자신에게 어울리는 곳을 발견했다고 느꼈다.

그러나 칼뱅과 그의 동료들이 즉결심판을 받아 제네바로부터 추방된 지 3년이 지난 어느 날, 제네바로부터 파송된 특사 한 명이 스트라스부르에 있는 칼뱅의 집을 두드렸다. 그의 손에는 다음과 같은 내용의 공문서가 들려 있었다. "제네바의 소의회와 대의회와 총회를 대신해…우리는 당신이 우리에게 돌아와 이전의 직위와 사역을 맡아주기를 간곡히 청하는 바입니다."[7] 스트라스부르에서 자리를 잡고 행복

7 Scott M. Magnetsch, *Calvin's Company of Pastors: Pastoral Care and the Emerging Reformed Church, 1536-1609* (New York: Oxford University Press, 2012), 25에서 재인용.

하게 살고 있던 칼뱅은, 그의 후계자인 테오도르 베자(Theodore Beza)가 쓴 전기에 따르면, "자기는 돌아가지 않을 것이라고 분명하게 말했다." 칼뱅은 한 친구에게 은밀하게 이렇게 털어놓았다. "1천 번 이상 매일 그 위에서 파멸할 십자가에 넘겨지느니 차라리 1백 번의 죽음을 택하겠네."[8]

제네바 사람들은 자신의 목적을 이루기 위해 부처를 동원했다. 부처는 칼뱅이 이전의 직위로 복귀하도록 촉구하기 위해 파렐의 기도서의 한 쪽을 찢으면서 "요나의 본보기에 호소했다."[9] 칼뱅은 제네바로 돌아간다는 생각 때문에 몹시 괴로워했다. 그는 피에르 비레(Pierre Viret)에게 이렇게 말했다. "[내가 돌아가지 않으려는 것은] 그 도시를 미워해서가 아니라, 그 도시에서 부딪힌 수많은 문제들을 내가 감당할 수 없음을 알기 때문입니다."[10] 그는 독일에서 제네바로 편지를 보내 자신은 제국의회에서 스트라스부르를 위해 중요한 일이 해야 한다며 핑계를 댔다.[11] 하지만 그가 파렐에게 말했듯, "우리가 돌아왔을 때, 이곳에 있는 우리 친구들은 내가 제네바로 돌아가는 것을 반대하지 않았습니다. 게다가 부처는 자기가 직접 나와 함께하겠노라고 다짐까지 한 상황이었습니다."[12]

---

8 T. H. Parker, *John Calvin* (Tring, UK: Lion, 1975), 96.

9 Theodore Beza, "Life of Calvin," in *Selected Works of John Calvin: Tracts and Letters*, ed. Henry Beveridge and Jules Bonnet, 7 vols. (Grand Rapids: Baker, 1983), 1:xxxvii.

10 Calvin, "To Viret" (Ulm, March 1, 1541), in *Selected Works of John Calvin*, 4:230. "지금 나는 제네바의 호출과 관련해 너무나 당황스럽고 혼란스러워 무엇을 해야 할지 생각조차 할 수 없는 지경입니다."

11 그는 두 차례에 걸쳐 제네바의 지도자들에게 거의 동일한 내용의 편지를 보냈다. Calvin, "To the Seigneury of Geneva" (Strasbourg, October, 23, 1540), in *Selected Works of John Calvin*, 4:208, 그리고 다시 (Strasbourg, February 19, 1541), 4:225을 보라.

12 Calvin, "To Farel" (Strasbourg, August 1541), in *Selected Works of John Calvin*, 4:280.

이보다 더 그의 마음에 들지 않는 것이 없었다. "하지만 내가 내 자신의 것이 아님을 기억했을 때, 나의 마음을 들어 올려 주님께 제물로 바치기로 했습니다."[13] 그때 이후, "마음을 떠받치는 손"이라는 모토가 칼뱅의 가슴 깊은 곳에 새겨졌다.

그로부터 얼마 후에 제네바의 특사와 함께 멋진 마차 하나가 도착해 칼뱅과 그의 새 식구를 제네바로 호송했다. 제네바의 거리에서 그는 영웅이 귀환할 때나 있을 법한 환대를 받았다. 다음 일요일에 다시 성 피에르 교회의 강단에 올라선 칼뱅은 자신의 추방에 대해 언급하지 않았고, 여전히 그의 귀환에 반대하던 악의에 찬 적대자들을 비난하지도 않았고, 예전에 자신이 겪었던 꼴사나운 추방을 보상해준 환대에 대한 소회를 털어놓지도 않았다. 그는 자기가 그 도시를 떠나라는 명령을 받았을 때 중단해야 했던 강해 설교 본문의 다음 구절을 택해 설교를 했을 뿐이다.

칼뱅의 삶과 사역을 보여주는 에피소드

이 에피소드는 칼뱅의 삶과 사역을 잘 조명한다. 첫째, 공적 논쟁에 휩쓸리는 경우에 그가 보였던 수줍음 - 자신의 표현을 빌면 "소심함" - 을 부각시킨다. "나는 본래 내가 용기가 없고, 소심하고, 겁이 많고, 약하다는 사실을 고백하지 않을 수 없다."[14] 열성적인 종교와 정치 당파들 때문에 갈등이 끊이지 않았던 낙후된 도시 제네바에서 행한 사역은 그의 그런 천성에 도전한 인생 최대의 난관이었다. 프랑스에서

---

13 앞의 책, 281.

14 Calvin, *Commentary on the Psalms*에 붙인 서문 중에서. Herman J. Selderhuis, *Calvin's Theology of the Psalms* (Grand Rapids: Baker Academic, 2007, [『중심에 계신 하나님-칼빈의 시편 신학』, 대한기독교서회 역간]), 27-28에서 재인용.

의 탈출로부터 그의 인내를 시험했던 끊임없는 공적 논쟁에 이르기까지 각각의 소명이 그에게 강제로 부여된 것처럼 보였다. 그럼에도 만약 하나님이 교회의 목소리를 통해 그를 그 자리로 부르셨다면, 그는 그것을 받아들일 수밖에 없었고, 실제로 받아들였다. 그런 의미에서 부처가 그에게 요나의 예를 들었던 것은 아주 적절했다.

둘째, 그것은 제네바에서 칼뱅이 수행했던 사역의 복잡성을 명확하게 보여준다. 그의 확신에 공감했던 이들은 하나님의 말씀에 대한 그의 타협 없는 헌신을 칭송했으나, 그에게 공감하지 않았던 이들은 그를 완고한 독재자로 여길 수밖에 없었다. 하지만 실상은 그 두 가지 입장보다 훨씬 복잡하다.

제네바 의회가 칼뱅과 파렐을 두 명의 다른 목회자들과 함께 비밀리에 추방시킨 이유 중 하나는, 스위스 개혁교회 총회가 베른 교회의 요구에 지지를 표명한 후에도 그들이 여전히 발효되지 않은 빵으로 성찬을 행하기를 거부해서 발생한 폭동이었다. 사실 칼뱅은 그런 소동이 벌어지기 전에는 그의 나이 많은 동료들이 내린 결정에 대해 알지도 못했다. 또한 나중에 그는 그것이 사소한 문제에 불과하다고 여겼다. 그럼에도 그것은 더 큰 싸움, 즉 정치적 권위가 교회의 일에 대해 최종적 결정권을 갖는지, 그리고 특별히 베른 교회와 시의회가 제네바 교회의 삶의 모든 측면을 결정할 수 있는지를 두고 벌어진 싸움의 일종의 시범 케이스였다.

칼뱅이 완고함을 충성으로, 성급함을 용기로 착각하면서 젊은이의 패기를 드러낼 때도 있었다. 그럼에도 그는 그런 논쟁을 통해 점차 성숙했고 마침내 아주 유연하면서도 에큐메니컬한 지도자가 되었다. 그는 자신이 중요하게 여기는 문제에서조차, 만약 그것이 교회의 일치에 대한 소망을 유지하기만 한다면, 기꺼이 타협하려 했다. 언젠가 같은 신앙을 고백하는 이들 사이에 격렬한 논쟁이 벌어졌을 때, 칼뱅은 신속하게 그의 능력을 발휘해 가장 중요한 문제로 여겼던 것들은 조금도 타협하지 않으면서 공통의 근거와 합의를 마련했다. 다른 이들이 격해졌을 때에도 칼뱅은 부드러운 음성으로 이성적이고 타협적인 자세를 보일 수 있었다. 칼뱅은 복잡한 상황에 처해 있던 복잡한 사람이었다.

셋째, 때때로 그가 보였던 서로 상충되는 복합적인 태도에도 불구하고, 이 에피소드는 그의 초지일관하는 북극성 같은 확신을 두드러지게 보여준다. 그것은 **하나님의 영광의, 그런즉 하나님의 말씀의 절대적 우선성**에 대한 확신이었다. 그런 까닭에 그는 제네바 강단에 복귀하면서 예전에 강해하다가 중단한 성경 구절을 택해 설교를 계속해 나갔던 것이다. 보름스 의회에서 루터가 자신을 변호했던 것처럼, 칼뱅의 전 사역은 제국의회에서 황제들과 교황들 앞에서, 그리고 국내에서 행정관들과 목회자들 앞에서 행한 "내가 여기 있나이다"(Here I Stand)라는 제목의 긴 연설과 다름없었다. 칼뱅의 성경 해석에 대해 이의를 제기했던 많은 이들조차 그의 양심이 참으로 하나님의 말씀에 사로잡혀 있었다는 결론을 내리지 않을 수 없었다.

목회자 칼뱅

칼뱅은 목회자였다. 우리는 그를 다른 것 때문에 기억할는지 모르지만, 그가 애초에 자신에게 어울리지 않는다고 여겼던 직무, 즉 "말씀과 성례의 사역자"라는 직무야말로 그의 정체성의 핵심이 되었다.

한편으로, 칼뱅은 "상한 갈대"와 "꺼져가는 등불"들에게 놀라운 인내심을 발휘하며 그들을 위로했다. 사실 그는 자기 자신 역시 그런 견지에서 바라보았고 자신의 장점보다는 단점에 대해 훨씬 많은 말을 했다. 그의 저작들에서, 언젠가 자신이 성경을 오해했을 때 자신의 교구민들 중 한 사람에게 교정을 받고 지혜를 얻었던 경우를 자주 언급한다.[15]

이 세상에서 씨름하는 순례자들은 무엇보다도 하나님의 말씀을 진지하게 여기기에 늘 자신의 신앙과 회개가 약하고 불완전함을 발견했다. 칼뱅은 계속해서 그런 이들에게 그리스도가 죄인들의 친구라고 가르쳤고, 목사들의 주된 소명은 예민한 양심을 가진 이들에게 하나님이 예수 그리스도 안에서 그들에게 우호적이심을 확신시키는 것이라고 여겼다. 그는 결코 사람들을 조롱하거나 그들의 품위를 떨어뜨리지 않았다. 베자는 이렇게 회상한다.

> 비록 그는 선천적으로 진중한 사람이기는 했지만, 평범한 사귐의 상황에서는 그보다 더 유쾌한 사람이 없었다. 그는 약한 이들에게 인내심을 발휘할 때 아주 신중했다. 약한 형제를 부끄럽게 만들거나, 뜬금없는 비난으로 그들을 위협하거나, 그들의 잘못을 떠벌리는 일 따위는 결코 하지 않았다.[16]

그러했기에 칼뱅은 교리적 측면에서나 삶의 측면에서 자신처럼 하나님의 말씀에 미치지 못했던 이들과 결코 갈등에 빠진 적이 없었다.

다른 한편, 칼뱅은 하나님의 말씀을 진지하게 여기지 않는 모습을 명백히 혹은 암암리에 드러냈던 교회 지도자들을 용납하지 않았다.

---

15 칼뱅은 시편 115:16에 대한 그의 주석에서 한 가지 흥미로운 예를 제공한다. 나는 이에 대한 언급을 앞의 책, 13에서 발견했다.

16 Beza, "Life of Calvin," xcviii.

그가 가장 못마땅하게 여겼던 이들은 사제들과 수도사들이었다. 하지만 칼뱅은 그들보다도 복음의 메시지를 분명하게 영접한 이들이 게으름 때문이든, 무지 때문이든, 혹은 교만 때문이든 자신의 직무를 이행하지 않을 때 더욱 크게 분노했다. 또한 신실한 목사들의 도움을 받았음에도 그리스도와 그분의 명령을 조롱하는 평신도들 역시 성경을 진지하게 여기는 데 실패한 것으로 생각했다.

하나님의 말씀이 무시되거나 하찮게 취급되는 경우에 칼뱅은 (베자가 젊은 시절의 친구들의 글에서 발견했던) 몹시 까다로운 기질을 드러냈다. 물론 그런 문제와 관련해 그는 다른 이들보다도 자기 자신에게 훨씬 엄격했다. 하지만 분명히 다른 사람들에게도 엄격했다. 베자에 따르면, 칼뱅이 생애 마지막 며칠 동안 여러 질병으로 고통을 겪고 있을 때 베자를 비롯한 주변 사람들이 자신의 말을 다른 이들에게 받아쓰게 하는 일과 글쓰기를 중단하고 휴식을 취하라고 권하면 칼뱅은 늘 이렇게 대답했다. "뭐라고, 자네들은 주님께서 내가 빈둥거리는 걸 보게 하시려는 셈인가?" 하나님의 말씀이 그에게 어떤 입장이나 행동을 취하라고 요구하신다고 확신할 때, 그가 보인 유일하게 적절한 응답은 순종이었다. 그것도 늦게 하는 것보다는 빨리 하는 편이 나았다. 예컨대, 칼뱅은 부처와 루터파 신학자인 필립 멜란히톤(Philipp Melanchthon)이 제국의회에서 칭의와 관련해 로마 가톨릭교회에 너무 많이 양보한 것을 두고 그들을 개인적으로 질책했다. 베른의 위대한 종교개혁자 볼프강 무스클루스(Wolfgang Musculus)는 칼뱅을 "항상 당겨져 있는 활"이라고 불렀다.[17]

---

17 Phillip Benedict, *Christ's Churches Purely Reformed: A Social History of Calvinism* (New Haven, CT: Yale University Press, 2002), 94.

그러나 칼뱅은 분열이 극에 달했던 상황에서 적극적으로 활동했던 에큐메니컬한 사역자였다. 트렌트 공의회의 파문 여파에도 불구하고 칼뱅은 로마 가톨릭교회 지도자들과 함께 프와시 회담(Colloquy of Poissy)에 참석하기로 동의했다. 비록 칼뱅 자신은 그의 건강과 안전에 대한 제네바 지도자들의 우려 때문에 그곳으로 여행할 수 없었지만 베자를 제네바측 대표로 삼아 그 회담에 참석시켰다. 칼뱅은 루터파와 개혁주의 교회들 사이의 불화를 치유하기 위해 지칠 줄 모르고 일했다. 멜란히톤은 칼뱅을 "그 신학자"(The Theologian)라고 불렀다.[18]

칼뱅은 루터를 "내가 영원히 존경하는 아버지"라고 불렀다. 그 독일의 종교개혁자는 부처를 통해 칼뱅에게 인사를 전하면서 자신이 그의 책을 "특별한 기쁨을 갖고" 읽었다고 말했다.[19] 루터와 포메라누스(Pomeranus)는 멜란히톤에게 다음과 같은 찬사를 칼뱅에게 전해달라고 부탁했다. "칼뱅은 사람들에게 굉장한 호의를 얻었습니다."[20] 실제로, 전해지는 바에 따르면, 루터는 성찬에 관한 그의 논문을 읽은 후 한 친구에게 이렇게 말했다고 한다. "나는 이 논쟁을 처음부터 그에게 맡기는 것이 좋았을 뻔했네. 만약 나의 적대자들이 그와 똑같은 일을 했다면, 아마도 우리는 금세 화해했을 걸세."[21] T. H. L. 파커(Parker)는 말한다. "이간질하는 자들이 루터에게 칼뱅이 그를 비판했던 대목을 보여줬을 때 루터는 이렇게 말할 뿐이었다. '나는 칼뱅이 언젠가는 우리에 대해 좀더 좋게 생각하기를 바라네. 그나저나 그가 지금에라도 자기를 향한 우리의 선의를 조금이라도 알게 되면 좋을 텐데.'" 그에 대

---

18 Beza, "Life of Calvin," xxxvi.

19 Parker, *John Calvin*, 162에서 재인용.

20 앞과 동일.

21 앞과 동일.

한 응답으로 칼뱅은 이렇게 말했다. “만약 우리가 그런 절제의 영향을 받지 않는다면, 분명히 우리는 돌이나 다름없는 존재일 것입니다.” 그리고 로마서 주석에서 루터에 대한 과도한 비판에 대해 사과했다.[22]

1557년에 칼뱅은 멜란히톤에게 “크리스텐덤의 분열을 종식시키기 위한 자유롭고 보편적인 공의회”를 제안했다. 토머스 크랜머가 모든 복음주의 교회들의 일치를 위한 총회를 제안했을 때, 칼뱅은 자기로서는 그 프로젝트를 위해 “만약 필요하다면 열 개의 바다를 건너는 일도 꺼리지 않을 것”이라고 응답했다.[23] 여러 염려들과 하인리히 불링거(Heinrich Bullinger)와의 불편한 관계에도 불구하고, 결국 칼뱅은 성찬에 관한 합의문을 이끌어냈다. 그 선언문은, 비록 칼뱅 자신에게는 전적으로 만족스럽지 않았으나, 취리히를 츠빙글리의 기념설로부터 멀어지도록 만들었다.

기질과 확신의 측면에서 보자면, 칼뱅은 보수적인 종교개혁자였다. 자주 그는 “성급함”이야말로 열정이 목회적인 성품을 뛰어넘는 이들에게서 계속 나타나는 죄라고 주장했다. 일찍이 그는 교회의 문제들조차 오직 일관되고 끈기 있는 가르침을 통해서만 개혁될 수 있음을 배웠다. 그에게 “하향식” 접근법 같은 것은 있을 수 없었다. 사람들 - 특히 지도자들 - 은 성경에 의거한 설득을 통해서 결론에 도달하게 해야 했다.

중요한 원칙들이 걸려 있는 경우에는 꿈쩍도 하지 않았던 칼뱅은 “적절한 절제”의 한계를 넘어서는 자들을 날카롭게 책망했는데, 특히 그들이 부차적인 문제들을 놓고 논쟁을 벌일 때 더욱 그러했다. 실제

---

22 Calvin, 앞의 책, 163에서 재인용.

23 Calvin, 앞의 책, 165에서 재인용.

로 그는 프랑크푸르트 교회의 존 녹스(John Knox)와 다른 망명자들이 예배 의식의 문제를 놓고 루터교인들과 논쟁을 벌인 것을 크게 질책했다. 그는 런던에 있는 프랑스 망명자들에게 "나를 우상으로" 그리고 "제네바를 새 예루살렘으로" 만들면서 모든 것을 본인에게 맞춰달라고 요구하지 말라고 경고했다.[24]

그가 겪었던 수많은 논쟁을 통해 칼뱅은 한 명의 인간으로서 그리고 한 명의 목회자로서 점차 성숙해졌다. 비난을 당할 때 자주 자신의 혀를 제어했고, 그런 논쟁에 개입했던 대부분의 동시대인들보다 더 많은 분별력을 지니고 그런 싸움에 임했다. 또한 자신을 의심하거나 심지어 노골적으로 적대시하는 사람들조차 친구로 대했다.

칼뱅의 성마름과 사람들의 아첨에 대한 무관심을 보여주는 수많은 증거가 있는 반면, 또한 그가 사람들의 비판에 열린 마음으로 귀 기울였음을 보여주는 증거들도 그만큼 많다. 예컨대, 뉴샤텔 교회의 한 목회자가 칼뱅이 쓴 한 책을 비판했을 때 칼뱅은 그에게 이렇게 대응했다. "나는 당신의 의견 때문에 상처를 입기는커녕 당신이 이처럼 직접 분명하게 의견을 표명해서 아주 기쁩니다. 나는 괴팍할지라도 내 자신이 원하는 의견의 자유를 다른 사람에게서 빼앗아버릴 정도는 아닙니다."[25]

풍자화를 극복한 칼뱅

풍자화가 역사적 명성에 따르는 대가라면, 아마도 칼뱅은 역사상

---

24 Calvin, Irena Backus와 Benedict, *Calvin and His Influlence*, 1509-2009, ed. Irena Backus and Phillip Benedict (New York: Oxford University Press, 2011), 10에서 재인용.
25 Calvin, "To Christopher Libertet" (Basle, September 4, 1534), in *Selected Works of John Calvin*, 4.43.

가장 유명한 지도자 중 하나일 것이다. 칼뱅의 적대자들만큼 끊임없이 근거 없는 소문을 역사적 사실인 양 떠벌였던 자들이 없다. "제네바의 폭군" 혹은 "프로테스탄트의 교황" 칼뱅은 저주 받은 이들의 운명을 즐기고, 또한 신민들의 현재의 삶을 가능한 한 그런 운명에 처하도록 보증하는, 남의 흥을 깨는 사람이라는 비난을 받고 있다. 필립 젠킨스(Philip Jenkins)는 전문가들의 결론을 무시하면서 그런 중상을 되풀이한다.[26] 놀랄 것도 없이, 그런 중상을 입증할 만한 그 어떤 각주도 없다.

칼뱅이 죽은 후에 억압받은 제네바에 대한 전설이 나타나기는 했으나, 칼뱅과 동시대를 살았던 그의 적들은 아주 다른 풍자화를 만들어냈다. 로마 가톨릭교회의 논객들에 따르면, 제네바는 방탕의 도가니였고 온갖 종류의 쾌락주의자들의 피난처였다.[27] 실제로 칼뱅은 극장은 물론이고 선술집에도 거리낌 없이 드나들었다. 언젠가 그는 동료 목회자가 강단에서 연극을 비난한 것을 꾸짖었다. 칼뱅은 그런 비난이 배우들을 조롱하는 짓이라고 여겼다. 그는 파렐에게 "우리의 연

---

26 예컨대, Philip Jenkins, *God's Continent: Christianity, Islam, and Europe's Religious Crisis* (New York: Oxford University Press, 2007), 260. Jenkins는 소설가 Salman Rushdie가 무슬림에 대해 프로테스탄트 종교개혁에 버금가는 소망을 품은 것에 대해 놀라움을 표현하는데, 이는 칼뱅이 "제네바에서 국가의 권력을 총동원해 강화된 도덕적이고 종교적인 정통성을 바탕으로 억압적인 신정정치 체제를 수립한 혁명가"였기 때문이었다.

27 Francis Higman, "The Origins of the Image of Geneva," in John B. Roney and Martin I. Klauber, *The Identity of Geneva: The Christian Commonwealth*, 1564-1864 (Westport, CTL Greenwood, 1998). 또한 Gillian Lewis, "Calvinism in Geneva in the Time of Calvin and of Beza," in *International Calvinism*, 1547-1715, ed. Menna Prestwich (Oxford: Clarendon, 1985). 그 종교개혁자와 언쟁을 되풀이한 후에 Jerome Bolsec은 최초로 칼뱅의 추문을 폭로한 자가 되었다. Bolsec이 1577년에 쓴 전기에 따르면, (남자들과 그리고 여자들과 더불어) 성적으로 방탕한 생활을 했던 칼뱅은 난봉꾼인 동시에 독재자였다. 중요한 학문적 연구 결과들을 통해 그런 소문들이 오해임이 밝혀졌음에도 그것들은 좀처럼 없어지지 않았다.

극은 가까스로 비극으로 전환되는 것을 모면했다"라고 썼다.[28] 『기독교강요』를 최초로 영어로 번역한 토마스 노튼(Thomas Norton)은 토마스 색빌(Thomas Sackville)과 함께 영국에서 공연된 최초의 비극 작품인 『고버덕』(*Gorboduc*, 1561)을 공동으로 집필한 바 있다. 칼뱅의 동료였던 테오도르 베자는 프랑스어로 된 최초의 공연 드라마를 썼다.[29] 루이스 스피츠(Lewis Spitz)가 요약해 말하듯, "칼뱅은 아주 훌륭한 포도주 저장실을 갖고 있었다. 그는 하나님은 우리가 웃는 것을 금하지 않으신다고 말했고, 그 자신이 재담에 아주 능했다."[30]

그러나 칼뱅은 그 무질서한 도시에서 개인적 비행 때문에 비난을 받은 적이 단 한 번도 없었다. 사실 그의 사역 기간에 그 도시는 정의, 교양, 그리고 (궁극적으로) 낯선 이들에 대한 친절함 때문에 널리 알려졌다. 칼뱅은 특히 그 도시로 몰려와서 오만한 제네바 시민들에게 학대를 당했던 가난한 망명자들을 위해 헌신했다. 칼뱅은 행정관들의 요구를 무시하면서 병원에서 전염병 희생자들의 영적 필요를 채우는 일에 매진했다. 매릴린 로빈슨(Marilynne Robinson)은 칼뱅이 평생 고통당

---

28 Calvin, "To Farel" (Geneva, July 4, 1546), in *Selected Works of John Calvin*, 5:61. 원로회가 칼뱅에게 의견을 물었으나, 그는 한 목소리로 다른 목회자들에게 동조할 뿐이라고 말했다. 제네바의 목회자들 중 한 사람(미카엘[Michael]이라고 불리는 사람이었다)이 설교를 통해 연극배우들을 신랄하게 비난했고, 그에 대해 수많은 사람이 칼뱅을 찾아와 강력하게 항의했다. 그 일은 거의 폭동으로 이어질 뻔했다. "나는 두 번째 담화에서 온건한 태도를 유지하면서 그들의 분노를 가라앉히려고 애썼습니다. 왜냐하면 나는 그가 좋지 않은 시기에 극적 효과를 노린 연설을 택함으로써 신중하지 못하게 행동했다고 판단했기 때문입니다. 하지만 그의 과도함은 그보다 훨씬 불쾌한 것이었습니다. 나는 그가 말한 내용에 결코 찬성할 수 없었습니다." "그들은, 만약 자기들이 나를 존경하지 않았다면, 미카엘을 죽였을 것이라고 위협적으로 단언하고 있습니다.…다시 돌아온 비레가 목격자의 자격으로 이 자리에 있는데, 그는 타협한 바에 따라 우리의 격노한 친구들을 진정시키려 하고 있습니다."(5:62).

29 Marlilynne Robinson, *John Calvin, Steward of God's Covenant: Selected Writings*, ed. John F. Thornton and Susan B. Varenne (New York: Vintage, 2006), xxiv.

30 Lewis Spitz, *The Protestant Reformation: 1517-1559* (St. Louis: Concordia, 2003), 159.

하는 자들에 대한 깊은 의무감을 품고 살았다는 것과 그의 책 『기독교강요』가 초판 때부터 박해의 희생자들을 옹호하기 위해 쓰였음을 상기시킨다.[31]

이렇듯 서로 모순되는 전설들 – 도덕적 독재자 칼뱅과 방탕한 악의 대부 칼뱅 – 모두가 지금까지 살아남아 있는 것은 아마도 제네바가, 그리고 특히 칼뱅이 그의 친구들과 적들 모두에게 지녔던 역사적 중요성을 알려주는 지표일 것이다.

칼뱅이 마녀들을 화형시키고 제네바를 철권 통치했다는 유명한 전설조차, 역사가들이 일차적인 기록들을 연구한 결과 우스꽝스러운 이야기인 것으로 밝혀졌다. 이런 주장에 대해서는 간단한 설명만으로 충분할 것이다.

제네바가 종교개혁을 수용하기 이전에 그 도시의 주교는 사보이의 공작(Duke of Savoy) 대신 그 도시의 수장 노릇도 겸하고 있었다. 그동안 주교는 공작과 계속해서 권력 다툼을 해왔다. 공작의 폭정은 그 도시의 원로들로 하여금 종교개혁을 수용하는 동시에 정치적 독립을 추구하도록 자극했다.

만약 칼뱅의 생애 동안 제네바에서 독재자에 가까운 인물이 있었다면, 그 사람은 칼뱅의 철천지원수 아미 페렝(Ami Perrin)이었다 칼뱅은 그 흉포한 어릿광대를 "우리의 우스꽝스러운 카이사르"라고 불렀다. 하지만 칼뱅은 그 어떤 정치적 의제를 위해서도 자신의 직위를 사용하려 하지 않았다. 오히려 스콧 마네치(Scott M. Manetsch)가 말하듯, "이단자들과 심각한 도덕적 범죄자들을 기소하고" 교회의 직분자를 임명하고, 교회의 연중행사 계획까지 좌지우지했던 것은 그 도시의 의회

31 Robinson, *John Calvin*, xiii-xiv.

였다. "그들의 입장에서 보면 제네바의 목사들은 언제라도 해고될 수 있는…그리고 시민들의 의회 중 어느 하나에도 참석하는 것을 허락받지 못했던 국가의 고용인들이었다."[32]

제네바는 칼뱅의 사역 말년에 가서야 그에게 시민권을 수여했다. 칼뱅은 시민들로부터 가장 존경받던 시기에도 정치적 권력을 독차지하기는커녕 시당국의 훼방으로 인해 그가 바라던 교회 개혁을 추진하는 데 어려움을 겪었을 정도다. 비록 교황은 그 자신을 크리스텐덤의 궁극적 통치자로 여겼으나, 루터교회와 개혁교회들은 공작(公爵)들 혹은 시의회를 자신들의 "양부"(養父)로 여겼다. 칼뱅은 파렐과 비레와 함께 교회가 국가로부터 더 큰 독립을 얻게 하려고 애썼다. 그가 마련한 「교회법령」(*Ecclesiastical Ordinances*)이 승인을 받은 후에도 제네바의 의원들은 신자들에 대한 파면권을 여전히 보유하기를 원했다. 그러나 칼뱅이 보기에 그것은 영적 재판권과 세속적 재판권의 구별을 침해하는 것이었다. 특히 그것은 칼뱅이 교회의 규율로서는 결코 적합하지 않다고 여겼던 세속적 처벌을 포함하고 있었기에 더욱 그러했다.

1540년대에 시의회 의원들이 칼뱅에게 공화국의 헌법 초안을 작성해 달라고 부탁했던 것은 역사적 사실이다. 하지만 이것은 칼뱅이 프로테스탄트계의 "아야톨라"(ayatollah, 이슬람교 시아파의 최고위급 성직자에게 바쳐지는 존칭—역주)였기 때문이 결코 아니었다. 왜냐하면 당시에 그는 교회 내부의 일과 관련해 컨시스토리(Consistory, 오늘날 각 교회의 당회에 해당하는 지역 교회의 최고 치리 기관. 목사와 장로가 거의 동수로 참여하여 구성되었고, 주로 칼빈이 의장을 맡았다 | 역주)의 자율권을 확보하려는 시도에서 계속 실패하고 있었기 때문이다. 오히려 그런 부탁은 아주 단순한 사실, 즉 당

---

32 Manetsch, *Calvin's Company of Pastor*, 27.

시 제네바에는 칼뱅만큼 그리스-로마 시민의 역사와 법에 정통한 이가 없었다는 사실을 반증할 뿐이다. 결국 그의 첫 번째 작품인 세네카(Seneca)의 『관용론』(*On Clemency*)에 대한 주석은 프랑스 여러 대학 법학과에서 사용하는 교과서가 되었다. 만약 칼뱅이 그가 마련했다고 전해지는 확고한 신정정치 체계를 수립할 수 있었던 때가 있었다면, 아마도 바로 이때였을 것이다. 그렇다면 그 결과는 어떠했을까? 역사가 윌리엄 몬터(William Monter)에 따르면, "칼뱅은 그저 모든 사람이 법 앞에서 평등하게 되고 법이 실질적으로 집행되게 하는 방안을 마련하되 형벌이 덜 가혹해지도록 법에 가지치기를 했던 것으로 보인다." 그는 엄격한 폭정에 맞서 평등과 관용을 촉구했다. 그의 친구인 저메인 콜라동(Germain Colladon)은 1568년에 칼뱅의 초안을 새롭게 손보았고 "그것은 제네바 공화국이 끝날 때까지 그 공화국의 공적 법률을 위한 토대가 되었다."[33] 이는 결코 야심에 가득 찬 독재자가 할 만한 일이라 할 수 없다. 오히려 그것은 헌법에 기초한 공화제(constitutional republicanism)에 속한 초기 문서로 간주되고 있다.

아미 페렝이 몇몇 프랑스인들과 결탁해 컨시스토리(교회 리더십)를 폐지하고 국가에 대한 절대적 통제권을 확보하고자 획책했을 때, 의원들은 그를 반란죄로 재판에 회부했다. 새로운 선거가 치러졌고, 선거 결과 파렐과 칼뱅과 여러 목회자들이 지지를 얻어 개혁을 추진할 길이 열렸다. 바야흐로 그 독재적인 종교개혁자가 자유롭게 통치할 기회를 얻은 듯 보였다. 하지만 의원들은 그런 막강한 권력을 또다시 어느 한 개인에게 맡기지 않기로 결정했다.[34]

---

33 William Monter, *Calvin's Geneva* (New York: John Wiley and Sons, 1967), 152.

34 앞의 책, 88.

로버트 킹던(Robert M. Kingdon)은 제네바 교회의 기록들은 목회자들이 스파이들과 비밀경찰을 동원해 사람들의 모든 행동을 감시하기는커녕 "사실상 선교 활동을 관리하는 일에 매진하고 있었다는 인상을 준다"고 주장한다.[35] 최근에 스콧 마네치가 수행한 그 무렵의 교회 기록들에 대한 포괄적인 연구에 따르면, 당시에 제네바 교회는 무엇보다도 "무지한 자들을 가르치고, 약한 자들을 옹호하고, 사람들 사이의 갈등을 중재하는 것"에 관심을 갖고 있었던 것으로 보인다.[36] 중세 유럽에서 여자와 아이들은 대개 재산의 일부로 간주되었을 뿐이다. 그러나 제네바 교회의 기록들은 당시에 목회자와 장로들이 갈등을 해소하는 과정에서 인내와 진지한 자세를 보여줬음을 입증한다. 실제로 그 기록은 결상으로 아내를 때려서 곤경에 처했던 한 상인이 "'컨시스토리는 여자들의 낙원'이라고, 또한 시의 행정관들이 '남자들을 괴롭히고 여자들을 보호했다'고 불평하고 있는 모습을 보여준다."[37] "컨시스토리는 소의회에 젊은 여성들을 위해 유급 고용을 실시하도록 청원했고" 또한 "무력한 고아들, 가난한 노동자들, 학대당하는 죄수들, 조롱당하는 망명자들, 그리고 사회적 부적응자들을 위한 복지정책을 옹호했다."[38] 제네바의 괴팍한 독재자 칼뱅에 관한 신화는 여전히 이어지고 있지만, 사실 칼뱅이 사역하는 동안 제네바에서 신성모독의 죄목으로 처형된 사람은 단 한 명도 없었다. 중세 법에 따르면 신성모독은 중대한 범죄였음에도 말이다.[39]

---

35 Robert M. Kingdon, *Geneva and the Coming of the Wars of Religion in France*, 1555-1563 (Paris: Libraire Droz, 2007), 31.

36 Manetsch, *Calvin's Company of Pastors*, 183-84.

37 앞의 책, 200.

38 앞의 책, 215.

39 Monter, *Calvin's Geneva*, 153.

칼뱅과 다른 목회자들은 컨시스토리가 법적인 혹은 세속적인 형벌을 가할 수 없으며, 다만 "하나님의 영적인 말씀"으로 교정을 수행할 뿐이라고, 그리고 "그 교정은 죄인들을 우리 주님께 되돌리기 위한 약일 뿐"이라고 거듭 주장했다. 「교회법령」과 실제 사건들에 대한 교회의 기록들은 그 의도대로 실제로 시행되었음을 보여준다.[40] 로마 가톨릭교회가 스스로 저주의 권한이 있음을 주장한 반면, 칼뱅은 컨시스토리가 잘못을 저지르는 구성원에게 그리스도의 열쇠를 사용해 경고를 발하고 "그를 이끌어 구원에 이르게 한다"라고 주장했다.[41] 칼뱅은 징계가 "영적 학살"로 전락하지 않게 하라고 경고했다.[42] 그는 이런 지나친 엄격함을 로마 가톨릭교회와 아나뱁티스트 모두의 징계에서 발견했다.

컨시스토리에 제소된 문제들 중 많은 것은 교구민들이 성찬을 받기에 충분할 만큼 기독교 신앙을 충분히 알게 하는 문제와 상관이 있었다. 예컨대, 만약 그들이 은밀하게 로마 가톨릭교회나 아나뱁티스트의 믿음이나 행습을 받아들이고 있다면, 그들은 성찬을 받을 수 없었다. 하지만 그들에 대한 징계의 형태는 교육이었다. 예배 시간에 술에 취해 소동을 일으켜서 - 심지어 오줌을 누는 경우도 있었다 - 징계받은 사람들도 있었다.[43] 행정관들은 결혼식에서 벌거벗고 춤추는 것 같은 관습들을 못마땅하게 여겼으나, 제네바의 시민법은 당시의 유럽, 심지어 이탈리아의 그것과 동일했다.[44]

---

40 Manetsch, *Calvin's Company of Pastors*, 184. "1540년대에 칼뱅의 컨시스토리는 비교적 적은 수의 시민들에게 성찬을 유보했다(1년에 평균 12명 혹은 24명 정도였다). 이것은 당시 제네바 시민 모두가 교회에 속해 있었음을 고려한다면 놀랄 만큼 적은 수다.

41 앞의 책, 189.

42 앞과 동일.

스콧 헨드릭스(Scott H. Hendrix)에 따르면, 당시의 결혼 관습에 혐오감을 느꼈던 루터는 공작과 행정관들에게 법령을 강화할 것을 촉구했다. "1539년에 그는 그리스도인이 되고자 하는 사람들은 마을에서 매음굴을 없애야 하며 그런 곳을 관용하는 자들은 이교도들보다 나을 게 없다고 썼다."[45] 루터 교회는 "공공연한 간음자들, 창녀들, 난폭한 자들, 술주정뱅이들, 신성모독자들, 그리고 수치스러운 삶을 살고 있는 이들"에게 성찬 참여를 금했다. 만약 그들이 "한두 명의 설교자로부터 생활을 바꾸라는 진지한 권면을 받은" 후에도 계속 저항한다면, "그들은 그리스도께서 마태복음 18:15-20절을 통해 가르쳐주신 것처럼 비그리스도인이요 저주받은 사람들로 간주되어야 한다." "그들은 그들이 받은 유죄 선고 때문에, 그들이 공개적으로 생활을 바꾸지 않는 한, 성례에 참여할 수 없다. 왜냐하면 그들은 공공연하게 죄를 지었기 때문이다. 그래도 설교는 들을 수 있다."[46]

제네바 역시 동일한 정책, 즉 죄를 지은 자들이 회개하기를 바라는 마음으로 성찬에 대한 참여는 허용하지 않되 말씀 사역에 대한 참여는 허용하는 정책을 따랐다. 마네치는 칼뱅과 베자가 살아 있었을 때 "제네바에서 성찬 참여를 금지 당한 이들 중 약 13%가 간통, 간음, 그리고 창녀의 호객 행위 같은 성적인 죄로 인한 것이었다"라고 보고한

---

43 앞의 책, 193. 어떤 젊은 남편이자 학교의 선생이었던 이가 자신의 성적 불능에 대해 거짓말을 한 것 때문에 특별히 심한 징계를 받은 적이 있었다. 그는 짧은 기간 동안 성찬을 받지 못하게 되었다. 흥미로운 것은 그 일이 칼뱅이 죽은 후 1년이 지난 시점에 발생했고, 그의 부모들이 "'만약 칼뱅 선생이 살아 계셨더라면, [컨시스토리가] 일을 이런 방식으로 처리하지는 않았을 것'이라고 불평했다"는 것이다.

44 Monter, *Calvin's Geneva*, 216.

45 Hendrix, *Recultivating the Vineyard*, 62.

46 앞의 책, 112, 1529년에 채택된 함부르크 교회 법령에서 재인용.

다.[47] 반면에, 로마 가톨릭교회와 아나뱁티스트의 경우, 파문의 징계는 교회는 물론 사회공동체에서도 쫓겨나는 것이었다.

파문은 아주 드물게 이루어졌다. 1542년과 1609년 사이에 있었던 "모든 종류의 금지명령들 중 3-4퍼센트"에 불과했다.[48] 더 나아가, 이런 결정들은 은밀하게 시행되었다. 소문을 내는 일 역시 컨시스토리로부터 경고장을 받을 수 있었다. 엘시 앤 맥키(Elsie Anne McKee)에 따르면, 칼뱅 당시 제네바에서는 오직 회개치 않는 자들만이 파문되었다. 실제로 "회개한 살인자는 용납될 수 있으나 회개하지 않는 언쟁자는 용납되지 않았다."[49]

한 가지 주목해야 할 것은, 그 어떤 목사나 장로도 – 심지어 칼뱅 자신도 – 개인적으로 징계를 시행할 수 없었다는 점이다. 모든 조치는 합의제로 운영되는 기관인 컨시스토리의 조치였다. 몬터는 "칼뱅은 목회자였고, 비록 제네바 목사회(Genevan Company of Pastors) 종신의 장이기는 했으나 제네바에서 다른 어떤 종류의 권한도 갖고 있지 않았다"고 상기시킨다.[50] 마네치는 언젠가 제네바 목사회가 증거를 바탕으로 자기 하녀의 몸을 더듬었던 어느 목사를 면직한 일에 대해 전한다. 그 목사는 분개해서 목사회의 부당성을 고소했다. 특히 그는 그 회의의 의장으로서 그 문제에 대해 부당한 권한을 행사했다는 이유로 칼뱅을 고소했다. 그 고소건을 다루기 위해 열린 비상회의에서 "칼뱅

---

47 Manetsch, *Calvin's Company of Pastors*, 202.

48 앞의 책, 193.

49 Elsie Anne McKee, "Context, Contours, Contents: Towards a Description of Calvin's Understanding of Worship," in *Calvin Studies Society Papers, 1995, 1997: Calvin and Spirituality; Calvin and His Contemporaries*, ed. David Foxgrover (Grand Rapids: CRC Product Services, 1998), 84n48.

50 Monter, *Calvin's Geneva*, 107.

은 목사회에게 그 회의의 의장과 목사로서 자신의 권한을 남용했는지에 대해 판단해줄 것을 요청했다." "목사들은 칼뱅과 페롱(Ferron)을 그 회의에서 나가게 한 후 비공식적으로 그 문제를 논의했다. 그런 후에 칼뱅에게는 무죄를, 그리고 페롱에게는 혐의 있음을 선고했다. 죄를 지은 목사는 시의회로부터 사역 정지 명령을 받고 제네바를 떠났다.[51] 동료 목회자들에게 자기가 권한을 남용했는지 판단해달라고 요청하는 자는 결코 독재자일 수 없다. 더 나아가 그 어떤 불공평함도 없었다. 목사들 역시 이런저런 잘못으로 인해 면직되었다.[52]

칼뱅은 교구민들이 목사보다는 사역에 관심을 쏟게 하려고 목사들이 교구 전체를 순회하며 사역해야 한다고 주장하기까지 했다. 몬터는 이렇게 말한다. "칼뱅이 일생동안 20세기가 개인숭배라고 부르는 것에 맞서 벌였던 투쟁을 보여주는 특별한 증거로서, 칼뱅과 그의 후계자 모두 이런 범유럽적인 책임들을 이행하기 위해 일상적인 목회사역으로부터 면제되지 않았다는 점에 주목할 필요가 있다."[53] 스탠퍼드의 역사가이자 루터교인인 스피츠는 이렇게 결론짓는다. "제네바의 신정정치에 대한 일반적인 이미지에도 불구하고, 칼뱅은 자율적인 영적 기능을 지닌 교회를 국가의 통제로부터 분리시키는 문제에 깊은 관심을 갖고 있었다."[54] 이것은 칼뱅에 대한 기억 위에 늘 먹구름처럼 떠 있는 비극적인 사건, 즉 미카엘 세르베투스(Michael Servetus)의 화형 사건에도 해당된다.

---

51 Manetsch, *Calvin's Company of Pastors*, 63.

52 앞의 책, 194

53 Monter, *Calvin's Geneva*, 142.

54 Spitz, *The Protestant Reformation*, 159.

칼뱅은 세르베투스가 프랑스에서 도망치기 전부터 그에 대해 알고 있었다. 실제로 언젠가 그는 이 공공연한 아나뱁티스트이자 반(反)삼위일체론자를 은밀하게 만나기로 약속함으로써 자신의 생명을 거는 모험을 감행한 적이 있었다. 하지만 세르베투스는 약속 장소에 나타나지 않았다. 프랑스에서 종교재판소에 의해 처형되기를 기다리다 도망친 그는 삼위일체론(그는 이를 "머리가 셋 달린 있을 수 없는 괴물"이라고 불렀다)을 공격함으로써 칼뱅의 설교를 무사히 중단시킬 수 있으리라고 상상하며 제네바에 도착했으나, 곧 체포되고 말았다.[55]

재판 후에 세르베투스를 1553년 10월 27일에 화형시키라고 선고한 이는 자칭 "제1평의원"(First Syndic, 유일한 통치자)이었던 칼뱅의 철천지 원수 아미 페렝이었다. "아마도 제네바 재판소에 대한 가장 웅변적인 비평은 그 재판소의 가장 유명한 희생자였던 미카엘 세르베투스로부터 나온 것이었으리라. 그는 재판이 진행되고 있던 어느 시점에 제네바에서 재판을 받고 싶은지 프랑스로 돌아가기를 원하는지에 대해 질문을 받았다. 그러자 그는 무릎을 꿇고 제네바에서 재판을 받게 해달라고 간청했다."[56]

페렝과 제네바 의회는 세르베투스의 재판과 관련해 인근의 몇몇 프로테스탄트 도시들의 조언을 구했다. 그리고 그 모든 도시들은 동일한 답을 보내왔다. 세르베투스처럼 국제적으로 악명 높은 반삼위일체론자는 크리스텐덤의 공통의 법에 따라 화형에 처해져야 한다는 것이었다. 그리고 그 전에 이미 종교재판소는 결석재판을 통해 그 도망친

55 Parker, *John Calvin*, 139.

56 Monter, *Calvin's Geneva*, 155.

죄수에게 "천천히 태워 죽이는 형벌"(a slow fire death)을 선고한 바 있었다.[57] 그렇다면 제네바의 프로테스탄트 신자들은 보편적 신앙의 핵심을 공격했던 자들에게조차 관용을 베풀어 크리스텐덤의 모든 군대가 즉각 그 나라로 진격하는 것을 감수해야 했을까?

칼뱅은 세르베투스에게 그의 주장을 철회하라고 거듭 요청했으나 소용이 없었다. 종교재판소가 내린 선고, 즉 "천천히 태워 죽이는 형벌"은 무시되었으나, 행정관들은 그에 대한 화형을 주장했다. 몬터는 "칼뱅은 그 선고를 단순한 처형으로 경감시키려 애썼으나 성공하지 못했다"고 설명한다.[58] "너그러운 멜란히톤"조차 칼뱅에게 "나는 당신의 행정관들이 정식 재판 후에 이 불경한 자를 정당하게 처벌했다고 확신합니다"라며 편지를 보냈다.[59]

몬터는 세르베투스와 관련해 다음과 같은 사실을 상기시킨다. "그의 사례는 칼뱅 당시 제네바에서 자신의 종교적 견해 때문에 죽임을 당했던 유일한, 하지만 아주 의미심장한 경우였다."[60] 사실 당시에는 온전한 삼위일체 신앙을 가진 복음주의자들이 유럽 전역에서 – 특히 칼뱅의 고국 프랑스에서 – 매일 화형장과 단두대와 참수장으로 끌려가고 있었다. 그런 경우에 복음이나 그들 자신의 생명을 지키기 위해 칼을 드는 것에 칼뱅은 격렬하게 반대했다.

하지만 칼뱅은 세르베투스 같은 악명 높은 반삼위일체론자들에 대한 사형선고를 옹호하는 글을 씀으로써 그 문제에 연루되었다는 의혹

57 Parker, *John Calvin*, 145.

58 Monter, *Calvin's Geneva*, 84.

59 Phillip Schaff, "Protestant Intolerance," in *History of the Christian Church*, vol. 8. http:www.ccel.org/ccel/schaff/hcc8.iv.xvi.iv.html., 2011년 11월 11일에 접속.

60 Monter, *Calvin's Geneva*, 84.

을 증폭시켰다. 분명히 칼뱅은 – 다른 종교개혁자들과 마찬가지로 – 세르베투스의 처형과 오직 하나님의 말씀을 통한 그리스도의 영적 통치에 대한 그 자신의 가르침 사이에 어떤 모순도 발견하지 못했다. 어떤 이가 칼뱅을 그 시대의 사람으로서 그 일에 개입했을 뿐이라며 그의 책임을 면제한다고 선언하는 것은 적절하지 않다. 특히 다른 이들이 종교적 관용을 옹호하는 칼뱅의 저서들에 호소하고 있는 상황에서는 특히 그러하다. 그와 동시에, 이 비극적인 일화에서조차 칼뱅은 독재자의 역할을 하지 않았다. 오히려 그에게 주어졌던, 그리고 그가 기꺼이 수용했던 역할은 크리스텐덤 내의 한 목회자로서의 역할이었다.

헨드릭스는 "칼뱅은 프랑스를 칼뱅화하려 하지도, 제네바의 칼뱅주의를 국제화하려 하지도 않았다"라고 말한다. 루터의 경우처럼 그의 선교적 관심사도 소위 크리스텐덤 내의 그리스도의 포도원을 재경작하고 복음을 유럽 너머로 전하는 것이었다.[61] 그러나 칼뱅의 사역 하에서 제네바는 하나의 국제적인 모델을 제공했다. 유럽 전역은 물론이고 러시아, 크레테, 몰타, 그리고 튀니지로부터 망명자들 – 그들 중 다수는 학생이었다 – 이 몰려왔다. 그리고 제네바로부터 최초의 프로테스탄트 선교사들이 신세계인 브라질로 파송되었다. 필립 베네딕트(Phillip Benedict)가 지적하듯, 칼뱅이 사역하던 기간에 제네바의 인구는 두 배 이상 증가했다. 독재자들은 대개 그들의 주민을 억누른다. 하지만 제네바 사람들의 불만은 그들의 새로운 공화국이 외국의 망명자들로 인해 들끓고 있다는 것이었다.[62] 칼뱅 자신의 경험을 고려한다면, 그가 그리스도인의 삶을 표현하기 위해 추방, 순례, 축제, 망명자, 그

61 Hendrix, *Recultivating the Vineyard*, 94.

62 Benedict, *Christ's Churches Purely Reformed*, 108.

리고 오직 그리스도 안에서 피난처를 얻음 등의 은유를 선호했던 것이 놀랍지 않다.

그리스도인의 삶에 관한 칼뱅의 견해를 탐구하는 동안, 우리는 상아탑에서의 사색이나 수도원에서의 명상을 통해서가 아니라, 지속적인 위기와 시험, 실망스런 좌절과 개인적 고통을 통해 확신에 이르렀던 한 선생을 발견하게 될 것이다. 이 서론을 퓰리처상을 수상한 어느 소설가의 말로 대신 마무리하려 한다. "그의 생애는, 만약 서구의 사상과 문화 그리고 기독교 세계 전체에 헤아리기 어려운 영향을 끼친 그의 사역 능력이 없었더라면, 굉장한 비극으로 보일지도 모른다."[63]

---

63 Robinson, *John Calvin*, xv.

2. 칼뱅이 말하는 그리스도인의 삶: 당시의 상황에 비추어

칼뱅의 신학과 경건에 관한 몇 가지 오해는 그의 적들뿐 아니라 친구들 때문에 생겼다. 그동안 우리는 칼뱅을 다양한 용도로 활용해왔는데 이에서 그를 해방시키려면 가장 먼저 그의 경건을 당시의 상황 속에서 살펴야 한다.[1]

가톨릭 신자 칼뱅

첫째, "가톨릭 신자 칼뱅"이 있다. 여기서 "가톨릭"(Catholic)이라는 단어는 "모든 곳에 있는 모든 그리스도인"을 포괄한다. 이는 "로마 가톨릭"이라는 용어보다 훨씬 넓은 의미를 지닌다. 오늘 어떤 이가 "나는 자랄 때는 가톨릭 신자였지만 지금은 그리스도인이야"라고 말하면 우리는 그 뜻을 안다. 하지만 칼뱅은 그런 말을 들으면 무척 당혹스러워했을 것이다. 그는 항상 자신을 자기를 비판하는 로마 교회 신자들보다 더 가톨릭적인 사람으로 여겼다. 사실 그는 그런 식으로 생각했던 최초의 사람이 아니었다. 왜냐하면 동방의 그리스도인들은 오랫동안

1 다양한 주제에 대한 칼뱅의 견해들을 우리의 세계가 아닌 그 자신의 세계에 비추어 잘 요약하고 있는 책은 David Steinmetz, *Calvin in Context*, 2nd ed. (New York: Oxford University Press, 2010)이다.

"로마 가톨릭"이라는 용어가 모순 어법임을 지적해왔기 때문이다. 어찌되었든 "가톨릭"은 보편적이란 뜻이고 "로마"는 전체가 아닌 한 부분을 가리키기 때문이다. 원래 로마의 주교는 교회의 여러 중요한 지도자들 중 하나였다. 6세기의 대교황 그레고리오(*Gregorius Magnus*)조차 "보편적 교황"은 "교만한 말의 한 형태"이며 그런 칭호를 취하는 주교는 "적그리스도의 선봉"이라고 말한 바 있다.[2] 칼뱅의 관점에서 보면, 당시에 교황은 일종의 종파분립론자였다. 그리고 종교개혁자들은 단지 교회가 근원으로 돌아가야 한다고 주장했을 뿐이다.

칼뱅의 아버지 제라르(Gerard)는 아들을 사제로 만들 생각이었다. 그리고 어린 장(Jean)은 사제가 되기 위한 교육을 아주 열심히 받았다. 12살 때 그는 지역 주교의 비서가 되었고 수도사가 되기 위해 삭발하기도 했다. 뛰어난 재능과 열정 덕분에 그는 유명한 몽모르(Montmor) 집안의 후원을 받아 파리 (소르본느) 대학교의 가장 권위 있는 대학에 다닐 수 있었다. 라마르슈 대학에서 칼뱅은, 훗날 복음주의적 신념을 얻어 제네바 아카데미에서 가르치게 될 탁월한 학자 마뚜랭 꼬르디에르(Mathurin Cordier)의 지도를 받아 탄복할 만한 라틴어 구사 능력을 습득했다. 그 후 칼뱅은 몽테규 대학에서 신학과 철학을 공부했는데, 칼뱅 직전에는 화란의 인문주의자 데시리우스 에라스무스(Desiderius Erasmus, 1466-1536)가, 직후에는 예수회 창설자인 로욜라의 이그나티우스(Ignatius of Loyola)가 그 대학에서 수학하기도 했다. 이곳에서는 "신학문"(고전적 휴머니즘)이 보수적인 대학교에 새로운 에너지를 불어넣고 있었다. 비록 그곳의 엄격한 교육 프로그램에 대한 칼뱅의 기억이 에라스무스만큼 달갑지는 않았으나, 그는 그 대학에서 고전 그리스어와

---

2 *Letters of Pope Gregory the Great*, book 5, epistle 18.

로마 문학을 공부했고 성경 히브리어와 그리스어 공부도 시작했다.

가까운 친구인 니콜라 코프(Nicolas Cop) – 왕의 시의(侍醫)의 아들 – 가 파리 대학교 총장으로 임명되었을 때, 칼뱅은 그를 도와 총장 취임 연설문의 초안을 작성했다. 복음주의적 개혁에 대한 요구로 가득 찬 그 연설은 대학교와 왕실의 분노를 불러일으켰다. 결국 칼뱅과 코프는 간신히 그 도시를 탈출할 수 있었다. 그들이 사용하던 서재는 불탔고, 그들은 함께 바젤로 도망쳤다. 그곳에서 칼뱅은 니콜라스의 형인 저명한 히브리어 학자 미셸(Michel)로부터 히브리어를 배워 능숙하게 되었다.

성경을 원어로 공부하는 것 외에도 칼뱅은 고대 교회의 교부들, 특히 이레니우스(Irenaeus), 크리소스토무스(Chrysostomos), 그리고 동방의 갑바도기아인들(Cappadocians)과 암브로시우스(Ambrosius), 힐러리(Hilary), 그리고 서방의 아우구스티누스(Augustinus) 같은 이들의 저작들을 탐구했다. 심지어 그는 중세의 탁월한 신학자인 토마스 아퀴나스(Thomas Aquinas), 베르나르(Bernard), 그리고 보나벤추라(Bonaventura) 같은 이들의 작품까지 섭렵했다. 이는 칼뱅의 경건 및 예배와 관련된 저술은 물론 그의 엄밀한 주석과 신학적 글에 영구한 흔적을 남겼다. 사실 그는 이런 자료에 근거해 종교개혁을 지지하도록 청중을 설득했는데, 그 문헌들을 거의 축어적으로 인용할 정도로 기억력이 뛰어났다.

프로테스탄트 박해 정책으로는 자기 아버지보다 더 난폭했던 프랑스 왕 앙리 2세(Henry II)에게 칼뱅은 이런 편지를 보냈다. "여기서 우리가 고수하는 신앙고백을 간결하게 정리해보았습니다. 이 고백이 가톨릭교회와 일치한다는 사실을 왕께서 아시게 되리라고 믿습니다."[3] 리처드 뮬러(Richard Muller)는, 비록 종교개혁이 칭의, 성례, 교회에 관한 논쟁을 불러일으키기는 했으나, "하나님, 삼위일체, 창조, 섭리, 예정,

그리고 마지막 일들에 관한 교리들이 관료후원적 종교개혁(magisterial reformation: 교회와 세속 권력의 상호의존관계를 주창했던 진영—역주)에 의해 결과적으로 아무런 수정 없이 채택되었음"을 상기시킨다.[4] 훗날 종교개혁파 목회자들과 신학자들은 스스로를 칼뱅주의자가 아니라 "개혁파 가톨릭 신자"(reformed Catholics)로 여겼다.[5]

급진적 프로테스탄트들 - 특별히 아나뱁티스트들 - 은 옛 것에 호소하지 않았다. 현대의 아나뱁티스트 신학자 레너드 버두인(Leonard Verduin)은 아나뱁티스트에 대해 이렇게 말한다. "그들은 옛 교회와의 연속성에 관심이 없었다. 그들에게 옛 교회는 '타락한' 피조물이었다."[6] 반면에, 칼뱅은 옛 교회와 그의 시대까지 내려온 기독교 신앙 및 행습의 최상의 유산과 최대한 연결성을 유지하려고 애썼다. 칼뱅은 진보와 개인적 자율성이라는 계몽주의 이상을 기대하기는커녕 새로운 것을 갈망하는 교황 - 성경적 근거와 옛 교회의 본보기가 없는 교리들과 예배 방식들을 만들어내는 것 - 을 비난했다. 루터와 칼뱅은 가톨릭 종교개혁자들이었지 급진적 근대주의자들이 아니었다.

복음주의자 칼뱅

토속적이고 사교적이고 때로는 시끄럽기까지 한 독일 농가 출신 루

---

3 Calvin, "To the King of France" (Geneva, October 1557), in *Selected Works of John Calvin: Tracts and Letters*, ed. Henry Beveridge and Jules Bonnet, 7 vols. (Grand Rapids: Baker, 1983), 6:373.

4 Richard Muller, *The Unaccommodated Calvin: Studies in the Foundation of a Theological Tradition* (New York: Oxford University Press, 2001), 39.

5 Richard Muller, *Calvin and the Reformed Tradition: On the Work of Christ and the Order of Salvation* (Grand Rapids: Baker Academic, 2011), 54.

6 Leonard Verduin, *The Reformers and Their Stepchildren* (Grand Rapids: Eerdmans, 1964), 156.

터의 설교와 대화 속에는 수수한 - 가끔은 거칠기까지도 한 - 예화가 많이 들어 있었다. 성경을 번역할 때도 독일 일상 언어에서 성경 원문의 의미를 표현할 수 있는 가장 익숙한 단어와 표현을 부지런히 찾았다. 속내를 털어놓는 것을 편히 여겼던 루터는 하나님의 섭리에 따른 역할에 특별히 적합해보였다. 그런 의미에서 격식을 차리지 않는 루터의 탁상 담화가 후대를 위해 기록된 것은 놀랄 일이 아니다.

반면 프랑스 중상류층 가정에서 자라고, 명문 집안 덕분에 특별한 교육을 받을 수 있었던 칼뱅은 루터보다 훨씬 세련되었다. 기질적으로는 조심스러웠고 내성적이었다. 심지어 자기에 대해 말하는 것을 수줍어하기까지 했다. 칼뱅의 동시대인들은 자기 집에 자주 손님들을 가득 초대했던 칼뱅의 친화성에 대해 얘기한다. 스트라스부르에서 칼뱅과 그의 아내 이들레뜨는 자신이 차린 유스호스텔에서 부산한 활동을 주도했다. 그럼에도 칼뱅은 저녁 밥상에서 나누는 대화를 기록하는 사람들과 함께 있는 걸 불편하게 여기는 타입이었다. 다시 말해, 루터는 당면한 문제들에 대해 진지했으나 역사의 무대에서 편안함을 느끼는 사람이었던 반면, 칼뱅은 진심으로 평화로운 은둔생활을 선호했던 것으로 보인다.

또한 연령상으로 그 두 종교개혁자들을 분리시켰던 20여 년의 세월 동안(그들은 서로 만난 적이 없었다) 여러 가지 변화가 일어났다. 아우구스티누스파 수도사였던 루터는 독일의 신비주의자들을 좋아했고 선구적인 종교개혁자가 되었다. 반면, 학창시절에 칼뱅은 신비주의에 거의 관심을 보이지 않았던 프랑스의 인문주의자들과 초기 종교개혁자들의 영향을 받았다. 그들이 처한 상황 역시 서로 달랐다. 루터파 종교개혁은 신성 로마제국(기본적으로 독일)의 역사 안에서 일어난 사건이었다. 그 사건의 중심에는 새로운 복음주의파 제후들의 보호를 받았던 루터라는 인물이 있었다. 반면에 개혁주의 교회들은 일차적으로 독립된 도시들에서 출현했다. 그 도시들의 행정관들은 대개 로마 가톨릭과 개혁주의 교회 사이의 공개 논쟁을 거친 후에 종교개혁을 수용했다. 부처가 그나마 가까운 인물이었으나, 개혁주의 안에는 루터에 비견할 만한 종교적 권위자와, 연합된 제후들에게 비견할 만한 정치적 권위자가 존재하지 않았다. 따라서 합의는 도시들과 그곳 교회 지도자들의 상호 협의를 통해 이루어졌다. 칼뱅은 이미 자리를 잡고 있던 지도자들의 무리에서 떠오르고 있던 별이었다. 더 나아가, 루터는 비텐베르크에서 편안하게 지내면서 때때로 자유롭게 정치 문제에 개입했던 반면, 칼뱅은 그 도시의 지도자들이 종종 그의 교회 개혁 노력을 탄압했던 제네바에서 외국인이자 망명객의 신분으로 살았다.

물론 두 사람 사이에 유사성도 있었다. 루터의 아버지는 자기 아들을 법률가로 그리고 후에는 사제로 만들고 싶어 했다. 칼뱅의 경우는 그 반대였다. 두 사람 모두 중세 후기의 신학과 행습의 가장 엄격한 양상을 잘 알고 있었다. 사실 젊은 시절에 두 사람 모두 반역자이기는 커녕 로마 교회를 향해 깊은 충성을 고백했다. 그들은 그 성장배경인 중세적 경건에 완전히 그리고 성실하게 헌신하지 못한 것 때문에 스스로를 몹시 질책했다.

복음을 받아들인 후 칼뱅은 루터의 관심사를 공유하면서 조심스럽게 개혁을 추구했다. 그는 종교적 자유의 선구자로 알려진 개혁군주 폴란드 왕 지그문트 2세(Sigismund II Augustus)에게 이렇게 말했다. "교회의 공적 시스템을 한꺼번에 바꾸는 것은 가능하지 않습니다."[7] 그

---

7 Calvin, "To the King of Poland" (Geneva, December, 5, 1554), in *Selected Works of John Calvin*, 6:108.

는 예배의 잘못된 잔재들을 정화하는 데 루터보다 관심이 더 많았지만, 의견의 차이가 있으면 관용과 인내심을 발휘하며 교육하라고 권면했다. 루터처럼 교회를 포기하지 않았으며, 개혁의 근원인 성경으로 돌아감으로써 교회를 개혁하고자 했다. 또한 루터처럼 교황에 의해 파문되었고, 종교재판소의 추격을 받았고, 그의 저작들은 금서목록에 올랐다.

칼뱅은 또한 루터와 부처 등과 함께 건전한 교리는 지적인 게임이 아니라 경건의 핵심이라는 확신을 공유했다. 그는 맹목적 신앙(교회가 무엇을 가르치든 그것에 동의하는 것)의 도그마는 "겸손으로 위장한 무지"일 뿐이라고 묘사했다. 물론 신앙은 지식을 요구한다. 그럼에도 신앙은 무엇보다도 한 인격, 즉 복음의 옷을 입은 그리스도에 대한 신뢰이다. 이 하나님의 말씀은 우리의 지성이나 의지나 감정만이 아니라 우리의 전 인격을 사로잡는다. 사실 "참된 신앙은 머릿속을 날아다니는 거창한 생각들이 아니라 살아 있는 경험 안에 있다."[8] 그는 "그동안 나는 단지 지성을 괴롭히는 질문들만 부추기는 자들의 호기심을 비난해왔다"고 말했다.[9] 칼뱅에게 신학은 추상적 이론이 아니라 가장 실제적인 지식이다.

사실 지식과 경험은 분리될 수 없다. 칼뱅은 칭의를 비판하는 로마교회의 신학자들은 사실상 거룩하신 하나님 앞에서 양심의 위기를 겪어본 적이 없는 자들이라며 거듭 그들에 대해 이의를 제기했다. 그들은 성경에 대해 무지할 뿐 아니라 경험적으로도 순진하다. "그러나 양

---

8 Calvin, *Institutes of the Christian Religion*, ed. John T. McNeill, trans. Ford Lewis Battles (Philadelphia: Westminster, 1960), 1.5.9.

9 Calvin, "Psycholpannychia," in *Selected Works of John Calvin*, 3:418.

심의 투쟁을 해본 적이 없는 경박한 수도사들이…[그들의 위선에도 불구하고] 율법의 완성에 대해 재잘거리는 것은 이상한 일이 아니다." "그들은 동일한 확신을 품고 천국에 대해 얘기하지만, 그러는 동안에도 계속 자기들이 늘 갈망하는 현재의 일들에 몰두한다." 칼뱅에 따르면 그들은 "그리스도의 보혈로 깨끗이 씻기기 전에는 불결함에 물들지 않은 행위가 없음"을 깨닫지 못한다.[10] 또한 그는 이렇게 덧붙인다. "이생에 중생이 존재한다면, 율법을 준수하는 일은 가능하다.…그러나 그들이 알지 못하는 일들에 대해 그토록 담대하게 말하는 것은 놀랄 일이 아니다. 왜냐하면 전쟁은 그것을 경험하지 못한 자들에게는 유쾌한 일이기 때문이다."[11]

칼뱅은 그런 경험을 했다. 루터처럼 동료들보다 더 열정적으로 중세의 경건에 헌신했다. 그는 정말로 경건해지고 싶었다. 그는 하나님 앞에서 옳다고 인정받기를 바랐다. 그런즉 그토록 신실했던 교회 젊은이들이 종교개혁의 지도자가 되었다면, 그것은 그들이 다른 사람들보다 로마 교회의 경건을 훨씬 멀리 그리고 깊이 추구했음에도 여전히 그 교회가 그들을 결핍 상태에 남겨두었기 때문이었다. 우리는 선행에 대한 보상으로 영생을 기대하면 안 된다고 가르치는 이들을 정죄했던 트렌트 공의회(Council of Trent)의 법령에 맞서 칼뱅은 이렇게 썼다. "하나님의 심판을 심히 두려워한 적이 없는 이들이 보이는 그런 뻔뻔스러움은 낯설지 않다."[12]

동일한 염려가 추기경 야코포 사돌레토(Jacopo Sadoleto)에게 보낸 격

10 앞의 책, 145.
11 앞의 책, 156.
12 앞의 책, 158.

한 편지에 더욱 직접적으로 표현되어 있다.

> 그러므로 사돌레토여, 나는 당신의 신학이 너무 나태하다고, 즉 심각한 양심의 투쟁을 경험해본 적이 없는 이들과 마찬가지라고 말하지 않을 수 없습니다. 그렇지 않다면 당신은 동료 그리스도인을, 누군가가 조금만 떠밀어도 한순간도 서 있을 수 없는 미끄럽고 가파른 땅 위에 세우지 않았을 것입니다.[13]

칼뱅은 심판 날에 자신이 사돌레토와 함께 그리스도 앞에 서 있는 모습을 상상한다. 그때 그는 이렇게 말했다. "오 주여, 저는 어릴 적부터 교육받은 대로 항상 기독교 신앙을 고백해왔습니다." 하지만 사실 그는 그것이 무슨 뜻인지 알지 못했다.

> 저는, 그동안 제가 가르침을 받아온 대로, 제가 당신의 아드님의 죽음으로 인해 영원한 죽음에 종속된 상태로부터 구속되었다고 믿었습니다. 하지만 제가 생각한 구속은 그의 효력이 저에게까지 미칠 수 없는 것이었습니다. 저는 미래에 있을 부활을 예상했으나 그것에 대해 생각하기를 싫어했습니다. 저에게 아주 무서운 일이었습니다.…사실 그들은 사람들에 대한 당신의 관용에 대해 설교했으나, 그것을 오직 스스로 그것을 받을 만한 자격을 보이는 이들에게만 국한시켰습니다.[14]

---

13 Calvin, "Reply by John Calvin to Cardinal Sadoleto's Letter," in Selected Works of John Calvin, 1:52.

14 앞의 책, 61.

칼뱅은 계속해서 말한다. "얼마간의 침묵 후에도 저는 여전히 참된 양심의 평온을 얻지 못한 상태였습니다. 왜냐하면 제가 제 자신 안으로 내려갔든 아니면 저의 정신을 당신께 들어 올렸든 간에, 극심한 공포가 저를 사로잡았기 때문입니다. 그 공포는 그 어떤 속죄물이나 희생 제물로도 치유할 수 없는 것이었고" 다만 무시될 수 있을 뿐이었다. 그 후에 그는 "아주 다른 가르침"에 대해 들었다. 그것은 사실상,

> 저를 그 근원으로 이끌어갔습니다.…새로운 가르침에 당황한 저는 그것에 귀를 기울이려 하지 않았습니다. 그리고 처음에는, 고백하건대, 강력하게 그리고 열정적으로 그것에 저항했습니다. 왜냐하면…결국 제가 일생동안 무지와 오류 속에서 살아왔다는 사실을 고백하는 것은 아주 어려운 일이었기 때문입니다. 특별히 제가 그 새로운 교사들을 싫어했던 이유가 하나 있었는데, 그것은 바로 교회에 대한 존경이었습니다.[15]

그럼에도 칼뱅은 자신이 귀를 열었을 때 진리를 소중히 여기는 이들이 전하는 것을 이해하게 되었다고 말한다. "그들은 교회에 대해 고상하게 말했고 교회를 일구고 싶은 대단한 열망을 보였습니다."[16]

복음의 확실성

칼뱅은 루터가 마귀의 조롱을 받을 때 느꼈던 극심한 고통을 공감했다. 그것은 "너만 잘났냐?"라는 비난이었다. 우리가 복음을 확신하는 것은 로마 교회 교사들의 가르침과 달리 그것이 성경에 분명히 계

---

15 앞의 책, 62.
16 앞의 책, 63.

시되어 있기 때문이다.

> 그러나 저는 진리와 오류를 구별하는 일에서 결코 잘못을 저지르지 않고 기만당하지도 않는 명명백백한 신앙을 꿈꾸지 않으며, 또한 자신을 모든 인간보다 높은 곳에 올려놓고 아래를 내려다보거나, 사람의 판단을 기다리지 않거나, 유식한 자와 무식한 자들을 구별하지도 않는 오만함을 마음에 그리지도 않습니다.

실은 무분별하게 비판하고 반대의견을 제시하기보다는 판단을 유보하는 편이 낫다. "다만 저는…하나님 말씀의 진리는 너무나 분명하고 확실하기에 사람들이나 천사들에 의해 전복될 수 없다고 주장할 뿐입니다."[17]

칼뱅은 개혁교회가 진정한 가톨릭교회와는 결코 논쟁하지 않는다고 주장한다.[18] "사돌레토여, 당신은 아십니다. 옛 교회와 우리의 일치가 옛 교회와 당신들의 일치보다 훨씬 더 가깝다는 것을." 개혁교회는 다만 "무지한 사람들에 의해 왜곡되어 온" 또한 "그 후로는 로마의 교황권 및 그의 분파에 의해 파렴치하게 난도질당하고 거의 멸절된" "교회의 옛 형태를 갱신하려" 애쓸 뿐이다.[19] 교회 사역의 모든 측면(교리, 성례, 의식, 권징 등)이 로마 교회에 의해 더럽혀졌다. "당신은 우리의 종교에 의해 비준된 모든 것, 즉 하나님의 신탁을 통해 전달되고, 거룩한 교부들의 저작들을 통해 구체화되고, 고대의 공의회들에 의해 승인

17 앞의 책, 54.
18 앞의 책, 37.
19 앞과 동일.

된 모든 것들을 맹렬하게 박해하는 교회를 나에게 강요하시려는 겁니까?"[20]

칼뱅의 인문주의에 대한 공감마저 복음주의적 강조점에 의해 시험을 받았다. 에라스무스는 여러 면에서 종교개혁과 반(反)종교개혁 모두의 창시자라고 할 수 있다. 그러나 에라스무스 뒤에는 "근대적 경건"(*devotion moderna*)으로도 알려진 공동생활형제단(Brethren of Common Life)의 광범위한 영향력이 자리잡고 있었다. 이것은 특히 언급할 만한 가치가 있다. 왜냐하면, 내가 보기에는, 오늘날의 복음주의 영성은 종교개혁보다는 이 운동과 더 많은 것을 공유하고 있기 때문이다.

14세기에 게르하르트 그루테(Gerhard Groote, 1358-1393)가 창설한 공동생활형제단은 신비주의-경건주의적 개혁 운동을 대변한다. 이 운동의 뛰어난 동문들 중에는 에라스무스, 불링거, 발타자르 후브마이어(Balthasar Hubmaier)와 한스 덴크(Hans Denck) 같은 아나뱁티스트 지도자들, 그리고 예수회 창설자인 로욜라의 이그나티우스 같은 이들은 물론이고 추기경들과 한 명의 교황까지 들어있다. 그 운동의 모든 것은 형제단의 일원이었던 토마스 아 켐피스(Thomas à Kempis)가 쓴 베스트셀러 경건서적의 제목처럼 "그리스도를 본받는 것"(the imitation of Christ)에 맞춰졌다. 그러나 종교개혁자들의 차별성은 중세 교회의 교리에 도전했다는 점에 있었다. 대개의 경우 형제단은 교회의 교리와 의례에 무관심했다. 그들은 주로 자유의지와 내적 변화로서의 칭의에 관한 낙관적인 견해 쪽으로 기울어졌다.

칼뱅은 갈림길에 접근했을 때 이렇게 선언했다. "나는 루터의 학생이다." 그는 황제 샤를 5세(Charles V)에게 이렇게 말했다. "하나님께서

20 앞의 책, 38-39.

루터를 비롯한 여러 사람을 일으켜 세우셨습니다. 그들은 구원의 길을 회복하기 위해 횃불을 들고 앞장서서 나아갔습니다. 그리고 그들의 활동으로 인해 우리의 교회들이 세워지고 견고해졌습니다."[21]

또한 칼뱅은 루터와 마찬가지로 칭의를 단순히 여러 교리들 중의 하나가 아니라 로마 교회와의 논쟁의 핵심으로 여겼다. 그 교리에 대해 그는 이렇게 말했다. "이것은 중요한 돌쩌귀와 같아서 이것을 중심으로 종교가 돌아간다.…만약 당신이 무엇보다 하나님에 대한 당신의 관계 그리고 당신에 대한 그분의 심판의 본질이 무엇인지 이해하지 못한다면, 당신은 그것에 의지해 당신의 구원을 이룰, 또한 그 위에서 하나님을 향한 경건을 세워나갈 아무런 토대도 발견하지 못한 셈이다."[22] 칼뱅은 다른 모든 남용들(순례, 공로, 참회, 고행, 연옥, 폭정, 미신, 그리고 우상숭배 등)은 칭의를 거부하는 이 치명적인 토대로부터 흘러나온다고 분명하게 주장했다. 그는 교황과 그의 측근들에 대해 이렇게 묻는다. "그들은 그들의 유일한 안전보장이 무기와 잔인함에 있다고 판단한 것이 아닙니까?"[23]

칼뱅의 경건의 뚜렷한 특징

마지막으로, 칼뱅은 보편적이고 복음주의적인 신앙에 개혁주의 색채를 가미했을 뿐 아니라, 또한 얼마간 내적인 불일치가 발생하던 시기에 합의를 이끌어내는 일에 기여하기도 했다. 한편으로, 그는 새로운 것을 무시하고 모든 교회가 오직 복음 안에서 하나가 되기를 바랐

---

21 Calvin, "The Necessity of Reforming the Church," in *Selected Works of John Calvin*, 1:125.

22 Calvin, *Institutes*, 3.11.1.

23 Calvin, "Reply by John Calvin to Cardinal Sadoleto's Letter," 60.

다. 다른 한편으로, 그는 많은 복음주의자들(개혁교회 신자들과 루터교회 신자들)이 교황과 절연하면서도 여전히 남아 있는, 어느 프로테스탄트 지도자를 에워싸고 그에게 아첨하는 경향 때문에 당혹스러워했다. 그는 삭소니의 수상에게 쓴 편지에서 이렇게 말했다. "만약 내가 루터와 의견을 달리하지 않는다면, 해석 작업을 떠맡는 것은 불합리한 일이 될 것입니다."[24] 또한 그는 울리히 츠빙글리(Huldrych Zwingli)의 지지자들에 대해서도 점차 참을성을 잃었다. 그 자신의 말에 의하면, 그는 츠빙글리의 저작들에 그다지 큰 인상을 받지 못했고, 사실상 가능한 한 그것을 무시했다고 말한다.[25] 칼뱅은 "만약 누군가가 츠빙글리보다 루터를 더 좋아한다고 말하면 그들은 격분했다"며 그들에 대해 불만을 터뜨렸다. "이것은 어떤 식으로든 츠빙글리에게 손해가 되지 않았다. 왜냐하면, 만약 그 두 사람을 서로 비교한다면, 루터가 츠빙글리보다 훨씬 선호할 만한 인물임이 분명하기 때문이다."[26]

이 책을 통해 우리는 칼뱅이 이룬 탁월한 공헌에 대해 살피게 될 것이다. 여기서는 몇 가지만 간략하게 언급하겠다.

첫째, 칼뱅은 오직 성경만이 신앙과 실천을 규정해야 한다는 점을 다른 종교개혁자들보다 훨씬 강력하게 주장했다. 교회의 교리, 예배, 삶, 권징 등 모든 측면을 결정하는 것은 오직 그리스도의 말씀이지 교황도 제후들도 아니었다. 성경 외에 교회는 인간의 양심을 구속할 어떤 권위도 갖고 있지 않다.

둘째, 칼뱅의 사고 전반에는 "분리되지 않고 구별됨"(distinction without

---

24 Calvin, "To Francis Unhard" (Geneva, February 27, 1555), in *Selected Works of John Calvin*, 6:154.

25 T. H. L. Parker, *John Calvin* (Tring, UK: Lion, 1975), 162.

26 Calvin, 앞의 책, 154에서 재인용.

separation)이라는 공식이 배어 있다. 칼케돈 공의회(AD 451)에서 나온 에큐메니컬 신조는 영원한 아들이 우리의 육신을 입으심으로써 한 인격 안에 두 가지 본성이 결합되었다고 확언했다. 그럼에도 각 본성은 그 고유한 속성들을 간직하고 있다. 분리되거나 혼동되지 않은 상태로 그렇다는 것이다. 초기 교부들에게 의존하고 있는 칼뱅의 기독론과 특히 "분리되지 않고 구별된다"는 공식은 성찬에서의 구원의 실재(saving reality)와 피조물의 표식(creaturely sign)의 관계에 대한 그의 견해뿐 아니라, 하나님과 세상, 그리스도의 구원하는 직무와 교회의 사역, 그리고 그리스도와 문화에 대한 그의 견해까지도 형성한다. 또한 칼뱅의 풍성한 삼위일체 신학은 성찬을 다루면서 성령의 사역을 크게 강조할 때 분명하게 드러난다. 그는 그리스도의 육체적 승천의 중요성을 강조하는데, 그것은 지금 여기 있는 우리와 하늘에 오르셨다가 육신을 입고 돌아오실 그리스도를 연합시키는 성령의 사역을 위한 공간을 열어준다.

셋째, 칼뱅은 그리스도 안에 있는 하나님의 약속을 기초로 성도의 교제가 가능해짐을 강조하는 선구적인 언약 신학자였다. 구약과 신약 모두에서 드러나는 은혜 언약의 통일성은 그리스도인의 삶에 관한 그의 가르침 전체에 엮여 있다. 그것은 단순히 언약의 자손들의 세례를 지지하는 논증에 불과하지 않고, 그것을 통해 성경 전반을 해석하는, 또한 성경을 가족과 개인의 일상생활에 적용하는 해석학적 렌즈에 해당한다. 칼뱅의 언약에 대한 강조는 또한 경건에 대한 그의 공동체적이고 교회적인 이해의 핵심이다. 개인적인 훈련도 중요하다. 하지만 교회의 공적 사역은 그로부터 하나님의 좋은 선물이 가정과 개인에게, 그리고 이어서 그들을 통해 온 세상으로 흘러나가는 샘과 같다. 요컨대, 개인적인 경건이 공적 경건으로부터 나오는 것이지, 전자에서 후자로 나오지 않는다. 공동 예배에 대한 이와 같은 강조에는 회중의 합창도 포함한다. 그리고 구약과 신약 모두에 들어 있는 은혜 언약의 연속성은 시편에 탁월한 지위를 부여했다. 요컨대, 적어도 칼뱅에게는, 경건이란 것이 우리가 "가르칠" 그 무엇일 뿐 아니라 "붙잡아야 할" 그 무엇이기도 했다. 우리는 기도하는 바에 따라 믿는다(*lex orandi, lex credendi*). 참된 교리는 직접적인 가르침을 통해 고취될 뿐만 아니라, 성도의 교통, 가정생활, 일상생활에서 진행되는 공적 예배와 교제를 통해서도 고취된다. 성경 읽기, 기도, 시편찬송 등은 개혁주의적 경건의 가장 중요한 특징이다.

이런 독특한 강조점들은 이어지는 장들에서 더욱 분명하게 드러날 것이다. 이제 칼뱅의 영성에 관한 우리의 탐구를 그의 설교들의 첫머리에 등장하는 기도와 함께 시작하려 한다. "우리가 하나님의 신비로운 하늘의 지혜들을 묵상할 때 갈수록 더 헌신하되 그분의 영광과 우리의 교화를 위해 그렇게 하도록 주님이 허락해주시길 기도합니다."

제

1

부

하나님 앞에 사는 삶

3. 하나님과 우리 자신을 아는 지식

적어도 오늘과 같은 자기 집착적인 문화에서 보면, 칼뱅의 신학은 너무나 하나님 중심적이라 인간을 위한 여지가 없는 듯하다. 따라서 이성주의적인 차가운 신학으로 보인다. 우리는 눈부신 위엄을 지닌 절대주권자 하나님 앞에 머리를 숙일 뿐이다.

하지만 그의 『기독교강요』 첫머리만 살펴봐도 우리는 다른 결론에 이르게 된다. "우리가 소유하는 거의 모든 지혜, 즉 참되고 건전한 지혜는 두 부분으로 이루어져 있다. 하나는 하나님에 대한 지식이고, 다른 하나는 우리 자신에 대한 지식이다." 그리고 이 둘은 "불가분의 관계다."[1]

언약적 교제를 위해 하나님의 형상과 모양대로 창조된 우리는 우리 자신을 위해서가 아니라 하나님을 위해 그리고 서로를 위해 지음을 받았다. 의심할 바 없이 칼뱅은 아우구스티누스가 『고백록』(*Confessions*) 서두에서 친밀한 기도의 형태로 표현했던 말을 떠올렸을 것이다. "주님은 우리를 주님을 위해 지으셨기에 우리의 마음은 주님 안에 쉴 때

1 Potter Engel은 칼뱅의 작품에 나오는 소위 "핵심 주제"(즉, 예정론)를 제대로 배격하면서 칼뱅의 사상이 대체로 "역동적인 관점주의 구조"(a dynamic perspectival structure)를 갖고 있다고 말한다. *John Calvin's Perspectival Anthropology* (Atlanta: Scholars Press, 1988), xi.

까지 평화를 얻지 못합니다."[2] 하나님은 우리가 필요해서가 아니라 언약의 파트너로 삼으려고 우리를 창조하기로 하셨다. 그러므로 하나님을 대해 생각하는 순간 우리 자신에 대해 생각하지 않을 수 없으며, 그 역도 마찬가지다. 하나님을 아는 것은 하나님을 경험하는 것과 분리될 수 없다.

> 하나님에 대한 생각이 당신의 마음에 떠오를 때 어떻게 당신이 다음 사실을 즉각 깨닫지 못할 수 있겠는가? 당신이 그분이 손으로 지으신 작품이라는 것, 그분이 갖고 계신 창조의 권리로 인해 당신은 그분의 명령에 순종하도록 지음을 받았다는 것, 그리고 당신의 생명은 그분 때문에 존재한다는 것을? 당신이 무슨 일을 떠맡고 무엇을 행하든 그 모든 것이 그분으로부터 나온다는 것을 어찌 깨닫지 못할 수 있겠는가?…우선, 경건한 사람은 자기가 좋아하는 아무 신이나 꿈꾸지 않으며, 오히려 유일무이한 참되신 하나님에 대해 생각한다. 그리고 자기가 좋아하는 아무것이나 그분께 갖다 붙이지 않고, 오히려 그분이 자신을 드러내시는 그런 존재임을 신봉하는 것으로 만족한다.[3]

중세 표준 교과서들의 첫머리는 대개 이런 질문으로 시작된다. "하나님은 무엇인가?" 다시 말해, 그분의 본질, 즉 그 자체로서 하나님은 무엇인가? 이것은 성경 속 하나님의 자기 계시를 살피지 않아도 이런 저런 방식으로 대답될 수 있는 철학적인 질문이다. 이는 우리 자신에

---

2 St. Augustine, *Confessions*, trans. R. S. Pine-Coffin (New York: Penguin Classics, 1961), 21.

3 Calvin, *Institutes of the Christian Religion*, ed. John T. McNeill, trans. Ford Lewis Battles ((Philadelphia: Westminster, 1960), 1.2.2.

대한 생각에도 해당된다. "인간이란 무엇인가?" 우리를 다른 모든 피조물과 구별해주는, 그리고 심지어 나의 가장 내면적인 자아를 나의 몸과 구별해주는 본질은 무엇인가? 일반적으로, 그리스 사상처럼 중세 신학은, 비록 인간이 육체적 본성의 측면에서 짐승들과 더 닮은 것으로 간주되었음에도, 인간 영혼의 장엄함을 파괴될 수 없는 불멸의 "신성의 불꽃"으로 거론했다.

그러나 성경에 나오는 그 질문의 맥락은 언제나 구체적인 언약의 역사다. 칼뱅은 공공연하게 말한다. "하나님은 무엇인가? 이 질문을 제기하는 이들은 한가한 사색을 갖고 놀고 있을 뿐이다. 우리에게 더 중요한 것은 하나님이 어떤 분이며 무엇이 그분의 본성에 부합하는지를 아는 것이다.…**요컨대, 우리와 아무 상관이 없는 하나님을 아는 것이 무슨 유익이 있을까?**"[4] "하나님이 무엇인지 발견하려는 이들은 미친 사람들이다"라고 그는 말한다. "하나님의 본질은 탐구의 대상이 아니라 경배의 대상이 되어야 한다."[5] "참으로 그분의 본질은 우리가 이해할 수 있는 것이 아니다. 그러므로 그분의 신성은 인간의 모든 지각의 한계를 완전히 벗어난다. 하지만 그분은 자신의 영광의 명백한 표시들을 손수 지으신 만물들 위에 분명하고 두드러지게 새겨 넣으심으로써 아무것도 배우지 못한 무지한 사람조차 몰랐다는 변명을 하지 못하게 하셨다."[6]

4 앞과 동일. 강조체는 덧붙인 것임. 이 구절에 대한 Battles의 번역 중 각주 6번을 보라. 거기서 그는 칼뱅이 이런 비판을 할 때 Zwingli를 염두에 두었다고 주장한다. Zwingli의 후계자인 Bullinger에게 보낸 편지(Jan. 1552)에서 칼뱅은 하나님의 섭리에 대한 Zwingli의 글이 "옹이투성이의 패러독스"로 가득차있다고 지적한다(*Corpus Reformatorum: Johannis Calvini opera quae supersunt omnia*, 14.253).

5 Calvin, *Institutes*, 1.2.2.

6 앞의 책, 1.5.1.

수많은 성경 구절 외에도, 칼뱅은 고대 교부들, 특히 하나님을 아는 것은 그분의 본질을 탐구해서가 아니라 그분이 행하신 일들을 살핌으로써 가능하다고 주장했던 동방의 교부들에게서 이 강조점을 끌어냈다.[7] 비록 우리가 하나님이 어떤 존재이신지에 관해 감히 생각할 수는 없지만, 우리는 성경을 통해서 하나님이 **어떤 모습인지**, 즉 그분의 속성들은 알 수 있다. "그래서 그분의 능력들이 언급되고, 이를 통해 우리에게 그분의 본질이 아니라 우리에게 자신이 어떤 분이신지를 알려주신다. 그러므로 그분에 대한 이런 인식은 헛되고 지나친 사색이 아니라 살아 있는 경험 안에 있는 셈이다."[8] 하나님이 계시하는 것은 참된 지식이다. 그러나 하나님이 우리에게 그런 지식을 제공하시는 목적은 그분과 화해해야 할 우리의 절실한 필요를 채워주기 위함이지 우리의 호기심을 만족시키려는 것이 아니다.

> 내가 이해하기로, 하나님에 대한 지식은 우리가 그것을 통해 하나님이 계시다는 것을 인식할 뿐 아니라, 또한 무엇이 우리에게 적합하고 그분의 영광에 적합한 것인지, 그리고 끝으로 **그분에 관해 아는 것이 우리에게 무슨 유익이 되는지**를 이해하기 위한 것이다. 참으로 우리는, 적절하

7 Gregory of Nyssa, "On 'Not Three Gods' to Ablabius," *in A Select Library of Nicene and Post-Nicene Fathers of the Christian Church*, series 2. vol. 5, trans. S. D. F. Salmond (Grand Rapids: Eerdmans, 1973), 333; John of Damascus, "An Exact Exposition of the Orthodox Faith," in *A Select Library of Nicene and Post-Nicence Fathers of the Christian Church*, series 2, vol. 9. trans. S. D. F. Salmond (Grand Rapids: Eerdmans, 1973), 1. B. B. Warfield, *Calvin and Augustine*, ed. Samuel Craig (Philadelphia: Presbyterian and Reformed, 1956), 153. Warfield가 주장하듯, "그는 하나님의 본성을 선험적으로 규정하는 것을 거부하면서 그분이 그분의 행위를 통해 우리에게 그분 자신에 관해 알려주신 계시를 통해 추후에 그분에 관한 우리의 지식을 형성하도록 요구하고 있다." 또한 일반적으로 "본질"의 탐구에 관해서는 칼뱅과 그 전통이 이렇게 침묵하는 입장에 대한 Warfield의 탁월한 요약을 보라(139-40).

8 Calvin, *Institutes*, 1.10.2.

게 말하자면, 아무런 믿음이나 경건이 없는 곳에서 하나님이 알려지신다고 말해서는 안 된다.[9]

칼뱅의 목표는 하나님이 "무엇인지"(what)가 아니라 "누구인지"(who)를, 그분의 본질이 아니라 역사 속에서 활동하는 분임을 발견하는 것이다. 이를 위해 필요한 것은 사색이 아니라 이야기다. 우리는 그분의 선물을 통해 그 선물을 주신 분을 알게 되고, 그런 선물들의 수혜자인 우리 자신도 알게 된다.

그러므로 칼뱅의 견해는 인간에게 그림자만 비치는 장엄한 주권자, 저 멀리 있는 신의 풍자화와는 거리가 멀다. 앙드레 비엘레(André Biéler)가 분명하게 말하듯, "프로테스탄트 종교개혁은 하나님의 재발견에 그치지 않았다. 그것은 또한 '인간이란 무엇인가'라는 질문에 대한 결정적인 답이었다."[10] T. F. 토랜스(Torrance)는 칼뱅의 접근법을 이렇게 말한다.

> 인간에 대한 이런 성경적 지식은 다음과 같은 방식으로 얻어진다. (a) 인간의 존재 법칙인 원초적 진리와 비교할 때 인간이 실제로 어떤 존재인지를 볼 수 있게 해주는 율법을 통해서. (b) 인간에게 [그가 그리스도 안에서] 실제로 어떤 존재인지를 보여줄 뿐 아니라, 그를 중생시켜 애초에 그가 되어야 했던 존재가 될 수 있게 해주는 복음을 통해서.[11]

그러므로 칼뱅에게 인류학은 "독립적 위상을 갖고 있지 않다."[12] 그

9 앞의 책, 1.2.1. 강조체는 덧붙인 것임.

10 André Biéler, *The Social Humanism of Calvin*, trans. Paul T. Fuhrmann (Richmond, VA: John Knox, 1961), 9.

11 T. F. Torrance, *Calvin's Doctrine of Man* (Westport, CT: Greenwood, 1957), 13.

리고 우리가 하나님과 우리 자신을 가장 분명하게 알 수 있는 장소는 한 인물, 즉 하나님이자 인간이신 예수 그리스도다.

우리가 이런 질문들에 이런 식으로, 즉 "머릿속에 돌아다니는" 사색을 위해서가 아니라 "그 지식이 우리에게 유익이 되는" 진리를 추구하는 식으로 접근할 때, 우리는 더 이상 운전사의 자리에 앉지 않게 된다. 오히려 진리를 발견하고 깜짝 놀라거나 압도당할 준비를 갖추게 된다. 그럴 때 진리가 우리에게 다가온다. 아니, 진리가 우리를 뚫고 들어온다. 바로 이것이 칼뱅이 말하는 "경건"의 의미다. 자연 너머에 있는 어떤 존재에 대한 이방인의 경이감 속에도 이런 경건의 잔재가 있다. 칼뱅은 말한다. "설령 지옥이 없다고 할지라도," 경건한 사람은 "하나님을 불쾌하게 만든다는 생각만으로도 몸서리를 칠 것이다." "그리고 우리는 다음 사실에 더욱 부지런히 주목해야 한다. 모든 사람이 하나님에 대해 일반적인 모호한 경외심을 품고 있으나 그분을 실제로 경외하는 이들은 별로 없다는 것이다."[13]

하나님을 아는 것은 다른 사람을 아는 것과 비슷하다. 분명히 지적인 내용이 필요하다. 하지만 무엇보다도 그것은 신뢰할 만한 의사소통 위에 세워진 사랑과 신뢰의 관계다. 하나님이 우리에게 말씀하시는 목적은 어떤 정보를 제공하기보다는 심판과 은혜 속에서 우리를 만나기 위해서다.

경건은 어린아이가 부모에게 혹은 백성이 그의 군주에게 보이는 사랑스런 존경이다. 이것은 전인(全人), 즉 이성, 의지, 감정, 몸이 모두 개입하고, 그분이 자신에 관해 그리고 우리에 관해 계시하기를 기뻐하

---

12 앞의 책, 14.

13 Calvin, *Institutes*, 1.2.2.

시는 것은 무엇이든 들으려고 하는 관계중심적인 앎이다. 우리는 초연한 관찰자나 구경꾼이 될 수 없다. 『기독교강요』에서 칼뱅이 개진하는 논증은 바울이 아테네에서 했던 연설(행 17장)과 로마서의 처음 3장에 나오는 논증을 반영한다. 엘시 앤 맥키는 칼뱅의 논증을, 경건의 가장 넓은 원주로부터 가장 구체적인 것, 즉 "복음의 옷을 입은 그리스도"로의 논리적인 개진으로 잘 요약한다.[14]

누구나 하나님을 안다

오늘날 많은 사람은 복음이 우리에게 하나님과의 개인적 관계를 제공한다고 추정한다. 그러나 칼뱅은 이것을 기정사실로 여긴다. 하나님과의 언약적 관계 안에서 지음 받은 모든 사람은 선천적으로 하나님을 안다. "인간의 마음에는 선천적 본능으로 주어진 신(神) 의식(*sensus divinitatis*)이 있다." "우리는 이것을 논쟁의 여지가 없는 것으로 여긴다"라고 칼뱅은 말한다.[15] 사실 『기독교강요』 첫 단락의 대부분은 키케로(Cicero)의 『신론』(*On the Gods*)에 대한 주석이라 할 수 있다. 이런 일반계시를 억누르다가 하나님의 존재를 부인하는 상황까지 이르는 이들이 있다. "그러나, 그 유명한 이방인[키케로]이 말하듯, 하나님의 존재에 대한 뿌리 깊은 확신이 없다고 주장할 만큼 미개하고 야만적인 민족이나 종족은 없다." 이것은 "모든 사람의 마음에 새겨져 있는 신 의식에 대한 암묵적 고백이다. 사실 우상숭배조차 이 의식에 대

---

14 Elsie Anne McKee, "Context, Contours, Contents: Towards a Description of Calvin's Understanding of Worship," in *Calvin Studies Society Papers, 1995, 1997; Calvin and Spirituality: Calvin and His Contemporaries*, ed. David Foxgrover (Grand Rapids: CRC Product Services, 1998), 69.

15 Calvin, *Institutes*, 1.3.1.

한 명확한 증거다."[16]

그러므로 타락 이후에도 이 신 의식은 "결코 지워질 수 없다." 이는 "모든 사람 안에 선천적으로 주어져 있다."[17] 고대 그리스에서도 무신론은 드물었다. "비록 디아고라스(Diagoras, 소크라테스와 동시대인—역주)와 그의 추종자들이 종교와 관련해 각 시대가 믿었던 것들을 농담거리로 만들고, 디오니시우스(Dionysius, 405-367, 시라쿠사의 폭군—역주)가 하늘의 심판을 조롱할 수는 있으나, 그것은 그저 냉소적인 웃음일 뿐이다. 불에 달군 쇠보다 더 날카로운 양심의 벌레가 안에서부터 그것을 갉아먹는다." 이것은 "창조의 법"이다.[18] "천문학, 의학, 그리고 모든 자연과학"이 입증하는 "헤아릴 수 없을 만큼 많은 증거들이 있다."

> 사실, 교양과목들(liberal arts, 중세의 기본 과목으로 문법·논리학·수사학·산수·기하·천문·음악 등을 가리킨다—역주)을 공부한 사람들은 그 도움을 받아 신적 지혜의 비밀을 더 깊이 들여다본다. 그러나 그런 것들에 무지한 자라도 하나님의 창조 솜씨를 충분히 보고도 창조주에 대한 존경심을 품고 감탄사를 폭발하지 않을 사람은 없다.[19]

모든 피조물은 빵부스러기 같은 흔적을 통해 우리를 하나님께 이끌어간다. 칼뱅이 하나님에 관한 "헤아릴 수 없을 만큼 많은 증거들"에 대해 말하면서 철학은 언급하지 않고 "천문학, 의학, 그리고 모든 자연과학"을 언급한 것은 무척 흥미롭다. 그는 하나님의 형언할 수 없

---

16 앞과 동일.
17 앞의 책, 1.3.3.
18 앞과 동일.
19 앞의 책, 1.5.2.

는 본질보다 그분의 분명한 작품들에 초점을 맞추면서 좀더 경험적 인 접근법, 즉 "눈으로 쉽게 관찰하고 손가락으로 지적할 수 있는" 것들을 살피는 방식을 따른다. 우리는 우리 자신의 사색을 통해 하나님의 개념을 연역하기보다 우리 주변에 있는 사실들로부터 하나님의 개념을 귀납적으로 찾아내야 한다. "우리는 하나님과 관련해 우리의 뇌를 괴롭히면 안 된다. 오히려 그분의 작품들을 통해 그분을 묵상해야 한다." 목표는 "헛된 사색에 만족한 채 단순히 머릿속을 떠다니는 지식이 아니라, 우리가 그것을 제대로 인식한다면, 또한 그것이 우리 마음에 뿌리를 내린다면, 건전하고 유익한 열매를 맺게 될 지식이다."[20] 우리는 "호기심 때문에 그분의 본질을 샅샅이 조사하려 해서는 안 된다." 오히려 우리는 하나님의 작품들에 면밀하게 집중해야 한다. "그러면 그분이 몸소 우리에게 가까이 그리고 친밀하게 다가오시고, 또한 모종의 방식으로 자신을 우리에게 알려주신다."[21]

우리는 하나님이 우리에게 자신을 알려주시는 곳에서 그분을 찾음으로써 가장 온전한 의미의 실제적인 지식에 도달한다. 그것은 우리에게 경외감을 불러일으키는 진, 선, 미에 대한 단순한 명상이 아니라, 우리를 구원으로 이끄는 우리의 창조주와 구원자에 대한 지식이다. "이런 종류의 지식은 틀림없이 우리를 일으켜 하나님을 예배하게 할 뿐 아니라, 또한 우리를 일깨워 미래의 삶을 소망하게 한다."[22] 우리는 하나님의 창조 작업의 정점이며 하나님 자신의 형상이자 그분의 대리자다.[23] 그러나 인간이란 종(種)의 영광은 인간 타락의 깊이의 척도가

20 앞의 책, 1.5.9.

21 앞과 동일.

22 앞의 책, 1.5.10.

되기도 한다.

모든 사람은 불의로 진리를 억누른다

칼뱅은 하나님 앞에서 우리의 타락한 상태를 전제하며 우리의 양심은 참된 하나님의 현존을 조금이라도 접하면 두려워서 도망칠 수밖에 없다고 말한다.[24] 우리는 그런 상황을 직면하기보다 우리가 조작할 수 있는 하나님의 형상 - 그것이 어떤 개념 혹은 대상이든 간에 - 을 꾸며낸다. 일반계시 안에는 우리에게 관대하고, 공정하고, 현명하고, 강력한 창조주의 존재를 확신시켜주는 것이 충분히 존재한다. 그럼에도 죄 많은 인간은 "아주 눈부신 극장 안에서 눈이 멀어 있다."[25]

타락은 특별 계시를 요구하는데, 그것은 우리가 고의적으로 자연적 견지에서 하나님과 우리 자신을 잘못 해석하기 때문이고, 하나님이 오직 복음 안에서만 죄인들에게 자신의 구원 계획을 선포하기 때문이기도 하다. 로마 가톨릭 신학에서 일반계시는 구속에 이르는 징검다리다. 하지만 칼뱅이 보기에 그것은 우리가 우리 자신을 붙잡아 매는 줄이다. 우리는 단순한 무지, 즉 하나님에 대한 혹은 그분과의 관계에 대한 지식의 부재(不在)에서 출발하지 않는다. 오히려 우리는 명확한 지식과 경험을 갖고 시작하지만, 점차 그 지식들을 고의로 왜곡하고 비틀어서 우상숭배로 전락시킨다. 분명히 일반계시는 좀더 적극적인 목적을 위해 봉사한다. 우리가 모든 것을 동시에 억누를 수는 없다. 그리고 불신자들 역시 하나님에 대한 지식의 잔재를 갖고 있다. 인간

23 앞의 책, 1.5.3.
24 앞의 책, 1.3.2.
25 앞의 책, 1.5.8.

의 양심에 새겨진 도덕법은 이방인 사회가 갖고 있는 상대적인 정의와 질서에서도 분명하게 드러난다. 그럼에도, 복음과 분리될 경우, 우리는 이 계시를 우상숭배로 변질시킨다.

기본적으로, 하나님에 대한 그리고 우리 자신에 대한 이런 지식은 율법의 첫 번째 용도를 보여준다. 그 용도란 우리를 우상숭배와 자신감으로부터 내몰아 그리스도께 달려가게 하는 것이다.[26] "우리는 분명한 증거에 의해 우리 자신의 불의, 더러움, 어리석음, 그리고 불순함을 깨닫기 전에는 늘 자신을 의롭고, 올바르고, 현명하고, 거룩하다고 여기는 오만함이 우리 모두에 내재되어 있기 때문이다."[27] 우리의 생각을 현세적인 문제들에 국한시키는 한, "우리는 늘 자신을 치켜세우며 작은 신으로 자부한다."

> 그러나 일단 우리의 생각을 하나님께 맞추고, 그분의 본성, 그리고 그분의 의와 지혜와 능력이 얼마나 완전한지 – 그것은 우리가 우리 자신을 맞춰야 하는 기준이다 – 에 대해 숙고하기 시작하면, 예전에 의로운 것처럼 가장하며 우리를 즐겁게 해주던 것이 철저하게 악하고 더러운 것으로 드러날 것이다. 지혜라는 이름으로 우리에게 놀라운 인상을 주었던 것이 지극한 어리석음의 냄새를 풍기게 될 것이다. 능력의 얼굴을 갖고 있던 것이 가장 비참한 연약함이었음이 드러나게 될 것이다.[28]

---

26 *Institutes* 2.7.6에서 칼뱅은 이런 교육적 용도를 다음과 같이 묘사한다. "그것은 하나님의 의, 즉 하나님께 유일하게 수용될 만한 의를 제시하면서, 또한 모든 인간에게 그 자신의 불의에 대해 경고하고, 알려주고, 확신시키고, 마침내는 정죄한다." 이런 용도에 덧붙여서, 율법은 시민적 징벌로 위협하고 또한 신자들을 인도하는 역할을 한다. 이 "세 가지 용도"는 처음에는 Melanchthon에 의해 공식화되었다가, 나중에는 일치신조(Formula of Concord)의 제6항을 통해 공적으로 고백된다.

27 앞의 책, 1.1.2.

28 앞과 동일.

바울의 논증처럼, 이런 일반계시는 모든 이들을 “변명하지 못하게” 만든다. 그것은 하나님의 능력, 공의, 선하심, 그리고 위엄에 대한 계시로서 우리의 타락한 마음을 드러낸다. 그럼에도 우리는 우리가 통제할 수 있는 우상들을 만들어내고 그런 것들에 만족한다. “그러므로 그들은 하나님을 그분이 계시하시는 대로 이해하지 않으며, 자기들이 추측으로 지어낸 그분에 대해 상상한다.”[29] 칼뱅의 경건의 중심에는 “하나님이 자신을 계시하시는 대로”와 “그들이 그분에 대해 상상한 대로” 사이의 절대적인 대조가 있다.

하나님에 대한 이처럼 뿌리 깊은 지식에도 불구하고, 인간은 “자신들이 벌을 받지 않도록…하나님을 하늘에 가둬 아무것도 못하게” 하기 위하여 **“스스로를 교묘하게 속인다.”**[30] “왜냐하면 그들은 아무리 터무니없어도 종교적 열정이 있으면, 그 자체로 충분하다고 여기기 때문이다.…우리는 또한 미신이 하나님을 기쁘게 하려 하지만 가식으로 얼마나 하나님을 조롱하는지 분명히 볼 수 있다.”[31] 우상숭배는 어떤 형태이든 행위로 얻는 의(works-righteousness)에서 가장 분명하게 드러난다. 모든 문화와 모든 종교는 그 중심에 신들을 달래기 위한 규정과 의식들을 갖고 있다. “아니, 더 나아가, 그들은 좀더 큰 방종과 함께 자신들의 오물 안에서 게으르게 뒹군다. 왜냐하면 그들은 우스꽝스러운 속죄 행위로 그분에 대한 의무를 이행할 수 있다고 확신하기 때문이다.”[32] 비극적이게도, 타락한 마음의 이런 성향은 중세 교회의 모든 면에서 분명하게 드러났다. 중세 교회 당시 대부분의 사람들은 악취에

29 앞의 책, 1.4.1.
30 앞의 책, 1.4.2. 강조체는 덧붙인 것임.
31 앞의 책, 1.4.3.
32 앞의 책, 1.4.4.

익숙해 있었다. "습관에 의해 무감각해진 그들은 실은 자신들의 배설물 가운데 앉아 있음에도 장미꽃들에 둘러싸여 있다고 믿는다."[33]

그러므로 칼뱅의 견해에 따르면, "종교는 모든 미신의 시작이다." 그것은 "신(神) 의식"의 왜곡이다.[34] 우상숭배는 하나님을 하늘에 가두거나 창조주를 피조물과 동일시하면서 이신론과 범신론 사이를 왔다 갔다 한다.[35]

> 그러므로 우주가 우리를 위해 그토록 많은 등불을 밝히고 우리에게 그것을 지으신 분의 영광을 보여주는 것은 헛되다. 설령 그것들이 우리를 그 빛으로 온전히 적실지라도, 여전히 그것들은 자체만으로는 어떤 식으로도 우리를 바른 길로 이끌지 못한다. 분명히 그것들은 얼마간 불꽃을 튀긴다. 하지만 완전히 타올라 불빛을 비추기 전에 사그라진다.[36]

여기에 등장하는 능동태 동사들에 주목하라. 칼뱅의 견해에 의하면, 진리를 추구하는 일에서 중립은 있을 수 없다. 우리는 사랑하는 이로부터 오는 증거를 기다리는 친구들이 아니라, 우리를 온통 감싸고 있는 분명한 진리로부터 달아나는 하나님의 적들이다. "주님이 귀머거리들에게 노래를 부르지만 그들의 마음을 내적으로 어루만지지 않는다면," 우리가 그 목소리를 못 듣는 것은 오로지 우리의 사악함

---

33 Philip Benedict, *Christ's Churches Purely Reformed: A Social History of Calvinism* (New Haven, CT: Yale University Press, 2002), 86에서 재인용.

34 Herman J. Selderhuis, *Calvin's Theology of the Psalms* (Grand Rapids: Baker Academic, 2007), 75.

35 Calvin, *Institutes*, 1.5.5.

36 앞의 책, 1.5.14.

때문이다.[37] 하나님의 세계는 "놀라운 극장"이지만 우리의 타락한 마음과 정신은 "미로"다. 미로는 칼뱅이 인간의 어리석음을 표현하기 위해 자주 사용하는 은유다. 우리의 사악한 정신이라는 이 미로 안에서 "성급함과 피상성이 무지와 어둠과 결합한다."[38]

이런 글을 통해 우리는 칼뱅이 로마 교회 못지않게 일반계시를 긍정한다는 사실을 알게 된다. 또한 그는 자연을 통한 하나님의 이런 계시를 받아들이는 인간의 **선천적 능력**도 강력하게 가르친다. 하지만 그와 로마 교회 사이의 중요한 차이는 타락 이후에도 자연을 통해 나타나는 하나님의 진리를 이해하고 받아들이는 우리의 **도덕적 능력**이 철저하게 부패하고 왜곡되었다는 그의 확신에서 발견된다. 타락에 대해 빈약한 견해를 지녔던 로마 교회의 신학은 이 선천적 능력을 진리를 받아들이는 도덕적 능력과 혼동했다. 이 때문에 복음을 듣지 못한 자들이 그럼에도 "그들 안에 있는 것을 행함으로써"(최근에 "가톨릭교회 교리서"[*Catechism of the Catholic Church*, 교황 요한 바오로 2세가 1986년에 추기경 요제프 라칭거를 중심으로 구성한 주교특별위원회가 1997년까지 작업해 완성한 교리서—역주]에 의해 다시 인정된 중세의 교리) 구원을 얻을 수 있다는 것이다.[39] 은총은 우리에게 주어진 계시에 복종하도록 우리의 의지를 강화시키며 우리가 자립하도록 돕는다. 선천적 지성은 계시의 빛을 따름으로써 구원을 얻을 수도 있다. 이 견해는 근대 프로테스탄티즘 안에서도 널리 인정되

---

37 Calvin, *Commentary upon the Epistle of Paul the Apostle to the Romans, in Calvin's Commentaries*, vol. 19, trans. John Owen (Grand Rapids: Baker, 1996), 88.

38 Calvin, *Institutes* 1.5.12, 14.

39 이 견해는 제2차 바티칸 공의회에서 되풀이되었고, 사실상 비그리스도인의 구원까지 포함시킬 정도로 확대되었다. "사실, 자신의 잘못 없이 그리스도의 복음과 그분의 교회에 대해서는 모르지만, 진실한 마음으로 하나님을 찾고 양심의 명령을 통해 알게 된 하나님의 뜻을 은총에 힘입어 실천하려고 노력하는 사람은 영원한 구원을 얻을 수 있다"(*Lumen Gentium* 16).

었다. 사실 슐라이에르마허는 각 종교가 그 나름의 방식으로 표현하는 보편적인 종교적 감정이라는 자신의 개념을 뒷받침하기 위해 칼뱅의 보편적인 "신 의식"에 호소했다. 일반계시에서 특별 계시로 넘어가는 것은 조명등의 스위치를 약함에서 밝음 쪽으로 돌리는 것과 같다.

그러나 칼뱅은 두 가지 측면에서 이런 가설과 결별한다. 첫째, 그는 타락 이후 우리 중 그 누구도 일반계시를 참된 하나님께 인도하는 길로 해석하지 않는다고 믿는다. 둘째, 설령 우리가 일반계시를 정확하게 해석할지라도, 그것은 특별계시보다 **희미한** 빛일 뿐 아니라 **다른** 빛이기도 하다.

> 자연 질서는 우주의 틀이 우리가 그 안에서 경건을 배우고 그로부터 영원한 삶과 완전한 복락으로 넘어가는 학교가 되는 것이었다. 그러나 인간의 반역 이후 우리의 눈은 어디를 바라보든 하나님의 저주와 만나게 되었다.…비록 하나님이 여러 가지 방식으로 우리에게 아버지다운 사랑을 보여주고자 하실지라도, 우리는 우주를 생각한다고 그분이 우리의 아버지이심을 추론해 낼 수 없다. 오히려 우리 속의 양심이 우리를 짓누르고 우리의 죄를 지목하면서 그분이 우리를 저버리고 우리를 그분의 자녀로 간주하거나 인정하지 않는 정당한 이유를 보여준다. 또한 우리의 지성은 눈이 멀고 무엇이 진리인지 지각하지 못하기에 무감각과 무례함이 뒤따른다.…그러므로 비록 십자가의 메시지가 우리의 인간적 성향과 일치하지 않을지라도, 우리가 그동안 멀어져 있던 우리의 주인이요 창조주이신 분에게 돌아가 그분이 다시 우리의 아버지가 되기를 원한다면, 우리는 그 메시지를 겸손하게 받아들여야 한다. 확실히, 최초의 인간 타락 이후 중재자와 무관한 하나님에 대한 어떤 지식도 우리를 구

원에 이르게 하는 능력을 갖지 못했다.[40]

평온한 일몰, 거대한 알프스의 산봉우리들, 지진의 무서운 힘 등 창조세계의 이런 표지들은 적절하게 해석된다면 하나님의 위엄과 능력 - 심지어 그분의 선하심과 사랑 - 에 대한 우리의 감각을 일깨울 수 있을 것이다. 하지만 거기에는 좋은 소식에 관한 말씀이 없다. 창조세계는 하나님이 반역한 죄인들을 어떻게 하시기로 결정했는지를 전혀 알려주지 않는다. 그러므로 칼뱅은 그의 논증의 정점에 이르기도 전에 이와 같이 사전에 말해둘 필요를 느낀다.

> 인류가 이처럼 타락한 상황에서는 중재자이신 그리스도께서 오셔서 우리를 하나님과 화해시키기 전까지는, 아무도 하나님을 아버지나 구원의 창시자로 혹은 어떤 식으로든 자신에게 호의를 품은 분으로 경험하지 못한다.…먼저 주님은 성경의 일반적인 가르침과 같이 우주의 창조를 통해서도 자신을 창조주로 계시하신다. 이어서 그분은 그리스도의 얼굴을 통해 자신을 구속주로 계시하신다. 하나님에 관한 이중의 지식(*duplex cognitio*)과 관련해, 이제 우리는 첫 번째 측면에 대해 논의할 것이다. 그리고 두 번째 측면에 대해서는 다른 적절한 곳에서 다루게 될 것이다.[41]

그리스도에 대한 믿음은 율법과 선지자들의 약속으로 인도를 받아 이스라엘의 남은 자들로 하여금 희망을 갖고 미래를 내다보도록 만들었다.[42] 하나님은 다음 조건과 함께 믿음의 대상이 될 수 있을 뿐이

---

40 Calvin, *Institutes* 2.6.1.

41 앞의 책, 1.2.1.

다. "만약 하나님이 그리스도 안에서 우리와 대면하지 않으신다면, 우리는 우리가 구원받은 사실을 알 수 없다." 칼뱅은 다음과 같이 덧붙인다. "이런 의미에서 이레니우스는 무한하신 성부께서 성자 안에서 유한하게 되신 것은 우리의 정신이 그분의 광대한 영광에 압도되지 않도록 우리의 작은 분량에 자신을 맞추셨기 때문이라고 썼다.…사실상 이것은 하나님이 오직 그리스도 안에서만 이해될 수 있다는 뜻과 다르지 않다."[43]

영광과 십자가

칼뱅이 2세기 교부 이레니우스에게서 끌어낸 이 마지막 논점은 그의 경건의 핵심 주제 하나를 소개한다. 하이델베르크 논쟁(Heidelberg Disputation, 1518)에서 마르틴 루터는 그 유명한 "영광의 신학자"와 "십자가의 신학자" 사이의 대조를 이끌어냈다.[44] 벌거벗은 영혼은 사색, 공로, 그리고 신비로운 경험의 사다리를 올라가서 벌거벗은 하나님과 연합하려고 한다. 영광의 신학자인 수도사는 이 세상 – 특별한 역사적 사건들과 육체와 그 감각들 – 에서 멀리 떨어진 하늘의 영역에 오르려고 한다. 우리는 이처럼 주제넘게 하늘로 올라가려다 보니 우리가 사는 세상으로 내려오시는 하나님, 즉 우리와 같은 몸을 입고 구유에 눕고 십자가에 달리는 하나님을 놓친다. 영광의 신학자는 외형, 즉 겉으로 드러나는 모습에 따라 판단한다. 그러나 십자가의 신학자는 하나님의 말씀을 통해 듣는 그분의 약속을 신뢰한다. 설령 그것이 겉으로 보이는 것과 모순되는 듯해도 그렇게 한다. 이 대조는 칼뱅의 경건과

42 앞의 책, 2.6.2-3.
43 앞의 책, 2.6.4.

우리 – 심지어 복음주의 진영에 속한 사람들 – 에게 익숙한 여러 접근법 사이의 근본적 차이를 해석하는 데 결정적인 요소다.

칼뱅은 우상숭배를 영광의 신학의 본질로 해석하는 점에서 루터와 의견을 같이한다. 헤르만 셀더르하위스(Herman Selderhuis)가 주장하듯, 이 점은 특히 칼뱅의 「시편 주석」에 분명하게 드러난다. 엄위하시고 초월적인 하나님이 우리에게 내려오신다. 일반계시에서조차 우리는 "구름을 뚫고 날아가서는" 안 된다.

> 벌거벗은 위엄 속에 계신 그분을 보고자 하는 이들은 분명히 아주 어리석은 자들이다. 우리가 그분의 빛을 즐길 수 있으려면, 그분이 [그분의 위엄을 가릴–역주] 그분의 옷을 입고 나타나셔야 한다. 다시 말해, 우리는 우리의 눈을 그분이 우리에게 자신을 드러내고자 하실 때 입는 아주 아름다운 세계의 옷에 고정시켜야 하며, 경솔하게 그분의 숨은 본질을 탐구하는 일에 지나친 호기심을 품어서는 안 된다.[45]

그러나 우리가 이 하나님을 우리의 아버지로 알고자 한다면, 우리는 그분이 이미 우리를 찾아내신 곳에서 그분을 찾아야 한다. 그곳은 바로 **우리의 몸을 입고 오신** 영원한 아들이다.[46] 하나님은 작은 것들, 심지어 경멸할 만한 것들 – 저주받은 십자가 같은 – 안에서만 발견할

---

44 Walther von Loewenich, *Luther's Theology of the Cross*, trans. Herbert J. A. Bouman (Minneapolis: Augusburg, 1976); A. E. McGrath, *Luther's Theology of the Cross: Martin Luther's Theological Breakthrough* (Oxford: Basil Blackwell, 1985); B. A. Gerrish, "To the Unknown God: Luther and Calvin on the Hiddenness of God." *Journal of Religion* 53 (1973): 263-92.

45 Selderhuis, *Calvin's Theology of the Psalms*, 19, Calvin on Ps. 104:1에서 재인용.

46 앞의 책, 39.

수 있는데도 우리는 영광 가운데 계신 하나님을 발견하기 위해 하늘로 올라가려고 애쓴다. 하나님은 우리가 바라보지 않는 곳에 자신을 계시하셔서 우리를 속이고 있는 것이 아니다. 하나님이 자신을 이 세상의 작은 것들 안에서 그리고 무엇보다도 그리스도 안에서 알리시는 것은 자비로운 분이기 때문이다. 신학자들은 하나님이 보내신 예수 그리스도 안에서만 그분이 발견될 수 있다는 사실을 잊은 채 신앙의 대상으로서의 "하나님"에 대해 말한다.[47]

아이러니하게도, 칼뱅의 비판자들이 칼뱅의 것으로 돌리는 하나님의 위엄에 대한 차갑고 추상적인 명상은 오히려 로마 교회의 가르침에 대한 칼뱅의 비판이었다. 칼뱅은 시편 118:1절에 대해 주석하면서 "우리가 하나님을 찬양하는 이유는 그분의 완전한 능력과 공의보다 그분의 자비에서 더 분명히 찾을 수 있다"고 말한다. 그러나 중세의 영성은 "그분의 성품에 대한 차갑고 좁은 견해"를 보여준다.[48]

하나님과 화해하려면 "하나님을 창조주로서만이 아니라 구속주로서도 인식할 필요가 있다. 의심할 바 없이 그들[족장들-역주]은 말씀을 통해 그 두 가지 지식 모두에 이르렀다."[49] 복음에 나타난 구원자 하나님에 대한 지식만이 "영혼을 소생시킨다."[50] 하나님과 우리 자신을 알기 위해 우리는 여기서 교리를 혹은 저기에서 증거 본문을 들을 것이 아니라 우리에게 두 존재 모두의 정체성을 알려주는 이야기 전체를 들을 필요가 있다. 다음 장은 그 이야기를 칼뱅이 이해하는 방식으로 요약한다.

---

47 Calvin, *Institutes* 3.2.1.

48 Selderhuis, *Calvin's Theology of the Psalms*, 49. Calvin on Ps. 118:1을 보라.

49 Calvin, *Institutes* 1.6.1.

50 앞의 책, 1.6.1-3.

4. 배우들과 줄거리

만약 이 세계가 "놀라운 극장"이라면, 성경은 우리에게 연극의 핵심 줄거리와 등장인물들을 알려주는 "대본"이라 할 수 있다. 나는 우리의 주제, 즉 그리스도인의 삶에 관한 칼뱅의 견해를 유념하면서 그 대본을 아래와 같이 간단하게 요약하고자 하는데, 이는 중재자이신 그리스도에 초점을 맞추는 칼뱅의 사상을 보여준다. 우리는 칼뱅이 『기독교강요』에서 펼치는 논증, 즉 가장 일반적인 "하나님에 대한 인식"에서 우리 신앙의 구체적 대상-"복음의 옷을 입은 그리스도 안에 계신" 하나님-으로 이동하는 그의 논증을 여전히 따르고 있다.

대본

칼뱅은 성경의 교리를 결코 독립된 조항으로 보지 않는다. **오직 성경**(*sola scriptura*)의 개념은 언제나 오직 은혜로, 오직 그리스도 안에서, 오직 믿음으로 받는, 오직 하나님께만 영광을 돌리는 구원과 연결되어 있다.

물론 우리는 성경이 하나님의 말씀임을 확신해야 한다. 그러나 무엇보다도 칼뱅은 구원이 우리 자신이 아니라 하나님으로부터 온다는 것을 확신할 필요가 있다고 강조한다. 비록 인간 저자들이 하나님의 대사이기는 하나, 성경은 궁극적으로 "사도들의 말이 아니라 하나님 자신의 말씀이며, 땅에 태어난 목소리가 아니라 하늘로부터 내려온 목소리다."[1] 그러나 말씀하시는 하나님은 삼위(三位)이시다. 성경이 권위를 지니는 것은 성부로부터 왔을 뿐 아니라, 그 내용이 성자에 관한 것이고, 그것을 완성하시는 주체가 성령이기 때문이다.[2] 칼뱅에게 성경이 하나님의 말씀인 것은 그것이 성부로부터 오고, 성자에 대해 선포하고, 우리로 하여금 그것을 이해하고 받아들이도록 조명하시는 성령에 의해 영감을 받았기 때문이다.[3]

칼뱅은 무엇보다도 목회와 실천에 관심이 있다. 만약 하나님이 그리스도 안에서 우리에게 친절과 호의를 베풀겠다는 약속과 그 성취의 메시지를 우리가 신뢰할 수 없다면, 어떻게 우리가 우리를 향한 그분의 은총을 확신할 수 있겠느냐고 묻는다.[4] 하나님은 우리의 수준으로 내려오시는데, 그것은 우리가 그분에게 올라갈 수 없기 때문이다. 구원과 마찬가지로 성경 역시 부분적으로는 하나님의 작품이고 부분적으로는 인간의 작품이다. 교회가 말씀을 만드는 것이 아니라 오히려 말씀이 교회를 만든다. "그러므로 믿음은 들음에서 나며 들음은 그리

1 Calvin, *Institutes of Christian Religion*, ed. John T. McNeill, trans. Ford Lewis Battles (Philadelphia: Westminster, 1960), 4.11.1.

2 앞의 책, 1.7.3.

3 Calvin on 2 Tim. 3:15-16 in *Calvin's Commentaries*, vol. 2. trans. William Pringle (Grand Rapids: Baker, 1996). 칼뱅은 성경의 권위가 모든 곳에서 대체로 인정받고 있다고 말한다. 하지만 그는 이렇게 강조한다. "어떤 이가 모든 관심을 호기심어린 질문들에 쏟는다면 어떻게 되겠는가? 그가 율법의 문자에만 집착할 뿐 그리스도를 찾으려 하지 않는다면 어떻게 되겠는가? 그가 본래의 의미와 상관없는 고안물을 갖고 그 의미를 왜곡하면 어떻게 되겠는가? 그런 이유로 그는 우리를 하나님의 복안이자 성경의 총합(sum)인 그리스도에 대한 신앙으로 이끌어간다." 그런데 그 사도는 하나님이 성령을 통해 성경의 모든 것에 숨을 불어넣으셨다고 덧붙인다. "이것이 우리의 믿음을 다른 모든 것과 구별해주는 원리다. 즉 우리는 하나님이 우리에게 말씀하셨음을 알고, 또한 예언자들이 그들 자신의 제안을 했던 것이 아니라 성경의 기관이 되어 오직 하늘로부터 선포하라고 위임 받은 것들만 말했음을 확신하라."

4 Calvin, *Institutes* 1.7.4.

스도의 말씀으로 말미암았느니라"(롬 10:17). 분명히 교회가 성경, 즉 기록된 성서의 완결된 정경보다 앞서 존재했다. 그럼에도 하나님의 말씀이 그 둘 모두보다 앞서 존재했다.[5] 어떤 이들은 살아 있는 사도들을 통해 계시가 계속 이어진다고 주장하지만, 실은 추가적인 계시가 필요하지 않다. "그러므로 성경은 사람들이 그것을 하늘로부터 온 것으로 - 마치 하나님의 살아 있는 말씀이 들리는 것처럼 - 여길 때에야 비로소 신자들 사이에서 완전한 권위를 얻게 된다."[6]

한편, 하나님은 피조물을 통해 우리에게 내려오신다. 이미 우리는 2장에 언급된 "분리되지 않고 구별된다"는 격언을 은연중에 인식하기 시작한다. 성경은 하나님의 본질과 구별된다. 하지만 성령은 인간의 언어를 하나님의 지혜를 운반하는 수단으로 만든다. 엄밀한 주석가였던 칼뱅은 그의 주석 여러 곳에서 성경의 여러 문제들과 표면적 불일치들 그리고 인간 저자들의 한계를 가리키는 증거들을 지적한다. 성경 본문이 갖고 있는 철저한 인간성은 그를 당황케 하기는커녕 하나님의 은혜로운 타협에 대한 증거가 된다. 계시는 언제나 인간에게 맞춰진 담론이며, 칼뱅의 표현에 의하면, 하나님이 그들과 소통하시기 위해 "높은 곳에서 아래로 내려오셔서" 하시는 "아기 말"(baby talk)이다.[7] 신자들은 계시를 통해서도 "[하나님의] 높은 위상에 미치지 못하지만," 그럼에도 우리는 "우리가 이해할 수 있도록 우리의 수준에 맞춰진" 진리를 받는다.[8] "우리의 약함과 제한된 능력에 맞춰진" 성경은"오직 인간의 방식을 따라 말할 뿐이다."[9] 그러나 이 약함은 생명

5 앞의 책, 1.7.1-2.
6 앞의 책, 1.7.1.
7 앞의 책, 1.13.1; 3.11.20.
8 앞의 책, 1.17.13.

을 주는 능력을 감추고 있다. 바로 그것이 십자가의 신학, 즉 사랑 안에서 하나님이 자신을 비천하게 낮추시는 것에 관해 말하는 신학이다. 하나님은 예언자들과 사도들의 입을 통해 우리가 이해할 수 있는 말로 분명하고 명확하게 말씀하신다. "하나님은 선택된 자들에게 어떤 신을 바라보라고 가르치지 않으실 뿐만 아니라, 자신을 그들이 바라보아야 할 하나님으로 보여주신다."[10]

우리 시대의 오만한 자들은 하나님이 우리에게 하시는 말씀의 단순성 때문에 기분이 상한다. 그 말씀이 배운 자들과 배우지 못한 자들을 똑같이 다루기 때문이다. 물론 성경은 우리의 호기심을 만족시키거나 우리의 모든 질문에 답하지 않는다. 그럼에도 칼뱅은 이렇게 말한다, "이 길을 절룩거리며 걷는 것이 그 길 밖에서 전속력으로 달리는 것보다 낫다."[11] 우리는 마치 성육하신 그리스도의 약함 안에 나타난 하나님의 최고의 자기계시에 기분이 상하는 것처럼, 성경의 단순성이 하나님이 자신을 낮추고 은혜롭게 우리에게 내려오시는 방법임을 망각한다. 요약하자면, 성경의 인간적 요소는 그것의 신적 기원과 완전히 상통한다. 우리가 성육신에서 보듯, 약함은 악함을 의미하지 않고, 한계는 오류를 의미하지 않는다.[12]

문제는 이성이 아니라 이성을 비이성적으로 사용해 말씀하시는 하나님을 판단하고자 하는 이성적인 사람에게 있다. "인간의 이성에 달가운 것만 수용하는 것은 얼마나 정신 나간 짓인가? 만약 하나님의

---

9 Calvin on Ps. 106:45, in *Calvin's Commentaries*, vol. 6, trans. James Anderson (Grand Rapids: Baker, 1996), 242.

10 Calvin, *Institutes* 1.6.1.

11 앞의 책, 1.6.3.

12 앞엣것에 더하여, 1.6.2; 1.7.1-5; 4.8.8-9을 보라.

말씀이 기껏해야 우리가 기꺼이 받아들일 정도 밖에 인정받지 못한다면, 도대체 그것이 무슨 권위를 가질 수 있겠는가?" 교회의 선생 중 다수가 "이교도의 철학 쪽으로 방향을 돌리고" "자유의지"와 "행위로 인한 의"를 찬양했던 것은 그들이 성경의 명백한 가르침을 있는 그대로 수용하지 않으려 했기 때문이다.[13]

그러나 성경이 하나님의 말씀인 까닭은 그것이 성부로부터 오고 성자에 관해 말씀하기 때문만이 아니라, 또한 우리로 하여금 그것을 이해하고 받아들이도록 조명하시는 성령의 영감을 받았기 때문이기도 하다. 다른 곳에서 칼뱅은 성령을 외적인 말씀(그리스도) 맞은편에 있는 존재가 아니라 그 말씀의 주님이요 수여자로서 강조한다. 실제로 성령의 사역은 죄 많은 피조물들을 하나님 말씀의 대사로 만들어 그들의 증언이 오류에서 벗어나게 해준다. 또한 우리에게 우리가 듣는 것이 단순히 인간의 말 혹은 교회의 말이 아니라 하나님의 말씀이라고 믿도록 설득하시는 분 역시 성령이다.

> 만약 우리가 **우리의 마음에 필요한 것을 최선의 방식으로** 공급하기를 바란다면, 그래서 우리의 마음이 의심이나 동요 같은 불안정한 것에 계속 시달리지 않게 하려면, 또한 마음이 아주 작은 궤변에도 크게 놀라지 않게 하려면, 우리는 우리의 확신의 근거를 인간의 이성이나 판단이나 억측이 아니라 그보다 높은 곳에, 즉 성령의 은밀한 증언에 두어야 한다.[14]

이런 맥락에서 칼뱅은 성경이 교권에 의해 생산되고 권위를 부여받

---

13 Calvin on Ps. 105:25, in *Calvin's Commentaries*, 6:193.

14 Calvin, *Institutes* 1.7.4. 강조체는 덧붙인 것임.

은 교회의 책이라는 주장을 반박한다. 오직 하나님만이 우리에게 그 외적인 말씀의 영감과 권위를 내적으로 확신시켜주실 수 있다. 인간의 증언이 하나님의 권위에 의존하는 것이지 그 반대가 아니다. 만약 우리가 우리의 신앙을 확증하는 데 인간의 증언만 갖고 있다면, 우리의 마음은 평화를 얻지 못할 것이다.

칼뱅은 우리가 불신자들에게 성령의 은밀한 증언을 기다리라고 말해야 한다고 주장하는 것이 아니다. 실은 경우에 따라 우리가 "하나님을 조롱하는 자들"을 풍성한 논증으로 논박해야 한다고 덧붙인다.[15] 그리고 실제로 성경은 그런 외적 논증들을 활용한다. 칼뱅은 특히 역사적 논거들, 즉 성취된 예언, 기적, 그리고 그리스도의 부활과 그로 인해 제자들이 사도로 변신한 것 등에 매료되었다.[16] 일단 성경의 권위가 오직 하나님 한분에게 확고한 기반을 두면 교회의 증언도 그와 더불어 강력한 증거들을 제공할 수 있게 된다.[17]

칼뱅은 성경의 진리를 확신시키는 일에서 성령의 중요한 역할을 강조한다. 하지만 그는 성령을 어떤 형태로든 말씀과 분리시키는 것에 대해 경고한다. 성령은 외적인 말씀의 진리를 내적으로 증언한다. 성령은 내용과 관련해서는 아무것도 덧붙이지 않는다.[18] 실제로 추기경 사돌레토에 대한 답장에서 칼뱅은 이렇게 쓰고 있다. "우리는 얼핏 서로 크게 달라 보이는 두 개의 종파로부터 공격을 받고 있습니다." "겉으로 보기에 교황과 아나뱁티스트 사이에 무슨 유사성이 있습니까?" 그러나 그들의 무기는 동일했다.

---

15 앞과 동일.
16 앞의 책, 1.8.2-13.
17 앞의 책, 1.8.12-13.
18 Calvin on Ps. 119:18, in *Calvin's Commentaries*, 6:413-14.

그들이 성령에 대해 지나치게 자랑할 때는 하나님의 말씀을 가라앉히고 매장시키는 경향이 있으며, 그들이 잘못에 빠질 여지가 있습니다. 그리고 사돌레토여, 그동안 당신은 문지방에서 걸려 넘어짐으로써 성령을 말씀과 분리시켰을 때 성령께 가했던 모욕에 대한 죗값을 치러왔습니다.[19]

광신자들은 "하나님께 이르는 이런 저런 방법들"을 고안하면서 성령을 외적인 말씀과 대립시킨다. 그런 이들은 "오류에 빠져 있다기보다는 광기에 휩쓸리고 있는 것이다." "최근에 어떤 경솔한 이들이 일어나 아주 오만하게도 성령의 가르치는 직무를 찬양하면서 성경 읽기를 조롱하고, 그들의 표현대로 하자면, 아직도 죽은 문자와 죽이는 문자를 따르는 이들의 단순함을 비웃고 있다."[20] 분명히 칼뱅은 과격한 아나뱁티스트 지도자인 토마스 뮌처(Thomas Müncher, 1489-1525) 같은 인물들을 염두에 두고 있었다.[21] 칼뱅에 따르면, 성령의 지속적인 사역은 계시의 보관소에 무언가를 덧붙이는 것이 아니라, "우리의 마음을 복음이 전하는 바로 그 교리로 봉인하는 것이다."[22] 우리는 "성령을 그 모습 그대로, 즉 말씀 안에서 인식할 때, 속을지도 모른다는 두려움 없이 그분을 받아들일 수 있다."[23]

---

19 Calvin, "Reply by John Calvin to Cardinal Sadoleto's Letter," in *Selected Works of John Calvin: Tracts and Letters*, ed. Henry Beveridge and Jules Bonner, 7 vols. (Grand Rapids: Baker, 1983), 1:36.

20 Calvin, *Institutes* 1.9.1.

21 Thomas Müncher, "The Prague Protest," in *The Radical Reformation: Cambridge Texts in the History of Political Thought*, ed. and trans. Michael G. Baylor (Cambridge: Cambridge University Press, 1991), 2-7; 또한 같은 책에서, Müncher, "Sermon to the Prince," 20을 보라.

22 Calvin, *Institutes* 1.9.1.

23 앞의 책, 1.9.3.

마지막으로, 성경의 핵심 메시지는 복음의 옷을 입은 그리스도다.[24] 성경은 그리스도를, 구체적으로 "그리스도의 희생을 믿게 하고, 신앙의 확신을 위해 주의 만찬과 세례로" 이끌어간다.[25] 빌헬름 니젤(Wilhelm Niesel)은 이렇게 말한다.

> 개혁주의 신학은, 루터파 신학과 마찬가지로, 성경을 통해 우리에게 말하고 신앙을 낳는 것이 하나님의 말씀이며, 이 말씀이 곧 그리스도 자신임을 안다. 그러나 이런 말은 우리가 그것을 기초로 성경을 읽고 과연 그것이 "그리스도를 제시하는지"를 시험해 볼 수 있는, 우리의 통제 범위 안에 있는 경험이 되지는 않는다. 칼뱅은 성경 어느 부분을 읽든지 거기서 그리스도를 발견할 것을 기대하며 읽는다.[26]

언약의 주님

비록 모든 사람이 하나님에 대한 일반적인 인식을 갖고 있을지라도, 오직 성경만이 참된 하나님, 즉 본질상 한 분이시며 위격상 세 분이신 하나님을 드러낸다. "이것을 이해하지 못하는 한, 의미 없고 공

---

24 Herman Selderhuis, *Calvin's Theology of the Psalms* (Grand Rapids: Baker Academic, 2007), 126-27. Selderhuis는 여기서 루터의 해석학과의 유사성을 지적한다. "신중하게도 칼뱅은 구약성경에서 기독론적 의미를 미리 찾으려 하지 않는다." 그는 각각의 구절들을 구속사의 흐름에서뿐 아니라 그것의 직접적인 맥락에 비추어 살핀다. "그럼에도 그는 구약성경의 본문들 자체는 그리스도를 강조하고 또 가리킨다고 단언한다. 칼뱅이 성경 본문에 대한 기독론적 해석을 위해 사용하는 해석학적 열쇠는 이것이다. 구약성경 시대에 성취되지 않은 것은 사실상 그리스도를 가리킨다는 것." 그러나 이것은 칼뱅만의 혹은 사실상 루터만의 생각이라고 할 수는 없다. 또한 Helvetic Confession 5항을 보라. 그리스도를 성경의 범위와 동일시하는 것은 칼뱅과 이후 시대의 개혁주의 체계 안에서 표준적인 것이었다.

25 Selderhuis, *Calvin's Theology of the Psalms*, 125, on Ps. 51:9.

26 Wilhelm Niesel, *Reformed Symbolics: A Comparison of Catholicism, Orthodoxy and Protestantism*, trans. David Lewis (Edinburgh: Oliver and Boyd, 1962), 229.

허한 하나님의 이름만 우리의 머릿속을 떠다닐 뿐, 우리는 결코 참된 하나님을 이해하지 못한다."[27] 여기서도 우리는 "온건하고 침착하게 철학자인체 해야 하고" 그런 까닭에 "알아 두면 유익한 내용을 간결한 형태로 받아야" 한다.[28]

칼뱅은, 아우구스티누스 같은 서방 신학자들과 함께, 성부와 성자와 성령이 공유하는 **본질의 하나됨**을 강조한다. 그러나 그는 또한 **위격의 구분**에 대한 동방 교회의 강조점에서도 똑같이 깊은 인상을 받는다. 니사의 그레고리(Gregory of Nyssa)에 따르면, 하나님의 모든 외적 사역의 결과는 "성부에게 그 기원을 두고, 성자를 통해 진행되고, 성령에 의해 완성된다."[29] 칼뱅은 이 공식을 자주 되풀이한다. 하나님의 세 위격은 창조, 구속, 그리고 성화의 사역을 나누지는 않지만 각각 독특한 방식으로 각 사역에 동참한다.[30] 칼뱅에 따르면, 우리는 하나님의 본질의 하나됨을 긍정해야 하지만, "성경에 표현되어 있는 그 구별을 억누르는 것은 옳지 않다." "사정은 이러하다. 성부는 모든 활동의 시초이며 만물의 근원이자 원천이시다. 성자는 지혜와 경륜 그리고 만물의 질서정연한 성질의 주체이시다. 그러나 모든 활동의 능력과 효과는 성령 덕분이다."[31] 다른 여러 곳처럼 여기서도 "분리되지 않고 구별된다"는 원칙이 통한다. 그는 이렇게 결론짓는다. "이런 의미에서 우리는 옛 사람들의 견해들을 조화시켜야 한다. 그렇지 않으면

---

27 Calvin, *Institutes* 1.13.2.

28 *Institutes* 1.13.20.

29 Gregory of Nyssa, "On 'Not Three Gods,' to Ablabius," in *A Select Library of Nicene and Post-Nicene Fathers of the Christian Church*, series 2, vol. 5, trans. S. D. F. Salmon (Grand Rapids: Eerdmans, 1973), 334.

30 Calvin, *Institutes* 1.13.19.

31 앞의 책, 1.13.18.

그 견해들이 서로 충돌하는 것처럼 보일 것이다."[32]

"성부로부터, 성자 안에서, 성령을 통해서"라는 이 공식은 칼뱅의 사유 전반에 - 그것이 분명하게 진술되지 않은 곳에도 - 전제되어 있다. 우리는 중재자이신 성자 안에서, 내주하시는 성령에 의해, 성부께 기도를 드린다. 그러므로 칼뱅이 생각하는 모든 주제는 거룩한 삼위 사이의 역동적인 교류와 협력을 그 틀로 삼고 있다. 즉 칼뱅에게 삼위일체는 단순히 우리가 동의를 표명해야 할 교리가 아니라, 우리가 그 안에서 살고 움직이고 존재하는 실재의 핵심이다.

언약의 종

칼뱅은 하나님의 형상을 지닌 모든 인간의 위대함과 선천적 존엄성을 찬양한다. 각 사람은 "하나님의 능력, 선하심, 그리고 지혜의 진귀한 본보기이며, 만약 우리가 그것들에 주의를 기울이는 일에 지치지만 않는다면, 우리의 마음을 사로잡기에 충분할 만한 기적들을 그 안에 담고 있다."[33] 앞 장에서 보았듯, 칼뱅은 하나님이 스스로 어떠한 분이신지를, 즉 그분의 숨겨진 본질이 아닌 그분의 속성들을 성경을 통해 계시하신다고 믿었다. 이 점은 우리가 자신이 누구인지를 밝히는 일에도 해당된다. 인간됨의 의미는 오직 창조, 타락, 구속의 역사를 통해서만 알 수 있다.

첫째, 칼뱅은 하나님의 형상을 영혼에, 특히 신성의 영원한 불꽃으로 간주되는 영혼에 국한시키는 전통적 입장과 어느 정도 결별한다. 이런 가정이 오늘까지 끈질기게 남아있는 것은 놀라운 사실이다. 영

32 앞의 책, 1.13.19.
33 앞의 책, 1.5.3.

혼이야말로 동물과 달리 우리를 일종의 신적 존재로 만들어주는 우리의 일부가 아닌가? 그러나 칼뱅은 영혼 - 그것의 추리 능력을 포함해 - 만이 아니라 "인간의 몸"과 그 감각들 역시 "독창적"이라고 주장한다.[34] 그럼에도 영혼 안에 있는 하나님의 형상은 인간의 "모든 탁월한 면모로 확장된다." 명쾌한 추론 능력, 예민한 감각들, 그리고 심지어 육체적 아름다움으로까지.[35] 그는 "인간의 몸의 구조에 나타나는 완전한 솜씨"에 놀란다.[36] 이처럼 온전한 상태에 있는 인간은 "지구상의 가장 뛰어난 장식이요 영광이다."[37] 영혼은 인간의 신적인 부분, 즉 본질상 영원하고 불멸하는 부분이 아니다. "하나님이 그분의 은혜를 거둬 가시면, 육체가 먼지인 것처럼 영혼은 한차례의 숨에 불과하다."[38] 여기서 다시금 "분리되지 않고 구별된다"는 원칙이 나타난다. 육체는 영혼과 구별되며 심지어 죽을 때는 분리되기까지 한다. 그러나 그 둘이 부활의 날에 서로 재결합할 때, 그 중간 상태는 영원한 영광에 흡수된다.

둘째, 칼뱅은 하나님의 형상에 대해 설명하면서 영혼과 육체의 결합을 넘어서 우리 자신과 타인들과의 재통합을 언급한다. 우리의 정체성은 몸을 갖고있을 뿐 아니라 사회적 성격도 갖고있다. 칼뱅의 이런 해석이 "관계적 형상(relational image)의 탄생"을 보여준다고 주장하는 것은 과장일 수 있다.[39] 그럼에도 칼뱅은 그가 속해있는 아우구스티누스 전통 안에서도 나타나는바 영혼을 "윗 세계"와 그리고 육체를

34 앞의 책, 1.5.2.

35 앞의 책, 1.15.3.

36 Calvin on Ps. 139:6, in *Calvin's Commentaries*, 6:210.

37 Calvin on Ps. 24:3, in *Calvin's Commentaries*, vol. 4. trans. James Anderson (Grand Rapids: Baker, 1996), 402.

38 Calvin on Ps. 103:16, in *Calvin's Commentaries*, 6:138.

"아랫 세계"와 동일시하는 경향을 거부한다.[40] 우리의 정체성은 우리의 **본질**(what we are) – 우리를 세상의 다른 모든 것으로부터 구별해주는 그 무엇 – 보다는 오히려 언약의 드라마에 나타나는 우리의 **본성**(who we are) 안에서 발견해야 한다. 우리의 "형상"은 아담이 소유했던 기능보다는 아담 안에서 인류에게 주어진 소명과 더 상관이 있다. 다시 말해, 그 형상은 우리 **안에** 있는 그 무엇보다는 우리 **사이의**(즉 우리와 하나님 사이의, 그리고 우리와 동료 인간들 사이의) 관계에 있다. 이 때문에 인간의 본성과 사회를 창조세계 안에서 찾는 그 말씀이 하나님의 율법, 즉 우리를 그분과 다른 이들에게 책임 있는 존재로 만드는 하나님의 애초의 요구, 즉 양심의 소리인 것이다.

비록 철학자들이 우리에게 가르칠 것이 있을지라도, 우리가 누구인지는 성경에 나오는 언약의 역사를 통해서만 배울 수 있다. 칼뱅에 따르면, 하나님의 형상에 대한 참된 정의는 무엇보다도 그리스도 안에

---

39 Stanley Grenz, *The Social God and the Relational Self* (Louisville: Westminster John Knox, 2001), 162. 그는 Paul Ramsey를 인용한다. "이 견해에 따르면, 하나님의 형상은 하나님 앞에서의 인간의 지위로 이루어진다. 혹은, 인간 안에 하나님의 형상이 반영되어 있는 것은 그분 앞에서 그가 지니고 있는 지위 때문이다." 그러나 David Cairns에 따르면, 칼뱅은 "'아우구스티누스 이후의 그 어느 신학자들보다도' 하나님의 형상(*imago dei*)에 더 큰 관심을" 기울였던 종교개혁자였으며, 루터보다도 더 그랬다. "다음으로 Douglas Hall은 칼뱅을 '하나님의 형상'(*imago dei*)에 대한 관계적 이해의 출현과 관련해 루터보다 더 중요한 인물로 인용한다." 더 나아가 칼뱅은 종말론적(미래를 내다보는) 접근법을 개진한다.

40 Calvin, *Institutes* 1.15.5. 여기서 칼뱅은 Osiander의 주입설(infusionism)에 도전한다. 그가 받은 훈련과 초기의 관심사들(즉, 그의 첫 번째 신학 논문인 영혼수면론[*Psychopannychia*]에 등장하는 "영혼의 잠"에 대한 반박)에도 불구하고, 놀랍게도 칼뱅은 하나님의 형상과 관련해 영혼의 본질을 깊이 파고드는 문제에 별다른 관심을 보이지 않는다. "'영혼'에 대한 정의를 철학자들로부터 구하는 것은 어리석은 일이 될 것이다"(1.15.6). 이것은 그런 철학적 논의를 완전히 거부해야 한다는 뜻이 아니다. "이런 기능들에 대해 상세하게 논하는 것은 철학자들에게 맡겨 두자. 경건을 세우는 일은 단순한 정의만으로도 충분할 것이기 때문이다"(앞과 동일). "그는 쓸데없는 질문들"을 피하면서 우리의 목적을 위해서는 인간의 영혼이 "이성과 의지"로 구성된다는 사실을 인식하는 것만으로 충분하다고 말한다(1.15.7).

서 이루어지는 "인간의 타락한 본성의 회복으로부터 가장 잘 인식할 수 있다." 타락 이후에 아담과 하와 그리고 그들의 후손들은 하나님으로부터 소외되었다.

> 그러므로 비록 하나님의 형상이 아담 안에서 완전히 멸절되거나 파괴되지는 않았을지라도, 그것은 너무나 타락했기에 남아 있는 것이라고는 끔찍한 기형뿐이다. 결과적으로, 우리 구원의 회복의 시작은 우리가 그리스도를 통해 얻는 회복 안에 있다. 그분은 우리를 참되고 완전한 인격으로 회복시켜주시기 때문에 두 번째 아담으로 불리신다.[41]

바로 이것이 "하나님을 따라 의와 진리의 거룩함으로 지으심을 받은 새 사람을 입으라"(엡 4:24)는 명령의 의미다.[42] 성경은 어떻게 우리가 더 이상 이전의 우리가 아니게 되었는지, 그리고 어떻게 우리가 장차 더 이상 현재의 혹은 타락 이전의 우리가 아닌 존재가 될 것인지에 대해 말해준다. 그리스도는 스스로 우리의 인성을 취하셔서 우리를 집행유예 중인 아담의 상태를 넘어 영원한 영광으로 인도하신 하나님의 형상이다. "이제 우리는 그리스도가 어떻게 해서 하나님의 가장 완전한 형상이신지를 알 수 있다. 만약 우리가 그 형상을 본받으면, 우리는 참된 경건과 의와 순결과 지성을 갖춘 존재로 회복되어 하나님의 형상을 지니게 된다."[43] 다시 말하지만, 우리가 하나님과 우리 자신을 잘 알려면 그리스도를 바라보아야 한다.

---

41 Calvin, *Institutes* 1.15.4.

42 앞과 동일.

43 앞과 동일.

하나님과의 언약 속에서 창조된 아담은 완수해야 할 사명을 갖고 있었다. 칼뱅은 그가 자주 인용하는 이레니우스처럼 아담과 하와의 원상태가 **목표**가 아닌 **시작**이었음을 강조한다. 의, 성결, 온전한 정신과 육체, 하나님과 이웃의 사랑을 받았던 우리 언약의 조상 아담은 하나님의 명령을 수행하고 인류(사실은 모든 피조물)를 하나님의 안식이 있는 영원한 기쁨의 세계로 인도할 수 있었다.[44] 의와 불멸의 보증을 받았다면 아담은 후손을 위해 생명나무의 열매를 먹을 권리를 얻을 수도 있었다.

한편으로, 칼뱅의 사고 안에는 자율적인 인간 본성이 들어설 자리가 없다. 우리가 갖고 있는 도덕적 능력은 모두 하나의 선물이지 애초부터 우리에게 주어진 것이 결코 아니다. 다른 한편으로, 칼뱅은 아담이 하나님께 순종할 수 있는 것은 본성에 덧붙여진 은혜의 선물이라는 아우구스티누스의 생각에 동의하지 않는다.[45] 중세 신학은 "덧붙여진 은사"(*donum superadditum*)를 지닌 아담이 그의 마음에 새겨진 하나님의 형상을 좇아 육체와 그 정욕의 영역을 넘어서거나, 아니면 그의 저급한 본성이 그를 끌고 다니게 할 수 있었다고 가르쳤다. 육체의 정욕은 종종 우리를 죄로 이끄는 "불쏘시개"로 묘사되었다. 만약 우리가 높은 자아(지성이나 영혼)를 따르기만 한다면, 세상과 육체를 떠나 하늘로 올라가는 길은 지복직관(至福直觀, beatific vision, 신자가 하늘에서 하나님을 보는 일—역주)으로 이어질 것이다. 영광의 신학자들이 지지했던 "상승의 영성"(spirituality of ascent)을 뒷받침했던 것은 높은(영적인) 세계와 낮은(육적인) 세계를 나누는 플라톤적인 이원론이었다.

---

44 앞의 책, 1.14.20.

45 앞의 책, 1.16.8.

칼뱅이 이해하는 바에 따르면, 그런 견해는 필연적으로 죄를 하나님이 창조한 인간 본성 안에 있는 약점 탓으로 돌린다.

> 그의 저급한 욕망이 [아담을] 유혹했을 뿐 아니라, 말할 수 없는 불경건함이 그의 정신의 성채를 점령했고, 오만함이 그의 마음의 깊은 곳까지 침투해 들어갔다. 그러므로 거기에서 발생하는 부패를 단순히 우리가 감각적 충동이라고 부르는 것에만 국한시키거나, 그것을 "불쏘시개"라고 부르면서 그것이 단지 "감각"의 부분만 매혹시키고, 선동하고, 끌고 다니며 죄에 빠지게 한다고 생각하는 것은 적절치 않을 뿐 아니라 어리석기까지 하다.[46]

또한 칼뱅은 이렇게 덧붙인다. "그러므로 우리의 파멸은 하나님이 아니라 우리 육신의 죄로부터 온다. 우리가 멸망하게 된 것은 오로지 우리의 원래의 상태로부터 타락했기 때문이다."[47]

창조된 본래의 인간 본성에 대한 칼뱅의 높은 평가는 또한 창조주로서의 하나님의 완전한 속성을 변호하는 역할도 한다. 루시퍼조차 원래부터 악했던 것은 아니다. "인간과 마귀 모두의 타락과 악의 혹은 그로부터 나오는 죄악은 본성에서 비롯된 것이 아니라 본성의 타락으로부터 나온다."[48] 그는 이것을 "마니교의 오류"와 다른 차별성으로 본

---

46 앞의 책, 2.1.9.

47 앞의 책, 2.1.10.

48 앞의 책, 1.14.1. 또한 그는 2.1.11에서 이렇게 덧붙인다. "우리는 이 부패를 '선천적'이라고 부르는데, 이는 아무도 그것을 나쁜 행위로 획득한다고 생각하지 않게 하기 위함이다. 그것은 유전적 권리로 모든 사람을 꽉 붙들고 있기 때문이다."

다. "왜냐하면 만약 본성 안에 결함이 있는 것으로 입증되면, 그것은 하나님에 대한 비난을 초래할 것이기 때문이다."[49] 칼뱅은 더 나아가 다음과 같이 주장한다.

> 이 순전한 상태에서 인간은, 만약 그가 원한다면, **자유의지로써 영생을 얻을 능력을 갖고 있었다**. 여기서 하나님의 은밀한 예정에 대해 문제를 제기하는 일은 적절치 않을 것이다. 왜냐하면 지금 우리의 주제는 무슨 일이 일어날 수 있을지 여부가 아니라, 인간의 본성이 어떠했는지 이기 때문이다. 그러므로 아담은 오로지 그 자신의 의지로 타락한 것으로 볼 때, 만약 그가 원했다면 타락하지 않을 수도 있었다.[50]

부서진 형상: 부패했으나 완전히 지워지지 않은

하나님은 어째서 아담이 타락하도록 내버려두셨을까? 칼뱅은 우리는 그 이유를 알 수 없으며, 성경이 답을 주지 않는 문제에 대해 추측하는 일은 "부적절한 호기심을 드러내는 것"일 뿐이라고 주장한다. "그러므로 우리는 우리의 본성을 지으신 하나님을 비난하지 않기 위해 우리의 파멸의 원인을 우리 본성의 타락으로 돌려야 함을 기억하자."[51] 악을 하나님 탓으로 돌리는 것은 "신성모독"이다.[52]

아담은 그 자신과 우리를 위해 영원한 기쁨을 얻을 도덕적 능력을 갖고 있었으나, 타락 이후 우리는 그 능력을 상실했다.

---

49 앞의 책, 1.15.1.
50 앞의 책, 1.15.8. 강조체는 덧붙인 것임.
51 앞의 책, 2.2.11.
52 앞의 책, 3.23.4-5.

그러므로 철학자들은 굉장히 모호한 상태에 빠지지 않을 수 없었다. 왜냐하면 그들은 폐허 안에서 건물을, 그리고 흩어진 파편들 속에서 잘 짜인 구조를 찾고 있었기 때문이다. 그들은 인간이 선과 악에 대한 자유로운 선택권을 갖기 전에는 이성적인 동물이 될 수 없다는 원칙을 고수했다. 또한 만약 인간이 스스로 기획하여 자신의 삶에 질서를 세울 수 없다면, 덕과 악의 구별은 사라지게 될 것이라고 여겼다. 만약 인간 안에 아무런 변화도 없었더라면, 그것은 꽤 그럴 듯한 생각이었을 것이다. 하지만 그들이 이 사실에 대해 무지한 만큼 하늘과 땅을 혼동한 것은 놀랄 일이 아니다.[53]

즉 "철학자들"은 본래 인간 본성의 "훌륭하고 영예로운 상태"와 "비열하고 수치스러운 노예로 사로잡혀 있는 상태"를 대비시키는 데 실패했다.[54] 그들은 그 이야기에 주의를 기울이지 않았다. 결국 그들은 인간의 영혼이 역사적으로 생성되어가는 것이 아니라 영원한 존재의 영역에 속해 있다고 보았다.

원래의 순전한 상태와 마찬가지로, 이 부패는 "몸 전체"는 물론이고 "영혼 전체"를 포함한다.[55] 요컨대,

인간의 의지는 죄의 굴레에 묶여 있어서 선을 향해 나아갈 수 없으며 선을 추구하는 것은 더더욱 불가능하다. 이런 움직임은 하나님을 향한 회심의 시작인데, 이것은 전적으로 하나님의 은혜에 달려 있다고 성경은

---

53 앞의 책, 1.15.8.

54 Selderhuis, *Calvin's Theology of the Psalms*, 78, on Ps. 8:7.

55 앞의 책, 80, on Ps. 119:37.

말한다.…그럼에도 죄를 열렬히 좋아하는 성향을 지닌 의지는 그대로 남아서 죄를 향해 달려가고 있다. 인간이 자신을 이런 필연성에 넘겨주었을 때, 그는 의지를 빼앗기는 게 아니라 건전한 의지를 빼앗기게 된다.…그러므로 사람은 무언가를 향한 의지를 갖고 있는데, 나쁜 것을 지향하는 의지는 부패한 본성의 일이며, 좋은 것을 지향하는 의지는 은혜의 일이다.[56]

흔히 칼뱅은 역사상 인간 본성에 대한 가장 비관적인 견해인 "전적 타락"(total depravity)의 개념을 만들어낸 사람이라고 한다. 그러나 그는 하나님이 이미 아담에게 주셨던 선한 본성에 은혜의 선물을 덧붙일 필요성을 부정하면서 중세의 평범한 신학자들보다 하나님이 창조한 인간의 본성을 더 긍정적으로 본다. 루터는 타락으로 인해 하나님의 형상이 완전히 파괴되었다고 말했다.[57] 아나뱁티스트들은 더 나아가 인간의 본성을 "사탄적인 것"으로, 그리고 불신자들을 "오직 혐오스러운 것들만" 나올 수밖에 없는 "아주 혐오스러운 존재"로 여겼다.[58] 그러나 칼뱅은 그 형상이 "지워졌으나" "파괴되지는 않았다"고 말한다.[59] 아나뱁티스트들은 이방인들이 과학과 예술, 철학과 의학, 법학과 정치학 같은 분야들에서 이룩한 진보에서 분명히 보이는 성령의 일반은

56 Calvin, *Institutes* 2.3.5.

57 Martin Luther, *Lectures on Genesis Chapters 1-5*, in *Luther's Works*, American Edition, 55 vols., ed. Jaroslave Pelikan and Helmut T. Lehmann (Philadelphia: Fortress; St. Louis: Concordia, 1955-1986), 1:63-64. 이 문제와 관련해 칼뱅과 루터의 차이는 정의에 있다. 칼뱅은 그의 창세기 주석에서 하나님의 형상이 상실되었다고 말한다. 여기서 그가 말하는 하나님의 형상은 (루터의 경우처럼) 하나님의 소명을 수행할 수 있는 도덕적 탁월함과 능력을 가리킨다. 두 사람 모두 이런 도덕적 완전성이 상실되었다는 데 동의한다.

58 *The Schleitheim Confession*, trans. John Howard Yoder (Scottdale, PA: Herald, 1973), 12.

총을 부정한다고 칼뱅은 그들을 책망한다. 그런 까닭에 칼뱅은 "세속 작가들 속에서 빛나는 감탄할 만한 진리의 빛"에 대해 말할 수 있었다. 그에 따르면, 그 빛은 인간의 정신이 "비록 그 완전한 상태로부터 타락하고 왜곡되어 있기는 하나, 그럼에도 여전히 하나님의 놀라운 선물들로 옷 입고 장식되어 있음을" 알려준다. "그러므로 우리는 그들의 본보기를 통해 주님이 인간 본성의 선한 성격이 훼손된 후에도 그 본성 안에 아주 많은 선물을 남겨 두셨다는 사실을 배워야 한다."[60] 실제로 우리의 존엄성(도덕적 탁월함)의 잔재는 우리가 얼마나 고의적으로 온갖 좋은 것을 주신 분을 저버렸는지를 상기시키며 우리의 양심을 찌른다.

원죄

칼뱅이 주장하듯, 타락은 이중적 결과를 낳았다. 첫째, 아담의 죄책이 우리 모두에게 전가되었다. 둘째, 결과적으로 그의 부패가 우리 모두에게 영향을 주었다. "이것은 상속된 부패이다. 교부들은 그것을 '원죄'라고 불렀는데, 이때 '죄'라는 단어는 이전에 선하고 순결했던 본성이 타락했다는 의미이다."[61]

원죄에 대한 로마 교회의 이해에 따르면, 우리 모두는 아담의 부패를 물려받기에 그에 따라 행동하면 죄책과 정죄를 초래한다. 그러나 루터와 함께 칼뱅은 그 순서를 뒤집는다. 그는 (특히 로마서 5장에 기초

---

59 Calvin, *Institutes* 1.15.4. 또한 Michael Horton, "A Shattered Vase: The Tragedy of Sin in Calvin's Thought," in *A Theological Guide to Calvin's Institutes: Essays and Analysis*, ed. David W. Hall and Peter A. Lillback (Phillipsburg, NJ: P&R, 2008), 151-63을 보라.

60 Calvin, *Institutes* 2.2.15.

61 앞의 책, 2.1.5.

해) 온 인류에게 아담의 **죄책**이 전가된 일이야말로 인류의 **부패**와 죽음의 형벌의 근거가 되고, 이는 마치 그리스도의 의가 우리에게 전가된 것이 새로운 삶의 근거가 되는 것과 같다고 주장한다.[62] 칼뱅은 그 영혼이 대대로 유전되는 것을 둘러싼 자세한 역사적 논쟁에 휘말리기를 거부하고 아담이 인류의 언약의 대표자라는 성경의 주장을 되풀이하는 것으로 만족한다.[63] 원죄에는 죄책과 부패가 모두 포함되어 있다.[64]

칼뱅은 로마 가톨릭교회의 신학자들에 대해 다음과 같이 말한다. "의심할 바 없이 그들은 원죄 교리를 견지하는 점에서 우리와 의견을 같이한다. 하지만 그 후에 그들은 인간의 능력이 약해졌을 뿐 완전히 부패되지는 않았다고 주장하며 그 결과를 완화한다."

> 그러므로 그들의 견해는 최초의 부패에 물든 인간은 그의 능력이 약해져서 옳은 일을 행할 수 없게 된다는 것이다. 하지만 인간은 하나님의 은혜의 도움을 받아 나름대로 무언가를 갖고 있고 그것으로 기여할 수 있는 것이 있다. 하지만 다시금 우리는, 비록 인간이 성령의 인도를 받을 때 자발적으로 그리고 자유의지를 따라 행동한다는 사실을 부정하지 않지만, 그의 본성 전체가 부패에 물들어 그 스스로는 옳게 행동할 수 있는 능력이 전혀 없다고 주장한다.[65]

그러므로 칼뱅이 말하는 전적 타락은 우리가 최악의 상태에 있다는

62 앞의 책, 2.1.6.
63 앞의 책, 2.1.7.
64 앞의 책, 2.1.8.

의미가 아니다. 오히려 우리의 최상의 사고와 감정과 의지와 행위들 모두 하나님의 영광에 미치지 못함을 의미한다. "의인은 없나니 하나도 없다"(롬 3:10). 칼뱅은 하나님이 단순히 자신을 향해 돌아서는 자들에게 용서를 제공하기 위해 손을 내민다는 관념, 그리고 이것이 중생에서 나타나는 하나님의 은혜에 해당한다는 대중적인 관념에 이의를 제기한다. 자유롭게 선을 택할 능력을 지니고 창조된 우리의 의지, 실제로 당연히 선을 향해 기울어져 있는 우리의 의지가 지금은 죄에 묶여 있다.[66] 다시 말하지만, 이것은 우리가 본래 무엇인가(what)하는 질문이 아니라, 계속 펼쳐지는 이야기에서 하나님의 나라에 맞서는 집단적 반역자요. 개별적인 반역자로서 우리가 누구인가(who)하는 질문이다. 인간의 의지는 죄에 의해 움직이지 못하게 된 것이 아니라, 은혜가 일방적인 신적 행위로 그 의지를 회복시킬 때까지 죄에 의해 묶여 있는 것이다.[67]

로마서 주석에서 칼뱅은 타락한 이방인들의 "자발적인" 자기기만에 주목하는 바울의 논리를 치밀하게 따른다. 로마서 2장은 "외적 거룩함을 과시함으로써 사람들의 눈을 현혹시키고, 마치 그들이 하나님을 완전하게 만족시키기라도 한 것처럼 스스로를 하나님께 용납된 자

65 Calvin, "The Necessity of Reforming the Church," in *Selected Works of John Calvin*, 1:159. 현대 신학자 Henri de Lubac이 상기시켜주듯, 이것은 오늘날까지도 로마 교회의 가르침으로 남아 있다. "인간의 본성은 분명히 병들고 허약지만 완전히 타락하지는 않았다. 인간의 이성은 연약하고 우왕좌왕하지만, 전적으로 잘못을 저지르도록 운명지워져 있지는 않다. 신성이 그것으로부터 완전히 가리어지는 것은 가능하지 않다." *Catholicism: Christ and the Common Destiny of Man*, trans. Lancelot C. Sheppard and Sister Elizabeth Englund (San Frnacisco: Ignatius, 1988), 283.

66 Calvin, *Institutes* 2.3.10.

67 앞의 책, 2.3.14.

들로 생각하는 위선자들을 질책한다."[68] 우리는 어떤 사람들을 다른 이들보다 더 훌륭하다고 생각한다. "그러나 우리는 두 부류 모두를 인간의 타락이 초래한 보편적 상태 아래 포함시키기를 주저하지 않는다."[69] 그러므로 인간의 의로움과 견해를 따지는 인간 법정에는 굉장한 다양성이 존재한다. 그러나 하나님의 법정에서는 모든 입이 다물어진다.

칼뱅은 로마 교회가 치명적인(영혼을 죽이는) 죄들과 사소한(덜 치명적인) 죄들을 구분하는 것에 대해 성경적 근거를 찾지 못했다. 칼뱅은 그것을 아무런 성경적 토대가 없는 것으로 여겼다. 그것은 단지 죄의 심각성과 그리스도의 공로에 대한 죄인들의 완전한 의존을 줄이고자 하는 꼼수에 지나지 않았다. 칼뱅은 이렇게 말한다. "하나님의 자녀들은 모든 죄가 치명적임을 알아야 한다."

> 왜냐하면 그것은 하나님의 뜻에 대한 반역이며, 필연적으로 하나님의 진노를 불러일으키기 때문이다. 또한 율법에 대한 위반이고, 이는 예외없이 하나님의 심판을 초래하기 때문이다. 성도의 죄가 용서받을 수 있는 것은 그들이 성도이기 때문이 아니라 하나님의 자비로 인해 용서를 받기 때문이다.[70]

은혜

로마서 1-3장의 목표는 단순히 인간의 사악함만 드러내는 것이 아

---

68 Calvin, *Commentaries upon the Epistle of Paul the Apostle to the Romans, in Calvin's Commentaries*, vol. 19, trans. John Owen (Grand Rapids: Baker, 1996), 68-72.

69 Calvin, *Institutes* 2.3.4.

70 앞의 책. 2.9.59.

니다. "바울의 목표는 우리가 구원을 어디서 찾을 수 있는지를 가르치는 것이다." 그것은 우리 안이 아니라 그리스도 안에 있는 "오직 하나님의 은혜"에서다.[71] 칼뱅이 논쟁의 대상으로 삼은 이들은 "우리 시대의 펠라기우스주의자들, 즉 소르본느의 궤변가들"이었다.[72] 인간의 악한 상태를 심각하게 여기지 않고 오히려 그것을 적절한 교육과 노력으로 극복할 수 있는 악한 행위나 경향 정도로 축소시키려 하는 자들은 결코 그리스도께 달려가지 않는다.

> 바울은 율법의 의와 복음의 의를 대조한다. 그는 전자는 행위에 속한 것으로, 그리고 후자는 그리스도의 은혜에 속한 것으로 여긴다(롬 10:5 등). 그는 의를 둘로 나누어 행위에 한쪽을 그리고 그리스도께 다른 한쪽을 할당하지 않는다. 오히려 그는 우리가 하나님 앞에서 의롭다는 판단을 받는 것, 즉 의를 전적으로 그리스도의 것으로 돌린다.[73]

중세 교회는 성도들이 공로의 보화를 쌓아왔고, 이 "중앙은행"을 관리하는 이는 교황이고, 모든 사제가 제각기 은행의 지점들을 관할한다고 가르쳤다. 물론 은혜와 그리스도의 공로와 무관하게 하나님으로부터 직접 무언가를 받을 만한 사람은 없다.[74] 그럼에도 은혜는 우리의 공로를 쌓을 수 있게 하며, 그리스도의 사역은 하나님이 우리의 불완전한 행위를 공로로 받으시도록 만든다. 이 견해에 따르면, 성도들

---

71 Calvin, *Calvin's Commentaries*, 19:68.

72 Calvin, *Institutes* 2.3.11.

73 Calvin, "The Necessity of Reforming the Church," 161-62.

74 로마 가톨릭 신학은 "합당한 공로"(*condign merit*)와 "합력적 공로"(*congruent merit*)를 구분한다.

은 공로로 자신의 구원을 얻을 뿐 아니라, 그들의 섬김은 의무 수행을 넘어서 잉여의 공적을 쌓기까지 한다. 교회는 이런 보화들을 끌어 모을 수 있고, 사제가 처방한 고행을 수행한 이들이 현금으로 바꿀 수 있는 수표를 발행할 수도 있다.

이 교리는 복음을 완전히 손상시켰다. 그것은, 칼뱅에 따르면, 최근의 여러 가지 발명품들 중 하나다. 그는 아우구스티누스와 교황 레오 1세(Leo I, 440-461)를 소환해 그런 중세말의 견해와 맞서게 한다.[75] 우리의 최상의 행위들 중에 죄로부터 자유로운 것이 하나도 없으며 따라서 공로가 될 수 없다. "그러나 일단 하나님이 은혜롭게 신자들을 택하신다면, 그분은 그들 자신만이 아니라 그들의 행위까지도 용납하고 사랑하시며, 또한 그들을 영예롭게 하기 위해 그들의 행위에 보답하신다."[76] 다시 말해, 칭의가 우리의 선행을 용납될 만한 것으로 만든다는 뜻이다. 선행이 칭의를 초래하는 것이 아니고, 선행은 관대한 성부의 보상을 받는다. 선행에 들러붙은 잘못들은 "그리스도의 희생에 의해 가려진다." 그리고 선행은 오직 그리스도의 공로로 인해 성부의 관대하심에 의해 용납된다.[77] 로마 교회는 그리스도의 속죄가 우리의 공로를 가능케 한다고 가르쳤던 반면, 칼뱅은 그리스도의 속죄는 우리의 공로를 철저하게 배제한다고 주장했다.

종교개혁자들은 은혜의 충분성(*sola gratia*)에 관해서뿐만 아니라 은혜의 본질 자체와 관련해서도 로마 교회와 의견을 달리했다. 로마 가톨릭 신학은 은혜를, 영혼을 치유하기 위해 영혼 안으로 주입된 어떤

---

75 Calvin, "The Necessity of Reforming the Church," 164.

76 앞의 글, 164-65.

77 앞의 글, 165.

실체로 간주했다. 인간은 자기를 변화시키는 은혜와 협력함으로써 최종적인 구원을 얻을 수 있다. 성례는 인간의 약한 영혼 안으로 이 은혜를 주입하는 정맥주사용 튜브 같은 기능을 한다. 우리는 이 은혜와 더 잘 협력할수록 더 많은 은혜를 받는다.

종교개혁자들은 성경에서 은혜에 대한 전혀 다른 정의를 발견했다. 언약이라는 지도를 펼쳐 놓고 보면, 은혜는 비인격적인 실체가 아니라 한쪽에서 다른 쪽에게 제공한 선물이다. 무엇보다도 그 선물은 그리스도 자신이다. 그분 안에 성부의 모든 보화가 숨겨져 있다. 은혜는 성자 안에 있는, 그리고 복음을 통해 성령에 의해 전달되는, 성부의 **호의**와 **선물**이다. 무엇보다 진노를 받아 마땅한 자들에게 베푸시는 하나님의 호의는 또한 하나님의 칭의라는 선물이며, 갱신을 초래하고 불멸의 삶으로 이어지는 우리의 부활을 보증하는 성령의 내주하심이다. 칼뱅이 이해하는 바로는, 은혜는 우리의 영적 상승을 돕는 보조수단, 즉 우리가 하나님과 연합할 수 있도록 주어지는 그 무엇이 아니라, 우리를 성령에 의해 그리스도와 연합하게 하는 하나님의 값없는 선물이다.

섭리

급진적 계몽주의는 삼위일체와 기적들 – 성자의 성육신과 구원 사역에 의한 특별계시와 구속을 포함해 – 을 거부한 후에도 "자비로운 섭리"라는 개념을 보존하고자 했다. 그러나 칼뱅에게 섭리는 막연한 개념이 아니었다. 하나님을 성자의 중재 사역을 통해 성부로 경험하는 것과 무관한 "최고의 존엄" 혹은 "하늘과 땅의 창조자"는 그저 우상일 뿐이다.[78]

칼뱅의 견해에 따르면, 하나님의 섭리는 단순히 긍정되어야 할 하나의 교리에 불과한 것이 아니라 우리가 역경 속에서 붙들어야 할 생명줄이다. 우리는 하나님이 세상을 돌보시는 까닭이 세상의 명백한 혼돈 때문이라는 것을 알아야 한다.[79] 칼뱅이 일상적으로 겪었던 일들, 즉 개인적 역경과 상실, 위협, 좌절, 그리고 계속해서 들려오는 고통과 순교의 소식 등이 그로 하여금 계속 이 주제에 매달리도록 만들었다. 실제로 그는 하나님께 필사적으로 매달렸다. 그가 하나님의 섭리를 생명줄로 여겼던 까닭은 안정되고 평온한 세상을 당연한 것으로 가정했기 때문이 아니라, 오히려 자신의 인생을 열악한 환경의 파도 위에서 계속 이리저리 흔들리는 작은 배처럼 느꼈기 때문이었다. 하나님은 죄에 대해 비난을 받을 수 없지만 죄가 그분을 놀라게 하지도 못한다.[80]

칼뱅은 특별히 그의 시편 주석에서 인생은 짧다고 역설하고 하나님의 인자하심을 맛보지 못한 이들은 가련해진다는 점을 강조한다. 신자들이 하나님의 섭리를 이해하면 그분을 관대하신 아버지로 인식하게 된다. 셀더르하위스는 이렇게 말한다. "그러므로 칼뱅은 하나님 없이 멸망하는 비극을 하나님 없이 사는 비극만큼 강조하지 않는다." 그런 자들은 하나님을 아버지로 알았던 적이 전혀 없었기 때문이다.[81]

사랑이 이긴다

칼뱅에게 사랑은 율법과 질서에 반대되는 것이 아니다. 사랑은 혼

---

78 Calvin, *Institutes* 2.6.4.

79 Calvin, *The Secret Providence of God*, ed. Paul Helm (Wheaton, IL: Crossway, 2010)을 보라. 칼뱅의 견해에 대한 유익한 연구 결과가 Susan E. Schreiner, *Theater of His Glory: Nature and the Natural Order in the Thought of John Calvin* (Durham, NC: Labyrinth, 1991)에 실려 있다.

80 Calvin, *Institutes* 1.18.4.

란이 있는 곳에 질서를 회복하고, 이기심이 지배하는 곳에 정의를 회복하고, 배제와 불안이 다스리는 곳에 교제를 회복한다. 그러므로 이 세계에 대한 칼뱅의 기본 전제는 그것이 (폭력이 아니라) 사랑에 기초를 두고, 그 열매가 (폭력적 혼란이 아니라) 사랑의 질서라는 것이다. 이 전제는 인간관계에 대한 그의 견해뿐 아니라 자연탐구에 대한 그의 견해까지 형성한다. 태초에 하나님은 창조세계에 그 나름의 성향을 부여하셨다. 그분은 이렇게 명하셨다. "땅은 생물을…종류대로 내라"(창 1:24). 또한 이렇게 명령하셨다. "…있으라"(1:3, 6, 14). 그러자 "땅이 풀과 각기 종류대로 씨 맺는 채소와 각기 종류대로 씨가진 열매 맺는 나무를 내었다." 그리고 그것은 "하나님이 보시기에 좋았다"(1:12). 하나님은, 비록 때로는 기적적인 방법을 통해 직접 일하시기도 하나(다양한 것들을 "있으라"라고 명하시면서), 대개는 섭리를 통해서 일하신다. 중재자이신 성자 안에서 그리고 자연과 역사 안에서 활동하시는 성령을 통해 만물을 붙들고 계신다.

질서는 결코 동일함을 의미하지 않는다. "겨울 다음에 봄이, 봄 다음에 여름이, 그리고 여름 다음에 가을이 순서대로 찾아오는 것만큼 자연스러운 것은 없다"고 칼뱅은 말한다. "그러나 이런 연속되는 계절에서 우리는 매년, 매달, 그리고 매일 굉장히 크고 고르지 않은 다양성을 발견하는데, 그런 다양성은 하나님의 새롭고 특별한 섭리의 지배를 받아 나타난다."[82] 여기에는 세상을 시계처럼 창조한 후 태엽을 감고 그냥 내버려두는 이신론적 신이 들어설 여지가 없다.

---

81 Selderhuis, *Calvin's Theology of the Psalms*, 63; 또한 시편 89:47; 115:16; 104:31에 대한 칼뱅의 주석을 보라.

82 Calvin, *Institutes* 1.16.2.

칼뱅의 견해에 따르면, 세계는 당연한 것이 아니라 하나의 선물이다. 세계는 스스로 존재하는 것이 아니다. 하나님이 피조물을 수단으로 사용하신다고 해서 우주를 지탱하시는 그분의 섭리적 손길이 약화되지는 않는다. 칼뱅은 놀랄 만큼 상세하게 자연과 자연작용에 대한 경이감을 표현한다.[83] 하나님은 자연과 역사에서 매일 벌어지는 일들의 유일한 원인자로 직접 행동하실 수 **있다**. 하지만 그분은 수단을 통해 일하는 쪽을 택하셨다. 그러나 그 수단은 궁극적 근원이 아니다. 수단으로 사용되는 피조물은 우리에게 하나님을 가리켜야 한다.

그러므로 우리가 직접 하나님을 뵙기 위해서 신비적인 방법으로 땅에서 하늘로 올라가려 하는 것은 잘못이다. 하나님은 언제나 우리의 세계에서 친밀한 방식으로 우리에게 자신을 보여주신다. "칼뱅에 따르면, 하나님의 얼굴을 뵙는 기쁨을 누리고자 하는 이들은 하늘이 아니라 땅을 보아야 한다." "실제로 하나님의 음성은 자연 안에서 들린다. 그러나 그 음성을 이해하고자 하는 사람은 교회로 가야 한다. 그곳에서 하나님이 분명하게 그리고 우리가 이해할 수 있게 말씀하시기 때문이다. 더 나아가, 자연 안에서 하나님은 사람들을 놀라게 하셔서 자신의 존재에 주목하게 하신다. 그러나 교회 안에서 하나님은 사람들을 친절한 방식으로 자신에게 초대하신다."[84] 우리가 하나님의 자녀로서 그분의 좋은 은사와 구원의 선물을 받기 위해 다함께 모일 때, 매일의 어려운 문제들 속에서도 은혜가 풍성하신 성부 하나님을 만나게 된다.

외양으로 판단하는 영광의 신학자는 거룩해 보이는 행위들을 인

---

83 앞과 동일.

84 Selderhuis, *Calvin's Theology of the Psalms*, 71-72.

정한다. 그의 도덕적 전제는 의로운 이는 의롭다고 인정되고 죄를 지은 이는 정죄된다는 것이다. 그런 까닭에 하나님의 섭리가 만들어내는 어려운 환경은 우리로 하나님의 불만에 대한 두려움을 품게 만든다. 그러나 하나님의 표면적인 진노라는 "가면" 뒤에는 미지의 목적을 지닌 참된 하나님이 계시다. 우리는 오직 하나님의 약속의 말씀 안에서만, 즉 복음의 옷을 입은 그리스도 안에서만 참된 하나님을 알게 된다. 셀더르하위스는 다음과 같이 말한다.

> 여기서 루터가 하나님이 자신을 그분의 참된 모습과 달리 나타내시는 이유를 설명하기 위해 사용했던 개념을 칼뱅은 이용한다.…하나님은 본질상 자비로우시고 친절하시다. 그리고 그분의 가혹한 모습은 우발적인 것일 뿐이다. 하나님이 진노하시고 복수심에 불타오르실 때, 그분은 사실상 또 다른 성품을 취하면서 특이한 방식으로 말씀하신다. 그분은 본래 용서를 좋아하시고, 그것을 통해 우리를 자신에게 이끄신다.[85]

그런 면에서 욥의 "친구들"은 전형적인 영광의 신학자들이다. 칼뱅은 시편 18:26절에 관해 설명하면서 그것이 우리가 시련을 해석하는 - 하나님의 말씀에 의해 해석된 실재보다는 겉모양에 의존하면서 - 자연스러운 방식이라고 말한다. "하나님이 욥의 친구들을 심각하게 나무라실 때, 그들은 자기들을 사로잡고 있는 맹목적인 두려움으로 인해 그분을 그분의 실제 성품과는 다른 성품을 지닌 분으로 변형시킨다. 그것은 그들이 그분의 성품에서 오직 잔인함, 잔학함, 그리고 흉

85 앞의 책, 50.

포함만을 인식했기 때문이다."[86]

하나님이 아무리 신자들에게 진노하시는 것처럼 보일지라도, 아버지로서 그리스도 안에서 하나님의 자녀가 된 사람들에게 그렇게 하는 것은 불가능하다. 우리는 외적인 상황에 따라 하나님과 우리의 관계를 판단하면 안 되고 그분의 약속을 붙들어야 한다.[87] 우리는 하나님을 찾기 위해 여행할 필요가 없다. 그분이 우리를 찾기 위해 여행하셨기 때문이다. 곤경에 빠진 사람을 돕는 것은 하나님께는 가장 자연스러운 일이다.[88] 셀더르하위스는 말한다. "칼뱅에 따르면,"

> 이것은 "구속하고자 하시는 하나님의 성품" 때문이다.…칼뱅은 "자신의 종들을 진창에서 들어 올리실 뿐 아니라 또한 그들을 무덤으로부터 해방시키시는 것"이 하나님께 속한 일이라고 말한다. 그 종교개혁자는 죽은 자를 생명으로 이끄시는 것을 하나님의 적절한 일이라고 부른다. 더 나아가, 불의에 대해 복수하시는 것도 하나님의 전형적인 일이다.…칼뱅은 자신의 독자들을 안심시키기 위해 하나님의 자애로운 성품을 자주 언급한다.[89]

우리의 타락한 마음은, 어떤 일이 잘못될 경우에는 하나님이 직접적인 원인인양 그분을 비난하고, 반면에 일이 잘 될 경우에는 그분의 개입을 무시하는 경향이 있다. 칼뱅은 하나님이 역사의 무대에서 활

---

86 Calvin on Ps. 18:26, in *Calvin's Commentaries*, 4:287.

87 Selderhuis, *Calvin's Theology of the Psalms*, 51.

88 Calvin on Ps. 85:1, in *Calvin's Commentaries*, vol. 5. trans. James Anderson (Grand Rapids: Baker, 1996), 380-81.

89 Selderhuis, *Calvin's Theology of the Psalms*, 54.

동하는 유일한 배우라고 믿지 않는다. 토마스 아퀴나스처럼 그 역시 일차적 원인과 이차적 원인을 구별하고, 죄와 죄책에 대한 비난은 전적으로 인간에게 돌려져야 한다고 주장한다.[90] 칼뱅은 "[하나님의 섭리가] 때로는 매개체를 통해서, 때로는 매개체 없이, 그리고 때로는 모든 매개체에 반해서 이루어지는 것"을 "결정적인 원리"(determinative principle)라고 부른다.[91] 모든 영광을 하나님께 돌린다는 것은 의사들과 하나님 양쪽 모두가 - 전자는 이차적이고 도구적인 원인으로서, 후자는 일차적이고 궁극적인 원인으로서 - 우리를 치유한다는 사실을 부인하는 것이 아니다. 유아의 수태, 성장, 그리고 출생은 기적이 아니라 자연스러운 일이다. 평범한 섭리 과정에서는 하나님이 피조물을 통해 일하시고 피조물에게 생각하고 행동하고 의지할 자유를 허락하신다. 하나님은 그 섭리 과정을 통틀어 성부, 성자, 성령으로서 통치하신다.[92] 그분이 우리의 삶과 세상에서 직접 기적적으로 행동하실 때뿐만 아니라 매개체인 피조물의 여러 층들(혹은 "가면들")을 통해 섭리적으로 우리를 돌보실 때도 우리는 그분의 통치를 인식한다.

칼뱅은 행운의 거론을 허락하지 않는 운명주의자가 아니다. 실제로 그는 이렇게 말한다. "모든 것이 하나님의 계획에 의해, 확실한 섭리를 따라 이루어질지라도, 우리에게 그것들은 우발적인 사건들로 보인다.…세상에서 일어나는 일들의 질서, 이유, 목적, 그리고 필연성은 대개 하나님의 목적 안에 감춰져 있으며, 인간의 지혜로는 이해할 수 없기 때문이다." 그런 일들은 우발적으로 **보일** 뿐만이 아니라 **실제로** 우

90 Calvin, *Institutes* 3.23.7.
91 앞의 책, 1.17.1.
92 Selderhuis, *Calvin's Theology of the Psalms*, 91.

발적**이다**. 하나님이 아니라 우리에게 더욱 그렇다는 말이다. "왜냐하면 그것들은 그 본질 자체를 살펴보든 우리의 지식과 판단에 따라 헤아려보든, 그 외양과 다른 얼굴을 갖고 있기 않기 때문이다."[93]

하나님이 모든 것을 독단적으로 원하신다는 개념은 그분을 악의 창시자로 만들고 우리 자신을 그분이 갖고 노는 공으로 축소시키는 "악마적인 신성모독"이다.[94] 칼뱅은 모든 것이 하나님의 명령 아래 있으나 악과 죄는 사탄과 인간의 탓이라고 말한다.[95] "그리고 우리는 [하나님의] '절대 권력'이라는 허구를 변호하지 않는다. 그것은 불경스러운 것이므로 혐오를 받아야 마땅하다." 그러나 "또한 우리는 우리 자신의 이해에 따라 이 원인에 대해 판단할 수 있을 만큼 유능한 심판자라고 생각하지 않는다."[96] 정의에 거슬리는 바를 명령하는 것은 하나님의 능력에 속해 있지 않다. 그러나 하나님을 심판하는 것 역시 우리에 능력에 속해 있지 않다.

칼뱅은 고통에 대해 많은 말을 했다. 특히 시편 주석은 자주 자서전적인 정취를 풍긴다. 그가 시편기자와 함께 우리가 "수많은 죽음에 노출되어 있으며, 자신의 목숨이 가느다란 실에 매달려 있다"고 말한 것은 경험을 바탕으로 한 이야기다.[97] 이것은 비극적인 포즈를 취하는 어느 시인의 미사여구가 아니라, 칼뱅이 아주 잘 알고 있는 삶-혹은

---

93 Calvin, *Institutes* 1.16.9.

94 앞의 책, 3.23.2, 4-5. 또한 Calvin, *Sermons on Job*, trans. Arthur Golding (Edinburgh: Banner of Truth, 1991), 415을 보라."그리고 의심할 바 없이 소르본느의 선생들은 하나님이 절대적인 혹은 무법적인 힘을 갖고 계시다고 말하는데, 그것은 지옥에서 빚어낸 악마적인 신성모독이다. 왜냐하면 그런 생각은 신실한 사람의 머릿속으로 들어와서는 안 되는 것이기 때문이다."

95 Calvin, *Institutes* 2.4.2.

96 앞의 책, 3.23.2.

97 Calvin on Ps. 31:5, in *Calvin's Commentaries*, 4:502.

적어도 삶의 한 가지 중요한 측면-에 대한 묘사다. 그러나 하나님이 언제나 활동하고 계시다고 신자들이 확신하는 것은 우리 피조물("타락한" 것은 말할 것도 없이)이 위태로운 처지에 있기 때문이다. 그런데도 사람들이 "마치 아주 안전한 둥지에 있는 것처럼" 부주의하게 살거나, 아니면 모든 환경에서 자신들을 하나님께 맡기기보다 "고뇌하다가 죽을 준비를 하고 있다"는 것은 참으로 놀랄 만한 일이다.[98]

이처럼 하나님의 활동을 강조하는 것은 칼뱅의 경건의 핵심사항이다. 칼뱅이 하나님의 주권을 강조하는 목적이 우리의 양심을 겁박하기 위한 것이 아니라 달래기 위한 것임을 아는 것이 중요하다. 셀더르하위스가 지적하듯, 칼뱅은 악한 창조자와 인간을 창조질서로부터 구속하는 선한 신의 영역으로 양분하는 이교적인 세계관을 반대한다. 오히려 "반립관계는 하나님과 사탄, 질서와 혼돈, 그리고 타락과 갱신 사이에 있다." 그 안에서 하나님은 늘 자연을 타락시키는 죄에 대해 승리를 거두신다. "칼뱅이 가장 두려워하는 것은 하나님과 창조세계가 이런 저런 방식으로 서로 떨어질 수 있다는 생각이다."[99]

에라스무스에 논박했던 루터처럼, 칼뱅은 하나님이 "하늘에서 유유자적하고" 계실 수 있다는 개념을 괴저병(壞疽病)처럼 퍼져나가는 "새로운 에피쿠로스주의"(new Epicureanism)라고 부른다. 고대의 에피쿠로스주의자들은 신들이, 설령 그들이 존재할지라도, 인간의 일에 무관심하며 세상에서 벌어지는 매일의 일에 개입하지 않는다고 가르쳤다. 다른 쪽 극단에는 "스토아주의"(Stoicism)가 있었다. 스토아주의자들은 자연에 속한 모든 것이 신성하며, 따라서 발생하는 모든 일은 운명의

---

98 앞과 동일.

99 Selherhuis, *Calvin's Theology of the Psalms*, 86.

직접적 행위라고 믿었다. 하나님의 섭리에 관한 성경의 가르침은 스토아주의 운명론에 대한 해독제이기도 하다. "우리의 삶에 한계를 정하신 분이 또한 우리에게 삶을 돌보도록 위임하셨다. 그분은 삶을 보존하는 데 필요한 수단과 도움을 제공하셨다. 또한 그분은 우리가 위험을 예견할 수 있게 하셔서 부지중에 위험에 압도되지 않도록 예방책과 해결책들도 제공해주셨다." 그러므로 우리는 그것들을 사용해야 한다.[100] 하나님은 우리의 미래를 계획하셨고 그 계획을 이루시기 위해 활동하고 계시다. "다른 한편, 그럼에도 경건한 사람은 이차적인 원인들도 간과하지 않는다."[101] 그러므로 하나님이 이차적 수단들을 사용하시는 것은 우리가 그분의 대사들로서 책임 있게 행동하게 하기 위해서다. 칼뱅은 자연주의와 운명론 모두를 반대한다.

특별히 인문주의자들 가운데서 훗날 급진적 계몽주의의 이신론으로 완전히 표출된 자연주의 철학이 시작되었다. 칼뱅은 이런 기류는 결국 세상에서 모든 경건의 완전한 소멸로 이어질 수 있다고 주장한다.[102] 또한 칼뱅은 하나님을 "부동의 동자"(unmoved mover)로 본 아리스토텔레스의 견해도 받아들이지 않는다.[103] 칼뱅에 따르면, "하늘은 에피쿠로스주의자들이 상상하는 것처럼 하나님이 게으르게 쾌락에 탐닉하시는 곳이 아니라, 오히려 세상의 모든 영역에 대해 통치권을 행사하시는 왕의 법정이다."[104] 그러나 하나님은 만물에 대해 **통치권을 행사하실** 뿐 아니라 마치 자녀를 돌보는 부모처럼 자연과 역사 **안**

---

100 Calvin, *Institutes* 1.17.4.

101 앞의 책, 1.17.9.

102 Selderhuis, *Calvin's Theology of Psalms*, 92, on Ps. 121:3.

103 앞의 책, 91.

104 Calvin on Ps. 33:13, in Calv*in's Commentaries*, 4:549.

에 현존하신다. 여기서 칼뱅이 삼위일체, 즉 만물 위에 계신 성부, 만물을 모두 붙들고 계신 성자, 그리고 만물 안에서 하나님의 계획을 향해 "아멘!"을 외치는 성령을 염두에 두고 있음을 상기하라. 시편기자가 왕이신 하나님에 대해 말할 때(시 74:12), "여기서 하나님께 적용된 왕의 칭호가 단순히 그분의 통치권에 국한되어서는 안 된다는 것은 아주 분명하다." 그분의 통치권조차 그분의 백성을 "안전하게 보존하고 유지하기 위한 것이다."[105]

물론 하나님의 섭리에 대한 그와 같은 확신은 악명 높은 반대론을 초래한다. 그러나 칼뱅이 보기에 이런 개념에 대한 대안, 즉 우리에게 닥치는 슬픔은 선하고 지혜로우신 하나님의 계획 **밖에서** 일어난다고 믿는 것은 우리 기도의 대상이 될 수 없고, 우리의 눈물을 가져갈 수 없으며, 신뢰할 수 없는 어떤 신을 상정할 뿐이다. 칼뱅은 하나님의 섭리를 단순한 교리로서가 아니라 삶의 폭풍 가운데 있는 닻으로 여긴다. 다른 모든 교리들처럼 그 목적 역시 우리의 지적 호기심을 충족시키는 것이 아니라, 우리가 하나님의 신실하심을 볼 수 없을 때조차 우리에게 그에 대한 확신을 심어주는 것이다.

칼뱅은 스토아주의가 말하는 비극을 무시하기는커녕, "인간의 삶을 격렬하게 황폐화시키는 무서운 무질서가 하나님의 섭리의 질서를 모호하게 만든다"는 것을 인정한다.[106] 태양이 빛을 비출지라도, 구름이 그것을 가릴 수 있다. 우리의 경험은 하나의 실체지만 하나님의 길을 판단할 만큼 유능하지는 않다. 근심 가운데 있을 때 "우리는 비참하게 고통당하는 자들을 돕기 위해 다가오시는 것이 하나님의 특별한 직무

105 Calvin on Ps. 74:13, in *Calvin's Commentaries*, 5:173.

106 Selderhuis, *Calvin's Theology of the Psalms*, 93, Calvin on Ps. 92:6에서 재인용.

임을 완전히 확신해야 한다."[107] 다시 말하지만, 이런 설명에는 수동성이 들어설 여지가 없다. 하나님이 활동하고 계시기에 우리 역시 우리의 일을 할 수 있다. 사실 하나님은 우리를 통해 그분의 일을 수행하신다. 그러므로 "하나님이 우리가 죽을 때까지 그리고 심지어 죽음 이후까지 우리를 양육하신다는 사실을 아는 이들은 '자신들의 의무를 수행하지 못할 만큼 두려움에 빠져서는 안 된다.'"[108] "섭리의 교리를 조금이라도 뒤엎으려 하는 자들은 하나님의 자녀들에게서 참된 만족을 빼앗고 그들의 영혼을 비참한 불안으로 괴롭힌다."[109]

미로 피하기

섭리가 없다면, 우리는 "미로" 혹은 "심연"에 처하게 된다. 만약 우리가 하나님의 은밀한 뜻을 헤아리고자 한다면, 우리는 미로 속으로 들어가 방황하게 된다.[110] 그때 우리는 하나님의 계시된 말씀 대신 외양으로 판단하는 영광의 신학자가 될 것이다. 우리는 사적인 계시를 사색하거나 기대하는 대신, 하나님이 우리의 구원을 위해 말씀과 성례를 통해 제공하신 수단들과 세상에서 누리는 복들(우리가 불신자들과 함께하는 직업, 우정, 그리고 다른 공통의 선물들)에 주목해야 한다.[111] 그러므로 칼뱅에 따르면, 우리는 오직 하나님이 계시하신 것 안에서만, 즉 "율법과 복음 안에서만" 하나님의 뜻을 찾아야 한다. "그러나 우주를 다스리시는 하나님의 놀라운 방식은 심연(abyss)이라고 불릴 만하다. 왜냐하면

---

107 앞의 책, 94. Calvin on Ps. 10:1에서 재인용.
108 앞의 책, 95. Calvin on Ps. 31:5에서 재인용.
109 앞의 책, 113, Calvin on Ps. 107:47에서 재인용.
110 앞의 책, 117-18.
111 Calvin, *Institutes* 1.18.4.

그것이 우리에게 감추어져 있는 동안, 우리는 경외하는 마음으로 그것을 우러러 보아야 하기 때문이다."[112] "그리고 하나님 자신이…숨기기로 하신 것을 알고자 하는 것은 우리에게 유익이 되지 않는다."[113]

우리는 분명히 악이 승리한 것처럼 보이고 하나님의 구원의 손길이 깊이 숨겨져 있는 것처럼 보이는 장소가 바로 십자가라는 사실을 잊지 말아야 한다.[114] 자연과 역사에 대한 하나님의 주권적 지배는 그분의 **구원** 계획과 분리될 수 없다. 우리가 이 세상의 "낮은 곳들"에서 – 베들레헴의 더러운 구유에서, 지친 상태로 예루살렘으로 향해 가는 길 위에서, 그리고 버림 받아 부르짖는 십자가 위에서 – 하나님을 발견하듯, 우리는 그분이 우리에게 깊이 숨겨진 것처럼 보이는 삶의 장소에 현존하신다고 믿는다.

경건한 자가 당하는 고통스러운 상황은 종종 우리를 의아하게 만든다. "내가 무슨 일을 했기에?" "왜 하나님이 하필이면 나를 벌하시는가?" 그분이 이 구속사건의 의미를 계시하셨으므로, 우리는 우리가 당하는 시련을 하나님의 "원금 회수"로 해석해서는 안 된다. 또한 우리가 누리는 번영을 하나님의 호의에 대한 확증으로 여겨서도 안 된다. 우리는 외양(우리가 무언가의 표면에서 발견하는 것)을 따라 판단하기보다, 무슨 일이 일어나더라도, 복음을 통해 하나님이 약속하신 자비에 귀를 기울일 필요가 있다.[115]

칼뱅은 고통은 우리를 향한 하나님의 진노의 징표가 아니며, 우리

---

112 앞의 책, 1.17.2.

113 앞의 책, 1.14.1.

114 앞의 책, 3.8.1.

115 Selderhuis, *Calvin's Theology of the Psalms*, 102, Calvin on Ps. 91:15에서 재인용.

가 선택받지 못했다는 징표는 더더욱 아니라고 강조한다.[116] 시련은 성부의 작업장이지 심판관의 위협이 결코 아니다. 마치 우리의 심장을 조준하고 있는 듯한 화살은 사실은 우리에게 들러붙어 있는 죄를 겨냥하고 있는 것인데, 그것은 우리가 죄의 손아귀에서 벗어날 수 있게 하기 위함이다.[117] "때때로 하나님이 우리를 재앙으로부터 구해내실 때조차 그런 일은 마지막 순간에야 이루어진다. 그것은 우리가 오직 그분에게만 의지하게 하기 위함이다. 그리고 우리를 얼마나 성장시키는지 모른다!"[118] 사실 칼뱅은 이렇게 말한다. "정확하게 말하자면, 하나님은 자신이 택한 자들에게 화가 나 계시지 않다. 오히려 그분은 고통을 약으로 삼아 그들의 질병을 치유하신다." 그리스도는 우리에 대한 하나님의 진노를 달래셨다. 그러므로 하나님이 우리에게 보내시는 모든 시련은 전적으로 우리의 유익을 위한 것이며, 따라서 우리의 죄에 대한 보복 행위로 간주되어서는 안 된다.[119]

우리는 특정한 시련이 어떻게 하나님의 강력한 약의 역할을 하는지 모를 수도 있다. 실제로 우리는 고통이 직접 하나님이 우리에게 보내신 것인지에 대해서도 알지 못할 수 있다. 그러나 우리로서는 그분이 고통과 악조차 우리의 유익과 그분 자신의 영광을 위해 사용하신다는 사실을 아는 것만으로 충분하다. 하나님은 자신이 치유하실 수 없는 상처를 결코 허락하지 않으신다. 더 나아가, 칼뱅이 주장하듯이, "하나님의 아들은 **우리와 함께** 고난을 받으실 뿐 아니라 **우리 안에서** 고난을 받으신다." 그러면서 그분은 우리를 지탱하시고, 또한 우리가 불행

116 앞의 책, 105, on Ps. 41:2.
117 앞의 책, 101.
118 앞의 책, 106, Calvin on Ps. 27:5에서 재인용.
119 Calvin on Ps. 74:1, in *Calvin's Commentaries*, 5:161.

에 처해 있을 때조차 우리 안에서 그분의 성령을 통해 우리로 하여금 "아바, 아버지"라고 외치게 하신다.[120]

섭리에 대한 이런 이해는 우리가 하나님뿐 아니라 우리에게 잘못을 저지른 사람들조차 비난하지 않도록 우리를 억제시킨다. 요셉이 그의 형제들을 친절하게 대할 수 있었던 것은 그들의 사악한 동기에도 불구하고 그의 재난 가운데 들어 있던 하나님의 계획이 악을 선으로 바꿔놓았기 때문이다. "요컨대, 사람들에게 부당하게 상처를 받을 때, 우리는 그들의 사악함을 간과하자(그런 생각은 우리의 고통을 악화시키고 우리의 마음을 복수심으로 불타오르게 할 뿐이다). 그리고 하나님께 나아가 우리의 적이 악한 마음으로 우리에 행한 모든 일이 결국 하나님의 의로운 섭리를 통해 허락되고 우리에게 보내진 것임을 분명히 믿자."[121] 그러므로 우리는 악을 행하는 자들에게 분노하며 살지 않는다. 우리가 그 모든 것을 초월하기 때문이 아니라 우리가 누구인지를 알기 때문이다.[122]

---

120 Calvin, *Commentary Upon the Acts of the Apostles*, vol. 2, trans. Henry Beveridge (Grand Rapids: Baker, 1974), 297. 강조체는 덧붙인 것임.

121 Calvin, *Institutes* 1.17.8.

122 Calvin on Ps. 26:3, in *Calvin's Commentaries*, 4:439-41.

제 2 부

하나님 안에 사는 삶

5. 중재자 그리스도

우리는 하나님 앞에서(*coram Deo*) 그분의 형상과 모양을 따라 창조된 피조물로서 살아간다. 그러나 우리의 창조 목적은 그보다 더 크다. 최대한 하나님과 연합하여 하나님 **안에** 사는 것이다. 그런데 하나님은 엄위하신 초월적인 분이고 우리는 유한한 존재라면, 도대체 어떻게 그것이 가능한가? 더 나아가, 하나님은 거룩하신 반면 우리는 죄가 많다는 사실을 고려한다면? 하나님은 위험한 분이다. 과격한 신비주의자들은 이 위험 – 그리고 거룩하신 하나님과 죄 많은 피조물 사이의 차이 – 을 무시한 채 대담하게 마치 인간의 내면에서 하나님을 발견할 수 있는 것처럼 내면을 향함으로써 위쪽으로 올라갔다. 중세의 경건에서도 "물론 그분은 구속주로 불리신다," "하지만 인간들도 그들의 자유의지로 죄와 죽음의 굴레로부터 스스로를 구속한다는 의미에서 그랬다. 물론 그분은 의와 구원으로 불리신다. 하지만 인간들 역시 자기 행위의 공로로 스스로 구원을 추구한다."[1]

이에 대해 칼뱅은 "아니오"라고 답한다. 예수님은 우리가 하나님께

1 Calvin, "The Necessity of Reforming the Church," in *Selected Works of John Calvin: Tracts and Letters*, ed. Henry Beveridge and Jules Bonnet, 7 vols. (Grand Rapids: Baker, 1983), 1:192.

올라가기 위해 사용하는 사닥다리의 가로대에 불과한 존재가 아니다! 그분은 사닥다리 자체이시다![2] 칼뱅은 말한다. "만약 엄위하신 하나님이 우리에게 내려오시지 않았다면 우리의 상황은 분명히 절망적이었을 것이다. 왜냐하면 그분께 올라가는 것은 우리의 능력에 속한 일이 아니기 때문이다." 이어서 그는 이렇게 덧붙인다.

> 그러므로 하나님의 아들이 우리를 위해 "임마누엘, 즉 우리와 함께 계시는 하나님"이 되셔야 할 필요가 있었다. 그리고 그런 식으로 그분의 신성과 우리의 인성이 서로 결합해 함께 자라갈 필요가 있었다. 그렇지 않았다면, 우리의 가까움은 충분히 가깝지 않고, 우리의 친근함은 충분히 확고하지 않아서, 우리는 하나님이 우리와 함께 사시는 것을 바랄 수 없었을 것이다.…그러므로 우리는 이 징표에 의지하여 우리가 하나님의 자녀임을 믿을 수 있다. 왜냐하면 날 때부터 하나님의 아들이신 분이 몸소 우리의 육신으로부터 육신을, 우리의 살로부터 살을, 우리의 뼈로부터 뼈를 취하여 입으시고, 우리와 하나가 되셨기 때문이다.[3]

칼뱅은 우리 신앙의 대상은 단지 "하나님"이 아니라 삼위일체 하나님이라고 주장한다. 하지만 이것은 여전히 구원에 이르는 믿음이 목표로 삼는 과녁의 정중앙이 아니다. 삼위일체 하나님은 **그리스도 안에 계시되어 있다**.[4] 그러나 이것조차 결정적인 진리가 아니다. 결정적 진

---

2 Calvin on John 1:51, in *Calvin's Commentaries*, vol. 17, trans. William Pringle (Grand Rapids: Baker, 1996), 80-81.

3 Calvin, *Institutes of the Christian Religion*, ed. John T. McNeill, trans. Ford Lewis Battles (Philadelphia: Westminster, 1960), 2.12.1-2.

4 앞의 책, 3.2.1.

리는 이것이다. 그리스도는 하나님과의 연합을 촉진하는 분 혹은 여러 중재자들 중 하나 혹은 하나님과 연합하기 위해 따라야 할 최고의 모범일 뿐만 아니라, 또한 **복음의 옷을 입은 자로** 우리를 구원하는 성육하신 하나님이기도 하다는 진리이다.[5]

구원을 초래하는 하나님과의 연합은 오직 **우리와 함께 계신 하나님**이시며 또한 **하나님과 함께 있는 우리**이신 그리스도와의 연합을 통해서만 일어난다. 그리스도는 언약의 주님(하나님)인 동시에 종(인간)이기 때문에 그리스도 안에 있다는 것은 하나님 안에 사는 것을 의미한다. "참으로 그분은 우리에게 자신의 것을 나눠주시기 위해, 그리고 하나님의 아들인 동시에 우리와 같은 사람의 아들이 되시기 위해 스스로 우리의 본성을 취하셨다."[6] 이제 우리는 그분과 연합함으로써 그분이 성부와 성령과 함께 누리시는 친밀한 교제 안으로 들어간다.

그리스도의 인격과 직무

칼뱅은 그리스도의 삼중적 직무를 생각하며 그분의 인격과 사역을 한데 묶는다. "그분은 예언자, 왕, 그리고 제사장의 직무를 받으셨다."[7] 그리스도의 이 삼중직을 통해 우리의 구속이라는 궁극적 목적이 성취된다. 즉 우리가 그리스도의 완전한 형상을 따라 재창조된다. 우리는 칼뱅의 사상에서 고대 교회의 가르침의 메아리, 특히 2세기의 교부 이레니우스의 총괄갱신(recapitulation, 문자적으로 말하자면 "다시 머리가 됨"[re-headshiping])에 대한 강조를 발견한다. 아담의 타락의 결과가 그 자신

5 Calvin, *Institutes* 3.2.32.
6 앞의 책, 2.12.2.
7 앞의 책, 2.15.1.

만이 아니라 그의 후손들에게까지 미쳤던 것처럼, 그리스도는 "그분 자신만을 위해 일어나신 것이 아니라 아담 안에서 파괴된 모든 것을 회복하기 위해 오셨다."[8]

예언자로서 예수는 그 이전의 모든 예언자와 다른 방식으로 성부를 계시하신다. 그분이 영원 전부터 성부와 함께 계셨고 성부와 똑같은 신적 본성을 공유하고 계시기 때문이다. 사실 모든 예언자들이 가리킨 것은 그분이었다.[9] 예수 그리스도는 또한 왕이시다. 비록 지금은 그의 나라가 옛 언약에서 그랬던 것처럼 지정학적인 나라가 아니라 영적인 나라이긴 하지만 말이다.[10] 더 나아가, 칼뱅은 하나님의 일반적인 통치권을 넘어 특히 그리스도 - 하나님으로서의 그리스도뿐만이 아니라 또한 인성을 입으신 그리스도 - 안에 그분의 주되심이 있음을 강조한다. "우리가 하나님을 인정하는 것은 옳다. 하지만 그것은 인간 그리스도의 얼굴 안에서 그러하다."[11] 그분은 교회의 유일한 머리이시다. 그리고 교회의 하나됨은 그분을 유일한 머리로 삼는 데서 찾을 수 있다.[12] 지금은 그리스도의 나라가 늘 반대세력에, 그것도 자주 야만적인 반대세력에 직면해 있다. 하지만 그 나라의 승리는 그 나라의 왕의 승리에 의해 이미 확보되어 있다.[13]

그리스도께서 우리를 섬기는 사역은 그분의 예언자적 사역과 왕적인 사역만큼 중요하기에, 성경이 특히 그분의 제사장적 사역을 부각

---

8 Calvin on 1 Cor. 15:21, in *Calvin's Commentaries*, vol. 20, trans. John Pringle (Grand Rapids: Baker, 1996), 25.

9 Calvin, *Institutes* 2.15.2.

10 앞의 책, 2.15.3.

11 Calvin, *Calvin's Commentaries*, 20:32.

12 Calvin, *Institutes* 2.15.3.

13 앞과 동일.

시킨다고 칼뱅은 믿는다. "그러므로 복음 전체가 주로 그리스도의 죽음과 부활 안에 있다는 사실에 유념하자."[14] 그러나 칼뱅은 또한 우리에게 그리스도의 구원 사역이 십자가에서 시작되지 않음을 상기시킨다. 그분의 성육신과 30년 이상 지속된 생활이 단순히 그분의 대속적 죽음을 위한 선행조건에 불과한 것이 아니다. 그분이 우리의 인성을 취하시고 적극적인 순종을 통해 모든 의를 성취하신 것이야말로 우리의 구속을 위한 필수 조건이다.[15] "요컨대, 그분은 종의 형상을 입으신 때로부터 우리를 구속하기 위해 해방의 대가를 치루기 시작하셨던 것이다."[16]

그리스도의 인격: "분리되지 않고 구별됨"

종교개혁자들과 급진주의자들을 포함해 프로테스탄트들 사이에 전개되었던 가장 심각한 논쟁들은 기독론(그리스도의 인격에 대한 해석들)을 둘러싼 차이점으로 거슬러 올라갈 수 있다. 이 교리의 중요성을 감안해 나는 아주 간략하게나마 그 차이를 요약해보려고 한다. 그 논쟁의 핵심에는 "분리되지 않고 구별됨"(distinction without separation)이라는 칼케돈 신조의 공리가 자리 잡고 있다. 그리고 이 개념은 칼뱅의 신학 전반에 나타난다. 그리스도의 인성을 경시하는 것(가현설[docetism]과 영지주의[Gnosticism])과 두 본성을 분리하는 것(네스토리우스주의[Nestoriansim]) 혹은 그 둘을 혼동하는 것(단성설[monophysitism])의 위험성은 칼케돈 공의회(AD 451)에서 다뤄졌다. 그리고 칼뱅은 당시의 오류들에 대응하기

14 Calvin, *Calvin's Commentaries*, 20:19.
15 Calvin, *Institutes* 2.13.3.
16 앞의 책, 2.16.5.

위해 그 에큐메니컬 신조를 상기시킨다. 어쩌면 그것은 세세한 항목처럼 보일 수도 있다. 하지만 칼뱅의 기독론은 그리스도인의 삶에 대한 그의 견해를 이해하는 데 결정적으로 중요하다.

칼뱅이 피하고자 했던 첫 번째 위험은 그리스도의 신성을 그분의 인성에서 분리시키고자 하는 - 후자의 실재와 구원의 효능을 부인하는 방식으로 - 아나뱁티스트의 경향이었다. 그리스 철학의 영향을 받은 초대교회의 이단인 가현설("~처럼 보이다"를 의미하는 그리스어 동사로부터 나왔다)은 예수가 그저 진짜 인간처럼 보였을 뿐이라고 가르쳤다. 이레니우스의 『이단 반박』(*Against Heresies*)과 유사하게, 칼뱅이 『기독교강요』에서 그리스도의 인격을 다루는 모든 내용 앞에는 성육신으로 이어지는 구속의 역사에 대한 장황한 요약이 등장하는데, 이는 그리스도의 인격을 이스라엘의 이야기에 근거를 두려는 열정에서 비롯되었다.

아나뱁티스트 운동이 영혼과 물질을 구분하는 그리스의 이원론에 빚지고 있다는 것은 아나뱁티스트 학자들조차 인정하는 사실이다.[17] "'피조물의 모든 욕망이 뿌리 뽑히고 부서지는' 총체적인 인격적 갱신"이야말로 경건과 구원에 대한 그들 견해의 핵심이었다.[18] "이런 은혜는 사람들을 완전히 신성화하여 '피조물의 지위'를 넘어서게 했다."[19] 이 가정을 감안한다면, 하나님을 피조물과 동일시하는 일이 난관에 부딪히게 되리라는 것은 놀랄 일이 아니다. 폴란드의 종교개혁자 요하네스 아 라스코(Johannes á Lasko, 1499-1560)는 메노나이트 교단의 창설자인 메노 시몬스(Menno Simons, 1496-1561)의 저작들에서 이런 문

---

17 Thomas N. Finger, *A Contemporary Anabaptis Theology: Biblical, Historical, and Constructive* (Downers Grove, IL: InterVarsity, 2004), 563.

18 앞의 책, 563.

19 앞의 책, 474.

제를 찾아냈다. 그리고 칼뱅은 그리스도의 인격에 관한 이와 같은 "가현설적" 견해에 대한 자신의 비판을 덧붙였다.[20] 메노에 따르면, 성자는 동정녀 마리아로부터 그의 인성을 취하지 않고 "천상의 육체"를 입었다. 메노는 인간의 본성은 본질적으로 부패했다고 여겼다. 하지만 칼뱅은 그것은 죄성과 인간성을 혼동하는 것이라고 논박한다.[21] 하나님이 우리에게 내려오셨는가? 우리는 예수가 하나님을 대표할 뿐 아니라 실재로 "우리와 함께 계신 하나님"이라고 말할 수 있는가? 칼뱅은 "그분이 취하지 않은 것은 치유하지 않았다"라는 고대의 금언을 받아들였다.[22] 만약 그리스도가 우리와 동일한 인성을 갖지 않으셨다면, 그분은 그의 교회의 언약의 머리가 되실 수 없으며, "우리의 육체 안에 있는 우리의 죄를 대속하실 수 없다." 또한 죽은 자의 부활도 있을 수 없다.[23] 칼뱅은 예수가 "유대인의 후손이었으며" "허기와 갈증과 추위, 그리고 우리 본성의 다른 연약함에 종속되어 있었다"고 강조한다.[24]

---

20 Calvin, Institutes 2.13.4. 종교개혁 지도자인 Johannes á Lasko에 맞서, Menno Simons는 "성경 어디에서도 말씀이 우리의 육신을 취했다는…혹은 하나님의 본성이 기적적으로 우리의 인성과 연합했다는 글은 발견되지 않는다"라고 썼다("The Incarnation of Our Lord," in *Complete Works of Menno Simons*, trans. L. Verduin, ed. J. C. Wenger [Scotttsdale, PA: Heral, 1956], 829). 그 본문의 번역자인 Verduin은 이렇게 말한다. "Menno Simons는 Melchoir Hofmann을 따라서 성육신에 관한 정통적 견해를 저버렸다"(Leonard Verduin, *The Reformers and Their Stepchildren* [Grand Rapids: Eerdmans, 1964], 230). 하지만 그것이 아나뱁티스트 기독론의 불가결한 요소는 아니다. "아마도 의붓자식들 진영에서 가장 영향력 있는 저자라 할 수 있는 Menno Simons가 이런 가현설적 흐름을 수용한 것은 Hoffman 때문이었을 것이다. 원칙적으로 그것은 Menno를 경유해 아나뱁티스트의 사유 체계 안으로 널리 스며들었다." 그러나 오늘날 대부분의 아나뱁티스트들은 정통 견해를 널리 수용하고 있다(253).

21 Calvin, Institutes 2.13.4.

22 앞의 책, 2.13.3-4. Gregory of Nazianzus, "Letter 101," in *Nicene and Post: Nicene Fathers*, series 2, vol. 7 (Edinburgh: T&T Clark, 1989), 440을 보라.

23 앞의 책, 2.13.1-2.

24 앞의 책, 2.13.1.

아나뱁티스트 신학자인 레너드 버두인은 이 견해가 이후의 추종자들에게 지지를 못 받았다고 지적하면서 메노가 그것을 다른 아나뱁티스트 지도자들로부터, 특히 멜콰이어 호프만(Melchoir Hofmann, 1498-1543)으로부터 물려받았다고 주장한다. 버두인은 개혁주의의 반동은 더 깊은 차이를 드러낸다고 주장한다. 아나뱁티스트 지도자들은 칼뱅과 다른 개혁주의 지도자들이 로마 교회와 루터파 지도자들 못지않게 하나님과 창조세계를, 그리고 중생한 신자들과 크리스텐덤의 타락한 교회와 사회를 동일시한다고 생각했다. 버두인에 따르면, 메노는 "기독론 분야에서의 불연속성"을 강조했을 뿐이라고 한다.[25] 그는 칼뱅과 일반적인 개혁주의 견해에 대해 잘못 알고 있었다. 그럼에도 그는 영과 물질, 영혼과 육체, 교회와 국가, 가시적 교회와 비가시적 교회, 그리고 하나님의 구원 사역과 외적인 은혜의 수단의 관계에서도 뚜렷이 드러나는 하나님과 피조물 사이의 "불연속성"을 분명하게 지적한다. 요컨대, 하나님과 세계 사이의 결속은 깨어진 상태다.

비록 아나뱁티스트들만큼은 아니지만, 츠빙글리의 사상에도 이원론적 경향이 있다. 츠빙글리는 모든 구원의 효능을 그리스도의 신성 덕분으로 돌리면서 그리스도의 신성과 인성을 분리하려는 네스토리우스적인 경향을 드러낸다.[26] 결과적으로, 기독론과 관련된 이런 이원론적 경향은 영적인 은혜가 피조물을 통해 전달될 수 없다는 생각을 품게 했다.[27] 그래서 칼뱅은 그리스도의 두 본성을 분리시키려는 모든

25 Verduin, *The Reformers and Their Stepchildren*, 256.

26 Huldrych Zwingli, *The Theology of Hyldrich Zwingli*, ed. W. P. Stephens (New York: Oxford University Press, 1988), 204. "말인 난 김에 우리는 그리스도가 우리의 구원이 되시는 까닭이 그분이 순결한 처녀에게서 태어났기 때문이 아니라[비록 그 부분으로 인해 고통을 당하고 죽으셔야 했기는 할지라도], 그분이 하늘로부터 입고 내려오신 그분의 본성 덕분이라는 것을 지적해야 한다."

시도에 대해서 루터만큼 강력하게 반대한다.

칼뱅은 이렇게 덧붙인다. "다른 한편으로, 우리는 '말씀이 육신이 되셨다'(요 1:14)라는 진술을 말씀이 육체로 변했다거나 육체와 혼란스럽게 뒤섞였다는 의미로 이해해서는 안 된다." 오히려 "하나님의 아들이 본질의 혼합에 의해서가 아니라 인격의 일치에 의해 사람의 아들이 되신 것이다. 우리는 그의 신성이 그의 인성과 결합하고 연합하되 각각 그 독특한 본성을 손상됨 없이 보존하고 있으며, 그럼에도 두 본성이 하나의 그리스도를 이루고 있다고 단언한다."[28] 비록 명백하게 밝히지는 않으나, 분명히 여기서 칼뱅은 루터의 – 혹은 최소한 그의 추종자들이 점차적으로 옹호했던 – 견해를 염두에 두고 있었다. "편재"(ubiquity, "어디에나 있을 수 있음"을 의미함)라고 알려진 이 견해에 따르면, 그리스도는 성찬의 빵과 포도주 안에 육체적으로 존재할 수 있다. 왜냐하면 그분의 신적 속성("편재" 같은)이 그분의 인성 안으로 침투해 있기 때문이다. 그러므로 칼뱅은 또한 두 본성의 그 어떤 **혼합**에도 반대한다.

"분리되지 않고 구별됨"은 하나의 원칙이다. 성경은 반복해서 인간적 특성과 신적 특성 모두를 **한 인격**, 즉 예수 그리스도께 돌린다.[29] 그러므로 우리는 전심으로 "'하나님이 교회를 그분의 피로 사셨다'(행 20:28)고, 또한 '영광의 주님이 십자가에 달리셨다'(고전 2:8)고, 그리고 '생명의 말씀이 손으로 만져졌다'(요일 1:1)"고 확언한다.[30] 마리아가 하

27 앞과 동일. Zwingli는 믿음은 "우리를 비가시적인 것으로 이끌고 우리의 모든 소망을 그것에 고정시킨다. 이는 감각적이고 육체적인 것 가운데 거하지 않으며, 그런 것들과 공통적인 것은 전혀 없기 때문이다"라고 결론짓는다.

28 Calvin, *Institutes* 2.14.1.

29 앞의 책, 2.14.3.

30 앞의 책, 2.14.2.

나님의 어머니인 것은 그녀의 아들이 실제로 성육하신 하나님이기 때문이다.[31] "우리는 네스토리우스의 오류를 배격해야 한다. 그는 그리스도의 본성을 구별하기보다 분리시킴으로써 이중적인 그리스도를 고안해냈다!"[32] 성경은 어느 곳에서도 **한 본성**의 속성들이 **다른 본성**에 전달되는 것에 대해 말하지 않는다. 그래서 칼뱅은 칼케돈 공의회와 더불어 이렇게 확언할 뿐이다. "본성의 구별은 결코 연합에 의해 없어지지 않는다. 각 본성의 특성은 분리되지 않고 혼합되지 않은 채 그대로 유지된다." 칼뱅은 아나뱁티스트와 루터파가 서로 다른 방식으로 – 이원론적 분리를 통해서든, 혹은 두 본성의 혼합을 통해서든 – 그리스도의 참된 인성을 훼손하는 것을 우려했다. 오시안더(Osiander, 1498-1552)는 루터의 기독론을 루터파가 이단으로 여겼던 극단까지 밀어붙여서 그리스도의 신성이 그분의 인성을 삼켜 피조물로서의 실존을 손상시킨다고 가르쳤다.[33]

칼뱅은 하나님의 초월성은 우리와의 **거리**가 아니라 **차이**에 있다고 강조한다. 성자는 성육신을 통해 우리의 인성과 전적으로 연합하는 한편, 그분의 신성에 따라 영원히 초월적인 존재로 남아 있다. 칼뱅은 그 문제를 이렇게 요약한다. "여기에 놀라운 무언가가 있다. 하나님의 아들이 하늘로부터 내려오시되, 하늘을 떠나지 않으신 채 동정녀에게서 태어나시고, 땅에서 사시고, 십자가에 달리는 그런 방식으로 내려오셨다. 그러나 그분은 태초부터 그러셨던 것처럼 계속해서 세상을 가득 채우셨다."[34] 비록 어떤 루터주의자들이 그 말을 "칼뱅주의적 과

---

31 Calvin on Luke 1:34, 43; 11:27, in *Calvin's Commentaries*, vol. 16, trans. William Pringle (Grand Rapids: Baker, 1996), 40–41, 49–50을 보라.

32 Calvin, *Institutes* 2.14.4.

33 앞의 책, 2.12.6.

잉"(*extracalvinisticum*)이라 불렀지만, 이 진술은 아타나시우스(Athanasius, *On the Incarnation of the Word* 3.17)와 바질(Basil, *On the Holy Spirit* 8.18)의 말을 거의 그대로 인용한 것이다.

그런데 칼뱅은 어째서 기독론의 세부사항에 이렇게 우회해 들어가는 것인가? 그것은 기독론이 그 자체로 중요하기도 하거니와, 우리가 여러 주제들을 다룰 때 사용하는 좌표들을 설정하기 때문이다. 신적 존재와 분리시키는 것 - 더 나쁘게는 양자를 서로 대치시키는 것 - 은 우리를 그리스도와 외적인 말씀과 성례를 통해 우리에게 다가오시는 하나님으로부터 멀어지게 한다. 그로 인해 우리는 하나님을 찾기 위해 하늘로 올라가거나 우리 자신의 영혼 깊은 곳으로 파고든다. 하지만 그곳은 그분이 우리를 평화롭게 만나주시겠다고 약속하신 적이 없는 곳이다. 다른 쪽 극단에는 신적 존재를 피조물 안으로 몰아넣는 위험이 존재한다. 예컨대, 로마 가톨릭 신학이 성례 자체가 중생과 칭의를 낳는다고 가르침으로써(*ex opere operato*, "행함으로써 이루어진다") 그렇게 한다.

칼뱅이 그리스도의 부활과 우리의 부활의 연속성을 복음의 핵심으로 여기는 것은 무엇보다도 그가 그리스도의 인성을 강조하기 때문이다. 만약 영광을 받으신 그리스도의 인성이 우리의 그것과 불연속적이라면, 즉 그분의 인성이 신적 속성에 삼켜졌다면, 그때 우리의 육체는 부활하신 분과의 연속성을 상실한다. 아이러니하게도, 적어도 이 점에서 루터와 츠빙글리는 서로 다른 경로를 통해 - 한쪽은 그분의 인성을 신성 안으로 몰아넣는 방식으로, 그리고 다른 한쪽은 그분의 인성보다 신성을 강조하는 방식으로 - 유사한 결론에 도달했다. 두 사람

---

34 앞의 책, 2.13.4.

모두 그리스도의 신적 본성과 연합되어 있으나 구별되는, 우리를 구원하는 그리스도의 인성을 훼손하는 경향을 보였다.

우리가 나중에 보게 되겠지만, "분리되지 않고 구별됨"이라는 칼케돈 신조의 공리는 성례뿐 아니라 그리스도인의 신앙과 삶 전반에 관한 칼뱅의 성찰을 이끌어간다. 오직 **하나님만이** 우리를 구원하실 수 있다. 그러나 오직 **성육하신** 하나님만이 우리를 온전하게 구원하실 수 있다.[35]

그리스도의 구원 사역

본래 복음의 핵심은 "오직 그리스도"(*solo Christo*)이다. 로마 교회는 늘 그리스도가 우리의 구원에 **필요한** 근거라고 주장해왔다. 하지만 이 표현이 의미하는 것은 그리스도가 또한 우리 구원의 **충분한** 근거라는 것이다. 우리가 그리스도 밖에서는 그 어떤 축복도, 공로도, 소망의 근거도 찾을 수 없다. 심지어 성부나 성령 안에서도 찾을 수 없다. 복음 전체에 대한 가장 훌륭한 요약들 중 하나에서 칼뱅은 이 점에 관해 놀라운 찬가를 부른다.[36] 복음의 옷을 입은 그리스도로부터 더 높은 진리나 하늘로 오르는 길은 없다. 하나님이 줄곧 우리에게 내려오셨고 그분의 아들 안에서 우리에게 필요한 모든 것을 성취하셨다. 칼뱅은 독자들에게 다음과 같이 상기시킨다. "그 사도는 자기가 보내심을 받은 것은 우리가 의로움에 이르도록 돕기 위해서가 아니라, 그분 자신이 우리의 의로움이 되기 위해서라고 말한다."[37]

---

35 앞과 동일.
36 앞의 책, 2.16.19.
37 앞의 책, 3.15.5.

칼뱅은 정복의 이미지를 대속과 결합시킨다. 죽음과 지옥의 권세에 대한 그리스도의 승리를 드러내는 것은 그분의 의기양양한 부활만이 아니다. 십자가 역시 일종의 왕좌이다. "그리스도께서 죽음과 마귀를 정복했던 처형대만큼 웅장한 왕좌도, 장엄한 즉위식도, 두드러진 승전식도, 높이 들어 올린 병거도 없다."[38]

칼뱅은 다른 측면들 – 죽음과 사탄의 권세에 대한 그리스도의 승리와 우주적 갱신 같은 것 – 을 무시하기는커녕 그리스도가 우리의 저주를 짊어지신 것을 이런 폭넓은 결과를 낳는 **근거**로 여긴다. "신자들의 모든 지혜는 그리스도의 십자가 안에 함축되어 있다."[39] 심지어 칼뱅은 "지옥으로 내려간 것"을 그리스도가 십자가에서 죄를 짊어지신 것으로 해석한다. 그것은 "우리 구속의 성취와 관련해 그 중요성이 결코 작지 않다."[40] "그리고 만약 그분의 영혼이 그 형벌에 참여하지 않았다면, 그분은 단지 우리 육체의 구속주가 되는 것으로 그치고 말았을 것이다."[41] 그분은 육체로뿐 아니라 "영혼으로도 정죄를 받아 파멸된 인간의 고통을 짊어지셨다."[42] 그리스도의 죽음에서 우리는 속죄(expiation)뿐만 아니라, 하나님의 진노를 달래기에 충분한 값없는 최종적 화해(propitiation)도 발견한다.[43] 그것은 우리가 은혜와 협력할 경우 하나님이 우리를 구원하는 걸 가능하게 만드는 필요조건이었을 뿐 아니라 충분한 근거이기도 했다. 다시 말해, 그리스도의 죽음과 부활이

38 Calvin on Col. 2:15, in *Calvin's Commentaries*, vol. 21, trans. William Pringle (Grand Rapids: Baker, 1996), 191.

39 Calvin, *Calvin's Commentaries*, 20:74.

40 Calvin, *Institutes* 2.16.8.

41 앞의 책, 2.16.12.

42 앞의 책, 2.16.10.

43 앞의 책, 2.12.3.

우리의 구원을 성취했다.[44]

그리스도의 사역의 지평은 성육신과 승천 둘 다를 포괄한다. 사실 칼뱅의 사상과 경건에서 그리스도의 승천은 다른 종교개혁자들의 저작들에서보다 더 큰 자리를 차지하고 있다. 결국 그것은 그리스도와 그분의 공동상속자들 사이의 확고한 연관성을 재확인한다. 실로 그분은 "하늘로 올라가셨을 때에야 비로소 그분의 나라를 진정으로 출범시키셨다."[45] 그것은 부활에 대한 단순한 부록이나 감탄부호가 아니라 구속사 안에서 벌어진 새로운 사건이었다. 동시에 이는 비록 지금 우리가 그리스도와 연합되어 있을지라도, 그가 다시 돌아올 때까지는 육체로 이 세상에 계시지 않음을 의미한다.[46]

그러나 칼뱅은 여기서 그치지 않는다. 그리스도가 승천하셨을 때, 두 명의 천사들이 제자들에게 세상 끝 날에 그분이 지금 떠나신 것과 동일한 방식으로 돌아오실 거라고 약속했다(행 1:11). 하지만 예수께서는 또한 자신이 그들과 – 그리고 우리와 – 세상 끝 날까지 함께 계실 것이라고 약속하셨다(마 28:20). 이것이 어떻게 가능한 것일까? 그런 일은 오직 우리를 승천하신 그리스도와 연합시키는 성령의 능력으로만 이루어질 수 있다. 이런 식으로 그리스도는 성령의 능력으로 그리고 성령의 강력한 사역을 통해 이 세상에 임재하시면서 그분이 거두신 승리의 전리품들을 사람들에게 나눠주신다. 언젠가 그분은 이 세상으로 돌아와 온 세상을 심판하고 영원토록 다스리실 것이다.[47]

그러나 지금은 그리스도의 최고의 통치가 매일의 뉴스에서 드러

44 앞의 책, 2.12.5.
45 앞의 책, 2.16.14.
46 앞과 동일.
47 앞과 동일.

나지 않는다. 대신 우리는 이미 성취된 사건들의 기초 위에서 살아간다.[48] 우리는 그 시대의 권세가 성령의 신비로운 사역으로 우리에게 뚫고 들어온 중간기에 살아간다. 그러나 바로 이 사실로 인해 우리는 떨치고 일어나 세계적인 규모로 그리고 개인적인 규모로 이 세상의 싸움에 개입한다. 우리는 "이미"와 "아직" 사이의 모호한 긴장 속에 살아간다. 칼뱅의 영성의 핵심에는 그 긴장이 자리 잡고 있다. 그리고 승천에 대한 칼뱅의 강조는 우리를 두 세대의 분주하고도 위태로운 교차점에 위치시키는 핵심적 요소다.

그리스도와의 연합

영원한 성자께서 성육신을 통해 자신을 우리와 연합시키셨다. 우리의 육신을 입으신 그분은 아담의 반역을 되돌리고 모든 의를 성취하셨다. 그분은 우리의 죄책을 담당하고 부활하심으로써 죄와 죽음을 이긴 승리자가 되셨다. 그러나 하나님이 우리와 같이 되셨다는 것만큼 놀라운 소식은 우리가 그분과 연합해야만 그 모든 혜택을 받는다는 것이다. 칼뱅은 이렇게 말한다.

> 그리스도가 우리 바깥에 계시고 우리가 그분과 분리되어 있는 한, 그분이 인간의 구원을 위해 고통당하시고 이루신 모든 것은 우리에게 아무런 소용도, 쓸모도 없게 된다. 그러므로 그리스도께서는, 우리가 그분이 성부로부터 받으신 것을 공유할 수 있게 하기 위해, 우리의 것이 되시고 또한 우리 안에 거하셔야만 했다. 이런 이유로 그분은 "우리의 머리"(엡

48 앞의 책. 2.16.17.

4:15)와 "많은 형제 중의 맏아들"(롬 8:29)이라고 불리신다.[49]

칼뱅이 우리와 그리스도의 연합의 풍요함에 대해 설명하는 방식은 오늘날 우리의 경건을 도모하는 가장 영구적인 보화들 중 하나로 남아 있다.

루터는 그리스도와의 결혼 관계에서 이루어지는 우리의 빚과 그리스도의 풍요 사이의 "놀라운 교환"을 강조한 것으로 유명하다. 또한 그는 자신이 이것을 처음으로 말한 자가 아님을 인정한다. 그는 그의 논문 「도덕률 폐기론자들에 대한 논박」(*Against the Antinomians*)에서 이렇게 주장한다. "이 교리는 나의 것이 아니라 베르나르의 것이다. 지금 내가 무슨 말을 하고 있는가? 베르나르의 것이라고? 사실 그것은 크리스텐덤 전체의, 그리고 모든 예언자들과 사도들의 메시지다."[50] 루터는 베르나르를 언급한 후 비록 이 결혼이 처음에는 법적인 것이지만 - 우리의 죄를 그리스도께 전가하고 그분의 의를 죄인들에게 전가하는 - 그 후에는 (그 결과로서) 그 안에서 더욱더 친밀한 개인적 연합이 이루어지는 신뢰, 사랑, 그리고 선행의 관계로 성장해간다고 주장한다.[51]

루터는 신자의 실질적인 의(성화)를 부인하기는커녕 그리스도의 전가된 의야말로 "우리의 실질적인 의의 기초, 원인, 근원이다"라고 말

49 앞의 책, 3.1.1.

50 Martin Luther, "Against the Antinomians," in *Luther's Works*, American Edition, 55 vols, ed. Jaroslave Pelikan and Helmut T. Lehmann (Philadelphia: Fortress; St. Louis: Concordia, 1958-1986), 47:110.

51 루터에게서 결합 모티브의 두드러짐은 그의 논문 "The Freedom of a Christian," in *Luther's Works*, 31:351에서 분명하게 드러난다.

한다.[52] 『그리스도인의 자유』(*The Freedom of a Christian*, 1520)에서 그는 이렇게 쓴다.

> 그러므로 우리는 그리스도인은 혼자서가 아니라 그리스도 안에서 그리고 그의 이웃 안에서 살아간다고 결론짓는다. 그렇지 않다면 그는 그리스도인이 아니다. 그는 믿음을 통해 그리스도 안에서, 그리고 사랑을 통해 이웃 안에서 살아간다. 사랑으로 그는 자신의 이웃에게 내려간다. 그러나 그는 언제나 하나님 안에 그리고 그분의 사랑 안에 남아 있다.[53]

믿음은 칭의를 얻기에 충분할 뿐 아니라 신자의 갱신과 타인에 대한 섬김의 지속적인 근원이기도 하다. 루터에 따르면, 신앙은 의롭게 할 뿐만 아니라 "영혼을, 마치 신부가 신랑과 연합하듯, 그리스도와 연합시킨다." "이 지점에서 행복한 교환의 콘테스트가 벌어진다.…부유하고, 고귀하고, 선한 신랑이신 그리스도께서 가난하고, 조롱받고, 사악한 작은 창녀를 결혼을 통해 맞이하시고, 모든 악으로부터 해방시키시고, 모든 선한 것으로 장식해주실 때, 그 가정은 행복한 가정이 되지 않겠는가?"[54] 칭의뿐 아니라 성화 역시 우리와 그리스도의 연합을 통해 제공된다.

『기독교강요』 중 이 문제와 관련된 부분에서 칼뱅 역시 베르나르에게 빚을 지고 있음을 밝힌다. 그리고 적어도 스물 아홉 차례에 걸쳐 직접 그를 인용한다.[55] 그러나 베르나르의 통찰은 독특한 것이 아니

---

52 Martin Luther, "Two Kinds of Righteousness," in *Luther's Works*, 31:298.

53 앞의 책, 371; 참고. Cornelis Venema, "Heinrich Bullinger's Correspondence on Calvin's Doctrine of Predestination," *Sixteenth Century Journal* 17, no. 4 (1986): 435-50.

54 Luther, "Two Kinds of Righteousness," 351.

었고, 칼뱅은 다른 자료들 역시 자유롭게 인용했다. 아우구스티누스, 베르나르, 그리고 루터 외에도 그는 자기가 이런 풍부한 성경의 가르침을 이해하도록 도와준 베르미글리 같은 동료들에게도 감사를 표했다. 이 주제와 관련해 칼뱅이 가장 독특하게 강조하는 것은 - 이것은 그가 다른 누구보다도 베르미글리와 공유하는 사상이다 - 이 연합에서 승천과 오순절이 담당하는 결정적 역할일 것이다.

바울은 이렇게 권한다.

> 그러므로 너희가 그리스도와 함께 다시 살리심을 받았으면 위의 것을 찾으라. 거기는 그리스도께서 하나님 우편에 앉아 계시느니라. 위의 것을 생각하고 땅의 것을 생각하지 말라. 이는 너희가 죽었고 너희 생명이 그리스도와 함께 하나님 안에 감추어졌음이라. 우리 생명이신 그리스도께서 나타나실 그 때에 너희도 그와 함께 영광 중에 나타나리라.(골 3:1-4)

칼뱅이 보기에 이것은 신비로운 명상에 대한 권면이 아니다. 오히려 사도는 우리의 관심을 우리의 육체를 영화롭게 하신 승천하신 그리스도께 집중시키고 있는 것이다. 바울은 우리의 마음을 우리의 선구자이신 그리스도께서 우리보다 앞서 우리의 몸을 입고 올라가신 후 영광 중에 돌아오실 때까지 은혜로 다스리고 계시는 하늘로 향하게 한다.[56] 우리를 구원하시기 위해 이 땅으로 내려오셨던 영원한 성

---

55 Calvin, Institutes 3.20.1. Bernard에 대한 언급의 횟수에 관해서는, François Wendel, *Calvin: Origins and Development of His Religious Thought*, trans. Philip Maiet (New York and London: Harper & Row, 1963), 127n43을 보라. Bernard가 칼뱅에게 끼친 영향에 대한 철저한 연구에 관해서는, Dennis J. Tambarillo, *Union with Christ: John Calvin and the Mysticism of St. Bernard* (Louisville: Westminster John Knox, 1994)을 보라.

56 Calvin on Col. 3:1-3, in *Calvin's Commentaries*, 21:205-7.

자는 우리를 그리스도와 함께 들어 올려 하늘에서 자신과 함께 앉게 하려고 그분의 성령을 보내셨다. 필립 워커 부틴(Philip Walker Butin)이 주장하듯, "이 점에서 칼뱅의 접근법은 성육신에 관한 루터파의 '하향적'(downward) 강조를 부활과 승천에 관한 동등한 정도의 '상향적'(upward) 강조로 보완하고 완결한다."[57] 그리고 우리는 거기에 오순절을 덧붙일 수 있다. 왜냐하면 칼뱅이 우리가 성부의 유업에 대한 공동상속자로서 그리스도와 연합하는 방식을 논할 때 특별히 강조하는 것이 성령의 사역이기 때문이다. 그리스도께서 주신 선물들과 함께 그분을 묵상하는 것은 그리스도인의 삶이 제공하는 기쁨이다. 우리가 다음에 살필 것이 바로 그 유산이다.

---

57 Philip Walker Butin, *Revelation, Redemption, and Response: Calvin's Trinitarian Understanding of the Divine Human Relationship* (New York: Oxford University Press, 1995), 118.

6. 그리스도와의 연합이 주는 선물들

어째서 우리는 그리스도인의 삶을 다루는 책에서 칼뱅이 강조했던 교리들을 살피는 데 이렇게 많은 시간을 들이고 있는 것일까? 다시 말하지만, 칼뱅의 견해에 따르면 이런 진리들은 우리가 동의한 후 좀더 고상하고 좀더 실제적인 관심사들로 옮겨가는 단순한 사실들에 불과한 것이 아니다. 칼뱅에게 그리스도인의 삶은 매일 그런 풍성한 진리에서 양분을 얻는 것을 의미한다. 우리는 복음에서 다른 곳으로 옮기는 게 아니라 우리에게 양분을 제공하는 그 흙 속으로 더 깊이 뿌리내림으로써 사랑과 선행의 열매를 맺게 된다.

그리스도와의 연합이 우리에게 제공하는 최고의 선물은 그리스도 자신이다. 하지만 그분은 그 자신과 함께 여러 가지 선물을 가져오신다. 칼뱅은 『기독교강요』에서 이런 선물들에 대해 다룰 때 선택과 함께 시작하지 않는다. 물론 그는 선택을 하나님이 영원 속에서 내린 은혜로운 결정으로 이해한다. 그럼에도 그의 관심은 언제나 사변적 이론이 아니라 목회적이고 실천적인 것이다. 복음은 모든 사람에게 제공된다. 그리고 죄인들이 복음을 통해 부르심을 받고, 의롭게 되고, 새롭게 되고, 영화롭게 된다. 그렇다면 어째서 어떤 이들은 복음을 믿는데 다른 이들은 믿지 않는 것일까?[1]

유효한 부르심과 믿음의 선물

성령이 우리를 그리스도와 연합시키는 지점은 "유효한 부르심"(effectual calling) 혹은 "중생"(regeneration)이라 불린다. 칼뱅은 새로운 출생을 순전한 선물로 이해한다. 이 선물에는 새로운 출생을 받아들이는 믿음까지 포함되어 있다. 우리는 믿기 때문에 거듭나는 것이 아니라 위로부터 새로운 생명을 받기 때문에 믿게 된다.

칼뱅은, 외적인 말씀(Word)과 성령을 분리한 아나뱁티스트 "열광주의자들"에 맞서서 성령께서 그의 사역을 자유로이 외적인 말씀에 묶는다고 루터만큼 강조한다. 하지만 아우구스티누스처럼 성경이 외적인 부르심과 내적인 혹은 유효한 부르심을 분명히 구별한다고 생각한다.[2] 여기서 다시 "분리되지 않고 구별됨"이라는 공리를 떠올려 보라. 하나님은 그분의 말씀을 피조물과 묶으면서도 주권적인 통치의 자유를 여전히 보유하신다. 모든 사람에게 선포된 복음은 성령께서 선택된 자들을 중생케 하시는 수단이다. 하지만 그것은 죄와 죽음의 포로가 된 우리의 마음과 뜻을 해방시키는 성령의 사역을 떠나서는 아무 소용이 없다. 복음의 선포는 마술이 아니다. 그것은 자동적으로 효과를 내지 않는다. 오히려 성령이 스스로 택하신 때와 장소에서 복음을 통해 죄인들을 중생시키신다.

칼뱅은 "저항할 수 없는 은혜"(irresistible grace)라는 표현을 사용한 적이 결코 없다. 오히려 그는 "유효한" 은혜라고 부른다. 왜냐하면 하나

---

1 Calvin, *Institutes of the Christian Religion*, ed. John T. McNeill, trans. Ford Lewiis Battles (Philadelphia: Westminster, 1960), 2.24.4, 6.

2 앞의 책, 3.24.8. 또한 Augustine, "To Simplician - On Various Questions," in *Augustine: Earlier Writings, Selected and Translated with an Introduction*, ed. John H. S. Burleigh (London: SCM, 1953), 395을 보라.

님의 말씀은 그 의도한 목적을 이루지 못하는 경우가 결코 없기 때문이다. 그냥 내버려두면 우리 자신은 늘 그분께 저항하지만, 성령께서 우리를 중생케 하시면, 우리는 기꺼이 그분께 나아가고, 우리의 의지는 강요되기보다 해방된다.[3] 그러므로 구원은 처음부터 끝까지 하나님의 사역의 결과(단독설[monergism])이지, 하나님과 인간 사이의 협력의 결과(협력설[synergism])가 아니다.

칭의

"칭의"에 해당하는 원래의 그리스어는 법정적인 용어다. 그것은 누군가가 법 앞에서 의롭다는 법적 판결을 의미한다. 불행하게도 라틴 벌게이트(Latine Vulgate, 제롬[Jerome]의 4세기 라틴어 번역본)는 그리스어 동사 "이우스티피카레"(*iustificare*)를 "의롭게 **만들다**"(to **make** righteous)로 번역했다. 에라스무스는 로마 가톨릭 신학자들과 같이 이 잘못을 지적했다. 그럼에도 여러 가지 이유로 그 교리는 더 나은 해석을 따르지 않았고, 로마 교회는 칭의를 인간이 점차 의롭게 되어 가는 과정으로 이해했다. 아나뱁티스트들 역시 그런 협력설적 사고와 결별하지 않았다. 사실은 신자의 개인적 성결이 그를 의롭게 한다고 주장하기까지 했다. 아나뱁티스트 신학자들은 그들의 선배들이 칭의를 무시했는지 아니면 "그저 수용할 수 없는 것"으로 여겼던 것인지에 대해서는 의견이 갈렸으나, 모두들 예수의 모범을 따르는 것과 영혼이 하나님과 연합하는 과정에 초점을 두었다.[4]

---

3 이 점은 『기독교강요』 제3권 24장 전반에서 강조된다.

4 Thomas N. Finger, *A Contemporary Anabaptist Theology: Biblical, Historical, Constructive* (Downers Grove, IL: InterVarsity, 2004), 109.

공식적인 로마 가톨릭교회의 가르침에 따르면, **첫 번째 칭의**는 오직 은혜로 이루어지는데, 그것은 원죄를 씻어내는 세례 때 일어난다. 비록 탐욕(정욕을 품는 성향)은 남아 있지만 실제 행동으로 옮겨지기 전에는 그 자체가 죄는 아니다. **칭의의 증가**는 당신이 교회의 가르침을 맹목적으로 받아들이고 특정한 죄들에 대해 부과된 고해와 속죄를 이행할 때 일어난다. 당신은 은혜로 말미암은 행위를 통해 최종적 칭의를 얻기를 바란다. 하지만 우리의 선택과 **최종적 칭의**에 대한 확신을 주장하는 것은 주제넘은 짓이다. 어떤 경우이든, 우리 중 가장 훌륭한 이들조차 하나님의 환영을 받기 전에 연옥에서 일시적인 형벌을 받을 필요가 있다.

요컨대, 로마 교회가 말하는 칭의는 거룩해지는 과정, 다시 말해, 성화의 과정이다. 로마서 4:5절에 따르면, 하나님은 경건치 않은 자들을 의롭게 하신다. 그러나 로마 가톨릭교회의 가르침에서 이것은 불가능하다. 하나님은 오직 의롭게 된 자들을 의롭다고 선언하실 수 있을 뿐이다. 그들은 전가된 외래의 의(alien righteousness)에 의해서가 아니라 오직 순종에 의해 분여되고 향상된 내재된 의(inherent righteousness)에 의해서만 하나님 앞에서 의롭게 될 수 있다.

이와 대조적으로, 종교개혁자들은 칭의를 성화와 **분리하지 않고 구별했다.** 율법에 계시된 하나님의 의에 의해 정죄 받은 우리는 복음에 계시된 값없는 선물인 그리스도의 의로 옷 입는다. 우리의 죄는 그리스도께 돌려지고, 그리스도의 의는 우리에게 돌려진다. 로마서 4:7절을 주석하면서 루터는 우리가 그리스도와 연합해야 하는 것은 "우리의 모든 선이 우리 밖에 있고, 그 선은 그리스도이기 때문"이라고 말한다.[5] 의인인 동시에 죄인인 신자는 이제 더 이상 정죄가 없다고 확신하게 된다. 마지막 날의 판결은 이미 현재에 내려졌다. 그러므로 한시적인 것이든 영원한 것이든 그리스도가 이미 짊어지지 않은 형벌은 없고, 그리스도가 수행하지 않은 복종도 없으며, 그리스도의 의로 이미 덮어지지 않은 내주하는 죄도 없다는 확신을 품는 것은 주제넘은 짓이 아니라 참된 신앙이다. 우리는 현존하는 완전한 칭의에 근거해 자유와 확신 가운데 살아가는 것이지 그 칭의를 목표로 삼아 사는 것이 아니다.

칼뱅은 "믿음으로 의롭게 되는 것과 행위로 의롭게 되는 것 사이에는…아무것도 없다"고 선언한다.[6] 다른 곳에서 그는 이렇게 덧붙인다. "사람들이 자유의지의 능력에서 나오는 무언가를 하나님의 은혜에 덧붙이고자 아무리 애쓸지라도, 결국 그것은 좋은 포도주를 더러운 물로 희석시키는 것과 같은 오염에 불과하다."[7] "그러므로 우리는 칭의를 하나님이 우리를 의롭다고 여겨 자신의 은혜 안으로 받아들이시는 것이라고 설명한다. 또한 우리는 그것이 죄의 용서와 그리스도의 의의 전가에 있다고 주장한다."[8] 이 정의를 통해 칼뱅은 칭의로부터 신자들의 공로는 물론 그 어떤 도덕적 변화까지도 배제한다. 내가 보기에, 우리가 칭의에 대한 칼뱅의 가르침을 살필 수 있는 가장 풍요로운 광맥은 그의 주석들이다. 칭의를 논하는 성경구절들에 대한 그의 면밀한 주석은 최근의 논쟁들에서도 여전히 주목을 받고 있다. 또한 그는 교부들에게서도 - 비록 그들이 늘 일관성이 있는 것은 아님을 인정

---

5 Martin Luther, *Lectures on Romans*, in *Luther's Works*, American Edition, 55 vols., ed. Jaroslav Pelikan and Helmut T. Lehmann (Philadelphia: Fortress; St. Louis: Concordia, 1955-1986), 25:267.

6 Calvin on Ps. 143, in *Calvin's Commentaries*, vol. 6, trans. James Anderson (Grand Rapids: Baker, 1996), 251.

7 Calvin, *Institutes* 2.5.15.

8 앞의 책, 3.11.2.

하면서도 - 자신의 주장의 근거를 발견한다. 하지만 칼뱅의 기본적인 사유 노선은 루터가 1519년에 행한 설교인 "두 종류의 의"("Two Kinds of Righteousness," 이 주제는 1535년에 나온 그의 갈라디아서 주석에서 더욱 발전된다)에서 이미 분명하게 나타났다.

이것을 학문적인 토론에 불과하다고 일축하면 안 된다. 사실 이것은 각 신자와 가장 상관성이 많은 관심사다. 칼뱅은 그의 시편 주석에서 다윗의 고뇌에 공감한다. 우리의 마음이 우리의 죄의 무게에 짓눌릴 때 "차가운 사색"은 소용이 없다. 우리는 "믿음이 기록된 말씀에서 발견하는 것," 즉 "그리스도 안에서 우리에게 나타난 말할 수 없을 만큼 풍요로운 은혜"에 매달리는 대신 "두려워하거나 흔들린다." 믿음을 쉽게 여기는 이들은 결코 이런 고뇌를 경험하지 못한다. 사실 "하나님이 우리에게 자비로우시다는 사실을 인정하는 것보다 더 어려운 일은 없다."[9] 양심의 두려움이 뚫고 들어온다. "확신도 없고, 안전도 없다. 나는 무슨 생각을 해야 할까? 무엇을 믿어야 할까? 무엇을 의지해야 할까?"[10] 마귀는 우리가 예배를 드리지 않도록 유혹하지 않는다. 오히려 그는 우리가 "다른 신을 찾도록" 부추기거나, 우리가 하나님을 "다른 방법으로 달래야 한다거나 그분의 은혜에 대한 확신을 율법과 복음이 아닌 다른 곳에서 찾아야 한다고" 믿도록 설득하려 한다.[11]

칭의에 대한 확신이 없다면, 기도로 하나님 앞에 나아가는 것도 "불 위에 나무토막을 얹는 것과 다름없다."[12] 두려움을 설파하는 것은 세

---

9 Calvin on Ps. 103:8, in *Calvin's Commentaries*, 6:133.

10 Calvin on Ps. 116:11, in *Calvin's Commentaries*, 6:368.

11 Calvin on Ps. 44:20, in *Calvin's Commentaries*, vol. 5, trans. James Anderson (Grand Rapids: Baker, 1996), 166-67.

12 Herman Selderhuis, *Calvin's Theology of the Psalms* (Grand Rapids: Baker Academic, 2007), 270.

상에서 모든 참된 경건을 없애버린다.[13] "요컨대, 용서받을 소망이 없이 하나님의 심판을 인식하면 자동적으로 미움으로 변하는 두려움이 생긴다."[14] 우리는 계속해서 약속에 대해 들어야 할 필요가 있다. "만약 또다시 우리가 하나님의 은혜가 갑자기 사라질 수 있다는 생각 때문에 늘 두려워해야 한다면, 분명히 우리는 비참한 상태에 빠지게 될 것이다."[15]

그러나 칭의는 하나님이 어떻게 죄인을 의롭다고 선언하시면서도 여전히 공의로운 분으로 남아 계실 수 있는지에 대해 알려준다(롬 3:26). 이와 같은 외래적인 의의 전가가 없다면, 우리는 하나님이 참으로 **우리에게** 은혜로우신지에 대해 의심하게 된다. 칼뱅처럼 이런 의심과 불안을 경험한 이들에게 칭의는 여러 교리들 중 하나에 불과한 것일 수 없다. 칼뱅은 로마 교회가 그리스도의 희생이 죄를 씻기는 하나 죄에 대한 형벌을 면제해주진 않는다고 가르친다고 말한다. 도대체 이것이 어떻게 죄인들에게 좋은 소식이 될 수 있는가?[16]

칼뱅은 그리스도께서 우리의 구원을 획득할 만한 공로를 세웠다고 계속해서 말한다. 참으로 우리는 행위로써, 즉 하나님의 율법에 대한 완전한 순종으로 구원을 얻는다. 하지만 그 순종은 우리의 것이 아니라 그리스도의 것이다. 그분은 십자가 위에서 우리를 대신해 우리의 죄책을 짊어지셨을 뿐 아니라, 또한 그분의 삶으로 우리를 대신해 모든 의를 성취하셨다. 예수님은 명령하는 하나님으로서, 그리고 우리의 창조 사명을 성취하시는 종으로서 우리의 구원자가 되는 분이다.[17]

---

13 앞과 동일.
14 Calvin, 앞의 책, 271에서 재인용.
15 Calvin, 앞의 책에서 재인용.
16 Calvin, *Institutes* 3.4.30.

그러므로 종교개혁 진영의 칭의 교리가 법적 허구(legal fiction)에 불과하다는 로마 교회의 비난은 근거가 없다. 그리스도는 그분의 몸과 공유하는 완전한 의를 자기의 것으로 주장하며 언약의 머리로서의 직무를 이행하셨다. 우리가 그리스도 안에서 전가된 의를 갖고 있다고 말하는 것은 우리가 아담 안에서 전가된 죄를 갖고 있다고, 혹은 그리스도께서 우리의 죄를 자신에게 전가하심으로써 죄가 되셨다고 말하는 것(고후 5:21)과 마찬가지로 법적 허구가 아니다.

종교개혁 논쟁은 단지 칭의의 메커니즘을 둘러싼 것만이 아니라, 우리가 살펴보았듯, 은혜의 폭넓은 정의를 둘러싼 것이기도 하다. 또한 종교개혁자들은 믿음의 정의에 대해서도 로마 교회와 의견을 달리했다. 로마 교회에게 믿음은 교회가 가르치는 모든 것에 대한 동의다(맹목적 신앙). 그러므로 그것은 사랑에 의해 형성되거나 완전해지기 전까지는 우리를 완전히 의롭게 하지 못한다. 칭의가 성화 속에 포개지는 것처럼 믿음은 사랑에 의해 형성되는 덕스러운 행위가 된다. 오늘날까지도 로마 가톨릭 신학은 이신칭의를 인정하되 "의롭게 하는 믿음"(justifying faith)을 순종하는 사랑(obedient love)으로 정의하는 조건으로만 그렇게 할 뿐이다. 칼뱅은 믿음을 교회의 모든 가르침에 대한 맹목적 동의로 보는 입장에 반대한다. "겸손으로 얼버무린 무지를 '믿음'이라고 부르는 것은 어처구니없는 일이다!"[18] 오히려 믿음은 복음에 대한 지식, 복음의 메시지에 대한 동의, 그리고 오직 그리스도 한

---

17 François Wendel, *Calvin: Origins and Development of His Religious Thought*, trans. Philip Mairet (Durham, NC: Laybyrinth, 1987), 260. 나는 이 문제에 대한 칼뱅의 주장을 *Lord and Servant: A Covenant Christology* (Louisville: Westminster John Knox, 2006)에서 상세히 논한 바 있다.

18 Calvin, *Institutes* 3.2.3.

분에 대한 신뢰이다.

바로 이 믿음은 그리스도를 끌어안는 빈손처럼 그 어떤 사랑이나 선행도 바치지 않으면서도 하나님의 의롭다는 판결을 받아들인다. "칭의와 관련해 믿음은 하나님의 은총을 얻기 위해 우리의 어떤 것도 내놓지 않고, 단지 우리에게 필요한 것을 그리스도로부터 받는 수동적인 몸짓이다."[19] 우리의 고유한 도덕적 상태를 향상시킬 미덕이나 행위들과 무관하게, "믿음은 하나님의 선물에 해당하는 다른 분의 의로 우리를 장식한다."[20] 또한 우리를 의롭게 하는 믿음은 **의롭게 하는 행위로가 아니라** 사랑의 행위로 나타난다.

> 그렇다면 믿음은 하나님이나 그분의 진리에 대한 벌거벗은 지식이 아니다. 또한 하나님이 계시며 그분의 말씀이 진리라고 믿는 단순한 신념도 아니다. 오히려 그것은 하나님의 자비에 대한 확실한 지식이다. 그 지식은 복음으로부터 나오며, 하나님과 관련해 양심의 평화와 마음의 휴식을 가져다준다. 그러므로 문제에 대한 결론은 이러하다. 만약 구원이 율법을 지키는 것에 달려 있다면, 우리의 영혼은 구원과 관련해 그 어떤 확신도 품지 못할 것이다. 그리고 하나님이 우리에게 주셨던 모든 약속들은 공허한 것이 될 것이다. 만약 우리가 구원의 원인 혹은 확실성을 발견하기 위해 행위로 되돌아간다면, 우리는 비참한 신세가 되고 망한 자가 될 것이다.…왜냐하면 율법은 오직 보복만 낳을 뿐 은혜를 초래하지 못하기 때문이다.[21]

---

19 앞의 책, 3.13.5.

20 Calvin, Commentaries upon the Epistle of Paul the Apostle to the Romans, in *Calvin's Commentaries*, vol. 19, trans. John Owen (Grand Rapids: Baker, 1996), 159.

21 앞의 책, 171.

루터처럼 칼뱅 역시 믿음은 곧 확신이라고 믿는다. 그리스도를 믿는다는 것은 일반적인 하나님의 자비와 은혜를 객관적으로 확신하는 것일 뿐 아니라, 각별히 나를 향한(*pro me*) 그분의 은총을 확신하는 것을 의미한다. 그리스도에 대한 믿음을 통해서 나는 내가 선택되었다는 것과 마지막 날에 하나님의 심판대 앞에서 이루어질 의롭다는 선언을 이미 받았음을 알게 된다. 로마 교회가 "주제넘음"이라고 부르는 것을 종교개혁자들은 "믿음"이라고 부른다. 「제네바 교리문답」(Geneva Catechism)은 믿음을 이렇게 정의한다. "복음을 통해 하나님이 그리스도로 인해 우리의 아버지와 구주가 되시겠노라고 선언하신 만큼 우리를 향한 하나님 아버지의 선의를 아는 확실하고 확고한 지식."[22] 믿음은 단지 하나님만을 혹은 그분의 말씀만을 지향하지 않는다.[23] 오히려 구원에 이르는 믿음은 "복음의 옷을 입고 계신 그리스도를 받아들인다."[24] 조엘 비키(Joel Beeke)가 지적하듯, 칼뱅에게 "믿음의 은혜는 성부로부터, 성자 안에서, 그리고 성령을 통해 나온다. 이로써 이제 신자는 성령에 의해 성자와의 교제 안으로 인도되고, 결과적으로 성부와 화해하고 그분과 교제하며 살아간다."[25] "칼뱅은 하나님이 우리가 '우리의 양심을 평온하게 해주실 수 있는 유일한 분인 그리스도'를 이

---

22 Geneva Catechism, 1536, in *Selected Works of John Calvin: Tracts and Letters*, ed. Henry Beveridge and Jules Bonnet, 7 vols. (Grand Rapids: Baker, 1983), 2:132. 믿음은 "우리를 향한 하나님의 자비에 대한 확고하고도 분명한 지식이다. 그것은 그리스도 안에서 값없이 제공된 약속의 진리에 근거를 두고 있고, 성령을 통해 우리의 지성에 계시되고 마음에 새겨진다." 또한 Calvin, *Institutes* 3.2.7을 보라. "[믿음은] 우리를 향한 하나님의 선하심에 대한 확고하고도 분명한 지식이다. 그것은 그리스도 안에서 값없이 제공된 약속의 진리에 근거하며, 성령을 통해 우리의 지성에 계시되고 우리의 마음에 확증된다."

23 Calvin, *Institutes* 3.2.1.

24 앞의 책, 3.2.32.

해하고 그분께 피하게 하려고 그 자신을 '그리스도 안에서 작게' 만드셨다고 말한다."[26]

그러나 이에 대한 우리의 주관적인 확신은 강해지다가 약해지기도 한다. 신자들이 평생 동안 의심과 불안이 생길 때 던지는 질문은 "죄인인 내가 어떻게 거룩하신 하나님께 용납될 수 있는가?"[27] 하는 것이다. 칼뱅은 모든 그리스도인의 삶에서 "불신앙이…언제나 신앙과 뒤섞여 있다"는 것을 알고 있다.[28] 그는 우리를 의롭게 만드는 것은 믿음의 질이 아니라 믿음의 대상임을 자주 상기시킨다. "우리의 믿음은 결코 완전하지 않다.…우리는 부분적으로 불신자들이다."[29] 약속은 견고하고 확실하지만 그에 대한 우리의 이해는 계속 변한다.[30] 칼뱅은 "신자들이 두려워하면서도 확실한 위로를 얻는 것을 가로막을 수 있는 것은 전혀 없다"라고 덧붙인다. "두려움과 믿음이 같은 마음 안에 거주하고 있다."[31] 비키가 요약하듯, "그것은 주저하지 않으나 주저할 수 있다. 그것은 안전을 보장하나 불안에 휩싸일 수 있다. 믿는 자는 견고한 확신을 갖고 있으나 흔들리고 떤다." 이것은 믿음 그 자체

---

25 Joel R. Beeke, "Calvin and Spirituality: Making Sense of Calvin's Paradoxes on Assurance of Faith," in *Calvin Studies Society Papers, 1995, 1997; Calvin and Spirituality: Calvin and His Contemporaries*, ed. David Foxgrover (Grand Rapids: CRC Product Services, 1998), 23.

26 앞의 책, 24.

27 앞의 책, 13n2: "루터가 믿음과 확신을 얻기 위해 몸부림친 이야기는 그 자신과 여러 사람의 글을 통해 잘 알려져 있지만, J. H. Merle D'Aubigne는 '칼뱅의 방이 에어푸르트의 다락방에서 있었던 몸부림만큼 치열한 몸부림의 무대가 되었다'는 증거를 제공한다."

28 Calvin, *Institutes* 3.2.4.

29 Calvin on Mark 9:24, in *Calvin's Commentaries*, vol. 16, trans. William Pringle (Grand Rapids: Baker, 1996), 325.

30 Calvin, *Institutes* 3.2.4, 15.

31 앞의 책, 3.2.23.

와 신자의 경험의 차이다.[32] 하나님이 우리에게 선의를 품고 있다는 진리는 객관적이고 확실하지만, 우리의 주관적인 경험은 변할 수 있다.[33] 그러나 최종적 결론을 갖고 계신 분은 언제나 하나님이시다. 우리는 어쨌든 복음에 매달려야 한다. 이 때문에 객관적인 약속과 성례를 통한 승인작업이 우리가 순례의 길을 가는 동안 그토록 중요한 것이다.[34]

칼뱅을 비판하는 이들은 "그렇다면 보상은 어찌되는가?" 하고 묻는다. 이 질문에 대해 칼뱅은 이렇게 답한다. "보상으로부터 공로를 추론하는 것은 어리석은 짓이다."[35] 칼뱅은 "하나님 앞에서는 율법을 듣는 자가 의인이 아니요 오직 율법을 행하는 자라야 의롭다 하심을 얻으리니"라는 로마서 2:13절에 대한 중세의 주석을 의식하고 있다. 하지만 그는 이렇게 답한다. "행위에 의한 칭의를 주장할 목적으로 이 구절을 왜곡하는 자들은 어린아이들에게도 크게 조롱을 당할 것이다." 이 구절의 목적은 독자들에게 율법의 요구를 이행하지 못해서 사실상 이방인들과 동일하게 율법의 저주 아래 있음을 보여주는 것임이 분명하다. "그러므로 우리는 다른 의를 찾아야만 한다."[36] 바울이 율법을 칭의의 길인 믿음과 대비시킬 때, 거기에는 의식법뿐 아니라 도덕법을 비롯한 율법 전체가 포함된다.[37] "율법이나 행위로 얻을 수 있는 어떤 의가 있다면, 그것은 사람들 안에 있는 것이 분명하다. 하지만 믿음에 의해 그들은 자기들에게 결여되어 있는 것을 다른 이로부터

---

32 Beeke, "Calvin and Spirituality," 18.
33 앞의 책, 14-24.
34 앞의 책, 19.
35 Calvin, *Calvin's Commentaries*, 19:90.
36 앞의 책, 95-96.
37 앞의 책, 151.

얻어낸다. 그러므로 믿음의 의를 '전가된 의'라고 부르는 것은 옳다."[38]

영광의 신학은 외양으로 판단한다. 직관적으로, 우리는 선한 사람은 천국에 가고 악한 사람은 지옥에 간다고 믿는다. 또한 하나님은 본래 불의한 사람을 의롭다고 선언하실 수 없다고 믿는다. 그러나 복음은 반(反)직관적이다. 아브라함이 그랬듯, 믿음은 인간의 모든 "가능성"에 반하는 약속에 매달린다.

> 우리 주변의 모든 것이 하나님의 약속에 맞선다. 그분은 불멸을 약속하시지만, 우리는 죽음과 부패에 둘러싸여 있다. 그분은 우리를 의롭게 여기신다고 선언하지만, 우리는 우리의 죄에 덮여 있다. 그분은 자신이 우리에게 호의를 품고 친절하시다고 증언하지만, 겉으로 드러난 심판은 그분의 진노로 우리를 위협한다. 그렇다면 어찌해야 하는가? 우리는 눈을 감고 우리 자신과 우리와 관련된 모든 것들을 지나쳐 가야 한다. 그래서 아무것도 우리가 하나님이 진실한 분임을 믿는 것을 가로막지 못하게 해야 한다.[39]

분명히 하나님은 그분의 성령으로 우리를 새롭게 하신다. 하지만 이것이 칭의는 아니다. 칭의는 오로지 죄에 대한 값없는 용서와 의의 전가 안에 들어 있다.[40] 부주의한 불신자는 물론이고 "바리새인"까지도 칭의를 통한 하나님과의 이런 평화를 모른다.[41] 우리가 하나님께 "접근"하는 자격을 얻을 수 있는 "대책"은 없다.[42] 또한 우리를 칭의를

38 앞의 책, 155.
39 앞의 책, 180.
40 앞의 책, 186.
41 앞의 책, 187.

얻을 만한 존재로 만들어줄 수 있는 새로운 길도 없다. 심지어는 성령의 은혜로도 불가능하다.[43]

성화

많은 이들이 로마 교회와 종교개혁 진영의 차이를 칭의와 성화중 어느 것을 선호하느냐와 관련이 있다고 본다. 그러나 두 가지 모두를 수용하는 것은 종교개혁자들의 해석뿐이다. 우리는 믿음으로 그리스도와 연합함으로써 칭의를 위한 그리스도의 의의 전가(imputation)와 성화를 위한 그리스도의 의의 분여(impartation)를 받는다. 종교개혁자들은 이 점에서 의견이 일치한다. 칼뱅은 명명백백하게 칭의의 중요성을 강조했다. 이 진리는 "기독교 신앙의 으뜸 조항," "신앙을 떠받치는 주된 요체," "구원 교리의 으뜸 조항이자 모든 믿음의 토대" 그리고 "모든 경건의 총합"이다.[44] "이에 대한 지식이 제거되면, 그리스도의 영광은 소멸되고, 신앙은 폐지되며, 교회는 파멸하고, 구원에 대한 소망은 완전히 뒤집힌다."[45] 추기경 사돌레토의 편지에 답하면서 칼뱅은 칭의야말로 "우리 사이의 논쟁에서 가장 우선적이고 중요한 주제"라고 말했다.[46]

그와 동시에 그는 우리가 그리스도와 연합하는 것은 칭의와 성화 모두를 위해서임을 강조한다. 이것은 루터가 "이중적 의"에 관한 그의

---

42 앞의 책, 188.

43 앞의 책, 186.

44 Calvin, *Institutes* 3.2.1; 3.11.1; sermon on Luke 1:15-10 in *Corpus Reformatorum: Johannis Calvini opera quae supersunt omnia*, 46.23; 그리고 *Institutes* 3:15.7.

45 Calvin, "Letter to Cardinal Sadoleto," in *Calvin's Tracts and Treatises*, trans. Henry Beveridge, vol. 1 (Grand Rapids: Eerdmans, 1958), 41.

46 앞과 동일.

설교(1519)에서 했던 주장과 다르지 않다. 또한 루터처럼 칼뱅 역시 바울을 따라서 우리가 성화되지 않으면 의롭게 될 수 있다고 주장하는 이들에 대한 대답으로 로마서 6장이 말하는 그리스도와의 연합을 제시한다.[47] 그의 대답은 곧 바울의 대답이다. "우리가 세례를 받을 때 그리스도로 옷 입는다는 것은, 그리고 우리가 세례를 받는 이유가 바로 그것, 즉 우리가 그분과 하나가 되는 것임은 의심할 여지가 없다." 그러므로 우리가 그리스도와 함께 일으킴을 받아 새로운 삶으로 들어갈 때는 죄에 대한 용서만이 아니라 "옛사람의 죽음도" 발생한다.[48]

반(反)율법주의와 율법주의는 서로 공모하여 우리에게 잘못된 선택을 강요한다. 구원은 하나님의 용서의 문제인가, 아니면 도덕적인 변화의 문제인가? 종교개혁자들의 관점에서 보면 이것은 꽤 까다로운 문제였다. 칼뱅은 이렇게 말한다. "서로 연관된 것들은 서로를 파괴하지 않는다!"[49] 오직 믿음을 통한 법정적인 칭의는 성화의 적이 아니라 기초이다.[50] 여기서 다시 우리는 "분리되지 않고 구별된다"는 금언을 만난다.

---

47 Calvin on Romans 6, in *Calvin's Commentaries*, 19:218-31.

48 앞의 책, 220, on Rom 6:3. 칼뱅과 루터는 특히 은혜가 상실될 수 있는지와 관련해 의견의 차이를 보인다. 그럼에도 우리가 칼뱅을 "연합의 신학자"로 그리고 루터를 "칭의의 신학자"로 보아야 할 이유는 없다. 두 사람 모두 그리스도와의 연합을 모든 영적 축복의 근원으로 보며, 또한 그와 동시에 성화를 논리적으로 칭의에 근거한 것으로 여긴다. 이 점과 관련해, 특히 Richard Muller, *Calvin and the Reformed Tradition: On the Work of Christ and the Order of Salvation* (Grand Rapids: Baker Academic, 2012), 특히 202-43, 281을 보라; 참고. J. V. Fesko, *Beyond Calvin: Union with Christ and Justification in Early Modern Reformed Theology* (Göttingen: Vandenhoeck & Ruprecht, 2012).

49 Calvin, *Institutes* 3.3.25.

50 이 주제에 관한 (특히 칼뱅과 Osiander의 논쟁과 관련해) 더 많은 정보를 위해서는, Michael Horton, *Covenant and Salvation: Union with Christ* (Louisville: Westminster John Knox, 2007), 143-44.

비록 우리는 그것들을 서로 구별하지만, 그리스도는 자기 안에 그 둘 모두를 분리하지 않고 갖고 계시다. 그리스도 안에서 의를 얻고자 하는가? 그렇다면 먼저 당신은 그리스도를 소유해야 한다. 하지만 당신이 그분의 거룩하심에 참여하지 않고서 그분을 소유할 수는 없다. 왜냐하면 그분은 나눠지실 수 없기 때문이다(고전 1:13). 주님은 자신을 내어주심이 없이 우리가 이런 은혜를 즐기게 하실 수 없기에, 그분은 그 두 가지 모두를 동시에 우리에게 제공하신다. 그분은 다른 하나 없이 어느 하나를 제공하지 않으신다. 그러므로 우리가 행위 없이 의롭게 되는 것은 아니지만 행위를 통해서 의롭게 되는 것이 아님은 아주 분명하다. 우리가 그리스도 안에 참여할 때 그것이 우리를 의롭게 하는데, 그 참여에는 의로움 못지않게 성화가 포함되어 있다.[51]

그러므로 믿음의 두 가지 행위 혹은 그리스도인의 삶의 두 가지 단계가 있는 것이 아니다. 모든 신자는 칭의와 성화를 얻기 위해 그리스도께 매달린다.[52] "당신은 성화를 동시에 붙들지 않고서는 이것[칭의]을 붙들 수 없다."[53]

그리스도 안에서 하나님은 우리의 불행 대신 행복을, 우리의 결핍 대신 부요함을 제공하신다. 그리스도 안에서 하나님은 우리에게 하늘의 보물창고를 열어 우리가 모든 믿음을 갖고서 그분이 사랑하시는 아들에 대해 생각하고, 모든 기대를 품은 채 그분께 의지하고, 또한 모든 소망을

---

51 Calvin, *Institutes* 3.16.1. 또한 3.11.1을 보라.
52 앞의 책, 3.11.1.
53 앞의 책, 3.16.1.

품은 채 그분께 매달리며 그분 안에 쉬게 하신다. 사실 이것은 삼단논법에서는 도저히 끌어낼 수 없는 은밀하게 숨겨진 철학이라 할 수 있다.[54]

칼뱅은 이렇게 덧붙인다. "여기서 중요한 것은, 믿음과 선행이 함께 결합되어 있음을 인정하면서도, 우리가 여전히 칭의의 근거를 선행이 아니라 믿음에 둔다는 점이다. 우리는 이것을 설명할 준비가 되어 있다. 만약 우리의 믿음이 향하고 있는, 그리고 우리의 믿음이 힘을 얻는 원천인 그리스도께 눈을 돌린다면 말이다."[55]

칼뱅은 이 연합을 설명하기 위해 법적 유비뿐만 아니라 성경의 유기체 비유도 활용한다. 생명나무이신 그리스도 안에서 의롭다 하심을 받는 모든 자들은 그분의 열매 맺는 가지가 된다. 복음주의 진영에 속한 이들은 "예수라면 어떻게 하실까?"라고 물으면서 그리스도의 모범을 따르는 것에 익숙하다. 이것은 중세의 경건에서도 핵심 주제였는데, 이는 15세기에 토마스 아 켐피스의 책 『그리스도를 본받아』(*The Imitation of Christ*)가 누렸던 폭발적인 인기를 통해 잘 드러난다. 이 경건은 특히 내가 2장에서 언급했던 공동생활형제단의 핵심이었다. 또한 그것은 현대의 복음주의 영성의 상당부분을 지배하는 웨슬리파 성결교단의 가르침에서도 분명하게 드러난다.

칼뱅은 그리스도의 모범을 따르라는 성경의 권면을 액면 그대로 받아들인다. 하지만 만약 복음이 없다면 이런 권면 자체가 율법이 될 수밖에 없음을 인정한다. 칼뱅은 로마서 6장을 주석하며 이렇게 말한다.

---

54 앞의 책, 3.20.1.

55 앞의 책, 3.16.1.

이 사도가 마치 그리스도의 죽음이 모든 그리스도인들이 따라야 할 모범인 것처럼 우리에게 그리스도를 본받으라고 권면하는 것이 아님을 알아야 한다. 왜냐하면 그가 어떤 권면과 어떤 교리를 연결할 때는 좀더 고상한 무언가를 염두에 두고 있기 때문이다. 그가 말하는 교리는 이것이다. 즉 그리스도의 죽음은 우리의 타락한 본성을 파괴하고 부수는 데 효능이 있고, 그분의 부활은 더 나은 본성의 혁신을 초래하는 데 효능이 있고, 우리는 세례를 통해 이 은혜에 참여할 수 허락을 받는다는 것이다. 이런 기초가 놓였으므로 이제 그리스도인들은 그들의 소명에 응답하기 위해 애쓰라는 권면을 받을 준비가 되어 있다.

이것은 영적으로 우월한 계층만이 아니라 그리스도와 연합한 모든 사람에게 해당된다고 칼뱅은 덧붙인다.[56] 그러므로 이 "접붙임은 단지 어떤 모범을 따르는 것만이 아니라 은밀한 연합이기도 하다."[57] 비유적으로 말하자면, 어린 동생이 손위의 형제나 자매를 우러러 보며 본받기도 하지만 그보다 더 깊은 차원에 가족의 유대가 있다고 할 수 있다.

그리스도는 우리의 영웅, 모델, 혹은 모형이실 뿐 아니라 우리의 포도나무이기도 하다. 물론 우리는 그 나무의 가지들이다. 그분은 우리가 그 지체를 이루는 몸의 머리이시고, 우리가 역시 그 일부를 이루는 모든 수확의 첫 열매이시다. 칼뱅은 우리가 "그리스도 안에(*en Christo*) 있는 것은 우리가 우리 자신 밖에(*extra nos*) 있기 때문"이라고 말한다. 우리는 자신의 내면을 살펴서가 아니라 그리스도께 매달림으로써 칭

56 Calvin on Rom 6:4, in *Calvin's Commentaries*, 19:221.
57 앞의 책, 222, on Rom. 6:5.

의는 물론이고 성화까지 얻는다.[58] 칼뱅은 요한복음 17장을 주석하면서 우리가 "하나님의 아들과 하나인 것은 그분이 그분의 본질을 우리에게 나눠주시기 때문이 아니라, 성령의 능력으로 우리에게 그분의 생명과 성부에게 받은 모든 복을 나눠주시기 때문이다"라고 설명한다.[59] "그러나 그리스도께서 주로 강조하는 것은 생명에 필수적인 수액, 즉 모든 생명과 힘이 오직 그분 자신으로부터 나온다는 것이다." 그러므로 칭의에서뿐 아니라 성화에서도 믿음은 모든 선한 것을 오직 근원이신 그리스도로부터 받는다. "만약 당신이 당신 자신만 생각한다면 저주받은 것이 확실하다."[60]

칼뱅은 전인(영혼은 물론 몸까지)을 하나님의 형상과 동일시하는 점에서 아우구스티누스와 중세의 전통을 뛰어넘는데, 또한 이렇게 덧붙여 말한다. "우리가 그리스도와 맺은 영적 관계는 영혼만이 아니라 육체에도 해당된다."[61] 바로 이 때문에 그는 성찬의 중요성을 강조한다. 성찬은 단지 그리스도와의 영적 교통을 위한 것만이 아니라, 영화롭게 되어 생명을 주시는 머리로부터 우리의 전인에 전달되는 생명의 에너지를 얻기 위한 것이기도 하다. "그리스도와 그분의 지체들 사이에 존재하는 신비로운 연합은 우리가 성찬의 자리에 앉을 때뿐 아니라 다른 모든 시간에도 성찰할 주제가 되어야 한다."[62]

---

58 Calvin, Mark A. Garcia, *Life in Christ: Union with Christ and Twofold Grace in Calvin's Theology* (Milton Keynes, UK: Paternoster, 2008), 116에서 재인용.

59 Calvin, Commentary on the Gospel According to John, in *Calvin's Commentaries*, vol. 17, trans. William Pringle (Grand Rapids: Baker, 1996), 183-84.

60 앞의 책, 107.

61 Calvin, Commentary on the Frist Epistle to the Corinthians, in *Calvin's Commentaries*, vol. 20. trans. John Pringle (Grand Rapids: Baker, 1996), 217.

62 Calvin on Ps. 63:2, in *Calvin's Commentaries*, 5:435.

성화는 우리의 칭의에, 그리고 삶의 모든 차원(사법적 차원과 유기적 차원)에서 그리스도와 우리의 폭넓은 연합에 익숙해지는 것이다. 이 연합은 (로마 가톨릭교회와 일부 프로테스탄트 경건주의자들이 주장하듯) 그리스도인의 삶의 **목표**가 아니라 **근원**이다. 우리는 단지 그리스도를 따르는 것이 아니라 그리스도 안에서 살며, 그분 역시 성령을 통해 우리 안에서 살고 계신다.

칼뱅은, 물론 이 둘은 그리스도와의 연합 안에서 주어지긴 하지만, 칭의를 성화를 위한 논리적 기초로 본다. "우리는 성자의 의를 옷 입고 있는 만큼 하나님과 화해하고, 성령의 능력으로 새롭게 되어 거룩함에 이른다."[63] 셀더르하위스는 "칼뱅에게 성화는 칭의로부터 자라나는 것이다"라고 말한다. "그리고 그리스도의 완전한 의의 영광은 결코 가려지지 않는다 - 단 한 순간도." "그러므로 칭의는 원인이고 성화는 결과다."[64] 그는 계속해서 이렇게 덧붙인다.

> 칼뱅의 견해에 따르면 신자는 **의인인 동시에 죄인**(*simul iustus et peccator*)인 상태를 결코 벗어나지 못한다.…칼뱅은 중생한 인간이 죄에 맞서 싸우는 것을 묘사하면서 신자는 실제로 의롭게 **되고 있지** 않은 채 의롭다고 **선언된다**고 설명한다. 성화는 선천적으로 우리를 지배하는 육적 성향을 길들이기 위한 내적 투쟁이다. 그것은 우리의 자아에 대한 싸움이다.…누군가 평생 동안 점점 더 성화될수록, 그는 자신이 하나님의 의에 얼마나 미치지 못하는지를, 그리고 남은 일이라고는 하나님의 자비에

63 Calvin, *Institutes* 3.11.17.

64 Selderhuis, *Calvin's Theology of the Psalms*, 195.

의존하는 것뿐임을 점점 더 분명하게 깨닫게 된다.[65]

이것은 물론 옳은 말이지만, 칼뱅은 또한 그리스도와의 연합에서 나오는 새로운 삶을 찬양한다. 성령은 우리 안에서 활동하는 가운데 우리가 내주하는 죄와 싸우도록, 또한 성령의 열매를 맺도록 우리에게 더욱더 큰 능력을 부여한다. 우리는 우리의 칭의를 성화 덕분으로 여기면 안 되지만, 의롭다 하심을 받은 자들이 죄와 죽음의 통치 아래 있었던 때와 동일한 영적 상태에 남아 있다고 생각하지 않도록 조심해야 한다.

칼뱅에 따르면, 수동성과 완벽주의는 그리스도인의 삶에서 피해야 할 쌍둥이 위험들이다. 물론 우리는 성화를 비롯한 하나님의 선한 선물들을 가만히 받는 자들일 뿐이다. 우리는 세례와 성찬에서 하나님의 말씀을 듣고 그리스도를 받는다. 이 경우에 믿음은 "순전히 수동적인 행위다"(*actio mere passiva*).[66] 그러나 하나님의 은혜의 수령인이 된다는 것은 곧 그분의 사랑을 다른 이들에게 능동적으로 나누는 자가 됨을 의미한다. 우리는 하나님으로부터 받고 다른 이들에게 나눠준다. 은혜는 그저 주기만 하지 않는다. 은혜는 또한 우리의 베풂 - 하나님이 아니라 우리의 이웃을 향한 - 을 촉진하기도 한다. 은혜는 본성을 해방시킨다. 따라서 그것은 우리의 활동이 아니라 우리의 공로의 반대편에 있다. 이 점은 우리 삶의 전 영역에 해당한다. 우리는 늘 구원의 수동적인 수령인이다. 우리가 오직 그리스도만을 믿는 가운데 내주하는 죄를 죽이는 일은 결코 수동적인 행위가 아니다. 우리는 거듭

---

65 앞의 책, 197-98.

66 Calvin, *Institutes* 4.14.26.

해서 성경을 통해 앞으로 나아가고, 성장하고, 자신을 훈련하고, 또한 온 힘을 다해 죄에 대해서는 "아니오"라고, 의에 대해서는 "예"라고 말하기 위해 애쓰라는 명령을 받는다. 이 모든 일을 우리는 불완전하게나마 할 수 있다. 왜냐하면 우리는 이미 그리스도와 연합되었고 그분의 성령이 우리 안에 거하시기 때문이다.

그리스도는 우리를 위해 죽으셨다. 그러나 우리를 위해 회개하고 믿는 분은 아니다. 회개와 믿음은 그분이 그분의 말씀과 성령을 통해 우리에게 주시는 선물이다. 그러나 우리는 회개와 믿음을 의도적인 의지의 행위로서 수행한다.[67] 우리는 이 싸움의 어려움을 과소평가하면 안 된다. 모든 신자는 제각기 안팎에 있는 폭도들, 즉 패배한 적의 잔당들과 맞서 싸운다. 이런 성숙은 자동적으로 이루어지지 않는다. 우리는 성령의 충동을 거부함으로써 성령을 소멸시킬 수도 있다. 우리가 스스로 은혜의 수단들을 활용하지 못할 때는 포도나무 위에서 시들어버린다. 더 나아가, 만약 우리가 성부 하나님과 소통하지 않고 형제자매들과의 교제를 포기한다면, 우리는 순례자가 아니라 표류자가 된다. 우리가 온 힘을 다해 이 싸움을 치르는 동안 복음은 버티고 설 수 있는 안전한 장소를 제공해준다.

역설적으로, 이 경기에서 우리를 계속 질주하도록 독려하는 것은 우리가 의인인 동시에 죄인이라는 인식이다.[68] "완전함과는 거리가 멀지만, 우리는 계속해서 전진해야 하고, 비록 악에 얽혀 있을지라도 매일 그것들에 맞서 싸워야 한다."[69] 성화는 실제로 이뤄지고 있으나

67 앞의 책, 2.12.6.

68 앞의 책, 2.3.10.

완성되지는 않았다. "그리스도는 성령으로 우리를 단 한순간에 완전하게 갱신시키지 않으신다. 오히려 우리의 생애 내내 계속 우리를 새롭게 변화시키신다."[70] 죄의 권세는 전복되었으나 아직도 신자들 안에 남아 있다.[71] 칼뱅의 이런 입장은 로마 교회와 큰 대조를 이룰 뿐 아니라 급진적인 프로테스탄트들과도 그러했다. 칼뱅은 이렇게 말한다. "우리 시대의 일부 아나뱁티스트들은 영적 중생 대신 광적으로 지나친 주장을 일삼는다."[72] 마치 이생에서 완전한 상태에 이를 수 있는 것처럼 말이다.

우리는 그리스도인의 삶을 살면서 초기뿐만 아니라 평생 동안 우리의 모든 의를 우리 자신이 아니라 그리스도로부터 끌어낸다.[73] 아이러니하게도, 하나님의 평가에서 점수를 더 따려고 골몰하는 자들은 결국 하나님을 불쾌하게 하고, 자신들의 죄책을 심화시키고, 이웃을 위해 아무 일도 하지 않는 것으로 끝나고 만다. 수도사야말로 이런 혼란스러운 영성을 보여주는 이상적인 유형이었다. 그러나 칼뱅이 추기경 사돌레토에게 설명했듯, 오직 그리스도 안에 있는 하나님의 은혜를 확신하는 자들만이 자기 진보와 자기 정당화를 위해서가 아니라 이웃과 하나님의 영광을 위해 그들의 이웃을 자유로이 사랑한다.[74] 앞으로 살펴보겠지만, 그리스도인의 삶에서 율법이 수행하는 또 다른

---

69 앞의 책, 3.3.14.

70 Calvin on 1 John 3:5, in *Calvin's Commentaries*, vol. 22, trans. John Owen (Grand Rapids: Baker, 1996), 209.

71 Calvin, *Institutes* 3.3.11.

72 앞의 책, 3.3.14.

73 앞의 책, 3.12.3.

74 Calvin, *A Reformation Debate: Sadoleto's Letter to the Genevans and Calvin's Reply*, ed. John C. Olin (Grand Rapids: Baker, 1966), 56.

역할이 있다. 하지만 율법은 더 이상 우리를 정죄할 능력을 갖고 있지 않다.

> 그러므로 칭의에 관해 논할 때 우리는 율법에 대한 언급은 제쳐두고, 행위에 대한 고려 역시 밀쳐두고, 오로지 하나님의 자비만 붙들어야 하고, 또한 우리 자신을 주목하지 말고 오직 그리스도만 바라보아야 한다.… 만약 우리의 양심이 이 문제와 관련해 어떤 확신을 얻고자 한다면 율법에 대해 그 어떤 자리도 내주면 안 된다.[75]

그러므로 우리가 우리 자신에 대해 생각하면 절망 밖에는 남지 않는다. 그러나 우리가 **그리스도 안에 있는** 우리 자신에 대해 생각하면 소망과 사랑을 가져오는 믿음이 거기에 있다. 행위로 얻는 의(works-righteousness)라는 개념은 나무의 뿌리를 잘라내는 바람에 참된 성결의 적이 된다. 그러나 복음은 그리스도에 대한 믿음을 창조하고, 그 믿음은 사랑의 가지들을 낳고 선행의 열매를 맺는다. 이 복음은 반율법주의와 율법주의 모두에 치명상을 입힌다.

양자됨

칼뱅이 기뻐하면서 자주 강조하는 우리의 연합의 또 다른 중요한 선물은 양자됨(adaption)이다. 특히 B. B. 워필드(Warfield)는 칼뱅의 경건에서 하나님의 아버지 되심은 그분의 주권보다 더 폭넓게 언급되고 있다고 결론짓는다. 이것은 칼뱅을 자세히 읽어보지 않은 이들에게는 놀라운 주장처럼 보일 것이다. 셀더르하위스는 이렇게 말한다. "선

75 Calvin, *Institutes* 3.19.2.

택의 목적은 하나님의 아버지 되심이다.…신론에 관한 그의 신학에서 칼뱅은 자주 이 개념으로 거듭해서 돌아간다." 실제로 "그가 하나님을 무엇보다도 아버지로 보고 있음이 분명하다."[76] 성부는 한 백성을 자신의 자녀로, 자신의 아들을 위한 신부로, 그리고 자신의 성령을 위한 살아 있는 성전으로 삼으셨다. 신자들은 삼위일체의 위격들 사이에 존재하는 사랑의 상호교환의 결과로서 존재하게 된 가족이다.

칭의조차 그 자체가 목적이기에 중요한 것이 아니라 하나님이 영원 전부터 원하셨던 그분과 우리 사이의 부자관계를 확보하기에 중요한 것이다. 성화의 목적은 단순히 개인들의 도덕적 개선이 아니라 하나님의 백성을 구별해주고 적을 공동상속자로 변화시키는 것이다. 목표는 한 가족을 만드는 것이다. 하나님은 곧 아버지라는 교리에 동의하는 것과 그분의 입양과 "부성적 사랑"을 경험하는 것은 별개의 문제다. 칼뱅은 시편기자가 "[하나님의] 얼굴의 빛"(시 44:3)에 대해 언급하는 것을 강조한다. 그분의 아버지다운 미소가 우리가 이 세상에서 경험하는 모든 상실을 보상한다.[77] 하나님에 대한 우리의 사랑이 아니라 우리를 향한 그분의 사랑이 이 관계의 근원이다. 그리고 그리스도의 공로로 인해 우리가 우리의 아버지가 아니라 재판관이신 하나님께 되돌아갈지도 모른다는 위험은 더 이상 존재하지 않게 되었다. 우리는 그리스도와 연합되어 있기 때문에 그리스도 자신이 누리고 계신 것과 동일한 특권과 은혜 그리고 성부 하나님께 대한 접근을 누리게 된다.[78]

---

76 Selderhuis, *Calvin's Theology of the Psalms*, 247.

77 Calvin on Ps. 4:6-7, in *Calvin's Commentaries*, vol. trans. James Anderson (Grand Rapids: Baker, 1996), 48-49.

78 Calvin on Ps. 79:9 in *Calvin's Commentary*, 5:291.

잔치로서의 그리스도인의 삶

그리스도인의 삶은 투쟁이다. 하지만 또한 관대하신 아버지, 신실하신 맏아들, 그리고 우리 안에 내주하며 우리를 그리스도께 그리고 서로서로 묶어주는 성령과 함께하는 풍성한 잔치이기도 하다. B. A. 게리시(Gerrish)는 칼뱅의 신학을 "성만찬적인 것"(Eucharistic)으로, 즉 삼위일체 하나님 및 동료 인간들과 함께 잔치를 즐기는 감사의 삶으로 요약할 수 있다고 주장한다. "그 거룩한 잔치는 칼뱅 신학의 핵심에 있는 은혜와 감사라는 주제의 전례적인 상연(上演)이다."[79] 셀더르하위스는 또한 이렇게 말한다. "칼뱅은 시편 104편에 나오는 실례를 가리키며 비록 사람이 그의 필요를 따라 마실 물을 갖고 있을지라도, 하나님은 그것에 더하여 우리를 기쁘게 하는 포도주까지 제공하셨다."[80] 칼뱅이 아버지께서 그 아들 안에서 우리에게 베푸시는 풍성한 관대함을 얼마나 자주 강조하는지를 보면 참으로 놀랍다. 로마 교회는 잔치를 두려운 법정으로 바꿨다. 그리고 아나뱁티스트들은 그리스도인의 삶을 무거운 짐으로 여겼다. 그러나 칼뱅에게 그리스도인의 삶은 지친 여행자들을 위해 광야에서 베풀어지는 잔치와 함께하는 순례이다. 우리는 법정에서 나와 가정의 거실로 들어섰다.

순례와 잔치. 이 두 가지 모티브는 칼뱅의 가르침에 함께 엮여있다. 잔치 모티브는 우리가 그리스도 안에서 이미 소유한 구원의 현재적 기쁨을 조명하는 반면, 순례 모티브는 우리가 끈질기게 인내해야 할 것을 암시한다. 우리는 지금 우리가 어디로 가고 있는지 알 뿐 아니

---

79 B. A. Gerrish, *Grace and Gratitude: The Eucharistic Theology of John Calvin* (Minneapolis: Augsburg Fortress, 1993), 20, 13.

80 Selderhuis, *Calvin's Theology of the Psalms*, 150, on Ps. 104:15.

라, 또한 장차 베풀어질 잔칫상의 풍성한 음식의 맛보기를 갖고 있다. 하지만 아직 우리는 어린양의 결혼식 만찬에는 이르지 못했다.

우리는 "이미"와 "아직"의 긴장 속에서 삼위일체 하나님의 선물들을 경험한다. 신자들은 이미 선택되었고, 구속되었고, 부르심을 받았고, 의롭게 되었고, 양자가 되었다. 지금 그들은 성화되고 있는 중이다. 그리고 언젠가 그들은 영화롭게 될 것이다. 칼뱅이 그리스도인의 삶을 표현하기 위해 자주 사용하는 순례와 잔치라는 메타포의 핵심에는 바로 이와 같은 "이미-아직"의 패러독스가 놓여 있다. 순례자는 아직 목적지에 도착하지 않았다. 그러나 그는 목적지가 없는 방랑자나 여행객이 아니다. 오히려 다른 사람들과 함께 부르심을 받아 약속에 의지해 하나님의 도성을 향해 걷는 중이다. 그 순례의 길에서 하나님은 자기 백성이 영광 가운데 신랑과 함께할 잔치를 기대하며 새 힘을 얻게 하려고 광야에서 식탁을 베푸신다.

창조될 때의 하나님의 형상이 개인적인 동시에 사회적이었던 것처럼, 그리스도 안에서 회복된 하나님의 형상 역시 그러하다. 물론 사적인 기도와 성경 묵상이 들어설 자리가 있다. 하지만 칼뱅은 고독한 순례자나 식탁에 홀로 앉아 있는 사람에 대해 생각하지 않는다. 이 때문에 성화에 대한 칼뱅의 논의 대부분이 교회, 가정, 그리고 세상에서의 우리의 소명이라는 맥락에서 나오는 것이다. 수도원의 영성은 마치 "세상"에서 멀어지는 것이 사람을 거룩하게 만드는 것처럼 개인적인 훈련에 초점을 맞췄다. 아나뱁티스트의 경건 역시 이와 별로 다르지 않았다. 그러나 칼뱅은 성화를 집안일로 생각했다. 다른 이들과 고립된 상태에서 우리가 어떻게 겸손, 인내, 지혜, 그리고 용서를 배울 수 있겠는가? 우리는 홀로 있을 때가 아니라 매일의 시련과 성도의 교제, 우정, 결혼, 자녀 양육의 기쁨 속에서 계속 자신의 죄를 고백하고 성결을 추구할 필요를 발견한다. 율법은 우리에게 이웃을 사랑하라고 하는데, 은둔 상태에서 다른 사람들로부터 – 특히 성도의 교제로부터 – 물러나는 것보다 성화를 더 방해하는 장애물이 있겠는가?

선택

"우리는 하나님의 영원한 선택을 알기 전에는 우리의 구원이 그분의 값없는 자비의 샘에서 흘러나온다는 사실을 마땅히 알아야 할 만큼 분명하게 납득하지 못할 것이다."[81] 예정은 칼뱅의 신학 "체계"의 중심이 결코 아니다. 뿐만 아니라, 칼뱅은 토마스 아퀴나스를 비롯해 아우구스티누스 계열의 다른 가톨릭 신학자들이 알지 못했던 무언가를 교리에 덧붙이지도 않았다. 하지만 그는 그것을 철학적 사색의 방에서 꺼내서 복음이 제공하는 기쁨의 한 조항으로 신실한 그리스도인들 앞에 제시한다. 에라스무스와의 논쟁에서 루터가 했던 것처럼, 칼뱅은 선택 교리가 협력설과 그 뿌리에 있는 영적 교만을 제지한다고 본다. "하나님은 오래 전에 그분의 영원하고 불변하는 계획으로 어떤 이들은 구원에 이르도록 받아들이시고, 반면에 다른 이들은 멸망에 이르도록 내어주시기로 단번에 정하셨다."[82]

칼뱅은 이 주제를 목회적인 질문이나 관심사와 별도로 다룬 적이 없고, 특히 이를 분명히 가르치는 특정한 구절들을 다룰 때는 더더욱 그러하다. 어째서 어떤 이들은 믿는데 다른 이들은 믿지 않는가? 내 자신이 잡초들 때문에 질식되는 그런 믿음이 아니라 견인하는 믿음을 갖고 있음을 어떻게 알 수 있는가? 즉 내가 은혜 받은 상태에 있음을

81 Calvin, *Institutes* 3.21.1.

82 앞의 책, 3.21.7.

어떻게 알 수 있는가? 중세의 경건은 이미 오랫동안 이런 불안한 의문을 심화시켰었다. 그리고 정의와 진노의 하나님이 자비의 하나님과 칭의의 은혜보다 더 생생하게 다가올 때, 예정은 무서운 교리가 된다. 그러나 복음의 빛으로 보면 우리에게 안심과 위로를 준다. "선택에 접근하면 온통 자비만 나타날 뿐이다."[83]

우리가 하나님의 말씀, 특히 복음의 테두리 안에 머물면 우리 자신의 사변적 충동을 거부하게 되고, 이 교리는 큰 위로를 준다.

> 인간의 호기심은 그 자체로 이미 어려운 교리인 예정에 관한 논의를 아주 혼란스럽고 심지어 위험하게 만든다. 그런 호기심이 금지된 샛길에서 방황하거나 높은 곳으로 돌진하지 못하도록 제어할 수 있는 장치는 없다. 만약 그렇게 하도록 허용하면, 그것은 모든 것을 조사하고 파헤쳐서 하나님의 비밀을 남겨두지 않으려 할 것이다.…그러나 호기심에 가득 찬 이들은 그들의 호기심을 충족시키는 데 성공하지 못할 것이고, 오히려 출구를 찾을 수 없는 미로 속으로 들어가게 될 것이다. 주님께서 숨기기로 작정하신 것들을 인간이 무절제하게 찾으려 하는 것은 옳지 않다.[84]

다른 곳에서처럼 여기서도 칼뱅의 원칙은 분명하다. "주님께서 그분의 거룩한 입술을 닫으실 때는 또한 즉시 탐구의 길도 닫으실 것이다."[85]

---

83 앞의 책, 3.24.1.
84 앞의 책, 3.21.1.
85 앞의 책, 3.21.3.

숨어 계신 엄위하신 하나님께 오르려는 모든 시도처럼, 하나님의 은밀한 방 안에서 우리의 선택 여부를 알아내려는 모든 전략도 우리를 절망에 빠지게 할 것이다. 그러므로 우리는 하나님이 그리스도와 복음 안에서 계시하신 곳에서만 그분의 선하심과 은혜를 발견하게 된다. 만약 우리가 "하나님의 영원한 계획에 침투하려 한다면, 그 깊은 심연이 우리를 삼킬 것이다"라고 칼뱅은 경고한다. 우리는 "구름 위를 떠다니려" 하지 말아야 하며, 오히려 "그분의 외적인 말씀(그리스도) 안에서…건전한 신앙에 의해 제어되어야" 한다.

> 자신들의 선택을 더욱 확실하게 만들기 위해 하나님의 영원한 계획을 그분의 말씀과 분리해서 조사하는 이들은 치명적인 심연에 삼켜지는 것과 같이, 하나님의 말씀 안에 담긴 대로 그것을 바르고 적절하게 살피는 이들은 측량할 수 없을 만큼 풍성한 위로의 열매를 거둔다.[86]

위험은 양편 모두에 있다. 즉 성경이 가르치는 것보다 적게 말하는 편과 많이 말하는 편 모두에 존재한다.[87] 중요한 것은 우리의 선택을 **그리스도 안에** 위치시키는 것이다.

> 무엇보다도 먼저, 만약 우리가 하나님의 부성적 자비와 친절한 마음을 찾으려 한다면, 하나님의 성령이 머물러 계시는 그리스도께 우리의 눈을 돌려야 한다.…당신이 아무리 이리저리 살피며 궁구할지라도, 당신은 그 마지막 테두리가 더 멀리 확장되지 않음을 알게 될 것이다.…만약

---

86 앞의 책, 3.24.3-4.
87 앞의 책, 3.21.2.

우리가 그분 안에서 선택되었다면, 우리는 우리의 선택에 대한 확신을 우리 자신 안에서 찾지 못할 것이고, 심지어 - 만약 우리가 단절된 분으로 여긴다면 - 하나님 안에서도 발견하지 못할 것이다. 그러므로 그리스도는 우리가 자기기만에 빠지지 않은 채 우리 자신의 선택에 대해 성찰할 수 있는 거울이시다.[88]

우리가 하나님과 그분의 예정을 그리스도 밖에서 찾고자 할 때는 하나님이 우리의 확신을 위해 고안하신 교리마저 악용될 수 있음을 칼뱅은 의식하고 있다. 칼뱅은 이것을 "길 바깥에서 찾는 것"이라고 부른다.

사탄이 신자들을 낙심시키기 위해 사용하는 유혹들 중 가장 심각하고 위험한 것은 자신들의 선택에 관해 의심을 품게 함으로써 그들의 마음을 불안케 하는 것이다. 그와 동시에 그는 그들 안에 길 바깥에서 답을 찾고자 하는 사악한 욕망을 불러일으킨다. 한갓 사람이 하나님의 지혜의 벽장을 뚫고 들어가고 가장 높은 영원을 침투해 하나님의 심판대에서 자신에게 내려진 결정을 찾는 것을 나는 "길 바깥에서 찾는 것"이라고 부른다.[89]

다른 곳에서 그는 이렇게 기도한다.

허락하소서, 전능하신 하나님이시여,…우리가 우리 자신의 공로에 대한

88 앞의 책, 3.24.5.
89 앞의 책, 3.24.4.

모든 확신을 내던지고 포기한 채 오직 당신의 선택의 원천이신 그리스도께만 이끌리게 하소서. 그리고 그분 안에서 당신의 복음을 통해 우리의 구원의 확실성을 우리 앞에 제시해주소서. 그래서 마침내 우리가 함께 모여 그분이 우리를 위해 자신의 피로써 획득하신 영원한 영광 안으로 들어가게 하소서. 아멘.[90]

우리는 하나님의 은밀한 뜻 안에서가 아니라 그분의 계시된 말씀 안에서 우리가 선택된 것을 발견한다. 그러므로 복음은 모든 사람을 위한 것이다. "복음은 선택된 자들과 버림받은 자들 모두에게 무차별적으로 선포된다. 하지만 선택된 자들만 그리스도께 나아온다. 왜냐하면 그들은 '하나님의 가르침을 받았기' 때문이다."[91] 복음의 사악한 적들이라 할지라도, 우리가 그들을 하나님께 버림받은 자들로 여기는 것은 옳지 않다.

한번은 프랑스의 공주이자 페라라의 공작부인이었던 르네(Renée)가 칼뱅에게 혹시 자기가 사위인 기즈 공작(Duke of Guise)을 미워해도 되느냐고 물었다. 프랑스의 종교개혁파 신자들을 잔인하게 박해했던 그 폭군은 분명히 버림받은 자였다. 그녀에게 칼뱅은 자기가 자주 하나님께서 그 공작에게 자비를 베풀어주시기를 기도한다고, 그러나 하나님이 "가련한 교회"를 구원하시기 위해 "그에게 손을 대시도록" 기도하다고 말했다. "그러나 그가 저주받았다고 선언하는 것은 지나친 것입니다.…왜냐하면 우리 모두가 그분의 심판대 앞에서 자신의 행위

90 Calvin, "Prayer," in Commentary on Zechariah-Malachi, in *Calvin's Commentaries*, vol. 15, trans. John Owen (Grand Rapids: Baker, 1996), 482.

91 Calvin on Isa. 54:13, in *Calvin's Commentaries*, vol. 8, trans. William Pringle (Grand Rapids: Baker, 1996), 146.

를 설명해야 하는 심판관 외에는 아무도 그것에 대해 알 수 없기 때문입니다." 칼뱅은, 비록 그 공작이 "교회의 구성원"으로 간주되지 않을지라도, "나는 모든 사람의 구원을 위해 기도합니다"라고 덧붙여 말한다.[92] 또한 칼뱅은 다른 곳에서 이렇게 말한다. "그리고 우리가 선택된 자와 버림받은 자를 구별할 수 없을 때, 우리의 의무는 우리를 괴롭히는 모든 이들을 위해 기도하고, 모든 사람의 구원을 바라고, 심지어 모든 개인의 안녕에 유의하는 것이다."[93]

만약 성경을 벗어나서 사색하는 것이 위험하다면, 또 다른 위험은 성경에 기록된 분명한 말씀들을 무시하는 것이다. 성경은 세상이 창조되기 전에 하나님 아버지께서 한 백성을 택하셨고, 적절한 때에 그들이 성령을 통해 성자와 연합할 수 있게 하시기 위해 그들의 수탁자이자 중재자이신 성자께 그들을 내어주셨다고 가르친다. 칼뱅은 죄 많은 인류로부터 교회를 선택하신 것을 집단적일 뿐 아니라 개인적인 것으로, 예견된 믿음이나 순종에 기초하기보다 무조건적인 것으로, 선택된 자들의 거룩함의 효과이기보다 거룩함의 원인으로 해석한다. 바울처럼 칼뱅은 부당하다는 비난을 받을 것을 예견한다(사실 로마서 9장에 대한 건전한 해석은 이 점을 설명해야 한다). 칼뱅은 하나님이 중립적인 상황에서 독단적인 명령을 내리신다는 말로 시작하기는커녕 다음과 같이 말한다. "우리 모두가 죄에 물들어 있기에," 만약 하나님이 어떤 이들을 구원하기로 작정하지 않을 경우 우리 모두가 정죄를 당하는 것은 그분의 "폭군적인 잔인함" 때문이 아니라 오히려 "정의에 대한 매우

92 Calvin, "To the Dutchess of Ferrara" (Geneva, January 24, 1564), in *Selected Works of John Calvin*, 7:355.

93 Calvin on Ps. 109:16, in *Calvin's Commentaries*, 6:283.

공정한 판단 때문이다."[94] 칼뱅은 버림받은 자들이 마지막 날에 "정죄의 원인"이 "그들 자신 안에" 있음을 인정할 수밖에 없을 것이라고 말한다.[95] 또한 나중에 이렇게 덧붙인다. "그러므로 우리는 숨겨져 있는 그리고 도무지 이해할 수 없는 하나님의 **예정의 원인**보다는 부패한 인간 본성에 들어 있는 명백한 **정죄의 원인**에 대해 숙고해야 한다."[96]

바울이 로마서 8장에서 언급하는 그리스도와 우리의 연합에 따른 마지막 선물은 **영화**(glorification)이다. 그리스도와의 연합 속에서 우리는 우리에 대한 역사적 구속, 부르심, 칭의, 그리고 양자됨뿐 아니라 영원한 선택도 발견한다. 취소될 수 없는 이런 선물들은 우리 구원의 "이미"에 속해 있다. 바로 이 연합에 근거해 우리는 성화되고 있다. 이 과정은 이미 전복된 죄의 지배와 "아직" 완성되지 않은 완전한 성결 양쪽 모두에 다리를 걸치고 있다. 그러나 또한 그것은 우리를 기다리는 미래의 영광을 내다보고 있다. 그 영광의 때에 우리는 순식간에 변화되어 살아 계신 우리의 머리이신 분께 속해 있는 부활의 아름다움에 참여하게 될 것이다. 나는 칼뱅이 그 주제를 어떻게 다뤘는지를 이 책의 마지막 장에서 탐색할 것이다.

---

94 Calvin, *Institutes* 3.23.3. 강조체는 덧붙인 것임.

95 앞과 동일.

96 앞의 책. 3.23.8.

제 3 부

그리스도의 몸 안에 사는 삶

7. 하나님이 은혜를 전달하시는 방법

우리는 오직 복음의 옷을 입으신 그리스도 안에서만 하나님(과 우리 자신)에 대해 알 수 있다. 이 복음은 과거에 우리 밖에서, 우리를 위해 그리스도께서 행하신 충분하고 객관적이며 완결된 사역에 대해 선포한다. 그러나 우리가 실제로 이 구원 사역을 통해 유익을 얻기 위해서는 성령께서 우리를 지금 이곳에서 그리스도와 연결시키고 그 자리에 머물게 해주셔야 한다. 그런데 그분은 어떻게 이런 일을 하시는가? 『기독교강요』의 다음 부분에서 칼뱅은 "우리가 그리스도의 은혜를 받는 방법"이라는 부제 아래 바로 이 질문을 제기한다. 그리고 이 질문과 함께 우리는 이 연구의 가장 복잡한 교차점에 이른다. 이 교차점에서 이론과 실천이, 완료된 구속과 적용된 구속이, 그리스도와의 연합과 그분의 교회와의 교통이 서로 만난다.

이곳은 우리가 자주 걸려 넘어지는 곳이다. 우리가 의롭게 되기 위해 오직 그리스도만 믿을 때조차 우리는 그리스도인의 삶을 자기에게 집착하며 내면에 초점을 맞추는, 과도하게 분주한 영적 프로그램과 동일시하기 십상이다. 수많은 설교와 컨퍼런스는 물론이고 기독교 서점의 "그리스도인의 삶과 영성" 코너에 전시된 수많은 책들에 비추어 판단하건대, 오늘날 영적 성장의 지침은 스스로 노력해서 얻는 것이라고 말한다. 그 지침들은 우리가 하는 일들에, 더 나아가 우리가 자신을 위해 하는 일에 초점을 맞춘다.

칼뱅은 이런 종류의 경건에 대해 아주 잘 알고 있었다. 이 견해에 따르면, 첫째, 활동의 화살이 우리로부터 하나님께로 향했다. 누구든지 어느 저명한 신비주의자가 처방한 원칙이나 단계나 절차를 따름으로써 하나님과의 연합을 이룰 수 있었다. 또한, 월터 힐튼(Walter Hilton, 1340–1396)이 쓴 14세기의 고전 『완전의 사다리』(*The Ladder of Perfection*)에서처럼, 가로장들을 밟으며 사다리를 오르는 이미지가 지배적이다. 사랑의 법이 이런 상승을 이루는 방법이었다.[1] 둘째, 활동의 본질은 고독과 성찰 가운데 내면을 향함으로써 위로 오르고자 애쓰는 것이었다. 그런 일은 공동체 안에서 이루어질 수 있으나(수도원적 접근법), 많은 이들은 혼자서도 그렇게 할 수 있음을 알게 되었다(은둔식의 접근법). 중세에는 관조적인 삶(고독과 기도)과 활동적 삶(타인을 향한, 특히 가난한 이들을 향한 선행) 중 어느 것이 더 나은지에 관한 논쟁들이 있었는데, 오늘날의 복음주의 안에서도 그와 유사한 분열이 나타나고 있다. 그러나 어느 경우이든 우리의 출발점이 잘못되었다. 즉 우리는 우리 자신이 하나님이나 이웃에게 제공하는 선물과 함께 출발한다. 많은 아나뱁티스트들이 유사한 패턴을 따랐다. 그들은 그들의 공동체 전체를 세상으로부터 격리된 수도원과 유사한 피난처로 만들었다. 이런 그룹에서는 완벽주의를 향한 충동이 엄격한 규율과 함께 더 많이 강조되었다. 오늘날 많은 그리스도인들 역시 하나님이 그리스도 안에서 구원을 가능케 하셨다고 생각하면서도 그 구원을 우리의 것으로 "삼기 위해" 하늘로 올라가고 심연 속으로 내려가는 것은 우리의 몫이라고 여긴다. 그

---

1 David Lyle Jeffrey, *The Law of Love: English Spirituality in the Age of Wyclif* (Grand Rapids: Eerdmans, 1988), ix. 2을 보라.

래서 복음주의자들이 종종 영적 자원을 얻기 위해 중세의 영성으로 눈을 돌린 것은 놀랄 일이 아니다.

이런 영성과 종교개혁의 영성은 뚜렷한 대조를 이룬다. 종교개혁의 관점으로 보면, 첫째, 활동의 화살이 하나님이 우리에게 내려오시는 만큼 아래로 향한다. 칼뱅은 거듭해서 로마서 10장에 실려 있는 바울의 주장으로 돌아간다.[2] "하나님은 우리에게 하늘로 올라오라고 명령하시지 않는다. 오히려 우리의 연약함을 감안해 그분 자신이 우리에게 내려오신다." 영광의 신학은 인간적인 방법들을 통해 그리스도를 아래로 모셔오기 위해 하늘로 올라가거나 그분을 우리에게 살아 있는 존재로 만들기 위해 심연 속으로 내려간다. 그러나 십자가의 신학은 그분이 정하신 비천하고 연약한 피조물을 수단으로 삼아 그분을 받아들인다.[3]

둘째, 그 활동의 본질은 사랑과 선행을 통해 연합을 추구하는 것이 아니라, 오직 믿음을 통해 연합이라는 선물을 받는 것이다. 사랑의 법은 하나님의 은혜에 **이르는** 길이 아니라, 그 은혜**로부터 나와서** 세상으로 이어지는 고속도로다. 중세의 경건은 선물이 흐르는 방향을 뒤집어놓았다. 순서는 사랑→선행→칭의였다. 그러나 종교개혁자들에게 그 순서는 정반대였다. 말씀이 그리스도 안에서 칭의를 얻게 하고, 그 후에 사랑과 선행을 열매로 맺는다. 따라서 우리는 은혜를 얻기 위해 우리의 선행을 하나님께 가져가는 것이 아니라, 하나님의 사랑을 보여주기 위해 선행을 우리의 이웃에게 가져간다. 하나님의 선물은 우리**에게** 오며 이어서 우리**를 통해** 다른 사람들에게 간다. 그로 인해

2 Calvin on Romans 10, in *Calvin's Commentaries*, vol. 19, trans. John Owen (Grand Rapids: Baker, 1996), 381-407.

3 Herman J. Selderhuis, *Calvin's Theology of the Psalms* (Grand Rapids: Baker Academic, 2002), 203, on Pss. 42.2 and 24.7.

하나님은 영광을 받으시고, 우리는 구원을 받고, 우리의 이웃은 섬김을 받는다. 그 흐름을 역전시키면 아무도 유익을 얻지 못한다. 하나님은 모독을 당하시고, 우리는 죄책감을 심화시키고, 우리의 이웃은 무시를 당한다.

셋째, 성부 하나님은 용서받고 새롭게 된 죄인들과 교제하시기 위해 성자와 성령을 보내셨다. 중세의 경건에서 사람들은 교회와 세상을 피할 수 있었다. 타인이 추천한 방법을 개인적으로 따르는 것이 가능했고, 일반적인 은혜의 수단을 얻기 위해 언약 공동체의 공적 모임 밖에서 동료 수도사들과 함께 따르는 것도 가능했다. 수도사들은 세속에서 살아가는 이들을 대신해 그들의 삶 전체를 기도와 섬김에 바쳤다. 하지만 종교개혁자들은 그런 식의 경건에 대해 "아니오"라고 말했다. 하나님은 그분이 우리를 만나시겠노라고 약속하셨던 곳에서, 언약 공동체 전체와 더불어, 그리고 그분의 모든 은혜와 함께 그리스도를 우리에게 전달하기 위해 택하신 방법들을 통해 우리를 찾으신다. 이런 종류의 경건의 능력은 우리를 우리 자신 밖으로 몰아내어 믿음으로 하나님을 바라보고 사랑으로 우리의 이웃에게 나아가게 해준다. 우리를 그리스도인으로 만드는 것은 우리의 정적주의(quietism)도 아니고 우리의 활동주의(activism)도 아니다. 오히려 우리를 구원의 은혜를 받는 자로 그리고 다른 이들에게 하나님의 사랑과 섬김을 나눠주는 자로 만드는 것은 삼위일체 하나님의 활동이다.

현대의 개인주의는 자기 속으로 몰입하는 경향을 심화시킨다. 우리는 우리 안에서 일어나는 일, 우리가 경험하고 행하는 일, 우리가 관리하고 평가할 수 있는 일을 믿는다. 참된 믿음은 개인적(personal)일뿐 아니라 사적(private)이기도 하다. 우리는 우리들 바깥에서 공적이고 평범한 피조물을 수단으로 삼아 우리에게 다가오는 하나님의 은혜에 대해 의구심을 품는다.

여기서 다시금 우리는 칼뱅이 "분리되지 않고 구별된다"는 금언에 호소하는 것을 보게 된다. 한편으로, 로마 가톨릭 신학은 성령의 자유로운 사역과 그분이 사용하시는 수단을 구별하는 데 실패했다. 교회의 말은 곧 하나님의 말씀이다. 세례는 그것이 시행됨으로써 그냥 중생을 낳는다(*ex opere operato*). 또한 미사에서 사제가 성별한 떡과 포도주는 더 이상 표징으로 존재하는 것이 아니라 그냥 그리스도의 몸과 피로 변화된다. 다른 한편으로, 아나뱁티스트들은 성령을 이런 외적 수단들과 분리시켰다.

칼뱅의 견해에 따르면, 설교, 물, 떡, 그리고 포도주 같은 표징들은 구원하는 실재(saving reality)와 구별은 되지만 결코 분리되지 않는다. 성령은 자유로우시다. 하지만 그분은 자신의 평범한 활동방식의 일환으로 자유롭게 자신을 이런 수단들에 묶으신다. 모든 "성례전적" 행사에서 표징과 실재의 이런 연합의 기초는 성육신이다. 그리스도의 인성을 그분의 신성 안으로 포개 넣었던 바로 그 논리가 또한 표징을 실재 안으로 포개 넣는다. 그리스도의 인성이 구원에 대해 지닌 의미를 경시하면서 그분의 두 가지 본성을 분리시켰던 논리는 그 표징들과 구원하는 실재의 연합을 인정할 수 없다.

우리가 이방적인(그리스의) 가정들을 품고 성경에 다가가면 성령과 그분의 사역을 눈에 보이지 않는 (물리적인 것과 상반되는) 내적인 것과 상관시킨다. 그러나 성경의 드라마 전체를 통해 성령은 항상 창조세계에 존재하는 것들과 함께, 그리고 그것들을 통하여 일하신다. 성령은 태초에 수면 위로 운행하셨고, 자신의 백성을 불기둥과 구름기둥으로 이끄셨으며, 장막에 거하다가 성전에 거하셨으며, 또한 자신의 백성을 할례와 유월절 음식을 통해 구별하심으로써 자신의 것으로 삼으셨다. 그분은 자신을 성전 안에 가두지 않고서도 성전 안에 거하실 수 있다. 칼뱅에 따르면, 로마 교회는 하나님을 세상의 수단들에 묶었던 반면, 아나뱁티스트들은 하나님이 그런 수단들로 자유롭게 우리를 자신에게 묶으시도록 허락하지 않았다.[4]

아나뱁티스트들만큼은 아니지만 츠빙글리 역시 표징과 실재, 영과 물질, 하나님의 사역과 교회의 사역을 구분하는 이원론을 취했다. 그는 "믿음은 감각으로 접근할 수 있는 사물로부터 생기지 않으며, 그런 것들은 믿음의 대상도 아니다"라고 주장했다.[5] 그러나 칼뱅은 흔히 "물질"과 "영"에 상응한다고들 생각하는 "육신"과 "성령"의 대조를 일찌감치 거부했다.[6] 요컨대, 그는 물질적인 것을 하나님이 그리스도와의 영적 교제를 전달하고 강화시키기 위해 택하신 수단으로 생각했다.[7]

할례를 받고 유월절 축제에 참여했던 모든 사람이 그 약속을 믿었던 것은 아니다. 광야에서 많은 이들이 하나님의 약속을 믿고 놋뱀을 쳐다보는 일에 실패했다. 복음을 듣고, 세례를 받고, 성찬에 참여하는 모든 사람이 실재 - 그리스도와 그분이 주는 모든 유익 - 를 수용하지는 않는다. 그러나 성령께서 택함 받은 자들에게 믿음을 주시고 성부

---

4 Calvin, *Institutes of the Christian Religion*, ed. John T. McNeill, trans. Ford Lewis Battles (Philadelphia: Westminster, 1960), 4.1.5.

5 Huldrych Zwingli, *Commentary on True and False Religion*, ed. Samuel Macauley Jackson and Clarence Nevin Heller, trans. Samuel Macauley Jackson (Durham, NC: Labyrinth, 1981), 214. 물론, 만약 어떤 이가 이런 관점을 지속적으로 따른다면(다행히도, Zwingli는 그렇게 하지 않았다), 그는 믿음이 어떻게 들음으로부터 나올 수 있는지에 대해 의구심을 갖게 될 것이다.

6 Calvin on Rom. 6:6, in *Calvin's Commentaries*, 19:224-25.

7 Willem Balke, *Calvin and the Anabaptist Radicals*, trans. William J. Heynen (Grand Rapids: Eerdmans, 1981), 53.

의 약속을 확증해주시는 일은 바로 이런 수단을 통해 일어난다.

칼뱅은 은혜의 수단의 효능을 전달하기 위해 자주 "제시하다, 수여하다, 혹은 전달하다"를 의미하는 "엑스히베레"(*exhibēre*)라는 동사를 사용한다.[8] 동일한 견해가 나중에 웨스트민스터 표준 문서들(Westminster Standards, 웨스트민스터 신앙고백서, 대소요리문답, 교회정치 및 예배지침들—역주)에도 요약되어 나타나는데, 이 문서들은 성례를 "구원의 유효한 수단"이라고 부른다.[9]

선포된 말씀

다른 종교개혁자들처럼 칼뱅 역시 **하나님의 말씀**을 세 가지 의미로 이해했다. 오직 **예수 그리스도**만이 그 본질상 영원한 말씀이다. 오직 **성경**만이 하나님의 무오하고 규범적인 말씀이다. 하지만 **설교**는 "성례전적 말씀"(sacramental Word), 즉 우리를 심판하고, 의롭게 하고, 갱신시키고, 그리스도의 형상에 일치시키는 하나님 사역의 수단으로서의 말씀이다. 하나님은 그분의 말씀을 통해 이 세상에 참으로 현존하신다.[10]

복음주의 진영에 속한 우리는 대체로 설교를 가르침과 권면으로 생각한다. 물론 성경은 정보를 주고, 교훈하고, 설명하고, 주장하고, 명령한다. 그러나 종교개혁자들은 말씀의 선포를 설교자의 사상, 격려,

---

8 칼뱅의 견해는 하이델베르크 요리문답(Heidelberg Catechism) 65항의 답문에 아주 잘 요약되어 있다. "성령께서 거룩한 복음을 통하여 우리 마음에 믿음을 넣어주시며(롬 10:17; 벧전 1:23-25) 거룩한 성례를 사용하시어 그 믿음을 강하게 하십니다(마 28:19-20; 고전 10:16)." *Ecumenical Creeds and Reformed Confessions* (Grand Rapids: CRC Publications, 1988).

9 Westminster Confession of Faith, 27; Shorter Catechism, 91-93; Larger Catechism, 161-64.

10 Selderhuis, *Calvin's Theology of the Psalms*, 134.

충고, 열정적인 호소 그 이상으로 본다. 죄 많은 설교자의 입술을 통해 삼위일체 하나님이 실제로 죄인들을 심판하시고, 의롭게 하시고, 화목케 하시고, 새롭게 하시고, 그리스도의 형상을 본받게 하신다. 하나님은 그 입의 말씀으로 세상을 창조하셨고 또한 그 말씀으로 새로운 창조를 가능케 하신다. 다시 말해, 하나님은 자신이 선포하신 말씀을 통해 단지 우리가 일으키면 일어날 일에 관해 말씀하시는 것이 아니라, 실제로 말씀으로 그 일이 일어나게 하신다. 그런 까닭에 칼뱅은 설교를 **성례전적 말씀**이라 부르는데, 이것은 그 말씀이 은혜의 수단임을 의미한다. 믿음은 말씀, 특히 복음을 들음으로써 온다(롬 10:17). 그러므로 교회는 "말씀의 피조물"(*creatura verbi*)이다.

지난 세기에 교회에서는 명제적 진리를 인격적 만남과 대립시키는 경향이 있었다. 그러나 이것은 잘못된 선택이다. B. A. 게리시는 이렇게 주장한다. "칼뱅은 우리가 '교육적' 가르침이라고 부르는 것과 말씀의 '성례전적' 기능 사이의 대립을 전혀 느끼지 않았다."[11] "칼뱅에게 하나님의 말씀은 단지 교리적 규범에 불과한 것이 아니다. 그 말씀은 그 안에 중요한 효능을 갖고 있을 뿐 아니라 성령께서 조명, 믿음, 각성, 중생, 정화 등을 나눠주기 위해 지정하신 도구이기도 하다. 칼뱅 자신은 그 단어를 '성례전적 말씀'(*verbum sacramentale*)으로 묘사하는데," 그 말씀은 성례들에게까지 효능을 부여한다.[12] 또한 게리시는 다음과 같이 덧붙인다. "칼뱅의 해석에서 중요한 것은 복음이 단지 그리

---

11 B. A. Gerrish, *Grace and Gratitude: The Eucharistic Theology of John Calvin* (Minneapolis: Augusburg Fortress, 1993), 84-85. Gerrish는 여기서 특히 칼뱅의 *Petit tracté de la sancta Cene* (1541), *Opera Selecta* (이후로 OS로 칭함) 1:504-5, 그리고 *Institutes* 4.14.4을 언급한다. cf. 3.2.6-7; 3.2.28-30.

12 Gerrish, *Grace and Gratitude*, 85. 여기서 Gerrish는 Calvin, *Institutes* 4.14.4을 언급한다.

스도와의 교제로의 초대가 아니라 그리스도와의 교제를 가능케 하는 효과적인 수단이라는 점이다."[13] 하나님의 말씀을 선포할 때 사역자는 단순히 새로운 창조에 대해 설명하고 우리에게 그 안으로 들어가라고 권면하는 것에 그치지 않는다. 이런 선포를 통해 그리스도께서 말씀으로 새로운 창조를 이루신다.

「제2 스위스 신앙고백」(the Second Helvetic Confession, 1566, 츠빙글리의 제자였던 불링거에 의해서 작성되었다—역주)에 따르면, "선포된 말씀은 하나님의 말씀이다."[14] 성경의 정경은 완성된 토대이지만, 선포된 말씀은 성령의 지속적인 건설 프로젝트를 위한 일차적인 수단이다. 오늘날처럼 악한 시대에도 우리는 "하나님의 선한 말씀과 내세의 능력을 맛본다"(히 6:5). 믿음은 단순히 하나님의 말씀에 **응답하는** 교회의 행위나 신자의 행위가 아니라 오히려 그 말씀을 **통해** 성령에 의해 창조된다. 우리는 자신의 내면을 살피거나 교회가 가르치는 모든 것에 맹목적으로 순종해서가 아니라 그리스도에 관한 선포를 정기적으로 들음으로써 믿음을 얻는다. 하나님의 선포된 말씀이 지닌 이 기적적인 능력에 대한 감각을 잃어버릴 때, 우리는 다른 곳에서, 우리가 고안한 우리 자신의 활동을 통해서 하나님의 임재와 권능을 찾기 시작한다.

종교개혁자들은 모든 사람이 성경을 모국어로 읽게 하려고 성경을 번역했다. 홀로, 가정에서, 그리고 모임에서 성경을 읽고 묵상하는 것이 경건의 중요한 측면이 되었다. 그럼에도 그들은 공적으로 선포된 말씀을 **듣는 것**의 우선성을 강조했다. 평화조약은 사적으로 읽히지

---

13 Gerrish, *Grace and Gratitude*, 84. 여기서 Gerrish는 *Institutes* 3.5.5을 언급한다.

14 The Second Helvetic Confession, chap. 1, in the *Book of Confessions* (Louisville, PCUSA, General Assembly, 1991).

않고 공적으로 선포된다. 왜냐하면 그 조약이 만들어내는 상황은 국가 전체와 상관이 있기 때문이다. 눈은 훑고 해부하고 선택하지만, 귀는 사람이 하는 말을 받고 따르고 경청한다. 하나님의 객관적인 약속을 전하는 일에 설교보다 적합한 매체는 없다. 더 나아가, 말씀의 공적 선포는 단지 사적인 독자들이 아니라 공적인 청중 공동체를 만들어낸다. 이 때문에 「웨스트민스터 대요리문답」이 다음과 같은 말을 덧붙인다. "하나님의 영은 말씀을 읽는 것, 특별히 말씀을 **설교하는 것**을 효과적인 방편으로 삼아 죄인들을 조명하시고, 깨닫게 하시고, 겸손하게 하시며, 그들을 **자기 자신들로부터 몰아내어** 그리스도께로 이끄신다."[15] 메시지뿐 아니라 메시지를 전하는 방법도 우리를 **우리 자신 밖으로** 몰아내는데, 물론 이것은 "내적인 말씀"이 할 수 있는 일이 아니다. 이 선포된 말씀을 통해 성령은 우리를 우리 자신 밖으로 몰아내어 믿음으로 하나님께 그리고 사랑으로 우리의 이웃에게 이르게 하신다.

"칼뱅에게 말씀은 하나님의 약속과 동의어다. 그러므로 강조점을 성경에 있는 기록된 말씀보다 선포된 말씀에 더 많이 둔다."[16] 존 리스(John Leith)는 이렇게 주장한다. "루터에게처럼 칼뱅에게도, '그리스도인의 기관(器官)은 오직 귀뿐이다.'"[17] 리스는 좀더 상세하게 이렇게 설명한다. "설교의 정당성은 교육이나 개혁에 미치는 효과에 있지 않다…설교자는, 칼뱅의 담대한 선언에 따르면, 하나님의 입이었다." 설

---

15 Westminster Larger Catechism, 155.

16 Selderhuis, *Calvin's Theology of the Psalms*, 119. *Calvin's commentary* on Ps. 119:49을 보라.

17 John H. Leith, "Doctrine of the Proclamation of the Word," in Timothy George, ed., *John Calvin and the Church: A Prism of Reform* (Louisville: Westminster John Knox, 1990), 212.

교를 효과적으로 만드는 것은 하나님의 뜻과 행위다. 사역자의 말은, 성례의 물질적 요소들과 마찬가지로, 본질과, 즉 그리스도와 그분이 주시는 모든 유익들과 묶어졌다. 그러므로 [선포된] 말씀은 구원을 설명할 뿐 아니라 그것을 전달하기도 한다. "설교에 대한 칼뱅의 성례전적 교리는 그로 하여금 설교를 인간적의 일로 이해하는 동시에 하나님의 일로 이해하게 했다."[18] 실제로 "칼뱅은 종교개혁을 하나님의 말씀의 능력이 낳은 결과로 해석했다. 그처럼 짧은 시간에 그토록 많은 이들이 그리스도의 통치 아래로 들어올 수 있었음은 '오로지 복음의 목소리 때문이었고, 그 일은 온 세상의 반대에도 불구하고 일어났다.'"[19]

하나님의 구원 행위의 매개체인 외적 말씀에 대한 이와 같은 강조는 종교개혁자들을 로마 교회와 급진적인 프로테스탄트들이 공유하던 "열광주의"(enthusiasm)와 구별해주는 선이다. 종교개혁자들은 성령의 살아있는 음성이 교황들, 예언자들, 혹은 개인들을 통해 죽은 성경의 문자를 적절하고, 직접적인 당대의 말씀으로 만들어준다는 주장을 거부했다. 우리가 하나님의 말씀을 "살아 있고 활력 있게" 만드는 것이 아니다. 하나님의 말씀은 그 자체로 이미 그러하다. 로마서 10장의 논리에 따라 칼뱅은 외적인 말씀과 내적인 말씀 사이의 그 어떤 대조도 거부해야 한다고 주장한다.[20] 실제로 바울은 "자신을 하나님의 동역자로 만들 뿐 아니라, 또한 자신에게 구원을 나눠주는 역할을 부여하기까지 한다."[21] 성령의 사역이 없다면 말씀은 쇠귀에 경 읽기에 불

18 앞의 책, 210-11.
19 Selderhuis, *Calvin's Theology of the Psalms*, 121, on Ps. 110:1.
20 Calvin, *Institutes* 4.1.5-6.
21 앞의 책, 4.1.6.

과할 것이다. 그러나 성령이 외적인 말씀을 **통해** 막힌 귀를 열어주신다.[22] 이와 동일한 견해가 불링거가 작성한 「제2 스위스 신앙고백」에도 나온다. 우리는 "설교하는 사역자가 아니라…선포된 말씀 자체에 대해 생각한다. 왜냐하면, 비록 그가 악한 죄인일지라도, 그럼에도 하나님의 말씀은 여전히 참되고 선한 것으로 남아있기 때문이다."[23] 우리가 말씀을 전하는 자의 카리스마, 성격, 해석 기술과 경건함을 너무 중요시하는 오늘날 새심 상기해야 할 중요한 요점이다. 메시지뿐 아니라 그 매개자 역시 세상의 눈에는 어리석게 보일 뿐이다. 사실 사역자들은 귀중한 보물을 나르는 부서지기 쉬운 질그릇에 불과하다.

은혜의 수단이란 특별한 역할을 부여받은 것은 단순한 설교가 아니라 말씀에 대한 설교이고, 또한 단지 말씀에 대한 설교가 아니라 **복음**에 대한 설교다. 루터는 특히 바울을 인용하면서 그리고 아우구스티누스의 『성령과 문자』(*Spirit and the Letter*)라는 작품의 지지를 받으면서 하나님이 우리에게 말씀하시는 두 가지 방법인 율법과 복음을 따로 구별하게 되었다.[24] 이 강조점은 그의 종교개혁 운동의 동료들과 그의 신학적 후계자들에게서 나타나는 만큼 칼뱅에게서도 분명하게 나

---

22 Calvin, *Commentary on the Gospel of John, The Gospel According to John*, vol. 1:1-10, trans. T. H. L. Parker, *Calvin's New Testament Commentaries 4*, ed. David W. Torrance and Thomas F. Torrance (Grand Rapids: Eerdmans, 1959-1972), on John 15:27.

23 The Second Helvetic Confession, chap. 1.

24 Martin Luther, *The Proper Distinction between Law and Gospel: Thirty Nine Evening Lectures*, trans. W. H. T. Dau. "그러므로" "율법과 복음을 구별하는 이런 기술을 잘 아는 사람은 누구나 자신을 높이고 또한 자신을 성경 박사라고 부른다." 「아우구스부르크 신앙 고백서의 변증서」(Apology to the Augsburg Confession, 1531) 4항을 보라. 또한 「일치신조」(Formula of Concord) 5항은 이렇게 덧붙인다. "우리는 율법과 복음의 구별이 교회 안에서 아주 적극적으로 유지되어야 한다고 믿고 가르치고 고백한다." *Triglot Concordia: The Symbolical Books of the Evangelical Lutheran Church*, ed. and trans. F. Bente and W. H. T. Dau (St. Louis: Concordia, 1921).

타난다.[25]

칼뱅에 따르면, 바울은 "복음의 말씀으로 말미암은 믿음"을 올바른 공식으로 보았다. 바울이 "우리가 전파하는 믿음의 말씀"(롬 10:8)을 언급할 때 가리키는 것은 복음이었다.[26] "믿음은 하나님 말씀의 모든 부분에 의해 생기지 않는다. 왜냐하면 경고, 훈계 그리고 심판의 위협 등은 참된 믿음에 필요한 확신과 평안을 제공하지 않기 때문이다."[27] 칼뱅은 하나님의 말씀이 때때로 심판, 재앙, 두려움, 경고, 그리고 근심을 가져온다는 점을 상기시킨다.[28] 하나님이 말씀하시는 모든 것이 참되고, 유익하고 영향력이 있는 것은 사실이지만, 그분이 말씀하시는 모든 것이 **구원을 이루지는** 않는다. 성경은 거듭해서 말씀이 지닌 이 구원의 능력과 복음을 동일시한다(예, 롬 1:16; 10:6-17; 벧전 1:23-24). "비록 믿음은 하나님의 모든 말씀을 믿지만, 오직 은혜나 자비의 말씀만, 즉 하나님의 부성적 선의에 대한 약속만을 의지한다." 이 약속은 오직 그리스도 안에서 그리고 그리스도를 통해서만 실현된다.[29] 칼뱅은 "믿음은 하나님 안에서 생명을 찾는데, 그 생명은 명령이나 형벌에 대한 선언 안에서가 아니라, 자비에 대한 약속 안에서만, 그것도 오직

---

25 Wilhelm Niesel은 이렇게 주장한다. "개혁주의 신학은 루터주의와 유사한 방식으로 율법과 복음 사이의 대조적인 면을 인정한다. 「제2 스위스 신앙고백」은 다음과 같이 말한다. '복음은 참으로 율법과 상반된다. 왜냐하면 율법은 진노를 낳고 저주를 선언하는 반면, 복음은 은혜와 복을 가르치기 때문이다.'"(Wilhelm Niesel, *Reformed Symbolics: A Comparison of Catholicism, Orthodoxy and Protestantism, trans*. David Lewis [Edinburgh: Oliver and Boyd, 1962], 217). 또한 Michael Horton, "Calvin and the Law-Gospel Hermeneutic," *Pro Ecclesia* 6, no. 1 (1997): 27-42; Horton, "Law and Gospel, with Response by Mark Garcia," in *The Confessional Presbyterian* 8 (2012)을 보라.

26 Calvin on Rom 10:8, in *Calvin's Commentaries*, 19: 389-91.

27 I. John Hesselink, Calvin's Concept of the Law (Allison Park, PA: Pickwick, 1992), 28.

28 Calvin, *Institutes* 3.2.7, 29.

29 앞의 책, 3.2.28-30.

값없이 제공되는 약속 안에서만 발견된다"고 말한다.[30]

그러므로 유일하게 안전한 노선은 성육하신 성자를 통해 성부를 받아들이는 것이다. 그리스도는 성경에 담긴 구원의 내용이며, 성경에 나오는 일관된 메시지의 본질이다.[31] "그리스도에 대한 참된 지식은 바로 이것이다 우리가 하나님 아버지께서 주신 그대로, **복음의 옷을 입은 그리스도를** 받아들이는 것. 그분 자신이 우리의 믿음의 목표로 지정되었으므로 만약 복음이 그 길을 인도하지 않으면, 우리는 그분에게 곧장 달려갈 수 없을 것이다."[32] 복음의 메시지를 정기적으로 듣지 못한다면, 우리의 믿음은 그 열매와 함께 시들어 버릴 것이다.

일단 하나님 말씀의 성례전적 의미를 수용한다면, 우리는 그 말씀이 우리가 믿어야 할 진리를 가르치고 그 명령에 순종하도록 우리를 권면함을 인정할 수 있다. 그 말씀은 우리의 믿음을 창조하고 유지할 뿐 아니라, 또한 우리의 교리와 삶을 규정짓기도 한다.

설교와 설교자

유명한 설교자들과 함께하는 특별한 행사를 제외하면, 종교개혁 이전에는 설교가 아주 드문 편이었다.[33] 특히 개혁의 사명을 안고 제네바로 돌아온 후에 칼뱅은 창세기부터 요한계시록까지 성경을 설교한다는 것이 무슨 뜻인지를 강조하며 그 본보기를 보여주었다. 로버트 갓프리(W. Robert Godfrey)가 주장하듯, 칼뱅은 사람들이 설교에 매력과

---

30 앞의 책, 3.2.29.

31 앞의 책, 1.13.7.

32 앞의 책, 3.2.6, 강조체는 덧붙인 것임.

33 Scott M. Manetsch, *Calvin's Company of Pastors: Pastoral Care and the Emerging Reformed Church*, 1536-1609 (New York: Oxford University Press, 2012), 147.

즐거움을 느낄지 몰라도 설교의 목적은 성도의 **교화**(edification)에 있다고 말했다. 그는 이렇게 말한다.

> "만약 내가 나에게 설교를 듣는 이들의 교화를 이뤄내지 못한다면, 나는 하나님의 말씀을 모독하는 신성모독자다." 교화는 적절한 설교의 핵심이다. "하나님은 자신의 백성을 교화시키실 것이다.…우리가 하나님의 이름으로 한데 모일 때, 그것은 즐거운 노래를 듣고 허풍을 떨기 위함이 아니다. 그런 것은 헛되고 무익한 호기심일 뿐이다. 그 목적은 영적 영양분을 공급받는 것이다."[34]

칼뱅은 추기경 사돌레토에게 이렇게 물었다. "당신은 우리 종교개혁자들이 나타났을 때가 어떤 시기였는지, 그리고 사역 후보자들이 학교에서 무슨 교리들을 배웠는지 기억하십니까?" 칼뱅은 기억을 더듬어 이에 대해 분명히 말할 수 있었다. "제가 묻는 것은, 그들이 무슨 실력으로 교회를 교화시켰느냐 하는 것입니다." "사실, 늙은 부인들이 한 달 동안 화롯가에 앉아 지어낼 수 있는 것보다 더 기발한 말을 얻을 만한 설교가 한편이라도 있었습니까?" 설교의 전반부는 "미숙한 대중을 놀라게 할 만한, 학교에서 제기되는 모호한 질문들에 할애되었고, 후반부는 청중을 잠에 빠지지 않게 해주는 달콤한 이야기나 재미있는 생각을 담고 있었습니다." 이어서 칼뱅은 이렇게 덧붙인다. "하나님의 말씀에서는 불과 몇 마디만 끌어왔는데, 그들은 그 말씀의 위엄으로 그들의 경박한 말을 두둔하려 했습니다."[35]

칼뱅은 설교는 선포된 내용을 모호하게 만들기보다 수사학의 도움

34 W. Robert Godfrey, *John Calvin: Pilgrim and Pastor* (Wheaton, IL: Crossway, 2009), 67.

을 받아 "간결성과 단순성"이라는 인본주의 원칙을 따라야 한다고 생각했다. 제네바의 목사단은 교회의 예배가 1시간을 초과하지 말아야 한다고 결의했다.[36] 교화를 위한 설교에서는 "가르침과 권면이 '결합되어야지 결코 분리되면 안 된다'"고 칼뱅은 권면했다.[37] 더 나아가, 마네치가 지적하듯, "칼뱅은 내면을 잘 드러내지 않는 성격에 걸맞게, 강단에서 개인적인 일을 거의 말하지 않는 설교자였다."[38] 참으로 그는 설교자의 소명이 자신이 아니라 그리스도를 알리는 것이라고, 설교자는 왕이 아니라 왕의 대사에 불과할 뿐이라고 믿었다.

제네바의 목사단과 시의회는 사역자의 인물보다 그리스도의 사역이 중요함을 강조하기 위해 칼뱅 자신을 포함해 모든 사역자들이 교구들을 순회해야 한다는 칼뱅의 규칙을 승인했다. 마네치는 그 문제를 이렇게 설명한다.

> 설교자는 강단의 소유권자도 아니고 회중의 우두머리도 아니었다. 말씀을 통해 교회를 지배하시는 분은 그리스도였다. 적어도 이론상으로는, 기독교 복음의 사역자들은 교체될 수 있었다. 또한 그런 순환 시스템은 아마도 사역자들이 주중에 다른 교구에 속한 교회들에서 동료 사역자들과 함께 일할 때 그들 사이의 협력관계를 고무하고, 때로는 서로가 하는 설교를 들을 기회를 제공했을 것이다.[39]

---

35 Calvin, "Reply by John Calvin to Cardinal Sadoleto's Letter," in Selected Works of John Calvin: Tracts and Letters, ed. Henry Beveridge and Jules Bonnet, 7 vols. (Grand Rapids: Baker, 1983), 1:40.

36 Manetsch, Calvin's Company of Pastors, 153.

37 앞의 책, 161, from Calvin's Commentary on 1 Tim. 4:12-13.

38 앞의 책, 162.

39 앞의 책, 150.

오늘날의 사역에서 발견되는 하나의 아이러니는 강해설교를 중시하는 교회들조차 말씀 자체보다 설교자를 더 중요하게 여기는 경향이 있다는 것이다. 종종 우리는 "아무개의 교회"에 대해 말한다. 칼뱅은 유명인사에 대한 숭배를 단념시켰을 뿐 아니라, 사역의 구조를 교구 내의 강단이 특정한 목회자가 아니라 그리스도와 그분의 말씀에 속하게 하는 방식으로 만들고자 했다.

하나님의 말씀은 설교를 통해서뿐 아니라 전례를 통해서도 – 기원에서부터 축복기도에 이르기까지 – 선포된다. 바울은 디모데에게 가르침과 권면은 물론이고 "성경을 공적으로 읽는 것에 전념하라"(딤전 4:13)고 가르친다. 실제로 말씀은 기도와 찬송을 드릴 때도 사람들에게 전해지며 또한 사람들로부터 하나님께 되돌아간다(골 3:16). 말씀은 예배를 통해 시종일관 – 기원에서부터 축복기도에 이르기까지 – 선포된다. 특히 고백과 사면은 정기적인 예배에서 아주 중요한 요소였다.

고백과 사면

로마 가톨릭교회의 참회 시스템에는 하나님의 용서 혹은 사면을 받기 위한 조건으로 다음과 같은 일련의 단계들이 포함되어 있었다. (1) 슬픔, (2) 각각의 죄를 사제에게 은밀하게 고백하는 일, (3) 사제가 정한 방식을 따라 속죄와 배상을 행함, (4) 다시는 그런 죄를 짓지 않겠다는 진실한 결심. 신자들은 이런 의무를 이행한 후에야 비로소 특정한 죄에 대한 사면을 받을 수 있었다. 칼뱅에 따르면, 이런 참회 시스템은 신약성경이 말하는 회개와 용서를 희화화하는 것이다.[40] 아나뱁티스트들 역시 구성원들을 징계하는 경우에 이런 엄격한 법을 집행했다. 칼뱅은 그 둘 모두가 고백과 사면을 복음적인 빛에 충분히 비추어 살피는 일에 실패했다고 주장한다.

우리가 회개할 때 하나님의 자비를 불러일으키는 것은 틀림없는 사실이다. 그러나 칼뱅은 이렇게 말한다.

> 하지만 그와 동시에 우리는 회개가 죄 용서의 원인이 아니라고 덧붙여 말했다. 더구나 우리는 그들이 우리에게 의무로 부과하고자 하는 영혼의 고통도 제거해버렸다. 우리는 죄인들이 그 자신의 뉘우침이나 눈물에 집착할 것이 아니라 그들의 눈을 오직 주님의 자비에만 고정시켜야 한다고 가르쳤다. 우리는 죄인들에게 그리스도께서 "수고하고 무거운 짐 진 자들"을 부르셨다는 것, 그리고 그분이 보내심을 받은 것은 가난한 이들에게 복음을 선포하고, 마음이 상한 자들을 치유하고, 포로들에게 해방을 선포하고, 갇힌 자들을 자유케 하고, 애통하는 자들을 위로하기 위함임을 상기시켜주었을 뿐이다.[41]

칼뱅은 처음부터 다시 시작할 생각이 없었다. 오히려 그는 전례를 복음주의적인 방향으로 개혁하고자 했다. 다른 종교개혁 지도자들처럼, 그 역시 사면을 제3의 성례로 여기지 않았고, 오히려 공적으로 또 사적으로 그것을 일반적인 말씀 사역의 일부로 보았다.

그로 인해, 첫째, 이런 요소들에서 행위로 얻는 의가 제거되었다. 회개는 매일의 회심 안에 포함되었다. 칼뱅은 "그러나 그리스도의 영속

---

40 Calvin, *Institutes* 3.4.2. "나는 독자들이 이것이 나귀의 그림자에 관한 논쟁이 아님을 알기를 바란다. 가장 중요한 문제는 아래에서 논의할 문제, 즉 죄 사함의 문제다.…만약 이런 지식이 분명하고 확실해지지 않는다면, 양심은 그 어떤 쉼도, 하나님과의 평화도, 확신도, 혹은 안정감도 얻지 못할 것이다. 오히려 그것은 계속해서 떨고, 흔들리고, 근심하고, 고통당하며 당혹스러워하고, 동요하고, 증오하고, 하나님의 시야를 피해 달아난다. 그러나 만약 죄의 용서가 그들이 붙이는 이런 조건들에 달려 있다면, 우리에게 그보다 더 비참하고 통탄스러운 것은 없을 것이다."

41 앞의 책, 3.4.3.

적인 원칙은…양심이 속박되지 않게 하는 것이다"라고 주장한다. "뿐만 아니라 우리의 적대자들이 주장하는 율법은 영혼을 괴롭히고 궁극적으로 그것을 파괴할 뿐이다." 그로 인해 경박한 자들은 위선과 방종을 승인받고, 진지한 마음을 지닌 신자들은 절망에 빠진다.[42] 사실 **하나님**은 우리를 사면하는 일에서 일종의 선행으로서 고백이 필요한 분이 아니다. **우리**는 우리의 죄를 고백하고 자비로운 아버지 하나님으로부터 용서에 대한 확신을 얻을 필요가 있다.

둘째, 고백과 사면은 고대 교회에서 – 특히 크리소스토무스(AD 390)의 전례에서 나타나듯 – 평상시의 **공적** 예배를 시작하는 출발점이었다. 중세의 예배에는 평범한 평신도가 이해할 수 있는 것이 거의 없었다. 고백과 사면은 사적으로, 즉 일대일로 이루어졌다. 세례조차 미신적인 의식(儀式) 사이에 묻혔고 대개는 사적으로 – 오직 가족과 조부모만 참석한 상태에서 – 베풀어졌다. 종교개혁자들은 이 모든 의식들을 복음주의적인 방향으로 개혁해 공적 예배에서 시행했다. 종교개혁자들에 따르면, 비록 세례는 단 한번만 받지만, 그 효과는 일생동안 지속된다. 그리고 우리는 함께 모일 때마다 그 유익을 얻는다. 주님은 우리의 죄를 용서하심으로써 단지 "우리를 교회 안으로 받아들이시는" 것이 아니라, "바로 그 수단을 통해 우리를 교회 안에서 보존하고 변호하신다." 모든 경건한 사람은 이 사면을 단 한 번만 경험하는 것으로는 충분하지 않음을 안다. "왜냐하면 일생동안 하나님의 자비를

42 Calvin, "The Necessity of Reforming the Church," in *Selected Works of John Calvin*, 1:179. 또한 Calvin, "Article Agreed Upon by the Faculty of Sacred Theology of Paris, with Antidote (1542)," in *Selected Works of John Calvin*, 1:79을 보라. 여기서 그는 귓속말로 주고받는 고백(참회는 말할 것도 없고)은 1213년 이노센트 3세(Innocent III) 이전에는 요구되지 않았다고 지적한다. 또한 그는 용서를 위해 그것이 필요하다는 주장에 반대하는 Chrysostomos의 분명한 진술을 인용한다.

필요로 하는 수많은 결함을 의식하지 않는 사람은 전혀 없기 때문이다." 그러므로 하나님은 타당한 이유를 갖고 "동일한 화해의 메시지가 매일 그들에게 전달되게 하라고 명하신다." "그러므로 우리는 평생 동안 항상 죄의 잔재를 지니고 있기에, 만약 우리가 우리의 죄를 용서하시는 하나님의 끊임없는 은혜에 의해 유지되지 않는다면, 한 순간도 교회 안에서 살아갈 수 없을 것이다."[43]

칼뱅은 부처의 형식을 거의 그대로 따랐다. 사람들 앞에서 목사는 십계명을 노래하면서 회중을 이끌고 계명 다음에는 "키리에 엘레이손"(*Kyrie eleison*, "주여, 자비를 베푸소서") 합창이 이어졌다. 그 후에는 죄에 대한 공개적인 고백, 다양한 성경구절들(예컨대, 요 3:16; 딤전 1:15 등)에 근거한 위로의 말씀이 있었고, 이어서 다음과 같은 사면의 말이 선포되었다. "그러므로 나는 그분의 거룩하신 이름으로 여러분 모두에게 용서를 선언합니다. 또한 나는 여러분이 하늘에서 그리고 영원히 그러할 수 있도록 땅에서 죄로부터 풀려났음을 선포합니다. 아멘." 이것 역시 부처의 도움을 받아 크랜머가 개정한 「공동기도서」 안에 나오는 형식이다.

우리가 그리스도의 이름으로 그리스도의 말씀을 선포하도록 부르심을 받은 동료 신자의 입술을 통해 공식적인 공적 행위로서 우리의 죄를 고백하고 그리스도의 용서를 받기 위해 삼위일체 하나님에 의해 다함께 모일 경우, 거기에는 큰 확신이 있게 된다. "그리고 실제로 우리는 이 관습이 잘 조율된 교회들에서 준수되고 있고 좋은 결과를 낳음을 안다.…요컨대, 열쇠와 함께 사적으로는 개개인에게 그리고 공적으로는 모두에게 기도의 문이 열린다."[44]

---

43 Calvin, *Institutes* 4.1.21.

셋째, 비록 모든 신자가 사제이기는 하나, 사면은 특별히 하나님 나라의 열쇠를 사용하는 목사의 직무와 소명 때문에 그들의 의무였다. 목사들은 회중과 함께 고백에 참여하고, 마태복음 16:19, 18:9-18, 그리고 요한복음 20:23절의 말씀을 따라 묶기도 하고 풀기도 하면서 그리스도의 이름으로 용서의 말을 전한다. "이런 일이 그들에게 맡겨졌다는 말을 들을 때, 당신은 그것이 당신의 유익을 위한 것임을 알라."[45]

넷째, 칼뱅은 또한 근심이나 의심과 싸우는 이들에게 사적인 고백과 사면을 활용하라고 권했다. 이 행습이 남용된다고 해서 그런 유익하고 성경적인 치유 없이 지내는 것이 정당화되는 것은 아니다. "즉 죄에서 벗어나기 위해 신자는 자신의 목회자에게 사적으로 죄를 고백하는 방법을 사용해야 한다.…목사의 의무는 사적으로 또한 공적으로 복음을 가르침으로써 하나님의 백성을 위로하는 것이다." "그러나," 칼뱅은 덧붙여 말한다, "그들은 늘 한 가지 원칙을 준수해야 한다. 그것은 하나님이 아무것도 명확하게 제시하지 않은 경우, 신자들의 양심이 어떤 명확한 규정에 묶이게 해서는 안 된다는 것이다." 신자들은 필요하다고 느낄 때 그 기회를 스스로 활용해야 하되 "그들의 모든 죄를 열거하도록 규칙에 의해 강요되거나 술수에 의해 유도되어서는 안 된다." 칼뱅은, "신실한 목사들은" 그들의 소명의 이런 측면을 수행함으로써 "그들의 목회에서 횡포를, 그리고 사람들이 믿는 미신을 피할 수 있을 것이다"라고 말한다.[46] 다른 곳에서처럼 여기서도 우리는 칼

44 앞의 책, 3.4.11.
45 앞의 책, 3.4.12.
46 앞과 동일.

뱅의 보수적인 목회적 성향을 발견한다. 그는 부패한 행습을 개혁하고자 했지만 그동안 모호해졌던 성경적이며 복음적인 핵심은 그대로 인정했다.

거룩한 세례: 계속해서 베푸는 선물

칼뱅은 이렇게 말한다. "그리스도는 말씀을 통해 우리에게 자신이 갖고 계신 부요와 복에 대해 알려주시고, 또한 성례들을 통해 그것들을 우리에게 나눠주신다."[47] 칼뱅에 따르면, 성령은 말씀을 통해 믿음을 창조하신다. "그러나 성례는 가장 분명한 약속들을 가져온다."[48] "왜냐하면 세례는 우리에게 우리가 깨끗하게 되었음을, 그리고 성찬은 우리가 구속되었음을 입증해주기 때문이다."[49] 아이러니하게도, 칼뱅은 로마 가톨릭교회와 아나뱁티스트의 견해 모두에서 성례를 인간의 행위로 취급하는 경향을 보았다. 그러나 칼뱅은 "성례에서는 오직 하나님만이 적절하게 행동하시며, 인간은 그들 자신의 것을 전혀 가져오지 않는다"라고 주장한다.[50] 하나님은 약속하시는 분이다. "세례는 우리가 정화되고 씻겼음을 증명한다. 성찬은 우리가 구속 받았음을 증명한다. 물은 씻김의 상징이며, 피는 속죄의 상징이다."[51] 성례는 무엇보다 먼저 우리에 대한 하나님의 증언이며, 다음으로는 "사람들 앞에서 우리가 행하는 고백을 돕기 위한 것이다."[52]

---

47 Calvin, "Form for Administration of the Sacraments," in *Selected Works of John Calvin*, 2:115.

48 Calvin, *Institutes* 4.14.5.

49 앞의 책, 4.14.22.

50 Calvin, "Antidote to the Council of Trent," in *Selected Works of John Calvin*, 3:176.

51 Calvin, *Institutes* 4.14.22.

52 앞의 책, 4.15.1.

아나뱁티스트는 세례의 효능을 신자의 약속에서 찾았다. 즉 그들은 칼뱅이 세례의 두 번째 유익이라고 부르는 것을 그 성례의 일차적인 유익 – 실은 완전한 본질 – 으로 삼았던 것이다. 츠빙글리 역시 이런 방향으로 기울었다. 그는 성례를 군인이 착용하는 배지나 휘장에 비유했다. 하지만 칼뱅은 이렇게 말했다.

> 세례를 우리가 사람들 앞에서, 마치 군인들이 그들의 직업에 대한 표시로서 자신들의 사령관의 휘장을 착용하듯, 우리의 신앙을 고백할 때 사용하는 증거나 표징 정도로 여기는 이들은 세례의 주된 목적을 제대로 알지 못한 것이다. 우리는 "믿고 세례를 받는 사람은 구원을 받을 것이다"(막 16:16)라는 약속과 함께 세례를 받는 것이다.[53]

개혁교회의 모든 고백들은 – 심지어 츠빙글리의 후계자인 하인리히 불링거가 작성한 것까지도 – 성례를 단지 우리의 신앙 고백의 배지로 여기는 견해를 분명하게 거부한다.

세례에서 하나님은 능동적인 행위자이시고, 자신이 표면적으로 나타내시는 것을 실제로 제공하신다. 선포된 말씀의 경우처럼 세례는 단지 우리에게 하나님의 구원의 은혜에 관해 가르치는 상징에 불과하지 않고 실제적인 은혜의 수단이기도 하다. 하나님 자신이 그 성례를 통해 활동하신다. 세례에서 그리스도는 자신이 우리의 죄를 용서하셨고, 사탄에게 승리를 거두셨으며, 우리를 그리스도의 죽음과 부활에 동참한 자로 만드셨음을 증언하신다. "단언하건대, 우리가 우리의 몸을 물로 씻고 물에 잠기고 둘러싸일 때 그분이 우리의 영혼을 위해 내

53 앞과 동일.

면에서도 똑같은 일을 수행하신다.…또한 그분은 그저 겉모습과 함께 우리의 눈을 즐겁게 해주시는 것이 아니라, 우리를 현존하는 실재로 이끄시고 또한 그것이 상징하는 것을 효과적으로 수행하신다."[54] 칼뱅은 "우리의 믿음이 세례로부터 얻는 확실한 증언은, 우리가 단지 그리스도의 죽음과 생명에 접붙여졌을 뿐 아니라 또한 그분의 모든 복을 공유하도록 그리스도 자신과 연합되었다는 사실이다"라고 말한다. 그런 까닭에 우리는 그리스도의 이름으로 세례를 받는 것이다. "하나님이 세례를 통해 제공하시는 모든 선물들은 오직 그리스도 안에서 발견되기 때문이다." "그러나 이런 일은 그리스도 안에서 세례를 받는 이가 또한 성부와 성령의 이름을 부르지 않는다면 일어날 수 없다.… 그런 이유로 우리는 성부 안에서 우리의 정화와 중생의 원인을, 성자 안에서 그 내용을, 그리고 성령 안에서 결과를 얻고 또한, 말하자면, 분명하게 식별한다."[55] "우리와 관련시켜 보면, 세례는 수동적인 일이며…그에 속한 모든것은 그리스도 안에 놓여 있다."[56]

모든 사람은 원죄 안에서 태어나기에 "책임의 시대"는 존재하지 않는다. "세례를 통해 신자들은 그들에게서 이 정죄가 제거되고 철수되었음을 확신한다.…신자들은 또한 의를 깨닫는다. 그러나 그 의는… 오직 전가를 통해서 얻는 의다. 왜냐하면 자비로운 주님은 전가를 통해서만 사람들을 의롭고 무죄한 자들로 여기시기 때문이다.[57]

만약 세례가 신자의 믿음과 회개의 행위라면, 당연히 어린아이들은

---

54 앞의 책, 4.15.14.

55 앞의 책, 4.15.6.

56 Calvin on Galatians, in *Calvin's Commentaries*, vol. 21, trans. William Pringle (Grand Rapids: Baker, 1996), 150.

57 Calvin, *Institutes* 4.15.10.

세례를 받을 수 없다.[58] 그러나 성례에 대한 칼뱅의 이해의 지평은 **은혜의 언약**이다. 그 언약 안에서 하나님은 신자들과 그들의 자녀들에게 자비를 약속하신다. 하나님의 약속이 우리의 약속보다 앞선다. 실제로 그분의 약속이 우리의 반응을 창조한다. 신자의 아이들은 아브라함에게 주신 그 약속(은혜의 언약)의 상속자로서 하나님의 약속의 표징을 받아야 한다. 그러므로 "세례가 우리 가운데서 할례를 대신해 그것과 동일한 역할을 했다."[59] 칼뱅은 신약 성경 시대에 있었던 집안 전체가 세례 받은 실례들과 속사도 시대에 그 관습이 지속되었던 것을 지적한다. 유아 세례가 갑자기 도입되었음을 알려주는 역사상의 간격 같은 것은 존재하지 않는다.[60]

> 그러므로 하나님의 자비가 자기 자녀들에게까지 확대되리라는 약속을 받아들이는 이들은 그 자녀들을 교회에 내놓아 자비의 상징으로 인침을 받게 하고, 그렇게 함으로써 그들 스스로 더 큰 확신에 이르게 하는 것을 자신들의 의무로 여겨야 한다. 왜냐하면 그들은 그들의 눈으로 주님의 언약이 자녀들의 몸에 새겨진 것을 보기 때문이다. 다른 한편으로, 자녀들은 그들의 세례로부터 약간의 유익을 얻는다. 그들은 교회의 몸에 접붙여짐으로써 다른 지체들에게 좋은 인상을 준다. 나중에 그들이 성장하게 되면, 그들은 하나님을 예배하려는 참된 열정으로 불타오르게 되는데, 그것은 그들이 그분을 성부로 인식할 만큼 충분히 나이를 먹기도 전에 하나님에 의해 입양이라는 엄숙한 상징을 통해 그분의 자녀로

---

58 칼뱅은 *Institutes* 4.16.1-29에서 언약의 자녀들의 세례에 관해 상세하게 논한다.

59 앞의 책, 4.16.4.

60 앞의 책, 4.16.8.

받아들여졌기 때문이다.

더 나아가 이것은 하나님의 약속을 경멸하고 믿음으로 그리스도를 받아들이기를 거부하는 자들에게 하나의 경고가 된다.[61]

복음의 표징과 인장으로서 세례는 과거에 대해서만 효과가 있어서 새로운 성례 혹은 재헌신의 행위가 필요한 것은 아니다. 세례에 대한 약한 관점만이 고해와 같은 성례들이 더 필요하다고 주장한다. "그러나 우리는, 우리가 언제 세례를 받았든 간에, 단번에 씻김을 받고 평생 동안 정결케 된다. 그러므로 우리는 넘어질 때마다 우리가 받은 세례를 기억하고 그것으로 우리의 마음을 강화시킴으로써 언제나 우리의 죄 사함에 대해 확신을 가져야 한다."[62] 세례의 효능은 "이후에 지은 죄들에 의해 파괴되지 않으며," 오히려 우리에게 일생에 걸친 믿음과 회개를 통해 우리가 설 자리를 제공한다.[63]

성찬: 그리스도 및 그분의 몸과의 교제

성찬에서 우리 주님은 우리의 순례 여정을 지탱시키기 위해 광야에서 풍성한 식탁을 베푸신다. 그동안 교회 안에서 그리스도와의 연합 및 그분의 몸과의 교제와 관련된 이 성례에 대한 서로 다른 해석들이 그토록 많은 분열을 낳은 것은 비극이 아닐 수 없다. 그러나 그레샴 메이천(Gresham Machen)이 주장했듯, 종교개혁 전통에 속한 교회들 사이의 차이점보다 더 나쁜 것은 우리 시대의 무관심이다. 사실 오늘

61 앞의 책, 4.16.9.
62 앞의 책, 4.15.3.
63 앞과 동일.

의 교회에서는 이와 관련된 논쟁이 중요한 관심사도 아니다.[64] 사실 성찬에 대해 이견을 보일 만큼 그것을 진지하게 여기는 그리스도인들은 그것을 무시하거나 사소하게 여기는 오늘날의 많은 그리스도인들과 공유하는 것보다 그들 서로 간에 더 많은 것을 공유하고 있다. 모든 종교개혁자들은 성찬이 그리스도의 인격, 그리스도인의 삶, 그리고 교회의 본질의 핵심에 놓여 있다고 여겼다는 점에서 그들 사이에 그리고 로마 교회와 의견이 일치했다.

우리는 십자가에서 우리를 위해 주어진, 그리고 파괴될 수 없는 생명을 입고 부활하신 그리스도의 **역사적인**(historical) 몸에 의해 구속되었다. 성찬에서 빵과 포도주는 우리에게 그리스도의 **성례전적**(eucharistic) 몸을 제공한다. 믿음으로 그리스도와 연합한 우리는 함께 모여 그리스도의 신비로운(mystical) 몸인 교회를 구성한다. 그러므로 성찬은, 말씀과 세례와 함께, 우리와 그리스도의 연합과 그분의 몸과의 교제가 만나는 교차로에 서 있다. 최근에 몇몇 로마 가톨릭 신학자들이 주장하듯, 중세 후기의 신학은 그리스도의 신비로운 몸을 성례전적 몸에 포개 넣으려는 경향을 보였고, 그로 인해 미사가 궁극적 기적과 신비, 즉 머리와 한 몸의 지체들의 신비로운 연합으로 이어지기보다 그 자체가 하나의 목적이 되는 엉뚱한 결과를 낳았다.[65] 칼뱅은 이런 것들을 서로 분리하지 않은 채 서로 구별하려 했다.

칼뱅은 중세 교회가 성찬을 그 예전 모습의 그림자로 축소시켰다

---

64 J. Gresham Machen, *Christianity and Liberalism* (1923, rept., Grand Rapids: Eerdmans, 1946), 50-51.

65 특히 Henri de Lubac, *Corpus Mysticum: The Eucharist and the Church in the Middle Age*, trans. Gemma Simmonds, CJ (South Bend, IN: University of Notre Dame Press, 2007)을 보라.

는 말을 인정한다. "사람들은 일 년에 단 한 번만 성찬식에 참여하면 그 해의 나머지 기간 내내 사제들이 하는 일을 구경만 해도 충분하다고 여겼다. 그리고 사제들은 주님의 만찬을 집례하는 척했으나, 사실 그 안에는 성찬의 그 어떤 흔적도 남아 있지 않았다."[66] 성찬에서 평신도는 잔은 받지 못하고 오직 빵만 받을 수 있었다. 예수께서는 제자들에게 빵을 먹고 포도주를 마시라고 명하셨건만, 지금 남아 있는 것은 "놀라는 눈빛으로 멍청하게 그것들을 바라보는 것"뿐이었다.[67]

이와 반대로 칼뱅은 복음주의적인 예배에서는 신자들이 "그리스도의 살과 피를" 받는다고 말한다. "그러므로 우리는 빵과 포도주가 상징이라고 가르치되, 즉각 그것들과 결합된 그리고 그것들이 상징하는 진리[실재]가 있다고 반드시 덧붙인다."[68] 나는 다른 곳에서 16세기의 성찬 논쟁에 관해 상세하게 논한 바 있기에,[69] 여기서는 칼뱅의 견해를 그런 맥락에 맞춰 간략하게 요약만 하려 한다.

루터는 로마 가톨릭교회의 화체설(transubstantiation)을 거부했다. 루터에 따르면, 성찬에서는 실재가 표징을 멸절하고 대체하는 것이 아니라, 그리스도가 빵과 포도주 안에서 그리고 그런 요소들과 함께 그 몸을 표징과 결합시키신다. 그러므로 그런 표징들을 받는 모든 이는 그리스도의 몸과 피를 먹고 마시는 것이다. 이런 일은 그리스도의 신적 속성이 그분의 인간적 속성 안으로 스며듦으로써 그분이 육체적으로도 편재하실 수 있기에 가능하다. 하지만 츠빙글리는 루터의 견

---

66 Calvin, "The Necessity of Reforming the Church," 167.

67 앞의 책, 168.

68 앞의 책, 169.

69 Michael Horton, *People and Place: A Covenant Ecclesiology* (Louisville: Westminster John Knox, 2008), 99-152; cf. Horton, *The Christian Faith: A Systematic Theology for Pilgrim's on the Way* (Grand Rapids: Zondervan, 2011), 751-827.

해가 성경해석상 부자연스럽다고 주장했다. 예수님은 "내 몸이 포도주와 함께 있다"라고 말씀하시지 않았다는 것이다. 그러므로 루터 자신은 그가 스스로 주장하는 것만큼 문자적이지 않다는 것. 더 나아가, 예수께서는 자신을 길, 문, 모퉁이돌, 그리고 사다리라고 말씀하셨지만, 우리 중 아무도 그분이 문자적으로 그런 말씀을 하셨다고 생각하지 않는다.[70] 더 중요한 점은, 우리가 예수 그리스도를 편재하는 몸으로 바꾸는 것은 그분을 세상에서 사셨다가 마지막 날에 세상으로 돌아오실 영화롭게 된 구세주가 아니라 "괴물과 같은 유령"으로 취급하는 것이라고 한다. 츠빙글리에 따르면, 편재하는 그리스도의 신성은 어떻게든 인간을 구원하므로 그분의 육체와 연합할 필요가 없다. 성찬에서 우리는 예수 그리스도의 사역을 기억하고, 그분의 재림을 갈망하고, 우리가 그분께 속해 있음을 세상에 증언한다.

루터와 츠빙글리는 1529년에 마부르크에서 만났다. 그들은 열넷 혹은 열다섯 개의 항목에 대해 합의를 보았으나, 성찬에 그리스도가 임재하는 방식과 관련해서는 이견을 좁히지 못했다. 루터의 조수였던 필립 멜란히톤은 루터에게 츠빙글리파에게 더 이상 양보하지 말라고 조언했다. 츠빙글리가 보기에 그리스도에 대한 루터의 견해는 단성론자(monophysitism), 즉 그리스도의 두 가지 본성을 **혼합하는** 이단이었다. 반면에 루터는 츠빙글리를 네스토리우스주의자(Nestorian), 즉 그리스도의 두 가지 본성을 **분리하는** 이단으로 여겼다. 1536년에 있었던 비텐베르크 합의에서 부처와 다른 종교개혁 지도자들은 그리스도의 육체적 편재라는 루터의 개념을 거부하고 츠빙글리의 견해와도 거리

---

70 Huldrych Zwingli, "On the Lord's Supper," in *Zwingli and Bullinger*, ed. G. W. Bromiley (Philadlphia: Westminster, 1963), 188-89.

를 두면서, 많은 점에서 의견의 일치를 보았다.

칼뱅도 이 소용돌이 속으로 발을 들여놓았고 츠빙글리와 의견을 달리하는 입장을 숨기지 않았다. 그는 불링거에게, 만약 양자를 비교해야 한다면, "당신은 루터를 얼마나 더 선호해야 하는지를 알고 있습니다"라고 말했을 정도다.[71] 또 다른 동료에게 그는 성찬에 대한 츠빙글리의 견해는 "잘못되었고 해롭다"라고 썼다.[72] 『기독교강요』에서 칼뱅은 "신자들과 주님의 살과 피 사이에 아무런 교통이 없다고 주장하는 것은 지극히 미친 짓이다"라고 단언한다.[73]

첫째, 칼뱅은 모든 종류의 **영-물질 이원론**을 거부한다. 츠빙글리는 하나님의 행위와 인간의 행위 사이에서 선택을 강요한 반면 칼뱅은 이렇게 말한다. "하나님이 사용하시는 도구가 무엇이든, 그것이 그분의 우선적인 작용을 훼손시키지 않는다."[74] 그리스도는 성찬에 실제로 임재하시며 자신의 모든 유익을 주시는 것이 틀림없다. 그렇지 않다면, 믿음은 그리스도의 임재에 대한 "단순한 상상"이 되고 만다.[75]

둘째, 칼뱅은 츠빙글리가 그리스도의 두 가지 본성을 분리시키고 구원과 관련된 의미를 경시하는 경향을 보이는 것을 비난한다. "그분의 육체 안에서 인간의 구원이 성취되었다."[76] 더 나아가, "선물은 예수 그리스도 자신이시다." 즉 그리스도의 신성뿐 아니라 그분 전체가

---

71 Calvin, T. H. L. Parker, *John Calvin* (Tring, UK: Lion, 1975), 154에서 재인용.

72 Calvin, "Letter to Andre Zebedee, May 19, 1539," in *Letters of John Calvin*, ed. Jules Bonner, trans. Marcus Robert Gilchrist, vol. 4 (Philadelphia: Presbyterian Board of Publications, 1859), 402.

73 Calvin, *Institutes* 4.17.9.

74 앞의 책, 4.14.17.

75 앞의 책, 4.17.5-6.

76 Calvin, *The Gospel According to John*, 167.

우리를 위한 선물이다. 그분의 선물은 그분 자신에게서 분리될 수 없다. 빵과 포도주를 받을 때 "우리는 몸 또한 우리에게 제공된다는 것을 분명히 믿자."[77] 표징들은 "현재적 실재, 즉 신자가 그리스도의 몸과 피를 먹는다는 진실에 대한 보증이다."[78] 칼 트루먼(Carl Trueman)이 츠빙글리와 칼뱅은 성육신에 대한 두 가지 다른 이해를 대표한다고 말한 것은 과장이 아니다.[79] 우리의 구원은 그리스도 - 그리스도 전체, 즉 그분의 신성뿐 아니라 인성까지 포함하는 - 와 우리의 연합에 달려있다.

칼뱅은 그의 책 『성찬에 관한 짧은 논문』(*Short Treatise on the Holy Supper*) - 전하는 바에 따르면, 루터가 그것에 대해 호평했다고 한다 - 에서 이렇게 쓰고 있다. "우리가 성찬에서 찾고자 하는 모든 유익은, 만약 예수 그리스도가 그 모든 것의 내용과 토대로서 우리에게 제공되지 않는다면, 없어지고 만다."[80] 츠빙글리는 우리가 왜 그리스도의 육체와 연합해야 하는지를 이해하지 못하는데, 그것은 그가 그분의 신성만을 구원의 요소로서 강조하기 때문이다. 그러나 칼뱅은 특히 동방의 교부들을 인용하면서 이렇게 쓴다. "그리스도의 육체는 신성에서 솟아나는 생명을 우리에게 퍼붓는 고갈되지 않는 샘물과 같다. 도대체 그리스도의 살과 피와의 교통이 하늘에서의 삶을 갈망하는 모든 이에게 필요하다는 것을 깨닫지 못할 이가 있겠는가?"[81] 빵과 포도주는 로마 교회의 견해처럼 그 **선물이 되지도 않고**, 츠빙글리가 말

---

77 Calvin, *Institutes* 4.17.10.

78 Gerrish, *Grace and Gratitude*, 165.

79 Carl Trueman, "The Incarnation and the Lord's Supper," in *The Word Became Flesh: Evangelicals and the Incarnation*, ed. David Peterson (Carlisle, UK: Paternoster, 2003), 227-50.

80 Calvin, "Short Treatise on the Holy Supper," in *Selected Works of John Calvin*, 2:170.

81 Calvin, *Institutes* 4.17.9.

하듯 **우리에게 그 선물을 상기시켜주지도 않는다**. 오히려 우리가 빵과 포도주를 그리스도의 구원의 보증으로 받을 때 **성령께서 우리에게 그리스도를 주신다.**[82)]

우리가 성찬에서 받는 것이 무엇인가 하는 점에서는 칼뱅이 루터와 완전히 의견을 같이 한다.[83)] 특히 칼뱅은 『기독교강요』 4권 17장 6절에서 이 점을 강조한다. "성찬은 선물이다. 그것은 단지 우리에게 선물을 상기시켜주는 것이 아니다." 우리는 선포된 말씀을 통해 복음을 받는 것과 마찬가지로 성찬을 통해서도 복음을 받는다. 그것은 "전적으로 수동적인 행위"(*actio mere passiva*)이다.[84)] 게리시에 따르면, 칼뱅은 "츠빙글리가 처음부터 세례와 성찬에서의 주된 행위자에 관해 잘못된 인식을 갖고 있었다고 확신했다. 성례는 무엇보다도 하나님 혹은 그리스도의 행위이지, 성례를 베푸는 자나 받는 자 혹은 교회의 행위가 아니다."[85)] 또한 그는 이렇게 덧붙인다. "그리고 우리가 신중하게 주목해야 할 것은 그 성례가 지니고 있는 주된 그리고 거의 모든 에너지가 이 말씀 안에 있다는 점이다. '이것은 너희를 위해 찢는 몸이며, 이것은 너희를 위해 흘리는 피다.'"[86)] 다시 말해, 성찬은 교회의 제사 – 속죄의 제사나 찬송의 제사 – 가 아니다. 오히려 그것은 믿음으로 그 성

---

82 Calvin, *De la Cene, OS* 1:508; *Theological Treatises* 2:170; cf. *Confessio fidei de eucharista* (1537), *OS* 1:435-36 (Library of Christian Classics 22:168-69; 4.17.7.9).

83 Gerrish, *Grace and Gratitudes*, 8. "나중에, 마부르크 회담 후에, 루터파와 개혁주의 사이에서 쟁점이 되었던 문제는 더 이상 그리스도의 몸과 피가 성찬에 임재하느냐 하지 않느냐가 아니라 어떻게 임재하느냐 하는 것이었다는 점이 거듭해서 주장되었다." 그러나 Zwingli의 후계자인 Bullinger가 표징과 그 의미의 성례전적 연합을 받아들인 후에도, 두 진영 사이의 논쟁의 초점은 성찬을 먹는 **방식**에 관한 것이라기보다는 성찬에서 **받는 것이 무엇이냐**(그리스도와 그분이 제공하시는 모든 유익) – 다시 말해, 성찬에 임재하는 그리스도 – 에 관한 것이었다.

84 Calvin, *Institutes* 4.14.26.

85 Gerrish, *Grace and Gratitude*, 204.

86 이 단락에서 나는 특히 *Institutes* 4권 17장의 주장을 요약하고 있다.

례를 통해 그리스도를 받는 모든 이에게 자신의 약속을 비준하시는 하나님의 행위다. 칼뱅은 하나님의 선물에 대한 인간의 반응은 "감사"여야 한다고 말한다. 이 때문에 성찬은 사제들이 사람들을 대신해 바치는 미사의 제사와 달리 **유카리스트**(Eucharist, 그리스어로 "감사드리다"를 의미한다)라곤 불리는 것이다. "제사와 성찬은 마치 주는 것이 받는 것과 다른 만큼 다르다."[87]

그러나 루터는 그리스도가 모든 성찬에 임재하시는 **방식**에 관해 설명하면서 그리스도의 인격에 관한 교리에 문제가 될 만한 이상한 요소를 도입했다. 예수님은 자신의 육체의 승천에 대해 제자들을 준비시키셨고, 또한 세상 끝 날에 자신이 하늘로 올라간 것과 동일한 방식으로 돌아오실 것임을 분명하게 가르치셨다. 그러므로 그분은 재림하실 때까지는 역사적인 몸으로 이 세상에 육체적으로 현존하시지 않는다. 그분의 몸이 어디에나 있다면, 그것은 어디에도 없는 셈이다.[88] 그분은 그분이 재림하실 때와 동일한 방식으로 하늘로 올라가셨다(행 1:11). 그때까지 그분은 육체적으로 세상에 계시지 않는다. 하지만 그분은 모든 것을 다스리시고, 그분의 활동적인 에너지로 모든 것을 채우시며, 또한 성령을 보내셔서 우리를 자신과 연합시키신다.[89]

루터와 츠빙글리는 그리스도가 영광 중에 돌아오시기 전에 **세상에**(제단에) 육체적으로 임재하실 수 있느냐 하는 문제에 봉착했다. 그 질문에 대해 그들은 각각 동일한 강조체로 "그렇다!"와 "아니다!"로 답했다. 만약 츠빙글리가 옳다면, 그리스도는 재림하실 때까지는 우리에

87 Calvin, *Institutes* 4.18.7.
88 Calvin, *Institutes* 4.18.7.
89 앞의 책, 4.14.9, 12.

게 먼 기억으로 남아 있을 것이고, 우리는 지금 이곳에서는 그분과 연합하지 못할 것이다. 그러나 루터의 해결책은 그리스도의 온전한 인성, 즉 우리가 그분과 공유하는 연대에 위협을 가한다. 물론 그리스도는 영화롭게 되셨다. 그러나 만약 우리의 인성이 그분의 인성과 근본적으로 다르다면, 어떻게 우리가 그분과 같아지리라는 소망을 품고, 그분이 죽은 자 가운데서 일어나신 첫 열매가 되신다고 믿을 수 있겠는가? 어떻게 우리가 예수께서 육체적으로 하늘로 오르시고 세상 끝날에야 육체적으로 돌아오실 것이라는 그분 자신의 가르침을 받아들일 수 있겠는가? 이것들은 철학적 사색이 아니라 성경의 수많은 본문들이 제기하는 질문이다. 더 나아가, 가장 중요한 문제인 우리의 구원이 위태로워진다. 결국 성찬에서 그리스도의 몸과 피와의 참된 연합이 없다면, 그리스도와의 참된 연합도 있을 수 없는 것이다.

칼뱅에 따르면, 진짜 문제는 과연 그리스도가 **제단** 혹은 식탁에 임재하시지 않은 채 **그 성찬**에 임재하실 수 있느냐 하는 것이다. 빵과 포도주는 "공허한 상징들이 아니다"라고 칼뱅은 주장한다. "오히려 그것들은 그것들이 가리키는 실재를 전달한다." 어떻게? 성찬이 시행되는 모든 제단에 그리스도께서 육체로 오심으로써? 아니면 신자들이 지적으로 승천함으로써? 둘 다 아니다. 우리를 승천하시고 영화롭게 되신 그리스도와 연합시키는 **성령**의 에너지에 의해서다.

칼뱅이 성찬에서의 그리스도와의 교통에 관해 말하는 모든 것은 그리스도와의 연합에 대한 그의 견해를 전제로 한다. 분명히 우리는 성령께서 우리를 "영적으로 일으켜 그리스도와 함께 하늘에 앉히셨다"는 말씀을 듣는다(엡 2:6). 우리는 단지 그리스도의 영, 그분의 신성, 혹은 심지어 성령과만 연합할 수 없고 반드시 그리스도 전체와 연합되어야 한다. 칼뱅은 에베소서 5장의 결혼 유비를 통해 성찬을 보는 것은 "억지스러운 주석"이라는 츠빙글리의 주장을 배격한다. "'우리는 그분의 뼈 중의 뼈이고 살 중의 살이다'(창 2:23). 그것은 단지 그분이 우리처럼 인간의 본성을 가지셨기 때문이 아니라, 그분이 성령의 능력으로 우리를 자신의 몸의 일부로 만드시고, 그로 인해 우리가 그분으로부터 우리의 생명을 얻게 하시기 때문이다."[90] 실제로 바울은 "이 비밀이 크도다"라고 고백한다(엡 5:32). "이 주제와 관련해 자신의 능력 너머에 있는 무언가를 인정하지 않는 이들은 아주 어리석다." 칼뱅 자신은 바울과 함께 "즉시 나의 무지와 나의 경외심을 인정한다." "그러므로 그 교통의 본질을 발견하려 하기보다 우리 안에 거하시는 그리스도를 느끼기 위해 더 많이 노력하자."[91] 성찬의 문제와 관련해 말하자면, 칼뱅은 결코 합리주의자가 아니었다. 그는 성찬의 신비가 "내 마음으로 이해하거나 말로 표현하기에는 너무 숭고한 비밀"이라고 말할 정도였다.[92]

칼뱅은 자신의 견해를 "영적 임재"라고 묘사하지 않는다. 그리스도는 우리의 상상이나 기억 속이 아니라 성찬에 실제로 임재하신다. 그러나 우리를 그분과 연합시켜 영원한 삶에 이르도록 그분의 살과 피를 먹으며 살아가게 하시는 분은 성령이다. "성령은 공간적으로 크게 분리되어 있던 것들을 연합시키시고, 그로 인해 그리스도의 육체에서 나오는 생명이 하늘로부터 우리에게 이르게 하신다."[93] 표징과 실재의 성례전적 연합을 신비롭게 초래하시는 분 역시 성령이다.[94] 그리

---

90 Calvin on Eph. 5:30-33, in *Calvin's Commentaries,* 21:323.

91 앞의 책, 324-25.

92 Calvin, G. R. Potter and M. Greengrass, *John Calvin* (London: Edward Arnold, 1983), 34에서 재인용.

93 Calvin, "The Best Method of Obtaining Concord," in *Selected Works of John Calvin*, 2:578.

94 Calvin, *Institutes* 4.17.12.

스도는 빵과 포도주 안에 갇혀 있지도 않고, 그것들과 분리되어 있지도 않다. 지금 우리가 그리스도께 참여하는 것은 사실이나, 아직 그것은 그분이 돌아오셔서 그분의 나라를 완성하실 때 우리가 누릴 완전히 실현된 경험은 아니다. 칼뱅의 관점에서 보자면, 그리스도가 세상에 육체적으로 임재하시는 것에 대한 루터의 견해는 **과도하게 실현된 종말론**이며, 츠빙글리의 견해는 **덜 실현된 종말론**이다. 그리고 그 두 가지 모두를 위한 치유책은 **탄탄한 성령론**이다.

또한 칼뱅은 이 선물이 성찬을 받는 모든 이들에게, 즉 신자와 불신자 모두에게 똑같이 제공된다고 믿었다. 하나님의 말씀이 사람들이 그리스도를 받아들이든 받아들이지 않든 상관없이 하나님의 말씀으로 남아 있듯, 성찬을 받는 이의 불신앙이 그 성례의 효과를 없애지 못한다. 칼뱅은 이렇게 말한다. "그 성례의 온전함은 온 세상이라도 깨뜨릴 수 없는데, 그것은 그리스도의 살과 피가 하나님이 택하신 신자들에게만이 아니라 무가치한 자들에게도 진정으로 제공되기 때문이다."[95] 이와 동시에 성찬의 실재는 오직 믿음을 통해서만 받아들일 수 있다. 게리시는 "성례에서 사용되는 말은 주문이 아니라 약속이다"라고 요약한다. "그러므로 성찬의 선물은 오직 성찬의 선언이 낳는 믿음으로 응답하는 자들에게만 유익을 준다."[96]

바울은 "이것은 내 몸이다"라는 그리스도의 말씀을 해석하면서 성찬의 빵과 잔이 **공허한 표징**들이라고, 그것들이 그리스도의 살과 피로 **전환된다**고, 그리스도의 살과 피가 성찬의 빵과 잔 **안에, 함께, 그리고 아래**에 있다고 말하지 않는다. 오히려 그는 빵과 포도주가 그리

95 앞의 책, 4.17.33.

96 Gerrish, *Grace and Gratitudes*, 139; 또한 Calvin, *Institutes* 4.14.4; 4.17.15을 보라.

스도의 살과 피에 **참여한다**고 말한다(고전 10:16).[97] 또한 칼뱅은 자신의 주장을 입증하기 위해 이레니우스부터 키프리아누스(Cyprianus), 풀겐티우스(Fulgentius), 그리고 아우구스티누스에 이르는 다수의 교부들을 인용한다. 아울러 성령께 호소하고 회중에게 그들의 마음을 주님께 들어 올릴 것을 요청하는 고대의 성찬 예식의 일부가 자신이 설명한 교리를 전제하고 있다고 덧붙인다.[98]

만약 우리가, 츠빙글리와 달리, 성찬의 물질이 그리스도의 진정한 몸임을 인정한다면, 칼뱅은 "[그런 일이 어떻게 일어나는지와 관련해] 교회들을 분열시키고 두려운 소동을 불러일으키는 것보다 더 어리석은 일이 있겠는가?"라고 물을 것이다.[99] 유일하게 경건한 결론은 "정신이 인식할 수도 없고 말로 표현할 수도 없는 이 신비에 대해 놀라움을 표현하는 것이다."[100]

루터는 그리스도께서 우리에게 내려오신 것을 강조했다. 그런데 칼뱅은 우리를 하늘에서 그리스도 곁에 앉게 해주시는 성령에 대한 바울의 강조도 똑같이 덧붙인다. 필립 워커 부틴은 칼뱅의 견해에 대해 다음과 같이 설명한다.

> "그분이 우리를 자신에게 들어올리기 위해 내려오시는 방식"이 있다. 그리스도는 [성령 안에서] 자신을 낮추어 가시적이고 유형적인 피조물을 통해 신자들에게 자신을 나타내실 뿐 아니라, 또한 성령에 의해, 예배하는 교회는 승천하신 그리스도, 즉 지금 하늘에서 성부 곁에 앉아 계신

---

97 Calvin, *Institutes* 4.17.22.
98 Calvin, "The Necessity of Reforming the Church," 83-85.
99 Calvin, *Defensio doctrinae de sacramentis, OS* 2:287.
100 앞과 동일.

분의 중재를 통해 성부께 드리는 하늘의 예배 속으로 인도된다. 칼뱅이 보기에 이것은 그리스도의 참된 인성의 가치를 감소시키기는커녕 오히려 강조한다.[101]

성찬의 효능에 대해 그처럼 탄탄한 견해를 지닌 칼뱅은 말씀이 선포될 때마다 성찬이 "혹은 적어도 한 주에 한번씩" 시행되어야 한다는 한결같은 주장을 폈다.[102] 이것은 칼뱅이 제네바의 행정관들과 벌였던 수많은 싸움에서 패배를 경험한 한 가지 주장이었다. 그러나 그는 성찬이 모든 예배에 보여주려고 정규적인 전례에 계속해서 성찬을 포함시켰다. "나는 우리의 관습에 결함이 있다고 공식적으로 기록하는 일에 신경을 썼다. 그것은 내 뒤에 오는 이들이 그것을 좀더 자유롭게 그리고 쉽게 바로잡을 수 있게 하기 위해서이다."[103]

그리스도와의 연합과 성도의 교제

그리스도와의 연합과 동시에 우리는 또한 그분의 몸과도 연합한다. 우리는 참으로 성찬에서 그리스도를 먹기 때문에, 바울이 고린도전서 10:14-17에서 주장하듯, "순결하고 거룩한 삶으로, 또한 [서로에 대

---

101 Philip Walker Butin, Revelation, Redemption and Response: *Calvin's Trinitarian Understanding of the Divine-Human Relationship* (New York: Oxford University Press, 1995), 118.

102 Calvin, *Institutes* 4.17.44-46. 사실, 제네바 시가 종교개혁을 공식적으로 받아들인 후 겨우 1년이 지난 시점에 칼뱅이 쓴 Articles for Organization of the Church and Worship of Geneva (1537)은 이렇게 진술하고 있다. "만약 어떤 교회 안에서 우리 주님의 성찬이 늘 그리고 자주 시행되지 않고 있다면, 그 교회가 잘 조직되거나 좋은 상태로 유지되고 있다고 말할 수 없는 것이 분명하다." "Articles concerning the Organization of the Church and of Worship at Geneva Proposed by the Ministers at the Council, January 16, 1537," in *Calvin: Theological Treatises*, ed. and trans. J. K. L. Reid (Philadelphia: Westminster, 1954), 48.

103 Calvin, *Godfrey, John Calvin*, 72에서 재인용.

한] 자비와 화평과 일치로" 이끌린다. 비록 우리 모두가 개인적으로 그리스도를 받지만, 아무도 그분을 사사로이 받지 않는다. 우리는 공적인 설교를 통해 다함께 그분의 새로운 창조의 일부가 되듯, 또한 공동 유산의 공동 상속자로서 다함께 그리스도의 살과 피를 먹는다. "그리스도는 자신을 우리에게 주시면서 자신의 모범을 통해 우리가 서로에게 우리 자신을 주고 헌신하도록 권면하실 뿐 아니라, 또한 우리 모두를 그분 안에서 하나가 되게 하시는데, 이것은 그분이 그 자신을 우리 모두에게 공통적으로 주시기 때문이다." 성찬에서 그리스도와의 교제를 통해 우리는 다음과 같은 사실에 유의해야 한다.

> 우리가 우리의 형제 중 누군가를 상하게 하거나, 멸시하거나, 거부하거나, 해를 입히거나, 어떤 식으로든 박대하면, 그것은 곧 우리가 그리스도를 해치고, 조롱하고, 상처를 입히는 셈이다. 우리가 형제와 불화하는 것은 곧 그리스도와 불화하는 것이다. 우리가 그리스도를 사랑하지 않는 것은 곧 형제를 사랑하지 않는 것이다. 우리는 우리 몸을 돌보듯 우리의 몸의 지체들인 우리의 형제들을 돌보아야 한다. 우리의 몸의 일부가 당하는 고통은 우리의 몸의 다른 부분으로까지 확대된다. 그러므로 우리는 우리의 형제가 당하는 모든 악한 일에 대해 마땅히 동정심을 품어야 한다.[104]

은혜는 감사로 이어진다. 우리의 눈을 밖으로 돌려 형제와 자매들을 향해, 우리의 모든 이웃을 향하게 하는 하나님께 대한 감사로.

루터는 하나님께는 우리의 선행이 필요하지 않으나 우리의 이웃에게는 그것이 필요하다고 주장한 바 있다. 이와 비슷하게 칼뱅은 이렇

104 Calvin, *Institutes* 4.17.38.

게 말한다. "하나님을 잘 섬기는 유일한 방법은 동료 신자들을 섬기는 것이다. 우리의 선행은 어떤 식으로도 하나님께 이르지 못하기에, 그분은 대신 우리가 다른 신자들에게 선한 일을 할 수 있도록 그들을 우리에게 주신다. 하나님을 사랑하고자 하는 이들은 동료 신자들을 사랑함으로써 그렇게 할 수 있다."[105]

그리스도인의 삶에 대한 칼뱅의 이해에서 말씀과 성례는 매우 중요하다. 리처드 갬블(Richard Gamble)은 그의 견해를 다음과 같이 요약한다. "신자들이 세례를 통해 교회에 들어갈 때 그리스도께서 그들을 위해 갖고 계신 모든 것이 그들에게 부여된다. 신자들은 세례, 말씀 선포에 대한 주의 집중, 그리고 성찬에 대한 참여 이후에야 비로소 주님을 섬길 수 있게 된다."[106] 하나님이 우리를 섬기시기에 우리가 우리의 이웃을 섬길 수 있다. 그런 의미에서 마사 무어-키시(Martha L. Moore-Keish)가 한 말은 아주 옳다. "이것은 오늘날 우리가 칼뱅의 교회론으로부터 배울 수 있는 가장 귀중하고 도전적인 교훈일 것이다. 교회는 우리가 자발적으로 만드는 그 무엇이 아니다. 교회는 우리가 하나님께 이르는 과정에서 나온 산물이 아니라, 하나님이 우리에게 다가오시는 과정에서 제공된 선물이다."[107]

---

105 Selderhuis, Calvin's Theology of the Psalms, 235.

106 Richard Gamble, "Calvin and Sixteenth-Century Spirituality: Comparison with the Anabaptists," in *Calvin Studies Society Papers*, 1995, 1997: *Calvin and Spirituality; Calvin and His Contemporaries*, ed. David Foxgrover (Grans Rapids: CRC Product Services, 1998), 33. Gamble의 결론은 "Reformed Spirituality," in *Protestant Spiritual Traditions*, ed. Frank C. Senn (New York: Paulist, 1986), 60-72에 실린 Howard Hageman의 연구를 요약한 것이다.

107 Martha L. Moore-Keish, "Calvin, Sacraments and Ecclesiology: What Makes a Church a Church," http://reformedtheology.org/SiteFiles/PublicLectures/Moore-KeishPL.html.

8. "천상의 연극"으로서의 공적 예배

"내가 처음 이 교회에 도착했을 때는 거의 아무것도 없었다. 사람들이 설교를 하고 있었는데, 그것이 전부였다. 그들은 우상들을 찾아내 불태우는 일에는 능숙했으나, 그곳에 종교개혁은 없었다. 모든 것이 혼란스러웠다."[1]

자신이 도착했을 당시의 제네바 상황에 대한 칼뱅의 이런 회상은 2차 자료들에 근거를 두고 있다. 그것은 루터가 바르트부르크 성에 숨어 있는 동안 안드레아 칼스타트(Andreas Karlstadt)가 관장하던 비텐베르크의 상황에 대한 루터의 묘사와 유사하다. 아이러니하게도, 많은 복음주의자들이 이전처럼 종교의 외적 형식에 몰두하고 있었다. 바뀐 것은 그들이 로마 교회의 외적 형식들을 준수하지 **않는 것**을 경건으로 여기고 있었다는 것뿐이다. 루터는 이렇게 불만을 터뜨린다.

> 우리는 성찬에서 빵과 포도주 모두를 우리 자신의 손으로 받음으로써, 형상들을 끌어내림으로써, 고기를 먹음으로써, 기도와 금식과 그런 유

1 Calvin, Scott M. Manetsch, *Calvin's Company of Pastors: Pastoral Care and the Emerging Reformed Church*, 1536-1609 (New York: Oxford University Press, 2012), 18에서 재인용.

의 일들을 하지 않음으로써 우리 자신이 복음주의자임을 입증하려 한다. 그러나 그런 식으로는 아무도 가장 본질적이고 유일하게 능력을 지닌 믿음과 사랑을 붙잡을 수 없는 것이다.[2]

무언가를 해체하는 것은 비교적 쉽다. 어려운 일은 세우는 것이다. 그리고 칼뱅의 소란스러운 사역 기간 내내 그의 개혁에 대한 열정을 추동한 것은 바로 그것, 즉 세우는 것에 대한 그의 관심이었다. 우리 구원의 궁극적 목표는 하나님의 영광이다. 로버트 갓프리가 상기시켜 주듯, 교리의 개혁은 예배의 개혁과 함께 진행되었다.[3]

중세의 미사는 극장의 공연이나 다름없었다. 예배하는 이들은 참여자라기보다 관객이었다. 사람들이 일 년에 한 번씩 미사에 참석하라는 명령을 받아야 했던 것은 놀랄 일이 아니다. 1541년에 제네바로 돌아온 칼뱅은 자신이 스트라스부르 시절에 공적 예배와 관련해 배운 것을 열렬히 시행하고자 했다.[4]

---

2 Martin Luther, Word and Sacrament II, in *Luther's Works, American Edition*, 55 vols., ed. Jaroslav Pelikan and Helmut T. Lehmann (Philadelphia: Fortress; St. Louis: Concordia, 1955-1986), 36:262.

3 Calvin, "On the Necessity of Reforming the Church," in *Selected Works of John Calvin: Tracts and Letters,* ed. Henry Beveridge and Jules Bonnet, 7 vols. (Grand Rapids: Baker, 1983), 1:126. W. Robert Godfrey는 그의 책 *John Calvin: Pilgrim and Pastor* (Wheaton, IL: Crossway, 2009), 77-86에서 이런 이중의 관심사에 대해 유익한 설명을 제공한다.

4 루터는 미사를 복음주의적 방향으로 개혁했다. Zwingli는 중세적 경향을 지닌 전례를 채택했다. 그것은 기본적으로 설교가 포함된 기도회 같은 것이었다. 비록 그 나름대로 좀더 개혁적인 방향으로 나아가기는 했으나, Bucer는 루터의 접근법, 즉 말씀과 성례로 이루어진 예배의 방식을 따랐다. Bucer는 다음과 같은 순서에 대해 전한다: 고백과 사면, 시편과 찬송가로 찬양, 성경 읽기, 십계명 노래하기(때로 십계명은 고백 이전에 불리기도 한다), 통치자와 온 교회를 위한 기도. 그 다음에는 깨달음을 위한 기도, 설교, 그리고 사도신경을 노래하는 방식으로 드리는 회중의 반응이 이어진다. 마지막으로, 성찬이 시행되고 축복이 선포된다. Martin Bucer, "The Reign of Christ," in *Melanchton and Bucer*, ed. Wilheim Pauck (Philadelphia: Westminster, 1969), 182, 236-59.

루터와 부처처럼 칼뱅은 공적 모임을 우리에 대한 하나님의 섬김으로, 즉 예수께서 제자들의 발을 씻기시는 것과 같은 것으로 보았다. "인자가 온 것은 섬김을 받으려 함이 아니라 도리어 섬기려 하고 자기 목숨을 많은 사람의 대속물로 주려 함이라"(마 20:28). 그리스도인의 삶은 계속해서 "용서의 피난처"로 달아나는 것이다. 그리고 바로 그렇게 칼뱅은 전례에 대해 생각했다. 칼뱅에 따르면, 우리가 하나님께 올라갈 수 없기에 그분이 우리에게 내려오신다.[5] 우리가 "있는 그대로의 하나님"을 뵙기 위해 타고 올라가야 한다는 영광의 사다리에는 이런 문구가 새겨져 있다. "위험: 출입금지." 우리가 외딴 마을 헛간에 있는 구유 안에서 하나님을 발견하리라고 예상하지 않았듯, 그리고 로마제국의 처형도구인 십자가에 매달려 피 흘리는 하나님을 발견하리라고는 더더욱 예상하지 않았듯, 또한 우리는 그분이 인간의 말, 침례, 그리고 식사 같은 비천한 것들을 통해 우리에게 선물을 전하시리라고도 예상하지 않았다. 영광이 아니라 십자가를 생각하라.

와서, 행동하시는 하나님을 보라!

칼뱅은 예배란 곧 연극이라는 말에 확실히 동의했다. 초기 교부들과 함께 그는 예배를 "천상의 연극"이라고 불렀다.[6] 여기서 하늘과 땅이 서로 포옹한다. 하늘의 천군이 부르는 "거룩하다, 거룩하다, 거룩하다"라는 찬양이 땅에 있는 구속받은 자들의 찬양과 어우러진다. "하나님을 '보기를' 원하는 자는 마땅히 교회로, 하나님의 성소로 와야 한

---

5 Herman J. Selderhuis, *Calvin's Theology of the Psalms* (Grand Rapids: Baker Academic, 2007), 203, on Pss. 42:2 and 24:7.

6 앞의 책, 204, on Ps. 138:1.

다. 그분은 거기서 말씀과 성례를 통해 '보인다.'[7] 셀더르하위스는 이렇게 말한다. "칼뱅은 이 문제에 대한 신비주의적 접근을 거부한다. 우리는 하나님께 올라갈 수 없으며, 사실 그렇게 할 필요도 없다. 왜냐하면 교회의 예배에서 그분이 우리에게 내려오시고 우리는 그분을 볼 수 있기 때문이다.…그는 성령께서 우리를 이런 외적 보조수단들을 통해 하늘로 들어 올리신다고 주장한다."[8] 믿음으로 의롭게 되고, 새로워지고, 힘을 얻은 우리는 더 이상 침묵하거나 수동적인 상태로 남아 있을 수 없다. 우리는 우리의 죄와 하나님의 약속에 대한 우리의 믿음을 공적으로 고백하고, 말로 된 것이든 노래로 된 것이든 기도로 그분께 응답하고, 우리가 소중히 여기는 것들을 아낌없이 그분께 바친다.[9] 예배는 언약의 대화가 되고, 거기서 "전투하는 교회"(the church militant, 지상의 교회—역주)가 "승리한 교회"(the church triumphant, 천상의 교회—역주)와 목소리를 함께한다. 하나님은 우리에게 모든 것을 주시고, 우리는 그것들을 받는다. 그 후에 우리는 우리가 받은 선물들을 서로 나누고 또한 세상 속으로 가져간다.

이런 공적 행사 - "천상의 연극" - 에 삼위일체 하나님이 임재하시고 활동하신다. 리 팔머 완델(Lee Palmer Wandel)에 따르면, "칼뱅은 '전례' 자체에 대한 새로운 개념을 정립했다."

> 확실히 그에게 성찬은 하나의 드라마였다. 그러나 그 드라마의 원천은 하나님이었다. 인간의 움직임은 어떤 식으로든 그 의미에 아무것도 덧

7 앞의 책, 205, on Ps. 27:8.

8 앞의 책, 205, on Pss. 96:6 and 132:7.

9 앞의 책, 207, on Ps. 105:44.

붙일 수 없었고, 인간이 손으로 만든 어떤 물체도 그 물질적 요소들에 더 큰 주목을 끌 수 없었다. 그러나 가장 중요한 것은 칼뱅이 성찬이 더 자주 시행되어야 한다고 주장했다는 점이다. 대부분의 복음주의자들은 중세 교회가 신자들에게 일 년에 한 번씩 성찬에 참여하라고 요구했던 것을 비성경적인 것이라고 비난했다.…그러나 성찬식을 칼뱅만큼 분명하게, 단지 믿음을 심화시킬 뿐만 아니라 이 세상에서 성찬 자체 - 그리고 나아가 하나님 - 의 표징들을 읽어내는 능력을 증진시키는 대화의 과정 안에 위치시켰던 복음주의자는 없었다.[10]

완델은 이렇게 덧붙인다. "칼뱅에게 성찬은 '외적인' 의식도 아니었고…츠빙글리와 루터 같은 다른 복음주의자들이 말했던 의미의 '예배,' 즉 하나님을 경외하는 방식도 아니었다." 오히려 그것은 "그리스도가 우리와 그리고 우리가 그분과 완전히 하나가 되는" 지속적인 과정 속에서 우리를 그리스도와 더욱더 하나로 묶어주는 수단이었다.[11]

영어로 된 개혁교회의 전례문 중 가장 탁월한 것은 부처와 베르미글리가 그 편찬 과정에서 큰 역할을 했던 「공동기도서」(1552)일 것이다.[12] 스트라스부르와 제네바에서는 「테 데움」(*Te Deum*, 교황 암브로시우스 또는 아우구스티누스가 지은 것으로 알려져 있는 전례문—역주)과 「사도신경」 혹은 「니케아 신경」 외에 「시편 찬송가」(metrical Psalms, 스턴홀드[Sternhold]와 홉킨스[Hopkins]가 영어로 편집했다) 등이 찬양의 핵심을 이루었다. 성경 낭독

---

10 Lee Palmer Wandel, *The Eucharist in the Reformation: Incarnation and Liturgy* (Cambridge: Cambridge University Press, 2006), 171.

11 앞과 동일.

12 Diarmaid MacCulloch, *Thomas Cranmer* (New Haven, CT: Yale University Press, 1996), 414-17. Cranmer의 제안으로 Bucer는 이를 비평과 분석이 딸린 28개의 장으로 완전히 개정해 Censura라는 이름을 붙였다.

은 매년 성경 전체를 망라했고, 신약성경은 세 번이나 반복되었다. 성찬식 때 사람들은 제단 앞으로 나아가 무릎을 꿇지 않은 채 믿음으로 그리스도의 살과 피를 받았다. 가족들은 중세 교회의 예배처럼 남자와 여자가 따로 앉지 않았고 가족들끼리 모여 앉았다. 훗날 이 모두는 대륙의 다른 종교개혁 교회들에 속한 이들에게도 익숙한 것이 되었다. 파리 출신으로 제네바를 방문하고 있던 프란체스코회 수도사 안토니 캐슬랜(Antonie Cathelan)은 제네바 교회의 예배를 풍자하는 글을 쓴 적이 있는데, 그는 다음과 같이 투덜거렸다. "사람들이 계급의 구별 없이 앉아있다. 남자, 여자, 소녀, 그리고 갓난아기들까지 모두 함께 앉아 찬송을 부른다."[13]

공적 예배와 예술

의심할 여지없이 대부분의 독자들은 그리스도인의 삶에 대한 칼뱅의 접근에 관한 연구에서 이 주제는 아주 간략하게 다뤄질 것으로 예상할 것이다. 결국 칼뱅은 개혁교회들의 전례는 물론이고 내부적인 면까지 엄격하고 수수한 그리고 심지어 스파르타적인 영성으로 물들였으니까 말이다. 어떤 비판가들에 따르면, 칼뱅은 감각에 의구심을 품는 플라톤주의에 사로잡혀 있었다고 한다. 오늘날 고(高)교회와 저(低)교회 모두 시청각 매체에 집착하고 있음을 감안한다면, 칼뱅의 좀 더 "청교도적인" 접근법이 성결의 아름다움이라는 외관상 제한적인 비전에 혐오감을 품는 학자들의 거의 본능적인 반발에 부딪히는 것은 놀랄 일이 아니다.

이 문제에 대해서는 몇 가지 간략한 응답만 해도 충분할 것이다. 첫

13 Manetsch, *Calvin's Company of Pastors*, 32.

째, 칼뱅은 플라톤주의로 볼 수 있는 그 어떤 주장도 한 적이 없다. 역사적 선례들을 고려한다면, 아마도 칼뱅에게 좀더 직접적인 영향을 끼친 것은 플라톤이 아니라 히브리 예언자들일 것이다. 칼뱅이 우리에게 우리의 마음을 지상의 성전과 제사가 아니라 하늘의 왕국에 맞추라고 권하는 것은 사실이다. 하지만 이런 가르침은 율법의 그림자가 그리스도 안에 있는 실체에 의해 대체되었다는 신약성경의 가르침에 전적으로 의존한다. "우리는 하나님을 예배하는 형식 및 방식과 관련해 인간들이 보여주는 과도한 오만함을 목격하고 있다. 그들은 계속해서 새로운 예배방식을 고안하는 중이다."[14] 다른 곳에서 그는 이렇게 말한다. "그들은 새로운 것에 대한 갈망이 너무 커서 교화를 위한 그 어떤 여지도 남겨 놓지 않았다."[15]

가장 이른 시기에 그리스도인들이 오직 성경에 실려 있는 노래들(시편들과 몇 가지 다른 성경의 노래들)만 반주가 없이 불렀으며 하나님(성육하신 성자를 포함해)에 대한 그 어떤 표상도 금했음은 역사적 사실이다. 그림도, 아이콘도, 조각상도 허용되지 않았다. 칼뱅의 결론뿐 아니라 그의 논증마저도 고대 교부들이 제공한 것들과 동일하다.

시각적 표현

2세기에 이레니우스는 영지주의자들이 성경의 명령을 어기고 그리스도의 형상을 그리는 것에 대해 불평했다.[16] 순교자 저스틴(Justin

---

14 Calvin on Matt. 15:1, in *Calvin's Commentaries*, vol. 16, trans. William Pringle (Grand Rapids: Baker, 1996), 245.

15 Calvin on Titus 2:15, in *Calvin's Commentaries*, vol. 21. trans. William Pringle (Grand Rapids: Baker, 1996), 323.

16 Irenaeus, "Against Heresies," in *Irenaeus of Lyons,* ed. Robert Grant, The Early Church Fathers (New York: Routledge, 1997), 94 (1.25.6), 109 (2.13.3, 4 ,8).

Martyr)은 하나님 말씀의 교훈을 따라 시각적 형상을 거부했다.[17] 3세기에 락탄티우스(Lactantius)는 이렇게 결론을 내렸다. "조각상이나 화상(畫像)이 있는 곳에 [참된] 종교는 존재하지 않는다."[18] 아우구스티누스는 "그리스도인의 성전에 하나님의 형상을 설치하는 것은 사악한 짓이다"라고 말했다.[19] 또한 칼뱅은 4세기에 열렸던 엘비라 공의회의 결정사항을 인용한다. "교회의 벽에 그 어떤 그림도 걸어서는 안 된다. 존경과 숭배의 대상이 교회의 벽에 묘사되어서도 안 된다."[20]

6세기 로마 대교황 그레고리오는 오직 가르침만을 목적으로 하는 하나님의 표상을 허락하기 시작했다. 예전의 주교들은 마르세유의 주교가 자신의 교회에서 발견한 그리스도의 그림과 형상들을 파괴한 것을 응원했을 것인 데 비해 그레고리는 그의 "경솔한 열정"을 비난했다. "참으로 당신이 그것들이 숭배되는 것을 금했다는 점에서 우리는 다함께 당신을 칭찬합니다. 하지만 당신이 그것들을 부순 것에 대해서는 당신을 비난합니다." "왜냐하면 어떤 그림을 숭상하는 것과 그 그림의 이야기를 통해 무엇을 숭배할지를 배우는 것은 별개의 문제이기 때문입니다."[21] 제2차 니케아 공의회(787)에 와서야 동방교회에서

---

17 Justin Martyr, in *Saint Justin Martyr*, ed. Thomas B. Falls, The Fathers of the Church (Washington, DC: The Catholic University of America Press/Consortium Books, 1948), 9-10, 41-43.

18 Lactantius, in *The Divine Institutes*, trans. Mary F. McDonald, OP. The Fathers of the Church (Washington, DC: The Catholic University of America Press/Consortium Books, 1964), 98-101 (1.2), 161-62 (2.18).

19 Calvin, *Institutes of the Christian Religion*, ed. John T. McNeill, trans. Ford Lewis Battles (Philadelphia: Westminster, 1960), 1.11.6의 각주 13번에서, Battles는 Augustine, *Faith and the Creed*, 7.14 (J. P. Migne, *Patrologiae cursus completus, series Latina*, 40.188; tr. Library of Christian Classics 6.360)을 언급한다. 참고. *De diversis quaestionibus*, q. 78 (J. P. Migne, *Patrologiae cursus completus*, series Latina, 40:90).

20 Calvin, *Institutes* 1.11.6.

앞서 내려졌던 금지명령이 뒤집어졌다. 비록 성상(聖像, icons)을 허용하는 것에 그치기는 했으나 그렇게 되었다(이것은 오늘날까지도 그러하다). 그리고 결국 서방교회는 조각상(彫刻像, statues)까지 수용했다.

중세의 평범한 그리스도인은 전례나 설교를 이해하진 못했으나 성소의 벽과 스테인드글라스를 통해 성경의 이야기에 대해 어느 정도 배울 수 있었다. 마르틴 루터는 자기는 형상들이 사라지기를 바라고 또 기대한다고 말했다. 루터는 바르트부르크 성에 은둔해 있는 동안 교회를 약탈했던 왕년의 동료 안드레아 칼스타트 같은 "하늘의 예언자들"을 문제시했다. 루터는 "그저 말씀만 선포하라. 독을 빼내면 뱀은 해롭지 않다"라고 말했다. 루터에 따르면, 칼스타트는 "내가 형상들을 모든 사람의 마음에서 떼어내 멸시하고 파괴하고 싶어 한다는 것을 알면서도 내가 하나님의 말씀에 반하여 형상들을 보호한다고 비난한다. 하지만 나는 그의 부당한 폭력과 성급한 행동에 찬성하지 않는다."[22] 루터는 칼스타트가 율법주의 정신을 따라 행동하고 있다고 주장했다. "형상의 파괴와 관련해, 먼저 나는 그것들을 하나님의 말씀을 통해 마음으로부터 떼어내고, 이어서 그것들을 무가치하고 멸시할 만한 것으로 만드는 방식을 취했다."[23] 루터는 어떤 표상은 허락될 수 있으나 오직 "무지한 자들을 위한 책"으로서만 그럴 수 있다고 생각했다.

---

21 Gregory the Great, in *A Select Library of the Nicene and Post-Nicene Fathers of the Christian Church*, series 2, vol. 13, *Gregory the Great, part 2, Selected Epistles* (Oxford: James Parker; New York; New York: The Christian Literature Company, 1899), 297-98.

22 Martin Luther, "Against the Heavenly Prophets," in *Luther's Works, American Edition*, 55 vols., ed. Jaroslav Pelikan and Helmut T. Lehmann (Philadelphia: Fortress; St. Louis: Concordia, 1955-1986), 40:85.

23 앞의 책, 84-85.

츠빙글리는 형상을 하찮은 문제로 여기지 않았다. 성경의 명령은 단순히 형상을 숭배하는 것이 아니라 만드는 것도 금지했다.[24] 로마 교회는 "예배"(*latreia*)와 "숭배"(성인들에 대한 공경[*dulia*]과 마리아에 대한 상경지례[上敬之禮, *hyperdulia*])를 구별했다. 헌신은 형상이 아니라 그것이 표상하는 분께 바쳐진다. 그리고 정당한 의미의 예배를 받는 분은 오직 삼위일체 하나뿐이시다. 루터는 이런 구별에 반대했으나, 형상들은 공경의 대상이 되지 않는다면 교육적 용도로 보유할 수 있다고 생각했다. 그러나 츠빙글리는 그런 주장에 반대했다. "만약 우리가 그것들을 공경하지 않는다면, 도대체 그것들이 제단에서 무엇을 하는 것인가?"[25] "그와 동시에," 그는 칼스타트의 열광적인 노력에 반대하며 이렇게 덧붙인다, "우리는 나쁜 결과가 나오지 않도록 조심하며 나아가야 한다. 그리스도인들이 바르게 교육을 받아 형상들에게 그 어떤 공경도 바치지 않게 될 때까지는 연약한 자들 역시 따라올 수 있도록 인내심을 발휘해야 한다. 그래서 그 문제가 만장일치의 결론에 도달할 수 있게 해야 한다."[26]

우리는 칼뱅이 형상을 반대하는 것을 복음을 변호하는 것과 별개의 문제로 여기면 안 된다. 애초에 그리스도에 대한 관심을 북돋기 위해 의도되었던 것들(성인들의 중보, 성인들의 형상, 성인들의 유물에 대한 공경 등)이 결국 그리스도와 경쟁하는 것들이 되고 말았다. 그러므로 그가 그리스도의 중재 사역의 충분성을 열정적으로 옹호하는 것과 선포되고 봉인

24 Huldrych Zwingli in *Huldrych Zwingli*, Writings, vol. 2, *In Search of True Religion, Reformation, Pastoral and Eucharistic Writings*, trans. H. Wayne Pipkin (Allison Park, PA: Pickwick, 1984), 69.

25 앞의 책, 68-70.

26 앞과 동일.

된 복음의 말씀으로부터 우리의 눈을 떼어놓는 교회의 장치들에 반대하는 것 사이에는 긴밀한 연관성이 존재한다. 칼뱅은 엄격함, 상상력의 결핍, 빈 공간 같은 것에 대해서는 전혀 관심이 없었다. 실제로 그동안 개혁교회들은 성경의 여러 장면들을 자연에서 얻어낸 장식과 함께 나무 조각과 유리 같은 것들을 통해 창의적으로 표현해왔다.

그렇다면 하나님에 대한 시각적 표현에 맞서 칼뱅이 주장했던 것은 무엇인가? 첫째, 그는 하나님이 이미 자신의 말씀을 "평민의 방식으로" 전하심으로써 우리의 "조잡하고 둔한 지성"에 자신의 계시를 맞추셨다고 주장한다.[27] 그러므로 우리가 하나님이 이미 그분의 말씀으로 행하신 것보다 하나님을 사람들에게 더 친근하게 만들 수 있다는 자부심으로 우리 나름의 표상을 구하는 것은 배은망덕한 행태다.

둘째, 하나님의 위엄은 언제나 인간이 예배에서 발휘하는 창의력으로 인해 오염된다. 우리가 이 문제에서 아무리 도움을 주고 싶어도, 그리스도인들조차 하나님을 잘못 표현하고 도움거리를 우상들로 바꾸는 성향을 갖고 있음을 솔직하게 인정할 필요가 있다.[28] 칼뱅은 "나는 형상들은 무지한 자들의 책이라는 아주 오래된 말이 있음을 안다"고 시인한다. "대교황 그레고리오는 그렇게 말했다. 하지만 하나님의 성령은 달리 말씀하셨다." 예언자들의 본보기를 살핀 후 칼뱅은 이렇게 결론짓는다. "[예언자들은] 교황주의자들이 자명한 원리로 여기는 관념, 즉 형상들이 책들을 대신한다는 생각을 철저하게 정죄한다.[29] 교회에서 권위를 가진 자들은 다름 아니라 자기네가 벙어리라는 이유

27 Calvin, *Institutes* 1.11.1.
28 앞과 동일.
29 앞의 책, 1.11.5.

로 가르치는 직무를 우상들에게 넘겨버렸다. 바울은 복음에 관한 참된 가르침을 통해 '예수 그리스도께서 십자가에 못 박히신 것이 너희 눈앞에 밝히 보인다'(갈 3:1)라고 증언한다." 사람들은 그리스도의 구원 사역을 증언하는 구절들만 대충 읽어도 "나무나 돌로 된 수많은 십자가들을 통해서보다 훨씬 더 많은 것을 배울 수 있을 것이다."[30]

역사는 우리의 우상 숭배적 성향을 입증해준다. 처음에 형상들은 공경이 아니라 교육을 위한 것이었고, 그 후에는 숭배가 아니라 공경을 위한 것이었다. 그러나 칼뱅은 그 자신의 젊은 시절과 당시의 예배자들의 평균적 성향을 세밀하게 살펴본 후 그런 구별이 우스운 것임을 발견했다. 사람들이 교회 안으로 들어갈 때 다양한 칸막이 방에 들어 있는 다양한 우상들이나 그런 우상들에게 바쳐진 채플들을 향해 머리를 조아리고 향을 피우고 돈을 바치지 않고서 들어가는 경우는 거의 없었기 때문이다. 그 대신 목회자들은 복음을 선포하고 믿음을 가르쳐야 한다. 신자들은 그들 자신의 언어로 성경을 읽도록 가르침을 받아야 한다. 그 무렵에 읽고 쓰는 능력이 급속하게 향상된 것은 사람들을 무지와 우상숭배에서 벗어나게 하려는 이런 의도가 성공했음을 보여준다.

셋째, 칼뱅은 원래의 금지명령의 취지가 그리스도의 계시를 위한 준비과정으로 하나님에 대한 모든 인간적인 표상을 배제하는 것이었다고 주장한다. "그러므로 유대인들은 이런 핑계를 남용해 스스로를 위해 인간의 모습으로 신의 상징을 세우는 것을 철저하게 금지 당했다."[31] 그렇다, 그러나 이제는 말씀이 육신이 되셨다! 분명히 그렇다.

---

30 앞의 책, 1.11.7.
31 앞의 책, 1.11.3.

칼뱅은 이렇게 답한다. 사도들조차 우리에게 예수님의 모습에 대한 묘사를 제공하지 않았다. 그것은 그분이 구속을 이루신 것은 그분의 말씀과 행위를 통해서였기 때문이며, 또한 우리가 그분을 그분의 말씀을 통해 그분을 알기를 바라셨기 때문이다. 뿐만 아니라 예수 그리스도는 **하나님**이시다. 화가나 조각가가 오직 예수님의 인성만 표현할 뿐 그분의 신성을 표현하지는 않는다는 주장은 네스토리우스처럼 그분의 두 본성을 분리시키는 것이다.[32]

넷째, 고대 교회는 그런 표상들에 대해 아무것도 알지 못했다. 칼뱅은 독자들에게 초기의 교부들 모두가 그런 것들에 반대하는 글을 썼음을 상기시킨다. 칼뱅은, 만약 처음 5세기 동안 교회가 그런 것들 없이도 눈부시게 발전했음을 고려한다면, 어떻게 하나님(그리스도를 포함해)의한 표상이 무지한 자들에게 그토록 필수적인 것이 될 수 있었는지 묻는다.[33]

다섯째, 칼뱅은 하나님이 그분 자신의 시각적 매체를 신성하게 하셨음을 지적한다. "내가 말하는 것은 세례와 성찬 같은 의식들이다. 우리의 눈은 인간의 재능으로 빚어낸 다른 형상들을 찾지 않을 만큼 그것들에 강렬하게 사로잡히고 격렬하게 영향을 받아야 한다."[34] 종교는 예배자들을 우상들의 바다에 잠기게 한다. 예언서들에서 거듭 나타나는 여호와 하나님의 조롱은 우상들은 말을 할 수 없다는 것이다. 좀더 구체적으로, 그들은 실제 역사에서 그들이 실현할 수 있는 약속을 하지 못한다. 교회의 핵심적 요원들은 수도사, 장인, 그리고 자

32 앞의 책, 1.11.3-4.
33 앞의 책, 1.11.13.
34 앞과 동일.

기들이 만든 형상들을 섬기는 소명을 가진 사제 집단이 아니라, 역사 속에서 이루어진 하나님의 강력한 행위를 선포하는 전령들이다. 가시적인 것은 은혜의 수단으로 여기는 견해에 대한 츠빙글리의 반감은 범주와 관련이 있다. 즉 **가시적인 것**과 **비가시적인 것**을 대립 관계로 보는 것이다. 그러나 칼뱅이 성경에서 발견하는 대립 관계는 **우리 자신의 상상력으로 만들어낸 형상들**과 우리가 그분 자신의 말씀과 성례들에 의해 "강렬하게 사로잡히고 격렬하게 영향을 받도록" **하나님이 만드시고 명령하신 형상들** 사이에 있다.

하나님이 은혜의 수단들을 고안하셨을 때, 그분은 자신이 무엇을 하고 계신지 아셨다. 그분은 죄와 불행에 빠진 우리 인간들을 어떻게 가르치셔야 하는지 알고 계셨다. "만약 그것에 어떤 이상한 고안물이 섞인다면, 하나님의 사역은 오염된다.…우리는…하나님의 사역 안으로 우리 자신의 상상력이나 고안물을 투입하지 않는 것을 배워야 한다."[35]

"그러나," 칼뱅은 덧붙인다, "나는 그 어떤 형상도 결코 허용될 수 없다고 생각하는 미신에 빠져 있지는 않다." 이와 반대로 "조각과 그림은 하나님의 선물이다." 그러나, 다른 모든 선한 선물들과 마찬가지로 그것들 역시 적절하게 사용되어야 한다. 사실 칼뱅보다 훨씬 더 플라톤의 제자들처럼 보이는 이들은 칼뱅을 비난하는 자들이다. 그들은 자기들이 결코 본 적이 없는 영광의 영역을 상상하며 구름 위로 올라가기를 바랄 뿐 자연계와 역사에 대해서는 관심을 보이지 않는다. 그들에게 이 세계 위에 있는 실제 세계의 그림자일 뿐이다. 그러나 칼뱅

---

35 Calvin, *Commentary on the Four Last Books of Moses*, vol. 2, trans. Charles William Bingham (Edinburgh: Calvin Translation Society, 1853), 329-30.

에게 "조각되거나 그려질 수 있는 것은 오직 눈으로 볼 수 있는 것들 뿐이다." 이 부류에 속하는 것은 "역사와 사건들" 그리고 "몸의 형상과 형태들"이다. 둘 다 수용될 수 있다. 하지만 오직 전자만이 "교육이나 훈계에 어느 정도 사용될 수 있다."[36]

그런 까닭에 칼뱅은 시각적 표현에 일괄적으로 반대하지 않고 성경의 역사에 나오는 장면들을 기꺼이 허락한다.[37] 사실 하워드 라이스(Howard L. Rice)가 주장하듯, "칼뱅은 육체-정신의 이원론을 거부했기에 인간에 대한 하나님의 선물인 자연의 영광을 찬양할 수 있었다."[38] 우리가 13장에서 살피게 되겠지만, 이것이야말로 개혁주의 예술가들이 이르렀던 지점이다. 하나님의 존재와 속성들에 대한 증거는 어디에나 있다. 그러나 우리는 오직 그분이 자신의 특별한 지혜와 은혜로운 자기비하를 통해 우리를 만나시겠노라고 약속하셨던 곳에서만 구원의 평화를 두르고 계신 그분을 발견한다.

우리가 개혁교회의 성소에서 "텅 빔"을 발견할 때, 칼뱅은 그곳에서 정신을 산란하게 만드는 어리석은 것들에 의해 흐려지지 않은 "그리스도의 아름다움"을 발견한다. 강단, 세례반(洗禮盤), 그리고 식탁은 우리가 두려움이 아니라 안전함을 느끼며 삼위일체 하나님을 만날 수 있는 곳으로 우리를 이끌어가기에 충분하다. 칼뱅의 개혁적 열정을 추동한 것은 영광의 신학에 맞서는 십자가의 신학이었다.

---

36 Calvin, *Institutes* 1.11.12.

37 Christopher Richard Joby, *Calvinism and the Arts: A Re-Assessment* (Leuven: Peeters, 2007), 51-88. 여기서 Joby는 (성경의 역사를 찬양하는) 운율이 붙어 있는 시편 모음집에 대한 칼뱅의 관심과 시각 예술에 대한 그의 견해 사이에 흥미로운 병행관계를 그려낸다.

38 Howard L. Rice, *Reformed Spirituality* (Louisville: Westminster John Knox, 1991), 59.

음악

칼뱅은 "공적 기도에는 두 종류가 있다"고 말한다. "하나는 말로만 드리는 기도이고, 다른 하나는 노래와 함께 드리는 기도다."[39] 때와 장소에 따라 서로 다른 종류의 음악이 필요하다. 칼뱅은 아우구스티누스를 인용하면서 교회에서 부르는 노래에는 "무게와 위엄이 있어야 한다"고 말한다. 왜냐하면 "우리가 식탁에서 그리고 가정에서 사람들을 즐겁게 하려고 부르는 노래와 교회에서 하나님과 그분의 천사들 앞에서 부르는 시편들 사이에는 큰 차이가 있기 때문이다."[40]

루터와 츠빙글리는 숙련된 음악가였다. 그러나 루터파 교회에서는 예배 음악이 많이 활용되었으나, 츠빙글리는 예배에서 음악을 완전히 배제시켰다. 칼뱅은 다른 문제들과 관련해서는 대개 중도적 입장을 유지했다. 그는 공적 예배에서 노래는 불가결하다고 믿었음에도 악기 반주를 율법 시대에 드렸던 예배의 그림자에 속하는 것으로 여겨 배제하는 고대 교회를 따랐다. 우리의 형제자매들이 하나님의 가시적인 형상들인 것처럼, 고백과 찬양을 드리는 그들의 목소리는 하나님의 기쁨이다. 칼뱅은 악기가 회중의 말과 목소리를 흐리게 하고 기도와 찬양을 오락으로 만드는 경향이 있다고 생각했다. 하지만 그는 악기에 대해 무조건적 적대감을 품지는 않았다. 악기가 가정이나 다른 공공장소에서 행하는 노래와 찬양에 수반되는 것은 괜찮았다.

더 나아가, 칼뱅은 영감 받은 성경 본문 - 특히 시편들과 구약과 신약 성경에 나오는 다양한 다른 노래들 - 을 노래하는 고대 교회의 관습을 따랐다. 그는 「사도신경」을 말과 노래로 암송하는 것과 「테 데

39 Calvin, Godfrey, John Calvin, 73에서 재인용.
40 Calvin, 앞의 책, 76에서 재인용.

움」을 예배에 포함시켰다. 그는 하나님은 우리에게 **그분의 말씀**(the Word)을 주실 뿐 아니라, 또한 우리가 그분께 말과 노래로 돌려드릴 **적절한 말**(the proper words) 또한 주셨다고 확신했다.

칼뱅의 주장은 결코 새로운 것이 아니다. 그것은 동방과 서방 교회 모두에서 오랫동안 이어져온 관습이었다(공적 예배에서 오르간을 사용하는 것은 트렌트 공의회에서도 논의되었다). 오늘날까지도 동방 교회에서는 반주 없이(*a cappella*) 노래를 부른다. 13세기에 토마스 아퀴나스 역시 4세기 교부의 지침을 따랐다.

> 제롬은 노래 부르는 것을 전적으로 비난하지는 않는다. 하지만 그는 연극을 하듯 노래하는 이들, 혹은 신앙심을 불러일으키기 위해서가 아니라 즐거움을 도발하거나 과시하기 위해 노래하는 이들의 잘못을 교정해 준다. 그래서 아우구스티누스는 이렇게 말한다. **내가 노래에 담긴 말씀보다 노래하는 자의 목소리로 인해 더 감동을 받을 경우, 나는 죄를 지었음을 고백하고 그 후로는 더 이상 그의 노래를 듣지 않겠다.** 설교와 가르침을 통해 사람들에게 신앙심을 불러일으키는 것이 노래를 통해서 그렇게 하는 것보다 훨씬 훌륭한 방법이다.

아퀴나스는 다음과 같이 덧붙인다. "악기들은 대개 영혼에 좋은 성질을 창조하기보다 즐거움을 느끼게 한다.…노래가 단지 즐거움을 불러일으키기 위해 불릴 때, 영혼은 노래의 의미로부터 멀어진다.[41]

비록 우리가 해석적 논리에 따라 확신하는 바는 아니지만, 우리는

41 Thomas Aquinas in *Summa theologiae*, vol. 39. "*Religion and Worship*" (*2a2æ, 80-91*), ed. Kevin O'Rourke, OP (London: Blackfriars, 1964), 245, 247, 249, 251.

중요한 저자들의 뛰어난 논리에 의거해 적어도 특히 여러 개혁주의 장로교회들에서도 종종 오르간과 성가대 혹은 찬양단이 무대의 중심을 차지하는 것에 대해 다시 생각할 필요가 있다. 칼뱅은 과격한 주장을 하는 것이 아니라, 예배에서 음악은 언제나 말씀 사역에 집중하지 못하게 하는 것이 아니라 그것을 돕는 역할을 해야 한다는 점을 상기시키고 있을 뿐이다(골 3:16). 사실, 아우구스티누스, 아퀴나스, 그리고 츠빙글리는 감정을 부추기는 음악의 성격에 대해 경고하는 반면, 종종 칼뱅은 그것이 진리에 의해 인도되기만 한다면 그것 역시 유익한 것이 될 수 있다고 말한다. 그렇다 하더라도 다른 선한 선물들처럼 오용될 수 있지만, "노래는 인간의 마음을 움직여서 격렬하게 불타오르는 열정으로 하나님을 찬양하게 하는 큰 힘과 활력을 갖고 있다."[42] 음악은 직접 감정을 부추기는 것을 목표로 삼아서는 절대 안 되며, 오히려 하나님의 말씀이 우리의 마음속으로 기쁘게 스며들도록, 그리고 우리가 그 말씀의 진리에 대해 묵상하도록 도와야 한다.

시편이 그처럼 우리를 위한 참된 경건의 보물창고가 되는 까닭은 그것이 우리에게 가르쳐주는 것 때문만이 아니라 우리의 삶을 해석할 수 있게 돕고 우리의 아버지와 소통할 수 있게 해주는 것 때문이기도 하다. 그리하여 칼뱅과 종교개혁 전통에 속한 이들에게 시편은 교회로 가져가고 또 집과 들판에서 – 심지어 교수대와 화형대에서도 – 노래로 불리는 노래책이 되었다. 하기야 우리의 주님이 친히 영감을 불어넣으시고 우리의 입술에 두신 말씀보다 더 좋은 노래를 우리가 부

42 Calvin, John D. Witvliet, "The Spirituality of the Psalter," in *Calvin Studies Society Papers*, 1995, 1997: *Calvin and Spirituality: Calvin and His Contemporaries*, ed. David Foxgrover (Grand Rapids: CRC Product Services, 1998), 102.

를 수 있겠는가? 칼뱅은 교황이 신자들에게서 이 노래책을 빼앗았다고 불평했다. 하지만 우리는 우리 시대에 시편 찬송이 개혁주의 진영 안에서조차 불운한 꼴을 당하고 있음을 인정해야 한다.

스트라스부르 체류 시절에 처음으로 사람들이 시편을 노래하는 것을 목격한 칼뱅은 프랑스어로 된 완전한 노래책을 만드는 일에 몰두했다.[43] 존 D. 위트블리엇(John D. Witvliet)은 이렇게 설명한다. "1562년 판 제네바 시편 찬송가는 '그때까지 출판계에서 떠맡은 가장 거대한 작업'이었다고 한다."[44]

> 칼뱅에게, 시편을 노래하는 것을 포함해 모든 예배 행위는 자기 백성 가운데서 행하시는 하나님의 행위로 간주되었다.…칼뱅은 이 하나님의 행위를 삼위일체의 견지에서 해석했다. 거기서 그리스도는 "우리 찬양의 주된 지휘자"요, "우리의 입술을 거룩하게 함으로써…하나님을 찬양하게 하시는" 분이다. 한편, 성령은 사람들에게 찬양을 드리도록 촉구하는 격려자다.[45]

이 목적을 위해 칼뱅은 두 명의 탁월한 예술가를 선발했다. 작사가는 유명한 르네상스 시인이자 왕족의 일원으로 종교개혁 사상을 수용했다가 옥고와 추방을 겪었던 클레망 마로(Clément Marot, 1496-1544)였다. 작곡은 파리의 토박이 작곡가인 루이스 부르주아(Louise Bourgeois, 1510-1560)가 맡았다. 운율과 음악의 양식 모두 슬픔에 찬 애가로부터

43 앞의 책, 95.
44 앞의 책, 94. Lucien Febvre and Henri-Jean Martin, *The Coming of the Book: The Impact of Printing*, 1450-1800, trans. David Gerard (London: NLB, 1976), 318에서 재인용.
45 Wiltvliet, "The Spirituality of the Psalter," 101-2.

기쁨에 찬 찬송에 이르기까지 시편과 일치했다. 칼뱅이 죽기 두 해 전에 150개의 시편 모두에 운율을 붙인 「시편 찬송가」(the metrical Psalter)가 완성되었다. 그 찬송가는 첫 두 해 동안에 무려 62차례나 재판되었고 24개의 언어로 번역되었다.

프랑스 르네상스의 위대한 지도자들 중 하나이자 현대 회의주의의 선구자인 미셸 드 몽테뉴(Michel de Montaigne, 1533-1592)는 언젠가 프랑스에서 칼뱅주의자들을 만난 후에 불평하기를, 그들이 불경하게도 일상의 일을 하면서 성경구절들로 노래를 부르고 있다고 했다. 그는 못마땅한 듯 "생각 없고 경망스러운 점원이 재미 삼아 그런 노래를 부르는 것을 허락하는 것은 옳지 않다"라고 말한다. "우리 신앙의 성스러운 신비를 간직한 거룩한 책이 식당과 부엌에서 이리저리 나뒹구는 것은 분명히 옳은 일이 아니다. 이전에는 신비였던 것들이 지금은 오락과 여흥을 위해 사용되고 있다."[46]

위트블리엇은 이렇게 덧붙인다. "예배 때 여자들이 노래하는 것을 허락하는 문제는 가톨릭의 비평가들의 단골메뉴였다."[47] 프랑스의 한 프로테스탄트 신자는 이렇게 말한다. "나는 나의 이웃을 통해 복음에 대한 지식을 얻게 되었는데, 그는 리옹에서 인쇄된 성경을 갖고 있었고 암기한 시편으로 나를 가르쳤다.…우리 두 사람은 일요일과 축일에 들판에서 함께 걸으며 성경에 대해 그리고 사제들의 악폐에 대해 이야기를 나누곤 했다."[48] 유력한 법학 교수이자 파리 의회의 고문이었던 안느 뒤 부흐(Anne du Bourg, 1521-1599)는 앙리 2세(Henri II)에게 체

---

46 Michel de Montaigne, "Of Prayers," The Essays of Michel de Montaigne, trans. George B. Ives (New York: Heritage, 1946), 426, 앞의 책, 110에서 재인용.

47 Wiltvilet, "The Spirituality of the Psaler," 110n78.

48 앞의 책, 111에서 재인용.

포되었다. 비록 바스티유의 "감옥에 갇히기는 했으나," 그는 "그의 류트(lute, 기타 비슷한 16-17세기의 현악기—역주)를 켜며 시편들을 노래하면서, 그리고 자신의 목소리로 그분께 찬양을 드리면서 항상 기뻐하며 하나님께 영광을 돌렸다."[49] "친구들이여," 그는 교수대에서 마지막으로 이렇게 말했다, "지금 나는 도둑이나 순교자로서가 아니라 복음을 전하는 자로서 여기에 서 있습니다." 위트블리엇은 이렇게 결론을 짓는다. "실제로, 만약 어느 가난한 제네바 시민이 책을 한 권 갖고 있었다면, 아마도 그것은 성경이나 교리문답서가 아니면 시편 찬송가였을 것이다."[50]

이제 우리는 칼뱅에게 공적 예배가 언약 공동체의 일상생활에 얼마나 중요했는지를 좀더 분명하게 알 수 있다. 그리스도와 우리의 관계는 개인적이지만 결코 사적이지는 않다. 이것은 친밀한 기도 속에서도 분명하게 드러난다. 이 주제에 대해 다음 장에서 다루겠다.

---

49 앞과 동일.

50 앞의 책, 115.

9. 담대한 접근:
"대표적인 신앙 행위"로서의 기도

지금까지 우리는 교회와 그 공적 사역은 물론이고 교리(특히 복음)를 살피는 일에 많은 공을 들였다. 만약 우리가 그리스도인의 삶에 관한 책에서 이런 문제를 다루는 것을 놀랍게 여긴다면, 아마도 우리가 칼뱅이 권면하는 형태의 경건으로부터 멀어져 있기 때문일 것이다. 우리가 "주님과 함께 시간을 보내는 것"에 관해 생각할 때 염두에 두는 것은 대개 사적인 행습들이다. 물론 그리스도인의 삶에 관한 칼뱅의 견해에서 성경을 묵상하고 사적인 기도를 드리는 것은 중요하다. 그럼에도 공적 사역이 사적인 경건을 형성하는 것이지, 그 반대가 아니다.

이것은 기도에도 해당된다. 하늘의 도성까지 혼자서 외롭게 여행하는 순례자는 없다. 오히려 우리는 하늘에 있는 "구름 같이 둘러싼 허다한 증인들"(히 12:1)의 격려를 받으며 다함께 여행하는 성도의 교제 안에서 살아간다. 실제로 칼뱅은 이렇게 말한다. "경건한 자들의 거룩한 공동체 안에서 기도하기를 거부하는 사람은 은밀한 장소나 집에서 혼자 기도하는 것이 무엇인지 알지 못한다."[1] 엘시 앤 맥키는 이렇게 설명한다. "비록 칼뱅이 사적인 기도를 위한 지침을 제공하기는 했으

1 Calvin, *Institutes of the Christian Religion*, ed. John T. McNeill, trans. For Lewis Battles (Philadelphia: Westminster, 1960), 3.20.29.

나, 일차적으로 그는 공적 기도, 즉 전례를 정의하는 데 관심이 있다. 왜냐하면 그는 모든 개인적이거나 개별적인 경건 행위를 그리스도의 몸의 공동 예배의 확장으로 이해하기 때문이다."[2] 우리는 공적인 것과 사적인 것, 형식적인 것과 비형식적인 것, 그리고 계획된 것과 자발적인 것 사이를 선택하라는 잘못된 요구에 저항해야 한다.[3] 가정에서 그리고 사적으로 영위하는 풍성한 기도의 삶은 "사도의 가르침을 받아 서로 교제하며 떡을 떼며 기도하는 것"(행 2:42)을 통해 경작되고 관리되는 기름진 토양에서 꽃을 피운다. 특히 예배당에서 드리는 예배를 배우고 익힌 이들은 "기도문"을 하나님과의 공적인 교제로서 이해했을 것이다.

갓난아기의 울음

칼뱅의 관점에서 보면, 기도는 믿음의 첫 열매일 뿐 아니라, 우리의 생애 내내 하나님의 은혜로운 말씀과 사역에 대해 보이는 가장 중요한 응답이다. 복음을 통해 하나님은 우리에게 우리의 목소리를 되돌

---

2 Elsie Anne McKee, "Context, Contours, Contents: Towards a Description of Calvin's Understanding of Worship," in *Calvin Studies Society Papers*, 1995, 1997: *Calvin and Spirituality, Calvin and His Contemporaries*, ed. David Foxgrover (Grand Rapids: CRC Product Services, 1998), 78.

3 앞의 책, 79-80. McKee는 그것을 잘 정리해서 말한다. "칼뱅은, 대부분의 성직자 출신 종교개혁자들처럼, 경건 행위보다는 전례에 더 많은 관심을 기울인다. 그가 참된 교회의 특징으로 보는 두 가지 징표들, 즉 참된 말씀에 대한 참된 가르침과 들음, 그리고 성례의 올바른 시행 모두가 전례의 핵심이라는 것은 의미심장한 점이다. 반면에, 여러 평신도 종교개혁자들은 경건생활을 특별히 강조하는 듯 보인다.…비록 종교개혁파 그리스도인들이 문자화된 전례에 대해 격렬하게 반대했다고 오랫동안 간주되어왔으나, 16세기는 물론이고 상당히 후대의 종교개혁파 공동체도 사실은 그렇지 않았다. (이런 오해의 일차적 이유는 종교개혁 전통의 일부가 다시 유행하게 된 것 때문이었다)." 우리는 「공동기도서」에 대한 청교도의 반대조차 일차적으로 그것이 군주에 의해 예배의 필수사항으로 강요되었기 때문이었음을 덧붙여 말해야겠다.

려주셔서 월트 휘트먼(Walt Whitman)의 "나의 노래"(Song of Myself)를 부르는 대신 "아멘!"으로 그분의 능력 있는 말씀에 응답하게 하신다. 우리는 더 이상 죄 안에서 죽어 있거나 하나님께 응답하지 않은 채 남아 있지 않고 그리스도 안에 살아 있다. 이제는 우리가 남의 영향을 받는 데 그치지 않고 능동적으로 생활을 한다.

주일 예배에 더하여 칼뱅은 수요일 기도회를 시작했다. 그날이 되면 가게들은 문을 닫았고, 제네바의 모든 시민을 수용하기 위해 여러 교회들에서 두 차례씩 기도회가 열렸다. 기도에 관한 논의는 칼뱅의 저작들 전반에 나타난다. 그 주제에 대한 직접적인 논의는 『기독교강요』에 실려 있는 가장 긴 논의들 중 하나다(3.20.1-3.25.12). 데이비드 칼훈(David Calhoun)이 지적하듯, "『기독교강요』 3권은 믿음, 즉 우리가 그리스도의 은혜를 받는 방식에 관한 책이다. 그리고 기도는 대표적인 신앙 행위이다. 칼뱅에 따르면, 하나님이 '이 질서를 세우셨다. 믿음이 복음으로부터 나오는 것처럼, 복음을 통해 우리의 마음은 하나님의 이름을 부르도록 훈련을 받는다'(3.20.1)."[4] 그러므로 기도는 말씀과 성례와 같은 은혜의 수단이 아니라 "경건의 첫 번째 부분이다."[5] 갓난 아기의 울음처럼, 영적 삶의 첫 번째 징표는 우리가 기도 중에 주님의 이름을 부르는 것이다. 사실 믿음의 행위는 그 자체가 기도이다. 그것은 그분이 우리를 구해주시기를 바라며 위대한 왕의 이름을 부르는 것이다. 그 이름이 육신이 된다. 그리고 예수님은 구원에 대한 호소를

---

4 David C. Calhoun, "Prayer: 'The Chief Exercise of Faith,'" in *A Theological Guide to Calvin's Institutes: Essays and Analysis*, ed. David W. Hall and Peter A. Lillback (Phillipsburg, NJ: P&R, 2008), 349.

5 Herman J. Selderhuis, *Calvin's Theology of the Psalms* (Grand Rapids: Baker Academic, 2007), 224.

받으시기 위해 "모든 이름 위에 뛰어난 이름"을 얻으셨다.[6] 만약 기도가 "경건의 첫 번째 부분"이라면, 기도의 첫 번째 부분은 이름을 부르는 것이다.[7] 다른 모든 기도는 죄로 인한 정죄와 타락으로부터 구원해달라고 하나님의 이름을 부르는 것으로부터 나온다.

도움에 대한 간구와 구원에 대한 찬양이 효과를 거두는 것은 호소하는 자의 웅변과 열심 때문이 아니라, 들으시는 분의 자애로운 능력과 신실하심 때문이다. 참된 예배는 외적인 의식으로 이루어지는 것이 아니라, 우리가 그리스도 안에서 그리고 그분의 성령에 의지해 성부 하나님의 은혜로운 돌봄에 우리 자신을 맡기는 것으로 이루어진다. 우리 마음의 태도는 우리의 외적 태도에 반영되기 마련이다. 예컨대, 칼뱅은 공적인 기도에서든 사적인 기도에서든 무릎을 꿇을 것을 권한다. "그러나 우리는 [시편기자가] 특별히 한 가지 점, 즉 아브라함의 후손을 배타적으로 입양하셔서 영생의 소망을 주시는 것을 통해 드러나는 하나님의 부성적 호의를 강조하는 것에 주목해야 한다."[8]

마음으로부터

다른 모든 것이 동일하다면, 하나님은 진실하고도 훈련된 기도를 좋아하신다. 칼뱅은 이렇게 설명한다. "우리는 사람들에게 냉담하지도 부주의하지도 않은 방식으로 하나님을 예배하라고 권한다."[9] 그는 결코 공경을 감정과 대립시키지 않는다. "스토아주의자들이 가정하는

6 Calvin on Phil. 2:9-11, in *Calvin's Commentaries*, vol. 21, trans. John Pringle (Grand Rapids: Baker, 1996), 58-64.

7 Calvin, *Institutes* 3.20.1.

8 Calvin on Ps. 95:5, in *Calvin's Commentaries*, vol. 6, trans. James Anderson (Grand Rapids: Baker, 1996), 34-35.

9 Calvin, McKee, "Context, Contours, Contents," 71에서 재인용.

원리, 즉 모든 감정은 혼란이며 질병과 같다는 원리는 잘못이며 그 뿌리를 무지에 두고 있다. 슬퍼하거나, 두려워하거나, 기뻐하거나, 소망을 갖는 것은 어느 의미로도 이성에 반하지 않는다." 상실에 대해 슬퍼하고 축복에 대해 기뻐하는 것은 타당하다. 이성 못지않게 감정도 하나님의 선물이며 우리 본성의 핵심적 요소다. 감정을 제거하려 할 때마다 우리는 "하나님 자신을 모독하지 않을 수 없다."[10] 나는 칼뱅이 오늘날 우리의 예배를 지나치게 감정적이기 때문이 아니라 그 감정의 레퍼토리가 지나치게 협소하기 때문에 못마땅하게 여길 것이라고 예상한다.

이 때문에 그가 시편에 그토록 깊이 매료되었던 것이다. 시편 찬송가에는 찬양과 경배가 있다. 그러나 거기에는 또한 애가, 고백의 노래, 그리고 심지어는 우리가 불경하다고 여길 만한 낙담의 부르짖음까지 들어 있다. 우리가 성도들에게 노래하고 기도하도록 경쾌한 박자만 제공한다면, 그들에게서 굉장한 위안을 빼앗는 셈이 될 것이다. 시편은 단지 삶의 진실만 담고 있지 않다. 시편에는 부활은 물론 십자가의 신학도 들어 있다. 우리의 마음이 우리의 능력 밖의 구원을 달라고 부르짖을 때, 그 신학은 울적한 심정이 들어설 자리를 제공한다. 루터는 이렇게 썼다. "시편에서 우리는 신실한 사람의 속마음을 들여다본다."[11] 칼뱅이 그 자신의 마음을 발견한 것은 시편에서였다. 시편에서 우리는 "영혼의 모든 감정들이 해부된 것"을 발견한다.[12] 칼뱅은 이렇게 말한다. "이 보고(寶庫) 안에 들어 있는 다양하고 눈부신 풍요로움을

10 Calvin on Ex. 32:19, in *Calvin's Commentaries*, vol. 3, trans. Charles William Bingham (Grand Rapids: Baker, 1996), 346-47.

11 Martin Luther, Selderhuis, *Calvin's Theology of the Psalms*, 21에서 재인용.

12 Selderhuis, *Calvin's Theology of the Psalms*, 23.

말로 표현하는 것은 결코 쉬운 문제가 아니다."[13] 모든 경우에 해당하는 무언가가 있으며, "우리 중 누구라도 의식할 수 있는 감정들 중 마치 거울에서처럼 밝히 드러나지 않는 것이 없다." 여기서 우리는 "모든 재난, 슬픔, 두려움, 의심, 소망, 근심, 당혹스러움, 즉 인간의 마음을 요동케 하는 온갖 부산한 감정들을" 발견한다. 하나님의 종들은 성경의 다른 곳들에서 우리에게 하나님의 말씀을 전달한다. 그러나 시편에서는 그들이 우리가 그분께 가져갈 하나님의 말씀을 전해준다. "여기서 숨어 있는 장소들이 모두 드러나고, 마음에 빛이 비추어 가장 유해한 전염병인 위선이 제거되는 것은 참으로 진귀하고 특별한 이점이다."[14]

칼뱅은 그 자신이 공적이고 사적인 예배를 위해 작성한 「기도의 형식」(*Form of Prayers*) 같은 "교회의 공적 기도문"을 사용할 것을 권했다. 그러나 그런 형식들은 어떤 주어진 상황 안에 존재하는 특별하고 직접적인 필요들을 인정하지 않을 만큼 율법주의적인 방식으로 사용되어서는 안 된다.[15] 기도문은 "장황함"을 없애주지만, 형식주의는 단순한 "말"로 변질된다.[16] 형식에 따른 기도는, 마치 격자(格子)처럼, 우리의 마음이 우리의 참된 감정을 하나님 자신의 말씀에 비추어 표현하도록 이끌어줄 수 있다. 격자는 포도나무가 자라게 해주지는 않는다. 하지만 격자가 없으면, 포도나무는 바른 방향으로 자라지 못할 수 있다. 제자들이 예수께 청했다. "우리에게 기도를 가르쳐주소서." 그러

13 Calvin, *Commentary on the Psalms*의 서문, in *Calvin's Commentaries*, vol. 4, trans. James Anderson (Grand Rapids: Baker, 1996), xxxvi.

14 앞의 책, xxxvii.

15 Calvin, *Institutes* 3.20.29.

16 앞과 동일.

자 그분은 그들에게 그리고 우리에게 주기도문을 가르쳐주셨다. 우리가 우리 자신의 말을 사용해 기도할 때조차 이 기도가 구조를 제공한다.[17] 칼뱅은 『기독교강요』 최종판에서 무려 16개의 장에 걸쳐 이 기도에 대해 논한다(3.20.34-49). 그는 일하기 전에, 식탁에서, 침상에서 가족과 함께 그리고 혼자 기도할 것을 권한다. "그러나 시간을 미신적으로 지키는 것이 되어서는 안 된다. 마치 하나님께 빚을 갚듯 시간을 바친 후 나머지 시간을 우리 마음대로 사용하는 식이어서는 안 된다. 오히려 이는 우리의 연약함 때문에 필요한 지침이 되어야 한다."[18]

경건의 다른 측면과 마찬가지로, 우리는 기도를 잘하는 법을 배울 필요가 있다. 그러나 하나님은 형식은 옳지만 기계적인 기도보다는 진실한 기도 - 심지어 노골적인 한탄이나 적절한 고려 없이 아무렇게나 내뱉는 불평까지도 - 를 더 좋아하신다. 그분은 우리의 왕이시기에, 우리는 그분에 대한 공경의 의미를 담아 우리의 기도에 형식을 부여해야 한다. 그러나 또한 그분은 우리의 아버지이시기에, 우리는 우리의 기도의 질에 대해 지나치게 근심하지 않아도 된다. 사실 "하나님이 승낙하는 기도가 언제나 그분을 기쁘게 해드리는 것은 아니다."[19] 그분의 부성적인 관대함은 그 정도로 크다.

우리의 아버지에 대한 믿음

무엇보다도 하나님은 자신이 우리의 아버지로 대접받기를 바라신다. 왜냐하면 실제로 그분은 우리에게 아버지다운 관대함을 아낌없이

---

17 앞의 책, 3.20.34-47.
18 앞의 책, 3.20.50.
19 앞의 책, 3.20.15.

베풀어주시기 때문이다. "사람은 스스로 여러 가지 엄격한 율법들에 의해 질식되고, 수많은 힘겨운 의식을 준수하는 의무에 사로잡히고, 엄격하고 무거운 멍에를 짊어지기도 한다. 요컨대, 우리는 마음만 요구하지 않는다면 사람은 온갖 성가신 일들에 기꺼이 굴복한다."[20] 이교도들조차 기도를 드리지만, 그들의 기도는 효과가 없다. "왜냐하면 그들은 약속에 의지하지 않으며, 자기들이 요구하는 것을 확실히 얻도록 도와줄 중재자가 있음이 어떤 의미인지 인식조차 하지 못하기 때문이다." 이런 지식이 없다면 그리스도인들도 하나님께 좀더 담대하게 나아가는 것을 기대할 수 없다. 종종 우리는, 방탕한 아들이 그랬던 것처럼, 우리가 그분에게 해를 입혔음을 의식하면서 그분의 아들이 아니라 그분의 집의 종으로 사는 것에 만족하면서 성부 하나님 앞으로 나아간다. 우리는 기도를, 우리의 마음을 아버지께 털어놓기보다는 재판관을 진정시키는 수단으로 만든다. 그러나 참된 기도는 그 기초를 성부 하나님과 우리의 관계에 대한 근심과 의문에 두어서는 안 된다. 우리는 확신을 품고 나아가야 한다. 그리고 그 확신은 우리 자신에 관한 것이 아니라 그리스도와 그분의 약속에 관한 것이어야 한다.[21] 우리는 그분의 호의를 얻으려 해서는 안 되고, 오히려 그분의 호의 안에서 쉬고, 그 안에서 햇볕을 쬐고, 그 안에서 기뻐하려 애써야 한다. "우리가 하나님의 은혜를 통해 구원의 확신을 얻기 전까지는 진실한 기도가 있을 수 없다."[22]

---

20 Calvin, "The Necessity of Reforming the Church," in *Selected Works of John Calvin: Tracts and Letters*, ed. Henry Beveridge and Jules Bonnet, 7 vols. (Grand Rapids: Baker, 1983), 1:154.

21 앞의 책, 157.

22 Calvin on Ps. 140:6, in *Calvin's Commentaries*, 6:229.

거듭해서 칼뱅은 우리가 기도를 통해 하나님께 그처럼 친밀하게 다가갈 수 있는 특권을 누리고 있음을 크게 기뻐한다. 훈련을 받지 않은 갓난아기의 울음조차 성부 하나님의 귀에는 음악처럼 들린다. 칼뱅이 기도를 다루는 방식 중 많은 것은 베르나르 같은 저자들의 신비주의의 특성을 반영한다. 기도는 "달콤한 사랑"으로부터 흘러나온다. 우리가 하나님께 사랑을 느끼지 못할 때조차 우리는 우리를 향한 그분의 사랑을 인식하며 그분께 다가갈 수 있다.[23] 그러므로 우리는 "우리의 염려를 하나님의 가슴에 풀어 놓으라"는 명령을 받고 있다.[24]

하나님이 통치하신다면 왜 기도하는가?

하나님이 통치하신다면 왜 우리가 기도하는가 하는 질문은 칼뱅의 신학에 대한 오해에서 비롯될 뿐이다. 칼뱅 자신은 그 질문을 우리에게 되돌릴 것이다. 만약 하나님이 통치하시지 않는다면, 왜 우리가 기도하느냐고. 칼뱅은 운명주의자가 아니었다. 비록 모든 것을 하나님의 계획 안에서 이해할 수 있을지라도, 하나님은 목적은 물론 수단까지 정해놓으셨다고 강조한다. 하나님이 그분의 계획을 이행하시기 위해 택하신 수단들 중에 기도가 있다. 칼훈은 야고보서 5:17절에 언급된 엘리야의 기도에 관한 칼뱅의 주석을 가리킨다.

> 하나님이 어느 의미에서 하늘을 엘리야의 기도에 의해 통제되도록 하신 것은, 즉 그의 요청에 순종하게 하신 것은 주목할 만한 사건이었다. 엘리야는 그의 기도를 통해 하늘을 삼년 반 동안이나 닫아 놓았다. 그 후에

---

23 Calvin, *Institutes* 3.20.28.

24 앞의 책, 3.20.5.

그는 하늘을 열었고, 갑자기 큰 비가 쏟아지도록 만들었다. 이를 통해 우리는 기적을 부르는 기도의 능력을 발견할 수 있다.[25]

모세가 백성을 위해 중보기도를 해서 하나님의 진노를 누그러뜨리게 했던 때처럼 하나님이 자신의 뜻을 이루기 위해 우리의 기도를 사용하시는 것은 우리에게 하나님이 맞춰주시기 때문이다. "때로 하나님이 모두를 파멸시키려 하실 때, 만약 우리가 그분 앞으로 나아가 겸손하게 머리를 조아리면, 그때마다 그분은 자신의 계획을 바꾸신다."[26] 우리의 기도는 하나님의 뜻을 바꾸지는 못하지만 일을 이루는 수단으로 삼은 것이어서 그분의 뜻 안에 포함되어 있다. 겟세마네에서 그리스도께서 "하나님의 계획에 눈을 돌리지 않고 오직 자신의 내면에서 타오르던 갈망을 성부의 무릎에 올려놓았던" 것처럼, 우리 역시 "기도를 쏟아낼 때 하나님의 은밀한 일에 관해 추측하려 해서는 안 된다."[27] 우리의 기도는 하나님의 **숨은** 뜻을 해독하려 하기보다 그분이 우리와 관련해 **공표하신** 선한 뜻을 파악하는 데 초점을 맞춰야 한다. "그러므로 우리가 기도를 통해 주님의 복음이 가리킨, 그리고 우리의 믿음이 응시해왔던 보화를 파내는 것은 사실이다."[28]

기도할 때 우리는 성경의 실례들이 반복해서 보여주는 것처럼 담대해져야 한다. 그럴 때 다시 한 번 하나님의 부성적 이미지가 우리를 지배하게 된다. "그때 우리는, 하나님이 우리가 풀 수 없는 매듭을 풀어주실 수 있도록, 우리를 괴롭히는 어려움을 그분의 품 안으로 쏟아

---

25 Calhoun, "Prayer," 351.

26 앞과 동일.

27 앞의 책, 353에서 재인용.

28 Calvin, *Institutes* 3.20.2.

내는 것을 허락받게 될 것이다."[29] 기도는 마술이 아니다. 우리는 미신에 주의해야 하고 "장황한 말로 그분의 귀를 두드림으로써 그분으로부터 무언가를 얻어내는 우리의 능력을 믿어서는 안 된다."[30] 반면에, 우리는 끈질겨야 한다. 종종 하나님은 우리의 세 번째, 네 번째, 혹은 스무 번째 탄원에 응답하시는데, 그것은 우리가 오로지 그분의 말씀에만 의지하며 그분에게 가까이 다가가도록 하는 그분의 방법이다.[31] 요약하자면, "참되고 진지한 기도는 먼저 우리의 필요에 대한 의식으로부터, 그리고 다음으로 하나님의 약속에 대한 믿음으로부터 나온다." 그러므로 "우리는 의심과 두려움과 불안에 휩싸여 있을 때라도 우리의 마음을 가라앉히고 만족을 주는 위로를 경험하게 될 때까지 기도의 노력을 계속 기울여야 한다."[32]

"성부께, 성자 안에서, 성령을 통해"

풍성한 선물을 제공하시는 하나님의 성향과 관련해 칼뱅의 저작 전반에 자주 등장하는 용어들 중 하나는 "관대함"(liberality)이다. 하나님은 인색한 분이 아니다. 우리가 자연을 통해 보듯, 하나님은 우리가 다양한 즐거움을 맛봄으로써 그분의 관대함에 감사를 드릴 수 있게 하려고 우리에게 필요한 것 이상을 제공하셨다.[33] 그럼에도 우리는 모든 상황이 좋고 하나님의 임재와 선의를 생생하게 느낄 때만 기도를 드리지는 않는다. 사실 기도하기에 더 좋은 때는 하나님이 멀리 계

---

29 Calvin on Gen. 18.25, in *Calvin's Commentaries*, vol. 1. trans. Charles William Bingham (Grand Rapids: Baker, 1996), 489.

30 Calvin, *Institutes* 3.20.29.

31 앞의 책, 3.20.51.

32 Calvin, *Commentary on the Psalms*의 서문, xxxvii-xxxviii.

33 Calvin, *Institutes* 3.10.1-3.

신 듯 보일 때, 그리고 우리의 상황에 비추어 볼 때 그분의 돌보심이 우리에게 분명해 보이지 않을 때다.[34] 그동안 칼뱅주의에 대한 어떤 설명에서는 스토아주의적인 결의와 하나님에 대한 공경이 혼동되어 왔다. 우리는 어려움을 침묵하며 견뎌야 한다고 한다. 어느 경우든 우리는 (특히 공적인 장소에서) 하나님과 그분의 방법에 대해 좌절감을 드러내서는 안 된다고 한다. 그러나 칼뱅은 이에 대해 "아니오"라고 답한다. 언약 관계 안에서 하나님은 신자들에게 불평할 "면허"까지 내주시고, 그분은 얼마든지 불평을 다룰 수 있다.[35]

만약 기도가 성부를 향한다면, 그것은 언제나 성자 안에서 그러하다. "우리 마음에 하나님의 두려운 엄위에 대한 생각이 들자마자 우리는 우리 자신의 무가치함을 인식하며 두려워 떨며 그분으로부터 멀리 떨어질 수밖에 없다. 그러나 그리스도가 중재자로 오셔서 두려운 영광의 보좌를 은혜의 보좌로 바꿔주신다."[36] 중세 교회는 그리스도를 여러 중재자들 중 첫째로 삼았다. "성령께서 적절한 기도 방법보다 더 신중하게 규정하신 주제는 거의 없다. 그러나 성경에는 우리에게 죽은 성인의 도움을 의지하라고 가르치는 구절이 단 하나도 없다."[37] 칼뱅은 그리스도 이외에 다른 이의 중재를 통한 모든 기도를 정죄했던 카르타고 공의회(the Council of Carthage, 397)의 결의에 호소한다.[38] 그리스도의 이름을 부르지 않거나 다른 중재자들이 덧붙여지는 경우에는 기도에 대한 합당한 참여가 있을 수 없다.[39]

---

34 Selderhuis, *Calvin's Theology of the Psalms*, 223, on Ps. 116:1.

35 앞의 책, 221, on Ps. 102:3.

36 Calvin, *Institutes* 3.20.17.

37 Calvin, "The Necessity of Reforming the Church," 156.

38 Calvin, *Institutes* 3.20.22.

39 앞의 책, 3.20.15.

우리가 우리 자신의 의를 힘입어 아버지가 아닌 재판관 앞으로 나아갈 때, 더 많이 기도하라는 권면은 – 더 잘 기도하라는 권면은 말할 것도 없고 – 역효과를 낳는다. 사실 하나님은 "온전한 믿음이나 회개가 없는 기도, 뜨거운 열정과 올바른 탄원이 없는 기도마저 거부하지" 않으신다.[40] "최상의 형태의 기도를 드릴 때조차 우리는 언제나 용서가 필요하다." 그러나 우리는 그리스도 안에 있기에 아버지께서는 우리 기도의 연약함을 너그럽게 간과하신다.[41] "기도를 이제까지 마땅한 자세로 똑바로 드린 사람은 아무도 없다. 일반인들은 말할 것도 없고, 다윗이 터뜨렸던 수많은 불평들은 얼마나 무절제해 보이는가!" 이것은 면허가 아니다. 그러나 하나님은 우리가 헛된 겸손이나 그분의 위엄에 대한 두려움 때문에 기도를 그만두기보다는 우리의 염려 – 심지어 좌절 – 를 자신에게 쏟아 놓도록 허락하신다.[42] 사실, "만약 하나님이 어느 기도에나 묻어 있는 얼룩을 간과하지 않으신다면, 그분이 정당하게 혐오하지 않으실 기도는 없다."[43] 그러므로 그처럼 신실한 대제사장을 모시고 있는 우리는 두려움 때문에 물러서기보다는, 비록 썩 마음이 내키지 않거나 약간 얼빠진 형태의 기도를 통해서라도, 담대하게 그분 앞으로 나아가야 한다. "우리의 기도가 하나님께 용납되는 것은 오직 그리스도께서 그 위에 그분 자신의 희생의 향기를 뿌려 그것을 거룩하게 만드시기 때문이다."[44] 우리는 복음을 당연한 것으로 여겨서는 안 된다. 회개는 "[믿음이] 우리를 기쁘게 하는 동안 우리

---

40 앞의 책. 3.20.16.

41 앞과 동일.

42 앞과 동일.

43 앞과 동일.

44 Calvin on Ps. 20:3, in *Calvin's Commentaries*, 4:336.

를 두렵게 한다." 그러나 회심에서처럼 기도에서도 그 두 가지가 모두 필요하다.[45] "기도의 유일한 참된 목표는 우리에 대한 하나님의 약속이 성취되게 하는 것이다."[46] 복음이 믿음의 토양이듯, 믿음 곧 "하나님이 그들에게 호의적이시고 자비로우시다는 이와 같은 견고한 확신"이야말로 진실한 기도의 뿌리다.[47]

다시 말하지만, 공적인 기도가 우리의 사적인 기도를 형성한다. 한 설교에서 칼뱅은 이렇게 말한다.

> 비록 우리는 비참한 죄인들일지라도, 하나님의 선하심이 우리에 의해 그리고 약속된 그분의 은혜에 의해 증언될 때마다, 우리는 우리의 죄가 우리 주 예수 그리스도의 죽음과 고난을 통해 사함을 받았으며, 우리의 죄에 대해 그리고 우리에게 부과된 의무들에 대한 보상이 이루어졌으며, 하나님이 우리와 화평한 관계를 맺고 계시며, 우리가 그분께 기도하고 그분이 주시는 복을 간구할 수 있는 문이 열려 있다는 소식을 듣습니다.[48]

다른 주제들에 대해서도 그랬던 것처럼, 기도를 다루는 칼뱅의 글은 모든 선한 선물이 성부로부터, 성자 안에서, 성령을 통해서 옴을 알려준다. 비록 성부**로부터** 오는 모든 풍요로운 것들이 성자 **안에** 쌓여 있을지라도, "하나님으로부터 오는 은혜의 그 어떤 부분도 성령을

---

45 Calvin, *Institutes* 3.20.11.

46 Calvin, Wilheim Niesel, *The Theology of John Calvin*, trans. Harold Knight (Philadelphia: Westminster, 1956), 157에서 재인용.

47 Calvin, *Institutes* 3.20.12.

48 Calvin, "The Privilege of Prayer," in *The Mystery of Godliness and Other Sermons* (Grand Rapids: Eerdmans, 1950), 184.

통하지 않고서는 우리에게 올 수 없다."[49] 성령은 우리에게 기도하도록 자극하시고, 또한 우리가 기도할 때 그분의 말씀의 경계 안에 남아 있도록 지도하신다.[50] 내주하시는 성령은 우리에게 믿음을 주고 우리를 그리스도와 연합시킬 뿐 아니라, 또한 그로 인한 열매까지 제공하시는데, 그 열매들 중 첫 번째가 기도이다.[51] 칼뱅은 성삼위 전체가 우리의 기도에 관여하신다고 강조한다. 기도할 때 우리는 결코 혼자가 아니다. 우리는 우리의 기도가 용납되도록 서로 협력하시는 성자와 성령과 만난다.

언약 안에서 드리는 기도

우리는 성부께, 성자 안에서, 성령을 통해 기도한다. 이 친밀하고도 안전한 관계의 배경은 은혜의 언약이다. 야고보서 5:16절에 대한 오해로 인해, 종종 우리는 하나님이 우리가 충분한 경건을 보일 때만 우리의 기도를 들으신다고, 혹은 적어도 응답하신다고 억측한다. 셀더르하위스는 이에 대한 칼뱅의 반대론을 이렇게 말한다. "무엇보다도 먼저, 언약의 기원은 오로지 하나님의 주도권에 있다. 하나님은 무조건적으로 그리고 자발적으로 언약에 헌신하신 것이다." 따라서 "하나님의 약속의 확실성은 인간의 순종 여부에 달려 있지 않다."[52] 이스라엘의 포로기에도 하나님은 자신의 요구를 완화시키지 않은 채 자신의 약속을 지키셨다. 그러나 그분은 "왕이신 예수의 오심을 통해 자신의

---

49 Calvin, "1539 Institutes," in *John Calvin: Selections from His Writings*, ed. John Dillenberger (Atlanta: Scholars Press, 1975), 294, 강조체는 덧붙인 것임.

50 Calvin, *Institutes* 3.20.5.

51 앞과 동일.

52 Selderhuis, Calvin's Theology of the Psalms, 214, on Ps. 132:12.

언약을 깨뜨리지 않고 약속을 이행하고 계심을" 보여주셨다.[53]

신자들은 실제로 하나님 자신의 약속에 기초해 그분으로부터 보호받을 "권리"를 갖고 있다. 이것이 언약의 본질이다.[54] 요컨대, 아무 데도 묶이지 않으시는 하나님이 스스로 자신을 자신의 말씀에 묶으신다는 것이다. 그분은 자신의 약속을 취소하실 수 **없다**. 심지어 그분은 우리가 우리의 문제를 그분 앞으로 가져가서 그분의 언약의 증거와 징표에 호소하는 것을 기뻐하기까지 하신다. 도움을 요청하는 우리의 부르짖음이 어느 의미에서는 하나님으로 하여금 우리를 도우러 오시도록 강요하기까지 한다.[55] 셀더르하위스는 이렇게 주장한다.

> 루터처럼 칼뱅은 우리가 하나님께 그분의 약속을 상기시켜 드려야 함을 지적한다. 왜냐하면 그것이 우리가 그분의 은혜를 얻는 유일한 길이기 때문이다.…그러나, 반면에, 칼뱅은 이것을 십자가의 신학(*theologia crucis*)에 수반하는 고난과 연결시킨다. 십자가의 신학은 "하나님의 약속을 위한 자리가 그늘과 평안 속에는 없고 오직 가장 거친 싸움터에만 있다"고 확언한다.[56]

셀더르하위스에 따르면, 칼뱅에게 "언약을 통해 하나님의 약속에 대해 묵상하는 것은 그것이 기도를 낳을 때만 의미가 있다." 왜냐하면 우리는 오로지 기도할 때만 하나님을 친밀하게 "나의 아버지"와 "우리

---

53 앞의 책, on Ps. 132:12.
54 앞의 책, 215, on Ps. 68:35.
55 앞의 책, 225, on Ps. 27:7.
56 앞의 책, 217, on Ps. 37:14.

의 아버지"로 부르기 때문이다.[57]

사실 이 마지막 논점 – "**우리의** 아버지" – 은 언약의 유대관계에 대한 칼뱅의 강조를 잘 포착한다. 우리는 우리 자신을 하나님의 영광, 온 교회의 유익, 그리고 세상의 필요에 대한 관심과 별개로 생각해서는 안 된다.[58] 공적 전례에는 통치자들과 모든 곳에 있는 모든 교회들, 특히 박해 받는 교회들을 위한 기도가 포함된다. 비록 홀로 있을 때라도, 우리가 그리스도와 더불어 기도할 때면, 우리는 그분의 교회와 함께 그리고 그 교회를 위해 기도하는 셈이다. "그분은 각 사람을 홀로 남겨두지 않으신다. 오히려 그분은 평안과 일치 안에서 우리를 연합시키신다." 예수께서 우리에게 "나의 아버지"가 아니라 "우리의 아버지"께 기도하라고 가르치실 때처럼.[59] 실제로 그는 다음과 같이 말하기까지 한다.

> 그러므로 그리스도인들이 그들의 기도를 이 원칙에 맞추게 하자. 이는 그리스도 안에서 형제 된 모든 이들, 즉 당장 눈으로 보고 인식할 수 있는 자들뿐 아니라 이 땅에 거하는 모든 이들과 일치를 이루고 그들을 포용하기 위해서다. 하나님이 그들과 관련해 결정하신 일은 우리 지식의 한계를 넘어서므로, 우리가 그들을 위해 최선의 것을 바라고 소망하는 것은 인간적일 뿐 아니라 경건한 것이기도 하다. 그러나 우리는 무엇보다도 믿음의 가정에 속한 자들에게 특별한 사랑을 베풀어야 한다.[60]

---

57 앞의 책, 219.
58 앞의 책, 222.
59 Calvin, "The Privilege of Prayer," 190.
60 Calvin, *Institutes* 3.20.38.

같은 맥락에서 예수님은 우리에게 "우리가 우리에게 죄 지은 자를 사하여준 것 같이"(마 6:12) 우리의 죄를 사해주시기를 간구하라고 명하신다. 우리가 무릎을 꿇고 기도하면서 우리의 이웃이 우리에게 행한 죄 때문에 그를 향해 악을 도모하고 복수를 꿈꾼다면, 우리는 결과적으로 하나님께 우리가 그들을 대하는 방식으로 우리를 대해주시기를 요청하는 셈이다. 그러나 이 조항이 덧붙여진 것은 "마치 이것이 그 원인이 되는 것처럼 우리가 다른 이들에게 제공하는 용서로 인해 우리가 그분의 용서를 받을 만하게 되기 때문이 아니다. 오히려 이 말씀으로 주님은 부분적으로 우리 믿음의 연약함을 위로하고자 하신 것이다." 예수님은 그런 비교를 하고 계신 것이 아니다. 우리가 다른 이들에게 베푸는 용서는 우리에 대한 하나님의 용서의 불완전한 열매이며 그 용서를 상기시켜주는 것이다.[61] 그리스도인이 평생 드리는 핵심적인 탄원은 우리가 그분의 언약적 자비를 확신하면서 "우리의 죄를 사하여주옵소서"라고 간청하는 것이다.[62]

그리스도와 함께 기도하기

그리스도와의 연합은 그분에 대한 단순한 모방보다 훨씬 깊다. 그러므로 기도하는 신자는 자신이 실제로 그리스도와 함께 기도하고 있는 것이지, 단지 그분의 기도의 모범을 따르고 있는 것이 아님을 인식할 필요가 있다. 실제로, T. H. L. 파커(Parker)는 이렇게 주장한다. "그것은…단순히 그리스도를 통해서가 아니라 오히려 그리스도와 함께 기도하는 문제요, 또한 우리의 기도를 우리를 위한 그분의 중보기도

61 앞의 책, 3.20.45.

62 앞의 책, 3.20.16.

와 결합시키는 문제다."[63] 빌헬름 니젤은 이렇게 덧붙인다. "칼뱅에 따르면," "기도의 가능성은 사실 우리의 통제 범위 안에 들어 있지 않다." 그러나 "하나님께 대한 우리의 기도를 가능케 하는 그리스도의 대제사장적 임무는 중단 없이 수행된다."[64] 이런 토대 위에서 그리스도는 우리가 지금 이곳에서 드리는 기도에 참여하신다. "우리의 기도는 우리 자신을 그리스도의 기도에 결합시키는 것에 다름 아니다. 만약 그분이 그분의 기도로 우리를 앞서지 않으신다면, 우리는 우리의 기도에 대한 응답을 기대할 수 없다."[65] 우리는 그리스도가 아니다. 그러나 우리는 그분과 하나다. 우리가 무릎을 꿇고 기도를 드릴 때조차 그러하다.

우리는 시편을 통해, 그리고 시편 안에서 우리와 함께 기도하시는 그리스도를 발견한다. 이 영감어린 노래들은 그리스도에 관해 이야기할 뿐 아니라, 또한 그분의 생애 동안 그분의 가슴 속에 그리고 그분의 입술에 놓여 있었던 것이기도 하다. 제대로 말하자면, 오직 그리스도만이 하나님의 율법을 완벽하게 지키시는 "복된 분," 그의 손에 피를 묻히지 않은 다윗보다 위대한 왕, 그리고 모든 문들이 기쁨으로 환영하며 그를 향해 열리는 "영광의 왕"이시다. 그럼에도 우리는 그리스도 안에 있으며, 또한 그러하기에 그분과 함께 이런 시편들을 사용해 기도드릴 수 있다. 우리는 그분의 의로운 옷을 입고 있을 뿐 아니라, 또한 그분과 연합되어 있다. 따라서 더 이상 우리는 우리가 아직도 "허물과 죄로 죽었다"거나, 혹은 이방인들과 같이 죄와 죽음의 지

---

63 T. H. L. Parker, *John Calvin* (Tring, UK: Lion, 1975), 110.

64 Niesel, *The Theology of John Calvin*, 154. 여기서 그는 *Institutes* 3.20.17을 언급한다.

65 Niesel, *The Theology of John Calvin*, 154.

배를 받는 "진노의 자녀"라고 말해서는 안 된다. 우리는 그분의 백성이며 그분의 목장에서 뛰노는 양떼다. 그러므로 우리는 그 선한 목자에게 완전히 해당되는 것이, 비록 불완전하지만, 우리에게도 해당된다고 주장할 수 있다.

탄식의 노래들이 묘사하는 고통, 근심, 그리고 슬픔을 예수님만큼 절실하게 느꼈던 이는 없다. 그리고 찬양의 노래들이 묘사하는 성부 하나님의 사랑과 뜻에 대한 기쁨을 그분보다 더 크게 느꼈던 이도 없다. 우리가 우리의 구주와 함께 이 모든 기도에 참여하는 것은 놀랄 만한 특권이다. 하나님은 우리와 함께 "아기의 말"로 소통하기 위해 자신의 위엄에 훨씬 못 미치는 곳으로 내려오실 뿐 아니라, 또한 동일한 패턴을 따라 우리가 그분과 소통하도록 도우신다. "하나님이 우리에게 내려오실 때, 어떤 의미에서 그분은 우리와 함께 **더듬거리며** 말하는 수준으로 자신을 낮추시는 것이며, 그렇게 함으로써 우리가 그분과 함께 **더듬거리며** 말하는 것을 허락하시는 것이다."[66]

우리가 스스로 갇혀 있는 고치로부터 나와 기도 안에서 동료 신자들과 연합할 때, 우리는 우리의 형님으로서, 그리고 우리의 살 중의 살이요 뼈 중의 뼈로서 우리와 함께 기도하시는 그리스도를 발견한다. 또한 그러하기에 우리는 인생의 질곡 가운데 성부 하나님이 우리의 어깨에 지우시는 십자가를 우리가 질 수 있음을 알게 된다.[67]

---

66 Calvin on Gen. 35:7, in *Calvin's Commentaries*, 1:238, 강조체는 덧붙인 것임.

67 Calvin, *Commentary on the Psalms*의 서문, xxxix.

10. 그리스도인의 삶, 그리고 율법과 자유

칼뱅과 그의 영적 후계자들의 사상은 율법주의와 방종이라는 비난을 동시에 받을 만큼 독특하다. 칼뱅은 그리스도인의 삶에서 율법의 역할을 어떻게 보았을까? 그는 그리스도의 몸 안에 있는 자유와 사랑을 어떻게 조화시켰을까?

율법과 복음

아우구스티누스는 「문자와 영」(*The Letter and the Spirit*)에서 하나님이 그분의 말씀을 통해 심판과 은혜를 베푸시는 서로 다른 방식이 "율법"과 "복음"이라고 강조했다. 그러나 후대의 해석자들에게 복음은 새로운 언약 혹은 "새로운 법"을 의미했다. 그들은 종종 "복음의 법"에 대해 말했고, 따라서 그리스도의 명령이 구약성경의 율법보다 쉽다고 말했다.

루터처럼 칼뱅 역시 중세의 잘못된 신앙과 행습의 근본적 원인이 율법과 복음의 혼동에 있음을 발견했다. 칼뱅에 따르면, "이런 가르침을 이해하지 못하는 이들은 그리스도를 복음의 율법, 즉 모세의 율법에 결핍되었던 것을 보완하는 율법을 수여하는 또 다른 모세라고 제멋대로 상상했다." 그리고 "여러 면에서 그런 사상은 해롭기 그지없다!"[1] 비록 신자들이 하나님과 이웃을 사랑하고자 할지라도 "그들에게 요구되는 완전한 수준에 미치지 못한다.""만약 그들이 율법을 바라본다면, 그들이 무엇을 시도하든지 그 모든 일이 저주받을 것으로밖에 보이지 않을 것이다." 그들의 최선의 행위조차 불완전하다. 따라서 그런 행위는, 하나님의 의로운 잣대에 비추어본다면, "율법에 대한 위반"으로 판정될 수밖에 없다.[2]

또한 칼뱅은 멜란히톤이 주장한 율법의 세 가지 용도를 받아들였다. 즉 (1) 우리를 하나님의 심판대 앞에 세우고 세상이 유죄임을 입증하는 것, (2) 모든 사람에게 - 비그리스도인들까지 - 그들의 양심에 기록된 도덕법에 대한 순종의 의무를 상기시키는 것, (3) 신자들을 감사의 길로 이끌어가는 것 등이었다.[3]

그 첫 번째 용도에서 율법의 목적은 "우리 자신의 의에 대한 모든 확신을 빼앗아 우리의 입을 막고, 그로 인해 우리가 하나님의 은혜의 언약을 받아들이고, 율법의 마침이신 그리스도께 달려가는 법을 배우게 하는 것이다."[4] 율법은 선하고 참되며 옳다. 그러나 우리는 그렇지 않다. 그러므로 우리의 양심에 하나님의 선의를 확신시키는 문제에 관한 한, 율법은 복음과 완전히 상반된다. "바울의 말은 언제나 타당하다. 그에 따르면 율법과 복음의 차이는 여기에 있다. 즉 복음은 율법처럼 행위를 조건으로 생명을 약속하지 않고 오히려 믿음에 의거하여 생명을 약속한다. 이보다 더 뚜렷한 반립관계가 있을 수 있을까?"[5]

---

1 Calvin, *Institutes of the Christian Religion*, ed. John T. McNeill, trans. Ford Lewis Battles (Philadelphia: Westminster, 1960), 2.8.7.

2 앞의 책, 3.19.4.

3 일치신조(The Formula of Condord) 6항; Calvin, *Institutes* 2.6.6, 10, 12.

4 Calvin, *Commentaries on the Four Last Books of Moses*의 서문, in *Calvin's Commentaries*, vol. 2, trans. Charles William Bingham (Grand Rapids: Baker, 1996), xviii.

5 Calvin, "Antidote to the Council of Trent," in *Selected Works of John Calvin: Tracts and*

만약 우리가 율법을 성경의 처음 다섯 권으로 여긴다면, 물론 거기에도 복음이 포함되어 있다. 그러나 만약 우리가 "명령, 보상, 그리고 징벌로 이루어진 모세의 사역에만 해당되는 부분"을 율법으로 여긴다면, 그것은 복음과 완전히 별개의 것이다. 모세 사역의 목표는 하나님의 백성을 이끌어,

> 그들 자신의 의로움에 대해 절망케 함으로써, 그들이 하나님의 선하심이 가득 찬 안식처로, 또한 그로 인해 그리스도 자신에게 달려가게 하는 것이었다. 이것이 모세 세대의 목적 혹은 의도였다.…그리고 율법이라는 말을 그런 식으로 엄격하게 해석할 때는 언제나 모세가 그리스도와 상반된다. 그러하기에 우리는 율법이 담고 있는 것을 복음과 분리되는 별개의 것으로 생각해야 한다.[6]

칼뱅은 루터만큼 확고하게 성경을 읽고, 설교하고, 해석할 때 율법과 복음을 구별하는 것의 중요성을 강조했다. 로마서 10:3-7절에서 바울의 목표는 다시 한 번 "율법의 의와 복음의 의의 차이가 얼마나 큰지를 보여주는 것이다."[7]

칼뱅은 "복음의 말씀은 마음을 진정시키고 구원의 확신을 주기에 충분하다"고 말한다. "우리는 율법과 복음의 현저한 차이를 이해해야 한다. 그리고 그 차이에 의거하여 율법이 행위를 요구하듯, 복음은 오

Letters, ed. Henry Beveridge and Jules Bonnet, 7 vols. (Grand Rapids: Baker, 1983), 3:156, 250.

6 Calvin on Rom 10:5, in *Calvin's Commentaries*, vol. 19, trans. John Owen (Grand Rapids: Baker, 1996), 386-87.

7 앞의 책, 390-91. 또한 Calvin, *Selected Works of John Calvin*, 3:251을 보라.

직 인간이 하나님의 은혜를 얻기 위해 믿음을 제시할 것을 요구한다고 추론한다."[8] 율법은 우리에게 우리의 죄를 보여주고 우리를 그리스도께 보내는 거울이다.[9] 율법은 "우리가 [하나님께] 지고 있는 빚"에 대해 말해준다. 하나님은 "만약 우리가 그 모든 것을 이행하지 않으면 우리에게 생명의 희망을 허락하지 않으시고, 만약 우리가 그 중 가장 작은 것이라도 어길 경우에는 저주를 내리신다."[10] 우리의 죄악으로 인해, "율법의 생명은 인간의 죽음이다."[11] "율법의 특별한 직무는 양심을 하나님의 심판대 앞으로 소환하는 것이다."[12] 율법의 목적은 우리의 마음을 거룩함으로 이끄는 것이 아니라 우리의 비참함을 밝힘으로써 우리가 그리스도께 달려가도록 만드는 것이다.

칼뱅은 "율법은 언제나 저주를 내린다"라는 루터의 유명한 금언을 되풀이한다. 예컨대, 이사야 53:11절에 관한 설교에서 그는 이렇게 말한다.

> 율법은 오직 죽음을 낳을 뿐이다. 그것은 우리에 대한 정죄를 증대시키고 하나님의 진노가 불타오르도록 만든다.…하나님의 율법은 우리를 향해 말씀하지만, 그것이 우리의 마음을 개조하지는 않는다.…복음에서 하나님은 "너희는 이것이나 저것을 해야 한다"라고 말씀하시지 않고, 오히려 그분은 "나의 외아들이 너희의 구속자다. 그의 죽음과 수난을 너희의 잘못에 대한 치유책으로 받아들여라. 너희 자신을 그의 피에 담그라.

---

8 Calvin on Rom 10:8, in *Calvin's Commentaries*, 19:390-91.

9 앞의 책, 386-87.

10 Calvin, *Institutes* 2.9.4

11 Calvin, *Calvin's Commentaries*, 2:316.

12 Calvin on John 16:10, in *Calvin's Commentaries*, vol. 18. trans. William Pringle (Grand Rapids: Baker, 1996), 140.

그러면 너희가 깨끗해질 것이다"라고 말씀하시기 때문이다.[13]

또한 칼뱅은 율법과 복음을 "두 가지 언약"의 견지에서 구별하는 개혁주의적 모델을 예기한다. 그는 이것을 "율법의 언약"과 "복음의 언약"이라 부른다. "그 두 언약은 어머니들이다. 그 어머니들로부터 서로 다른 자녀들이 태어난다. 율법의 언약은 종을 만들고 복음의 언약은 자유인을 만든다."[14] 이런 의미에서 율법은 "정죄 외에 아무것도 할 수 없다."[15] 갈라디아서 3장에서 바울은 "한 가지 모순 논증을 제시한다. 동일한 우물에서 찬물과 더운물이 동시에 나올 수는 없다." "율법은 모든 이를 저주 아래 놓이게 한다. 그러므로 율법으로부터 복을 구하는 것은 소용없는 일이다."[16]

복음은 "중생의 도구이며 우리에게 하나님과의 값없는 화해를 제공한다."[17] "복음의 약속은 무상이며 전적으로 하나님의 자비에 의존하는 반면, 율법의 약속은 행위의 조건에 의존한다."[18] 신자일지라도 "우리는 우리의 전 생애 동안 이에 관해 경청할 필요가 있다." 우리는 방심하지 말고 율법과 복음을 구별해야 한다. 그렇게 하지 않을 경우 우리는 행위에 의존하는 상태로 돌아갈 것이고, 결국 우리의 양심은 계속해서 혼란에 빠질 것이다.[19] 의롭게 되고 새롭게 된 신자들조차 하

---

13 Calvin, *Sermons on Isaiah's Prophecy and the Death and Passion of Christ*, trans. T. H. L. Parker (London: James Clarke, 2002), on Isa. 53:11.

14 Calvin on Gal. 4:24, in *Calvin's Commentaries*, vol. 21. trans. William Pringle (Grand Rapids: Baker, 1996), 137-38. 그는 그의 로마서 주석(위에 인용됨) 298에서도 동일한 주장을 한다.

15 Calvin on 2 Cor. 3:7, in *Calvin's Commentaries*, vol. 20, trans. John Pringle (Grand Rapids: Baker, 1996), 178.

16 Calvin on Gal 3:10, in *Calvin's Commentaries*, 21:88.

17 Calvin, *Institutes* 3.11.17.

18 앞과 동일.

나님의 은혜에 대한 확신의 근거로 율법에 호소해서는 안 된다.[20]

제3의 용도: 삶을 위한 하나님의 지혜

율법의 세 가지 용도에 대해 설명한 후, 칼뱅은 도덕 지침의 역할을 하는 세 번째 용도에 대해 상세하게 탐구한다. 그는 "율법은 신자들을 권고하는 힘을 갖고 있다"라고 말한다. "이것은 그들의 양심을 저주에 묶어 두는 힘이 아니라, 계속해서 그들을 강권함으로써 그들의 게으름을 떨쳐버리게 하고 그들로 하여금 불완전함 가운데서도 깨어 있도록 자극하는 힘이다." 그는 이렇게 덧붙인다. "이것은 율법이 더 이상 신자들에게 옳은 일을 하도록 요구하지 않는다는 뜻이 아니라, 예전에 그들에게 의미했던 그 율법이 지금은 아니라는 뜻이다. 즉 율법이 더 이상 그들을 위협하고 당황케 함으로써 그들의 양심을 정죄하고 파괴하지 않는다는 뜻이다."[21] 칼뱅은 확신과 믿음이 동의어라고 주장한다. 복음을 믿는 것은 확신을 얻는 것을 의미한다. 후대의 추종자들 중 일부가 선택의 징표를 발견하기 위해 엄격한 자기 검열을 강조했으나, "칼뱅은, 대조적으로, 신자들에게 그리스도가 그들을 위해 죽으셨음을 확신시키기 위해 언제나 성경과 성례들을 가리켰다."[22]

그러나 칼뱅은 양심에 확신을 주는 과정에서 율법에 어떤 자리를 부여하는 것에 대해 경고한 직후에 이렇게 덧붙인다. "어떤 사람도 이로부터 율법이 신자들에게 불필요하다고 추론해서는 안 된다. 왜냐하

---

19 Calvin, *Calvin's Commentaries*, 19:136.

20 Calvin, *Institutes* 2.7.4.

21 앞의 책, 2.7.14.

22 Irena Backus and Philip Benedict, *Calvin and His Influence*, 1509-2009의 서문, ed. Irena Backus and Philip Benedict (New York: Oxford University Press, 2011), 14.

면, 비록 하나님의 심판대 앞에서 율법이 **신자들의 양심 안에서** 차지 할 자리는 없을지라도, 그것은 여전히 그들에게 선한 일을 하도록 가르치고 권고하고 촉구하는 일을 그치지 않기 때문이다."[23] 율법은 선하다. 하지만 그것은 특정한 직무 내역을 갖고 있다. 율법은 우리에게 하나님의 거룩하심이 요구하는 것에 대해 알려주지만, 우리에게 그 요구를 수행할 수 있는 능력을 부여하지는 않는다. 율법은 하나님의 의를 드러내지만, 우리를 의롭게 하거나 거룩하게 만들어주지 못한다. 율법은 우리의 양심에 하나님이 우리에게 호의를 품고 계시다는 확신을 심어주지 못한다. 왜냐하면 우리는 언제나 그것이 요구하는 완전에 미치지 못하기 때문이다. 그리스도의 본보기를 모방하면서 그분을 따르라는 요구는 복음이기보다 율법이다. 그리스도의 전가된 의에 의해 이미 의롭다 하심을 받은 자들에게 주어진 명령으로서의 율법은 선하고 지혜롭다. 그러나 하나님 앞에서 의롭게 되는 방법으로 사용되는 율법은 전적으로 정죄의 근거일 뿐이다. 만약 나의 구원이 율법을 준수하는 데 달려 있다면, 나에게 그리스도의 본보기보다 더 절망적인 것은 없을 것이다. 복음은 우리의 생애 내내 믿음과 칭의에서뿐 아니라 확신과 성화에서도 안전보장의 원천으로 남는다.

바로 이런 이유로 칼뱅은 율법의 제3의 용도(우리의 삶을 위한 도덕적 지침)를 "주된 용도"로 여기고 있는 것이다.[24] 우리는 더 이상 사법적 의미, 즉 율법의 언약이라는 의미에서 "율법 아래" 있지 않다.[25] "왜냐하면 지금 율법은 우리에게 요구 조건들이 충족되지 않으면 만족하지

23 Calvin, *Institutes* 3.19.2. 강조체는 덧붙인 것임.

24 앞의 책, 2.7.12.

25 앞의 책, 2.7.15.

못하는 엄격한 법률 집행관으로 행동하고 있지 않으며," 오히려 "우리가 일생을 통해 도달하고자 애써야 할 목표"를 제시할 뿐이기 때문이다.[26] 칼뱅은 마치 하나님의 선의를 확신하는 데 필요한 조건인 듯 신자들에게 더 신실하라고 요구하는 설교에 강하게 반대한다.

> 신자는 율법의 교훈뿐 아니라 그에 수반하는 은혜의 약속도 붙잡는데, 오직 후자만이 쓴 것을 달콤하게 만들어주기 때문이다. 만약 율법이 성가시게 졸라대고 위협만 하면서 우리의 영혼을 두려움에 빠지게 하고 괴롭게만 할 뿐이라면, 그것보다 더 끔찍한 것이 있겠는가? 다윗은 특히 자신이 율법에서 중재자를 감지했음을 보여주는데, 그 중재자가 없다면 율법에는 그 어떤 기쁨이나 달콤함도 없을 것이다.[27]

여기서 다시금 우리는 "분리되지 않고 구별된다"는 금언이 작동하는 것을 알 수 있다. 율법과 복음은 결코 혼동되어서는 안 된다. 하지만 분리되어서도 안 된다.

하나님의 뜻 발견하기

이 세 번째 의미에서 율법은 우리의 삶에 대한 하나님의 뜻을 배우는 데 필요한 "최선의 도구다." 또한 그것은 우리에게 순종을 권면하고 또 불러일으킨다.[28] 율법의 위협조차 우리에게 우리 죄의 중대함을 상기시켜 우리로 그리스도께 달려가서 오직 그분만을 붙들도록 만

26 앞의 책, 2.7.12-13.
27 앞의 책, 2.7.12.
28 앞의 책, 2.7.15.

든다. 율법 자체는 하나님과 우리의 평화로운 관계의 원천이 아니기 때문에 은혜로 충만한 감사로 이끄는 안내자의 역할을 하는 것이다. 우리에게 명령하고 순종을 요구하시는 바로 그 하나님이 또한 우리를 율법의 공포로부터 해방시키고 우리를 의롭게 하신다. 오직 그리스도 안에서만 의를 발견하는 이들에게 율법은 적이라기보다 친구다. 하나님은 지금 우리에게 시내 산에서 번개를 동반하는 불길한 위협을 가하면서 율법을 선포하시지 않고, 오히려 심판의 보좌가 평화의 화롯가로 바뀐 시온 산에서 말씀하신다.

루터와 칼뱅은 강조점과 뉘앙스에 차이가 있지만 이 점에서 양자를 서로 대립시키지 않도록 조심해야 한다. 루터의 『반율법주의자들에 대한 반박』(*Against the Antinomians*)은 율법을 긍정할 뿐 아니라 칭의와 성화를 분리시키는 것을 로마 교회가 칭의와 성화를 혼동하는 것만큼 이단적인 것이라고 주장한다. "율법의 세 가지 용도"를 처음으로 도입한 이는 루터파 신학자 멜란히톤이었고, 루터파의 신앙고백서라 할 수 있는 『일치서』(*the Book of Concord*, 1580)는 이 세 번째 용도를 지지하려고 이 주제에 개혁주의의 신앙고백과 교리문답서들보다 훨씬 많은 지면을 할애했다.[29] 존 헤셀링크(John Hesselink)의 결론은 타당하다. "여기서 칼뱅은 강조점과 신중함을 제외하고는 루터와 크게 다르지 않다."[30]

---

29 실제로 Melanchthon과 칼뱅은 멜란히톤이 1535년에 나온 *Loci communes*에서 삼중의 용도를 밝힌 후에도 율법의 "이중의 용도" - 교육적(신학적) 용도와 시민법적 용도(칼뱅은 비록 1539년판 『기독교강요』에서는 "삼중의 용도"에 대해 언급하지만, 1559년판 『기독교강요』에 이르러서는 시민법적 용도와 도덕적 용도를 결합시킨다) - 에 대해 언급했다. Timothy Wengert, *Law and Gospel: Philip Melanchton's Debate with John Agricola of Eisleben over Poenitentia* (Grand Rapids: Baker, 1997), 특히 195쪽을 보라.

30 I. John Hesselink, *Calvin's Concept of the Law* (Allison Park, PA: Pickwick, 1992), 158.

율법의 첫 번째 용도에서 율법은 하늘로부터 심판의 말을 천둥소리처럼 선포한다. 그러나 세 번째 용도에서 율법은 마치 우리의 어깨에 놓인 성부 하나님의 사랑스러운 손길처럼 우리를 지도하고 꾸짖고 권면한다. 결과적으로 하나님의 권징은 결코 그분의 진노의 표시가 아니다. 그분이 우리에게 주시는 시련이 무엇이든 간에 죄에 대한 보복이 아니라 아버지의 입장에서 행하시는 훈련이다. "하나님은 신자를 징계하실 때 그들에게 마땅한 것을 생각하지 않고 오히려 미래에 그들에게 유익할 것에 대해 생각하신다. 그리고 그분은 재판관이 아니라 의사의 직무를 수행하신다."[31]

로마 가톨릭교회의 경건의 문제는 율법에서 은혜로의 전환, 재판관에서 아버지로의 전환을 제대로 모른다는 점이다. 예수님은 또 다른 모세 혹은 또 다른 아리스토텔레스, 즉 우리에게 견줄 데 없는 삶의 철학을 주는 분이 된다. 로마서의 열한 장에 걸쳐 하나님의 풍성한 은혜에 대해 논한 후, 바울은 "하나님의 자비에 대한 고려"에 따라오는 "합당한 섬김"에 눈을 돌린다. 칼뱅은 "그리고 이것이 복음과 철학의 주된 차이점"이라고 말한다. 루터 역시 같은 주장을 했는데, 특히 그는 선한 습관이 사람을 선하게 만든다는 아리스토텔레스의 기본 전제를 겨냥하여 그렇게 했다. 철학자들은 적절한 토대 없이 윤리를 가르친다. "교황제도 아래에서의 가르침의 방식도 이와 크게 다르지 않다. 비록 그들이 어떤 식으로든 그리스도에 대한 믿음과 성령의 은혜를 언급하기는 하지만, 아주 분명하게도 그들이 그리스도와 그분의 사도들보다 이교의 철학자들에 훨씬 가까운 것 같다."[32]

---

31 Calvin on Gen. 3:19, in *Calvin's Commentaries*, vol. 1. trans. Charles William Bingham (Grand Rapids: Baker, 1996), 178.

칼뱅은 우리가 순종의 근거를 복음에 두어야 한다고 주장한다.

> 교황주의자들은 그들이 두려움을 이용해 순종을 강요할 수 있다면 족하다고 생각한다. 그러나 바울은, 노예가 느끼는 두려움이 아니라 의에 대한 자발적이고 기꺼운 사랑에 의해 우리를 하나님께 묶기 위해, 우리의 구원을 초래하는 은혜의 달콤함으로 우리를 유도한다. 또한 그와 동시에 만약 우리가 그렇게 친절하고 관대하신 성부 하나님을 발견한 후에도 우리 편에서 우리 자신을 그분께 전적으로 바치기 위해 노력하지 않는다면, 그것은 배은망덕한 태도라고 꾸짖는다.[33]

자녀들이 부모를 기쁘게 하고픈 것은 부모의 총애를 얻기 위해서가 아니라 이미 그 총애를 누리고 있기 때문이다. 그들은 부모가 무엇을 찬성하고 무엇을 찬성하지 않는지 배우기 원한다. 자연법은 비교적 정의로운 사회를 만들기에 충분한 계시를 제공한다. "그러나 인간은 오류의 어둠속에 싸인 까닭에 이런 자연법을 통해서는 하나님이 어떤 예배를 받으시는지를 파악조차 할 수 없다." 그러하기에 "주님께서 우리에게 기록된 율법을 주심으로써 우리가 자연법을 통해서는 모호하게 볼 수밖에 없었던 것을 좀더 분명하게 볼 수 있게 해주셨다."[34] 우리가 무엇이 하나님을 기쁘게 하는지에 대해 하나님보다 더 잘 안다고 상상하는 것은 어리석고 이기적인 것이다. 그래서 칼뱅은 우리에게 이렇게 상기시킨다. "우리가 하나님의 영광을 우리의 능력에 따라

32 Calvin on Rom. 12:1, in *Calvin's Commentaries*, 19:449.
33 앞의 책, 450.
34 Calvin, *Institutes* 2.8.1.

헤아리는 것은 적절하지 않다. 우리가 어떤 존재이든, 그분은 언제나 그분 자신으로, 즉 의의 친구요 불의의 적으로 남아 계실 것이기 때문이다."[35]

이런 입장에서 칼뱅은 십계명에 대한 설명을 시작한다. 요약하면 기서 하나님은 우리에게 참된 경건과 계시가 요구하는 것을 알려주신다.

집안의 내규: 감사하는 삶을 위한 패턴으로서의 십계명

출애굽기 20장에 실려 있는 머리말로부터 시작하면서 칼뱅은 이렇게 말한다. "[하나님은] 은혜의 약속을 제시하셔서 그 감미로움으로 [이스라엘 백성에게] 거룩함을 향한 열정을 품게 하신다." 동기는 바로 하나님의 친절하고 자비로운 구출에 대한 감사이다.[36] "나는 너의 하나님 여호와니라"는 말씀은 그분이 그저 **하나의** 신 혹은 심지어 최고의 신이라는 뜻이 아니라, 그 자신을 택하신 백성과 동일시하는 하나님이라는 뜻이다. 그러므로 우리는 하나님이 거룩하시기에 거룩해져야 한다. 칼뱅은 또한 말라기 1:6절에 호소한다. "내가 아비일진대 나를 공경함이 어디 있느냐?"[37] "이어서 그분의 은혜에 대한 묘사가 나온다." 이 하나님, 즉 "너희의 하나님"은 자기 백성을 애굽, 즉 종 되었던 집에서 구해내셨다.[38]

칼뱅은 스콜라주의자들(특히 그는 아퀴나스를 인용한다)이 아리스토텔레스를 따라서 우리가 악을 삼감으로써 덕스럽게 된다고 가르쳤다고 말한다. 그러나 칼뱅은 특히 산상수훈의 가르침에 비추어 "미덕은 이를 넘

35 앞의 책, 2.8.2.
36 앞의 책, 2.8.13.
37 앞의 책, 2.8.14.
38 앞의 책, 2.8.15

어 반대되는 의무와 행위로 나아간다"고 강조한다. 예컨대, "살인하지 말라"라는 계명은 단순히 악의에 찬 폭력을 금하라는 의미가 아니라, "우리가 할 수 있는 한 이웃의 삶에 필요한 모든 도움을 제공할 것을 요구한다."[39] 각 계명의 적극적 측면들에 대한 이와 같은 강조는 하이델베르크 요리문답과 웨스트민스터 요리문답과 더불어 루터의 요리문답에서도 나타난다.

또한 칼뱅은 두 번째 돌판(이웃에 대한 사랑과 섬김)이 첫 번째 돌판(하나님에 대한 사랑과 예배)에 근거해 있음을 강조한다. "만약 어떤 이가 도둑질이나 노략질로 사람들에게 해를 끼치지는 않으나 불경스러운 신성모독으로 하나님의 위엄에서 영광을 빼앗아 버린다면, 과연 당신은 그 사람을 의롭다고 말할 수 있겠는가? 혹은 어떤 이가 음행으로 몸을 더럽히지는 않으나 하나님의 가장 거룩하신 이름을 모독한다면 어떻겠는가?" 거짓된 예배는 "사지와 목이 잘린 시체를 아름다운 것인 양 전시하는 것만큼 합당치 않다."[40]

하나님 사랑: 첫 번째 돌판

이를 기초로 칼뱅은 하나님이 "나 외에 다른 신을 두지 말라"고 명령하신다고 말한다. 루터가 그의 소요리문답에서 설명하듯, 이 첫 번째 계명은 "우리가 무엇보다도 하나님을 두려워하고, 사랑하고, 신뢰해야 함"을 의미한다. 모든 죄의 뿌리는 한 분이신 참된 하나님이 그분의 말씀을 통해 그분 자신을 계시하셨음에도 우리가 그분을 신뢰하지 않는 것이다. 이와 비슷하게, 칼뱅은 십계명을 네 부분으로 나눈다.

39 앞의 책, 2.8.9.
40 앞의 책, 2.8.11.

경배, 신뢰, 호소, 그리고 감사. 하나님을 경배하는 것은 그분을 존경하며, 우리의 양심을 그분의 뜻에 굴복시키고 그분이 아닌 다른 대상에게 내맡기지 않는 것이다. 하나님을 신뢰하는 것은 우리 구원의 위로를 오직 그분의 자비와 선하심 안에서 발견하는 것이다. 하나님께 호소하는 것은 마리아와 성인들을 비롯해 다른 어떤 이름도 부르지 않고, 오직 중재자이신 그리스도 안에서 하나님을 받아들이는 것이다. 마지막으로, 인간의 죄의 핵심은 "더 이상 감사치 아니하는 것"(롬 12:1)이기에 순종의 핵심은 감사하는 것이다.[41]

첫 번째 계명이 우리에게 **올바른** 하나님께 예배할 것을 명한다면, 두 번째 계명은 우리에게 그 하나님을 **올바르게** 예배할 것을 명령한다. 루터는 두 번째 계명을 첫 번째 계명에 흡수시킨 결과 공적 예배에서 무엇이 허용될 수 있는지에 대한 루터교회와 개혁주의 교회의 해석상에 작지 않은 차이가 발생했다.[42]

세 번째 계명은 "여호와 하나님의 이름을 망령되이 일컫지 말라"이다. 소요리문답에서 루터는 이 계명을 다음과 같이 설명한다. "우리는 하나님을 두려워하고 사랑해야 한다. 따라서 우리는 그분의 이름으로 저주하고, 맹세하고, 마술을 부리고, 거짓말하고, 속이는 일을 해서는 안 되며, 오히려 모든 어려움, 기도, 찬양, 그리고 감사의 때에 그 이름을 불러야 한다." 칼뱅은 그 자신의 교리문답에서도 비슷한 설명을 한다. 하지만 『기독교강요』에서 그는 그에 대한 논의를 좀더 확대한다. 다시 한 번 우리는 그 명령의 적극적 취지가 맨 먼저 나오는 것에 주목하게 된다. "첫째, 우리가 마음으로 하나님에 대해 무슨 생각을 하

41 앞의 책, 2.8.16.
42 앞의 책, 2.8.21.

든, 우리의 입으로 무슨 말을 하든, 그것들은 모두 그분의 탁월하심을 드러내야 하고, 그분의 거룩한 이름의 높음에 걸맞아야 하며, 끝으로 그분의 위대하심을 기리는 역할을 해야 한다." 이 계명에는 "그분의 거룩한 말씀과 예배받기에 합당한 신비로운 속성들"의 존경어린 사용과 "그분의 지혜, 의로우심, 그리고 선하심에 대한 찬양"이 포함된다.[43] 칼뱅은 원래의 문맥에서 이 계명이 특히 법정에서의 맹세를 가리킨다는 점에 주목한다. 우리는 이런 맹세들을 단순히 다른 사람들이 아니라 하나님께 행하는 맹세로 간주해야 한다.[44] 그와 동시에 칼뱅은 산상수훈이 법정에서 그런 맹세를 금지한다고 해석하는 아나뱁티스트의 견해에 도전한다.[45]

네 번째 계명에 대한 그의 해석은 굉장한 주목을 받아왔다. 루터, 츠빙글리, 부처, 그리고 대부분의 종교개혁자들처럼, 칼뱅 역시 특정한 날들에 대한 "미신적" 집착에 예리하게 반대했다. 이 반대는 로마 교회와 아나뱁티스트를 겨냥한 것이었다. 첫째, "이 계명의 목적은 우리가 자신의 취향과 행위에 대해 죽은 만큼 하나님 나라에 대해 묵상하되 그분이 정하신 방식을 따라 묵상하도록 만드는 것이다." 이어서 칼뱅은 이렇게 덧붙인다. "초기의 교부들은 통상적으로 이 계명을 하나의 예표(豫表)라고 불렀다. 이유인즉 거기에 한 날을 외적으로 지키는 것이 포함되어 있는데, 그것은 그리스도의 오심과 더불어 다른 상징들과 함께 폐지되었기 때문이다."[46] 그리고 셋째, 칼뱅은 이 계명의 의식적(儀式的) 측면과 도덕적 측면을 나누는 중세의 구분을 거부하는데,

43 앞의 책, 2.8.22.
44 앞의 책, 2.8.23.
45 앞의 책, 2.8.26.
46 앞의 책, 2.8.28.

그것은 그 날을 일요일로 바꾸기만 하고 안식일 계명을 그대로 남겨 두었기 때문이다.

> 따라서 그 옛날 사람들을 유대교의 견해로 괴롭혔던 거짓 예언자들의 하찮은 생각을 없애버려라. 그들은 이 계명의 의식적 부분만(그들의 용어로 말하자면 일곱째 날을 "지정하는 것") 폐지되었을 뿐 도덕적 측면은 남아 있다고, 즉 일곱 날 중 한 날을 정하는 측면은 남아 있다고 주장했다. 그러나 이것은 단지 유대인들에 대한 책망의 일환으로 그 날을 바꾸는 것일 뿐, 마음으로는 그 날의 신성함을 계속해서 지키는 셈이다.…자기들의 규약을 고집하는 자들은 안식일과 관련된 어리석은 미신을 지키는 면에서 유대인들보다 세 배나 심하다.

요컨대, 이 계명에서 우리에게 여전히 해당하는 부분은 "우리가 거룩한 모임을 자주 가져야 하며 하나님에 대한 예배를 도울 수 있는 외적 보조 수단들을 사용해야 한다는 것이다."[47] 칼뱅은 "영적 안식의 예표야말로 안식일에서 가장 중요한 위치를 차지한다"라고 주장한다.[48] "그러나 주 그리스도가 오심으로써 이 계명의 의식적 측면이 폐지된 것은 의심할 여지가 없다. 그분 자신이 진리이기에 그분의 임재로 인해 모든 상징들은 사라진다. 그분이 실체이기에 그분의 나타나심으로 인해 모든 그림자들은 뒤로 물러간다. 그리고 단언하건대, 그분이야말로 안식일의 참된 성취이시다." 그러므로 그 계명의 참된 의미는 "어느 한 날에 국한되지 않고 우리의 삶의 전 과정 동안, 즉 우리가 우

---

47 앞의 책, 2.8.34.
48 앞의 책, 2.8.29.

리 자신에 대해 완전히 죽고 하나님의 생명으로 가득 찰 때까지 확장된다. 그러므로 그리스도인은 특정한 날들을 미신적으로 준수하는 일을 철저하게 금해야 한다."[49]

이것은 장로들이 우리에게 특정한 날에 모이도록 명령해서는 안 된다는 뜻은 아니다. 매주 모이는 주일에 가장 큰 중요성이 부여되었고, 그리스도의 탄생, 십자가 죽음, 부활, 승천, 그리고 성령강림 등도 그 각 사건과 가장 가까운 주일에 경축되었다.[50] 칼뱅은 이렇게 말한다. "비록 안식일이 폐지되었을지라도, 여전히 우리에게는 다음과 같은 일이 있다: (1) 하나님의 말씀을 듣고, 신비한 떡을 떼고, 공적 기도를 드리기 위해 정해진 날에 모이는 것(행 2:42); (2) 종들과 일꾼들에게 일을 그치게 해주는 것." 그리고 이렇게 덧붙인다. "하나님의 말씀은 우리에게 교회에서 모일 것을 명령한다." 그리고 교회는 그런 정기적인 모임을 위한 때와 장소를 정할 권위를 부여받았다. 우리는 매일 모여야 한다! "그러나 만약 여러 사람이 연약하여 매일 모임을 갖는 것이 불가능하다면, 그리고 사랑의 원칙이 그들에게 더 이상 요구하지 말라고 한다면, 어째서 우리가 하나님의 뜻에 의해 우리에게 주어진 질서를 따라서는 안 된다는 말인가?"[51]

그러므로 주일은 그날이 안식일이어서 구별되는 것이 아니라, 오히려 "지금 우리가 그날을 교회의 질서 유지에 필요한 방도로 사용하고

---

49 앞의 책, 2.8.31.

50 이 점과 관련해 대륙에서의 발전과 영국에서의 발전 사이에 약간의 차이가 존재한다. 도르트 교회 질서(The Church Order of Dort)는 성탄절, 성금요일, 부활절, 승천절, 그리고 오순절을 위한 특별한 예배를 요구한다. 반면에 청교도들은 교회력에서 이런 날들을 제외시켰는데, 대신 의회에 특별한 금식일이나 감사절을 제정할 것을 요구했다.

51 Calvin, *Institutes* 2.8.32.

있기에" 구별된다.[52]

> 그러나 옛 사람들이 신중한 분별력 없이 안식일을 (우리가 일컫는바) 주일로 대체한 것이 아니다. 고대의 안식일이 상징했던 참된 안식의 목표는 주님의 부활로 성취되었다. 그러므로 그 그림자를 종결시킨 바로 그 날에 의해 그리스도인들은 그 그림자 의식에 집착하지 말라는 경고를 받고 있다. 나는 또한 교회를 그것에 종속시키는 "일곱"이라는 숫자에도 집착하지 않는다. 또한 나는, 만약 미신이 개입하지만 않는다면, 교회가 다른 날들을 정해 모임을 갖는 것도 정죄하지 않을 것이다.[53]

이웃 사랑: 두 번째 돌판

칼뱅은 다섯 번째 계명이 지닌 좀더 넓은 범위를 가리킨다. 그는 신약성경의 구절들에 호소하면서 부모를 공경하라는 계명에 하나님이 권위를 주신 모든 이들에 대한 존경과 순종을 포함시킨다.[54] 그러나, "만약 그들이 우리로 하여금 율법을 어기도록 부추긴다면, 우리는 그들을 부모로 존경하지 않고 우리를 우리의 참된 아버지에 대한 순종에서 멀어지게 하는 낯선 이들로 여길 완전한 권리를 갖는다."[55]

여섯 번째 계명은 단순히 살인만 금하는 것이 아니라 우리의 이웃의 안녕을 증진시키고자 하는 내적 의도와 외적 행위를 요구한다.

> 그러므로 여기서 우리는, 만약 우리 안에 이웃의 생명을 구하는 데 소용

52 앞의 책, 2.8.33.
53 앞의 책, 2.8.34.
54 앞의 책, 2.8.35.
55 앞의 책, 2.8.38.

이 될 만한 무언가가 있다면 그것을 충실하게 사용하라는, 그들의 평안을 위해 도움이 되는 무언가가 있다면 그것을 반드시 행하라는, 그리고 만약 해로운 것이 있다면 그것을 제해 버리라는, 그들이 위험에 빠져 있다면 도움의 손길을 내밀라는 명령을 받고 있는 셈이다.

그 계명은 단순히 우리의 손만이 아니라 마음까지 소환한다. 왜냐하면 "증오는 지속적인 분노와 다르지 않기 때문이다."[56]

수많은 프로테스탄트 신자들이 나치 점령하의 독일과 네덜란드와 프랑스에서 유대인들을 숨겨주었던 것은 바로 이 계명의 넓이와 깊이에 대한 그런 이해 때문이었다.

성경은 이 계명이 이중적 근거에 기초하고 있음을 알려준다. 그것은 사람이 하나님의 형상인 동시에 우리의 혈육이라는 것이다. 그러므로 만약 우리가 하나님의 형상을 해치기를 원치 않는다면, 우리의 이웃을 거룩한 존재로 여겨야 한다. 만약 우리가 모든 인류를 버리고 싶지 않다면 그들을 우리 자신의 혈육처럼 소중히 여겨야 한다. 다른 곳에서 우리는 이 권면이 어떻게 그리스도의 구속과 은혜로부터 나오는지에 대해 논할 것이다.[57]

하인은 노예가 아니다. 칼뱅은 에베소서 6:9절에 대해 주석하면서 "상전의 오만함에서 비롯되는 모든 경멸의 표현은 '위협하다'라는 단 하나의 단어 안에 들어 있다"라고 말한다. 그는 "상전들은 주인 행세

---

56 앞의 책, 2.8.39.

57 앞의 책, 2.8.40.

를 하거나 우월한 태도를 취하지 말라는 명령을 받는다"라고 경고한다. "위협과 다른 모든 형태의 잔인함은 여기에서, 즉 주인들이 그들의 하인들을 마치 그들이 자기들만을 위해서 태어난 것처럼 여기고 또한 그들을 마치 소떼 이상의 가치를 갖고 있지 않은 것처럼 다루는 데서 비롯된다."[58]

일곱 번째 계명은 성적 순결을 요구하지만 독신을 요구하지는 않는다. 어떤 이들은 독신의 은사를 받는다. 하지만 결혼을 하지 않았으나 성적 유혹에 시달리는 이들은 "자신들의 소명에서 벗어나 있는 것이다."[59] 요컨대, "오직 독신 생활을 준수할 수 있는 사람에 한해서 결혼을 면제시켜 주어야 한다."[60] 에모리 대학교의 존 위티(John Witte Jr.) 교수는 칼뱅이 서구의 결혼관을 변화시켰다고 주장한다. 루터와 다른 종교개혁가들처럼 칼뱅도 독신생활이 결혼생활보다 우월하다는 주장에 반대했다. 하지만 더 나아가, 그는 중매결혼처럼 단지 사회적 지위에 기초한 것이 아니라 사랑에 기초한 구애와 결혼에 대한 새로운 견해를 제시했다. 게다가 그는 과부들의 재혼을 격려하고 학대받는 아내들의 문제에도 관심을 기울였다. 이 모든 문제들은 아주 심각했음에도 중세의 경건에서는 대체로 간과되었다. 그러나 칼뱅은, 제네바 교회의 컨시스토리가 그랬던 것처럼, 그런 문제들을 정면으로 다뤘다.[61] 여자들의 지위가 하인들보다 조금 높았던 시대에 칼뱅은 이렇게 경고했다. "그러므로 자기 아내를 사랑하지 않는 남자는 괴물이

---

58 Calvin on Eph. 6:9, in *Calvin's Commentaries*, 21:332.

59 Calvin, *Institutes* 2.8.42.

60 앞의 책, 2.8.43.

61 John Witte Jr. and Robert M. Kingdon, *Sex, Marriage, and Family in Calvin's Geneva, vol. 1, Courtship, Engagement, and Marriage* (Grand Rapids: Eerdmans, 2005)를 보라.

다."[62]

여덟 번째 계명은 단순히 도둑질만 금하는 것이 아니라 "다른 이의 소유물을 탐내는 것" 자체를 금하며, 또한 더욱 적극적으로 우리에게 "각 사람이 자신의 소유물을 지키는 것을 돕도록" 명령한다. 칼뱅은 궁극적으로 이 계명의 근거를 사유재산권이 아니라 하나님의 섭리에 둔다. "우리는 각 사람이 소유하고 있는 것이 단지 우연히 온 것이 아니라 만유의 주님의 분배에 의해 온 것으로 여겨야 한다."[63] 여기서 다시 한 번 그가 갖고 있는 인간 중심적이 아닌 하나님 중심적 성향이 나타난다. 이 원칙은 마치 이웃의 권리를 침해하지 않는 것이 궁극적 목표인 것처럼 "다른 이에게 해를 입히지 말라"는 것이 아니다. 오히려 우리는 **하나님께** 책임을 져야 하므로 우리의 이웃과 그의 소유물을 존중해야 한다. 때때로 우리 이웃의 물건들은 "겉보기에 합법적인 수단에 의해" 강탈당한다. 하나님은 이것을 아신다. "그분은 강한 자들이 냉혹하고 비인간적인 법으로 약한 이들을 압제하고 짓누르는 것을 알고 계시다." 우리는 "그런 불의"에 맞서야 할 의무가 있다.[64] 이 계명은 또한 우리에게 "우리의 풍성한 것들로 어려운 일에 시달리는 이들의 필요를 채워주라"는 의무를 부과한다.[65]

아홉 번째 계명은 법정에서 위증하는 것을 금한다. 칼뱅은 적극적 의미에서 그 계명은 우리에게 이웃의 좋은 평판을 보호할 것을 명령한다고 말한다. 루터 역시 그의 소요리문답에서 이와 비슷한 설명을 한다. 거기서 그는 이 계명이 우리에게 이웃에 대해 선한 생각을 하고

62 Calvin on Eph. 5:28, in *Calvin's Commentaries*, 21:322.

63 Calvin, *Institutes* 2.8.45.

64 앞과 동일.

65 앞의 책, 2.8.46.

"모든 것을 가장 좋은 방식으로 해석할 것"을 요구한다고 말한다. 칼뱅에 따르면, 우리가 무언가에 대해 서둘러 결론을 내릴 때, 대개 그것은 우리의 이웃을 비난하는 것이 된다. 우리는 이웃의 결점을 드러내기보다 덮으려 해야 한다. "그러나 우리가 이와 관련해 얼마나 별 생각 없이 거듭해서 죄를 짓는지를 살펴보면 놀라지 않을 수 없다. 사실 이 질병으로 인해 고통을 당하지 않는 사람이 드물다." 험담은 우리가 교회 안에서조차 쉽게 관용하는 죄들 중 하나다. 하지만 칼뱅은 험담을 엄격하게 비난한다. "사실 이 계명은 우리가 농담을 가장해 신랄한 조롱이 담긴, 예의바른 체하는 태도도 금한다." 많은 이들이 다른 이들을 수치스럽게 만드는데, "때로는 이런 뻔뻔함으로 형제들에게 심한 상처를 주기도 한다."[66]

열 번째 계명, 즉 탐내지 말라는 금지명령과 관련해, 칼뱅은 사랑이 우리 삶의 원칙이 되어야 한다고 지적한다. 사랑은 진정 율법의 요약이다. 이 계명은 하나님이 이 모든 규율을 통해 요구하시는 것이 단순한 외적 순응이 아니라 내적인 의라는 것을 우리에게 상기시켜 준다.[67]

결론적으로, 칼뱅은 도덕법에 속한 이런 계명들과 우리가 신약성경에서 발견하는 권면들 사이에 본질적으로 아무런 차이가 없다고 주장한다. 하나님의 성품은 변하지 않았다. 오늘날에도 하나님은, 늘 그러셨던 것처럼, 우리를 우리 존재의 근원인 하나님의 사랑을 반영하는 사랑의 삶으로 소환하신다.[68] 칼뱅은 "그러므로 믿음은 참된 경건의

66 앞의 책, 2.8.48.
67 앞의 책, 2.8.50.
68 앞의 책, 2.8.51.

뿌리다"라고 말한다.[69] 복음은 믿음을 창조한다. 그리고 믿음은 사랑과 선행이라는 열매를 맺는다.

십계명이 그러하듯, 칼뱅은 우리가 하나님과 다른 사람들에 대해 갖는 의무를 강조한다. 이것을 우리 자신에게 초점을 맞추도록 만드는 각종 영적 훈련과 미덕 함양 전략들의 통상적인 목록과 비교해보라. 칼뱅은 「성 베네딕트의 규칙」(the Rule of Saint Benedict, 성 베네딕트가 수도사들을 위해 6세기경에 작성한 계율—역주)에 대해 잘 알고 있었다. 그것은 완전한 사랑과 천국에 이르는 "12단계의 겸손"으로 이루어진 사다리를 제공한다.

그중 첫 번째 단계는 "하나님을 조롱하는 모든 이들은 그들의 죄 때문에 지옥에서 불타게 될 것이고, 반면에 하나님을 공경하는 모든 이들은 그들을 기다리고 있는 영생을 맛보게 될 것이라는 점에 유념하는 것이다."[70] 우리의 생각과 육체적 갈망은 "하나님의 시야 안에 있으며 천사들에 의해 매순간 보고된다."[71] "겸손의 두 번째 단계는 우리 자신의 뜻을 사랑하거나 우리의 갈망을 만족시키는 데서 기쁨을 얻으려 하지 않는 것이다."[72] 세 번째 단계는 "하나님에 대한 사랑 때문에 모든 소수녀원 원장이나 대수도원장에게 복종하며 굴복하는 것이다."[73] 네 번째 단계는 "마음으로 조용하게 고통을 끌어안고 약해지거나 도피를 추구하지 않으면서 그것을 견디는 것이다."[74] 다섯 번째 단

---

69 Calvin on Ps. 78:21, in *Calvin's Commentaries*, vol. 5, trans. James Anderson (Grand Rapids: Baker, 1996), 245.

70 Joan Chittister, *OSB, The Rule of Benedict: A Spirituality for the Twenty-First Century* (New York: Crossroad, 2010), 79.

71 앞과 동일.

72 앞의 책, 83.

73 앞의 책, 84.

계는 모든 죄를 정기적으로 소수녀원 원장이나 대수도원장에게 고백하는 것이다.[75] 여섯 번째와 일곱 번째 단계는 "가장 낮고 가장 비참한 대우에도 만족하고" "우리가 다른 모든 이들보다 열등하고 가치가 없으며" 심지어 "벌레만도 못하다"는 사실을 인정하는 것이다.[76] 여덟 번째 단계는 수도원의 공동 규칙을 엄격하게 준수할 것을 요구한다. 반면에 아홉 번째 단계는 누가 먼저 말을 걸기 전에는 침묵할 것을 요구하며, 열 번째와 열한 번째 단계는 웃음을 금한다.[77] 그리고 마지막으로 열두 번째 단계는 수도사들과 수녀들에게 계속해서 하나님 앞에서 그들이 갖고 있는 죄책을 떠올리며 자신들의 죄에 대해 설명할 것을 요구한다.[78] "그러므로 이제 겸손의 모든 단계들을 오른 후에, 우리는 즉각 '두려움을 내어 쫓는' 하나님에 대한 '완전한 사랑'(요일 4:18)에 이르게 될 것이다."[79]

이를 비롯한 그 규칙의 여러 다른 규례들은 주로 **개인에게** 초점을 맞춘다. 이것은 이해할 만한 일인데, 그것이 규제하고자 하는 삶이 세상으로부터 물러난 삶이기 때문이다. 실제로 그것은 심지어 교회로부터 물러난 삶이기도 하다. 왜냐하면 모든 일이 수도원의 담장 안에서 일어나기 때문이다.

이와 대조적으로, 칼뱅은 하나님의 계명들이 오직 우리가 하나님 및 서로서로(배우자, 자녀, 부모, 고용주, 동료, 고용인, 동료 시민들, 그리고 교회 안의 형제와 자매들)와 더불어 일상생활에 개입하는 **사회적 맥락 안에서**만 의미

---

74 앞의 책, 85.
75 앞의 책, 88.
76 앞의 책, 91.
77 앞의 책, 92-95.
78 앞의 책, 97-98.
79 앞의 책, 98.

를 갖는다고 주장했다.

칼뱅이 요구하는 경건은 율법주의와 반(反)율법주의 모두를 경계한다. 그리고 이것은 개혁주의 신앙고백들에 잘 요약되어 있다. "이생에서는 가장 거룩한 사람들조차 이런 순종의 시작 단계에 있을 뿐이다. 그럼에도 그들은 아주 진지한 목적을 갖고 하나님의 계명들 중 단지 몇 가지가 아니라 모두를 따라 살아가기 시작한다."[80] "그러므로 의롭게 하는 믿음이 사람들로 경건하고 거룩한 생활을 게으르게 영위하게 만든다든지, 반대로 그 믿음이 없으면 사람이 하나님께 대한 사랑으로 그 어떤 일도 할 수 없고 다만 자기애(自己愛)나 저주에 대한 두려움 때문에 행할 뿐이라는 견해는 진실과 거리가 아주 멀다."[81]

이것은 마침내 하나님 앞에서 우리의 입장과 우리 자신에게 집착하기보다 다른 이들과 그들의 필요를 배려하는 삶을 살도록 우리를 해방시킨다. 이것은 우리가 하나님을 기쁘게 하도록 부르심을 받았는지에 관한 문제가 아니라, 법정에서 우리의 행위를 판단하는 재판관이신 하나님을 기쁘게 하고 있는지, 아니면 이미 우리를 그리스도의 공동상속자로서 받아들이신 우리의 아버지이신 하나님을 기쁘게 해드리려 하고 있는지의 문제다.

> 그러나 만약 그들이 율법의 이런 가혹한 요구 혹은 엄격함으로부터 해방되어 하나님 아버지의 부드러운 음성을 듣는다면, 그들은 즐겁게 그리고 굉장한 열정을 지닌 채 그 음성에 응답할 것이고 그분의 이끄심을

---

80 The Heidelberg Catechism, Lord's Day, q. 114, in *The Psalter Hymnal: Doctrinal Standards and Liturgy of the Christian Reformed Church* (Grand Rapids: Board of Publications for the CRC, 1976), 56.

81 The Belgic Confession, art. 24, in *The Psalter Hymnal*, 80.

따르게 될 것이다. 요컨대, 율법의 멍에에 묶인 자들은 주인에게서 매일 할 일을 할당받는 종들과 같다.…그러나 아버지들에게 좀더 너그럽고 공정한 대우를 받는 아들들은 절반밖에 못한 일과 불완전한 일까지 있는 그대로 내놓는다. 비록 그 일이 아무리 작고 보잘것없고 불완전할지라도, 자기들의 순종과 기꺼움 때문에 자비로운 아버지의 인정을 받을 것으로 믿기 때문이다.…그러나 만약 하나님이 우리의 행위로 인해 마음이 상할지 영광을 받으실지 모르겠다고 의심한다면, 그처럼 불안한 상황 속에서 이런 일이 어떻게 이루어질 수 있겠는가?[82]

그리스도인의 삶에서의 율법과 자유

루터는 『그리스도인의 자유』에서 신자들은 그리스도 안에서 모든 사람의 주인이자 그 누구의 종도 아닌 동시에, 또한 모든 사람의 종이자 그 누구의 주인도 아니라는 역설을 설파한 바 있다. 우리는 그리스도 안에서 율법의 지배로부터 자유롭기 때문에 "우리가 이웃에게 순종하는 것을 이상하게 여겨서는 안 된다. 왜냐하면 하나님은 바로 그런 상황을 염두에 두고 우리를 창조하셨기 때문이다."[83] 값없이 하나님의 상속자가 된다는 것은 이웃의 종이 되는 것을 의미한다. 여전히 율법은 우리에게, 이제는 두려움 때문이 아니라 서로에 대한 자유로운 순종 때문에 사랑한다는 것이 무슨 뜻인지를 알려주며 사랑하는 소명을 부여한다.

칼뱅에게 그리스도인의 자유는 우리가 취하거나 버릴 수 있는 부차

---

82 Calvin, *Institutes* 3.19.5.

83 Calvin, *Sermons on the Epistle to the Ephesians* (Edinburgh: Banner of Truth, 1973), 564.

적인 문제가 아니다. 그는 그 자유를 "칭의의 부속물 [혹은 부록]"이라 부른다. 그리고 실제로 이에 대한 논의는 칭의 교리 직후에 나온다.

> 이제 우리는 그리스도인의 자유에 대해 살펴보아야 한다. 복음의 가르침을 요약하고자 하는 사람은 이 주제에 대한 설명을 빠뜨려서는 안 된다. 왜냐하면 그것은 아주 절실한 문제이고, 그것에 대한 지식이 없다면 우리의 양심은 무슨 일을 하든 의심할 수밖에 없고, 많은 일들과 관련해 머뭇거리거나 뒷걸음질 칠 수밖에 없으며, 계속해서 이리저리 흔들리거나 두려움에 빠질 수밖에 없기 때문이다. 그러나 자유는 특히 칭의의 부속물이라 할 수 있으며 그 능력을 이해하는 데 적지 않게 도움이 된다.[84]

만약 우리가 실제로 매일의 삶속에서 우리를 향한 하나님의 관대함을 경험하지 못한다면, 도대체 칭의 교리가 무슨 소용이 있겠는가?

연약한 형제들에게는 어찌해야 하는가?

이 지점에서 칼뱅은 삐딱한 이들이 종종 로마서 14장에 나오는 "연약한 형제들"의 문제를 제기한다고 말한다. 아마도 금요일 저녁에 만찬을 열고 재의 수요일에 소시지 바비큐 파티를 여는 취리히의 관습을 회상하면서, 칼뱅은 자신들이 새로 발견한 자유를 과시하는 자들을 꾸짖는다. 자유 그 자체는 좋은 것도 나쁜 것도 아니지만 영적 오만함에 의해 부패하는데, 그 오만함은 하나님께 너무 큰 불쾌감을 주기에 그에 대한 금지명령을 초래할 정도다. 이것은 그리스도인의 자유라는 깃발을 휘두름으로써 우월성을 자랑하는 일종의 역전된 율법

---

84 Calvin, *Institutes* 3.19.1.

주의다. 당신은 다른 이들에게, 만약 그들이 그것이 하나님의 뜻에 반하는 것이라고 믿고 있다면, 금요일에 고기를 먹거나 포도주를 마시라고 권해서는 안 된다. 오히려 당신은 그들의 양심이 하나님 앞에서 자유로워지도록 먼저 그들을 가르쳐야 한다.

그러나 칼뱅은 율법주의가 너무 자주 "연약한 형제" 논쟁 아래에서 피난처를 얻는다고 주장한다. 이 경우에 "나쁜 뜻이나 사악한 의도를 품고" 행하지 않은 행동이라도 "신랄한 기질과 바리새적인 자만심을 지닌 이들에게…상처를 줄 수 있다." "그러므로," 칼뱅은 이렇게 결론짓는다, "우리는 전자를 연약한 자가 입는 상처로, 그리고 후자를 바리새인들이 입는 상처로 여겨야 한다. 우리는 우리의 자유를 연약한 형제들의 무지를 고려해 사용해야 하지만, 바리새인들의 엄격함에 대해서까지 신경을 쓸 필요는 없다."[85]

바울은 아직 복음을 이해하지 못하는 유대인들에게 상처를 주지 않으려고 디모데에게 할례를 권했다. 그러나 할례를 요구하는 유대 그리스도인들에게는 격렬하게 반대했다.[86] 이와 비슷하게, 우리는 교황과 그의 수도사들의 말에

> 귀를 기울여서는 안 된다. 그들은 온갖 사악한 일들을 도모하는 데 우두머리 노릇을 하면서도 마치 자기들이 이웃에게 상처를 주지 않기 위해 그렇게 행동할 수밖에 없는 척한다. 그리고 이것은 마치 그들이 그렇게 하면서 이웃의 양심을 일으켜 세워 악에 빠지지 않게 하고 있는 것처럼 보이게 한다. 특히 그들은 그런 진창에 빠져 헤어 나올 길이 없을 때 그

85 앞의 책, 3.19.11.

86 앞의 책, 3.19.12.

런 논리를 편다. 또한 그들은 그들의 이웃이 교리를 통해서든 삶의 본보기를 통해서든 가르침을 받아야 할 때 그들에게 가장 나쁘고 치명적인 의견을 심어주면서 그들은 여전히 젖을 먹어야 한다고 점잖게 말하기도 한다.[87]

칼뱅은 교회의 권위, 교리, 예배, 그리고 삶을 오직 하나님이 그분의 말씀으로 분명하게 명령하신 것에 국한시킨다는 점에서 율법주의의 적이다. 그는 율법주의를 "신앙을 빙자한 불신앙적 열정" 혹은 "하나님의 말씀과 무관하게 의를 얻는 방법을 고안해 내는 일을 기뻐하는 것"이라고 부른다. "흔히 선행으로 간주되는 것들 가운데서도 율법의 계명들은 아주 협소한 자리만 차지할 뿐이며, 반면에 인간이 만들어낸 무수히 많은 계명들이 거의 모든 자리를 차지한다."[88] 칼뱅은 마치 베네딕트의 규칙을 염두에 두고 있었던 듯 이렇게 덧붙인다. "그리고 우리는 웃지 말라거나, 배불리 먹지 말라거나, 오래된 것이나 조상들이 물려준 것에 새로운 소유를 더하지 말라거나, 음악을 즐기지 말라거나, 포도주를 마시지 말라거나 하는 명령을 받은 바 없다." 그런 것은 우리가 경멸해서도 안 되고, 탐욕과 폭식과 중독 등으로 부패시켜서도 안 되는 좋은 선물들이다.[89]

그리스도는 우리의 자유를 위해 값을 지불하셨다. "그리고 이 자유에 대한 지식은 우리에게 매우 필요하다"라고 칼뱅은 말한다. "왜냐하면 만약 이것이 결여된다면, 우리의 양심은 쉼을 얻지 못할 것이고 미

87 앞의 책, 3.19.13.
88 앞의 책, 2.8.5.
89 앞의 책, 3.19.9.

신은 끝나지 않을 것이기 때문이다." 신자의 양심이 인간이 만든 규정에 묶이는 것은 결코 사소한 일이 아니다. "왜냐하면 일단 양심이 그런 그물에 걸려들면, 그것은 길고 복잡한 미로 속으로 빠지게 되고 거기에서 빠져나오기가 힘들어지기 때문이다." 실제로 그런 경우에 우리는 "아마포로 된 시트, 셔츠, 손수건, 냅킨을" 사용하는 것이 합당한지에 대해 의심하기 시작한다. 그리고 곧 "삼베를 사용하는 것에 대해 불편한 마음을 갖게 되고, 결국에는 거친 삼베를 쓰는 것에 대해서까지 의심을 품는다."

> 우리는 냅킨 없이 식사를 하거나 손수건 없이 돌아다닐 수 있지 않을까 하는 생각을 하게 된다.…만약 우리가 고급 포도주를 마시는 것에 대해 움찔하는 마음을 갖게 되면, 질 낮은 포도주도 마음껏 마시지 못하게 될 것이고, 결국에는 어떤 물이 다른 물보다 달고 맑을 경우 그 물에는 입조차 대지 못하게 될 것이다. 요컨대, 우리는 속담이 말하듯 길 위에 놓인 지푸라기 하나를 넘어가는 것까지도 잘못이라고 여기는 지경에 이르고 말 것이다.[90]

칭의 교리를 인정하는 이들은, 마치 빈틈없는 수도사들처럼, 생필품이 아니라 우리의 기쁨을 위해 존재하는 것들을 즐기는 것을 두려워할 수도 있다. 칼뱅은 이런 안타까운 상황이 어떤 이들에게는 혼란을 초래하고 다른 이들에게는 고삐 풀린 방종을 불러일으킨다고 말한다. 다시 말해, 그런 식의 율법주의는 반율법주의를 부추기는 연료가

90 앞의 책, 3.19.7.

된다.[91] 이런 사실은 역사를 통해 그리고 교회 안에서 우리의 경험을 통해 분명하게 드러나지 않는가? 성경에 근거하지 않은 기대가 지배하는 모든 곳에서는 틀림없이 반역이 나타나기 마련이다.

그러므로 적절한 태도는 "하나님의 선물들을 그분이 우리에게 주신 목적에 맞추어 아무런 양심의 거리낌이나 고민 없이 사용하는 것이다. 그런 확신을 가질 때 우리의 마음은 하나님과 더불어 평화를 누리고 우리를 향한 그분의 관대함을 인식하게 될 것이다."[92] 우리 아버지의 "관대함"은 너무나 커서 그분은 우리에게 꼭 필요한 것들뿐만 아니라 즐거움과 쾌락을 가져다주는 것들까지도 제공하신다. "그 관대함이 지닌 힘은 하나님 앞에서 두려워 떠는 양심, 즉 죄의 용서에 대해 근심하고 걱정하거나, 육신의 연약함으로 인해 오염된 우리의 불완전한 행위가 하나님을 기쁘게 할 수 있을지에 대해 우려하거나, 중요하지 않은 것들을 사용하는 것에 대해 괴로움을 느끼는 양심을 진정시키는 데 있다."[93]

칼뱅은 **사치스러운 탐닉**과 특히 수도원의 그리고 아나뱁티스트의 엄격함이 격려하는 **금욕적인 결핍**을 동일하게 불쾌한 것으로 보았다. 리처드 갬블은 다음과 같이 말한다.

> 칼뱅에 따르면, 꽃의 아름다움과 향기는 하나님께서 그리스도인이 기본적인 생필품만 갖고 사는 것을 원치 않으심을 보여준다. 성경은 "포도주는 사람의 마음을 기쁘게 한다"(시 104:15)고 가르친다. '선한' 창조에 비

---

91 앞과 동일.
92 앞의 책, 3.19.8.
93 앞의 책, 3.19.9.

추어 볼 때, 그리스도인의 양심은 세상의 재화와 관련해 성경의 범위를 벗어나는 규정들에 묶여서는 안 된다. 그러나 칼뱅은 성경이 그리스도인 공동체에게 세상의 물건들을 사용하고 즐기는 것에 관해 분명한 지침을 제공한다고 굳게 믿었다.[94]

"성화와 교회의 멤버십은 불가분의 관계에 있다."[95] 우리는 동료 순례자들이며, 한 몸이 되기 위해 성장해야 하고, 함께 걸어야 하고, 서로의 짐을 짊어져야 한다.

이런 목표를 감안한다면, 그리스도인의 자유가 어떻게 (율법주의자와 반율법주의자 모두에게) 방종으로 치닫는 홍수의 문을 여는 것으로 이해될 수 있겠는가? 신자들조차 "이웃 사람들보다 우아한 삶을 살고자 하는" 갈망을 느낄 수 있고, 또한 그것을 "그리스도인의 자유를 구실로 삼아" 정당화하려 할 수 있다. "하지만 그들이 지나치게 탐욕스러워질 때, 그런 것들을 오만하게 자랑할 때, 사치스럽게 낭비할 때, 그 자체로는 적법한 것들이 이런 악에 의해 틀림없이 더럽혀진다."[96]

믿음은 뿌리이고, 사랑은 규칙이다

칼뱅은 마침내 논의의 핵심에 도달한다. 여기서도 그는 바울의 주장을 따른다. 믿음을 그 뿌리로 가진 **사랑**은 그리스도인의 교제의 규칙이다. 우리는 복음에 담긴 모든 것이 이기심과 오만으로 가득 찬 세

---

94 Richard Gamble, "Calvin and Sixteenth-Century Spirituality: Comparison with the Anabaptists," in *Calvin Studies Society Paper, 1995, 1997: Calvin and Spirituality; Calvin and His Contemporaries*, ed. David Foxgrover (Grand Rapids: CRC Products Services, 1998), 35-36.

95 앞의 책, 38.

96 Calvin, *Institutes* 3.19.9.

상에서 사랑의 공동체를 창조하는 목적에 기여하는 것을 보지 못하는가? 바리새인과 반(反)바리새인은 모두 사랑이 아닌 독선을 따라 행동한다. 그러나 우리는 믿음의 자유와 사랑의 율법 중 하나를 선택하도록 강요받아서는 안 된다. "우리의 자유가 사랑에 굴복해야 하듯, 거꾸로 우리의 사랑은 순결한 믿음 아래 있어야 한다."[97]

요컨대, 신실한 그리스도인들은 "주님께서 그들을 해방시킨 그런 문제에 다시 속박되어서는 안 된다. 그러므로 우리는 그들이 모든 사람의 권세로부터 풀려났다는 결론에 이르게 된다."

> 그리스도께서 그분의 관대하심에 대한 우리의 감사를 잃으셔도 안 되며 우리의 양심이 그로 인한 유익을 잃어서도 안 된다. 우리는 그리스도께서 이를 위해 치르신 큰 값을 가볍게 여겨서는 안 된다. 왜냐하면 그분은 그 값을 금과 은이 아니라 그분 자신의 피로 치르셨기 때문이다(벧전 1:18-19). 바울은 만약 우리가 우리의 영혼을 사람들에게 굴복시킨다면 그리스도의 죽음은 무효가 된다고 거침없이 말한다(참고. 갈 2:21). 갈라디아서의 몇 장을 통해 바울은 계속해서 우리에게, 만약 우리의 양심이 자유 안에 확고하게 서 있지 않다면, 우리에게서 그리스도가 희미해지거나 심지어 소멸되리라는 것을 알려주려고 애쓴다.[98]

간편한 해결책은 규칙을 만들거나 깨는 것이다. 좀더 어려운 과정은 그리스도께서 우리를 위해 값주고 사신 자유를 지혜와 서로에 대한 사랑으로 유지하는 것이다. 이 주제에 대한 반발을 묘사하는 칼뱅

---

97 앞의 책, 3.19.13.
98 앞의 책, 3.19.14.

의 글은 여전히 오늘날에도 적실하다. 그에 따르면, "누군가 그리스도인의 자유를 언급하기만 하면," 어떤 이들은 "이 자유를 구실로 삼아 하나님에 대한 모든 순종을 떨쳐버리고 고삐 풀린 방종 속으로 빠져든다." 반면에 "다른 이들은 그것이 모든 절제와 질서와 선택권을 빼앗는다고 여기면서 그것을 경멸한다."

> 이런 곤혹스러운 상황 가운데서 우리는 어떻게 해야 하는가? 그런 위험을 초래할 수도 있는 것들을 차단하면서 그리스도인의 자유에 대해 작별을 고해야 하는가? 그러나 우리가 말해왔듯, 만약 우리가 이 자유를 이해하지 못한다면, 그리스도도, 복음의 진리도, 그리고 영혼의 내적 평안도 올바르게 알 수 없다. 그러므로 오히려 우리는 그 가르침의 필수적인 부분이 억압되지 않도록 조심하고, 또한 동시에 그와 관련해 자주 제기되는 어리석은 반론들에 대응해야 한다.[99]

루터처럼 칼뱅 역시 양심의 중요성을 강조한다.[100] 어떤 문제들에 대해 양심의 가책을 느끼는 연약한 자들이 강한 자들에 의해 상처를 받아서는 안 된다. "바리새인들"은 다른 이들의 양심을 그들 자신의 율법으로 묶어서는 안 된다. 칼뱅은 "사랑이 규칙이 되게 하라"고 권한다. "그러면 모든 일이 잘 될 것이다."[101] "육신을 죽이는 일은 그리스도의 십자가의 결과다."[102] 성령은 말씀을 통해 믿음을 낳는다. 이 믿음은 하나님의 율법이 묘사하는 선행으로 드러나는 사랑이라는 열

---

99 앞의 책, 3.19.1.
100 앞의 책, 3.19.2.
101 앞의 책, 3.19.13.
102 Calvin on Gal. 5:24, in *Calvin's Commentaries*, 21:169.

매를 맺는다. 칼뱅에게는 칭의가 복음의 중요한 일부이듯 "사랑은 그리스도인의 완전함[성화]의 중요한 일부를 이룬다."[103]

그러나 칼뱅은 신자인 우리들조차 사랑에 이기심이 섞여 있음을 보게 된다고 주장한다. "비록 오늘날 복음이 우리들 가운데서 순전하게 선포되고 있을지라도, 우리가 형제애와 관련해 얼마나 성숙하지 못한지를 생각할 때, 마땅히 우리는 우리의 게으름에 대해 부끄러워해야 한다."[104]

불가피하게, 그리스도의 몸 안에서 함께 영위되는 우리의 삶에서는 일상의 실제적인 문제들을 접할 때 타협이 일어나기 마련이다. "바리새인들"도 있고, "자유주의자들"도 있다.[105] 그들은 얼핏 서로 다르게 보이지만, 둘 다 복음에 대한 믿음에서 나오는 사랑보다 교만함에 의해 추동된다.

이처럼 칼뱅의 주장은 루터가 『그리스도인의 자유』에서 했던 주장을 그대로 따른다. 정확히 말해, 신자는 모든 율법의 굴레를 뛰어넘어 그리스도 안에서 성장해왔기 때문에 자유와 사랑 안에서 모든 사람의 종이 될 수 있다. 이때 우리에게는 단순히 어떤 규칙을 만들거나 깨뜨리는 것만으로는 얻을 수 없는 지혜가 필요하다. 우리는 결핍의 세상에 살지 않고 형제자매들과 함께 풍성한 식탁에 앉아있다. 우리는 이

---

103 Calvin on Gal. 5:14, in *Calvin's Commentaries*, 21:159.

104 Calvin on Mic. 4:3, in *Calvin's Commentaries*, vol. 14, trans. John Owen (Grand Rapids: Baker, 1996), 264.

105 "프랑스에서 일어난 분파적 운동들은 아나뱁티스트 운동이라기보다는 자유주의와 신비주의 운동들이었다. 칼뱅의 청년 시절에 오를레앙과 부르주에는 약간의 재세례파 신자들이 있었다. 그러나 이 용어는 독일의 신비주의자들, 이탈리아의 합리주의자들, 이단적 무정부주의자들, 그리고 소위 영적인 자유주의자들(*libertins spirituels*), 혹은 Quintinites 등을 모두 포괄하는 말이었다." Willem Balke, *Calvin and the Anabaptist Radicals*, trans. William J. Heynen (Grand Rapids: Eerdmans, 1981), 21.

미 그리스도 안에서 모든 것을 다함께 갖고있다. 그러므로 그 몸 안에서 영위하는 우리의 공동생활은 감사의 마음으로 선물을 교환하는 성탄절의 모습과 같아야 한다. 우리가 서로를 받아들일 수 있음은 그리스도 안에서 성부께서 우리 모두를 받아들이기 때문이다. "그리고 우리에게는 이런 확신이 아주 많이 필요하다. 그런 확신이 없다면, 우리가 하는 모든 일이 헛될 것이기 때문이다."[106]

106 Calvin, *Institutes* 3.19.5.

11. 하나님의 새로운 사회

공적 예배가 하나님의 은혜를 보여주는 "천상의 연극"이라면, 교회는 그 드라마가 공연되는 극장이자 그 공연의 열매인 셈이다. "비록 온 세계가 '하나님의 친절, 지혜, 정의, 그리고 권능을 보여주는 극장'이기는 하나, 칼뱅은 이 극장 안에서 교회야말로 오케스트라처럼 사실상 그 드라마를 가장 잘 보여주는 부분이라고 말한다."[1] "따라서 교회는 하나님에 의해 선택되어 '그분의 아버지다운 돌보심을 드러내는 극장'이 된다."[2] 아마도 칼뱅은 "구원을 받는 것"과 "교회에 속하는 것"의 차이를 이해하지 못했을 것이다. 그가 이해하는 바에 따르면, 교회는 참된 신자들의 영적인 몸일 뿐 아니라, 또한 가시적인 제도, 즉 "신자들의 어머니"이기도 하다. "그리고 교회의 사역만이 의심할 바 없이 하늘의 삶을 살도록 우리를 거듭나게 하는 수단이다."[3]

1 Herman J. Selderhuis, *Calvin's Theology of the Psalms* (Grand Rapids: Baker Academic, 2007), 228, on Ps. 135:13.

2 앞의 책, on Ps. 68:8.

3 Calvin on Ps. 87:5, in *Calvin's Commentaries*, vol. 5, trans. James Anderson (Grand Rapids: Baker, 1996), 402.

하지만 한 가지 질문이 떠오른다. 당신은, 특히 세상에 그토록 많은 일탈과 타락과 분열이 있는 것을 감안할 때, 참된 교회가 어디에 있는지를 어떻게 알 수 있는가? 로마 가톨릭 교회와 아나뱁티스트들은 손쉬운 답을 갖고 있었다. 양자는 서로 다른 방식으로 교회의 표지들을 하나로 축소시켰다. 바로 권징이었다. 로마 교회에 따르면, 올바른 **사역자**가 올바른 **사역**을 보증한다. 교황의 권징에 복종하는 회중이 있는 모든 곳에는 참된 가시적 교회의 일부가 존재한다. 올바른 권징을 준수하는 모든 곳에는 올바른 교리와 성례의 사역이 존재한다. 당연히 급진적인 프로테스탄트들은 교황을 인정하지 않았다. 그러나 그들은 참된 교회를 그 구성원들의 가시적 성결과 동일시했다. 경건한 자들과 불경건한 자들은 분명하게 구분되었다.

그러나 권위 있는 종교개혁자들은 이 대답이 교회의 존재의 근원을 엉뚱한 데서 찾는다고 생각했다. 교회는 그 자체를 낳을 수 없다. 교회의 존재의 근원은 교황도, 교회의 구성원들의 성결도 아니다. 오히려 그것은 교회 밖으로부터 교회에 전해진 복음이다. 종교개혁자들은 그 근원은 교회 조직의 외적 형식이 갖고 있는 위엄이나 구성원들의 믿음이나 경건에서가 아니라, 하나님 자신이 구원의 은혜를 통해 우리를 만나시겠노라고 약속하신 삼위일체 하나님의 임재 안에서, "즉 하나님 말씀의 순전한 선포와 성례의 적법한 시행"에서 찾아져야 한다고 주장했다.[4] "하나님의 말씀이 순전하게 선포되고, 성례가 그리스도가 정하신 규례를 따라 시행되는 모든 곳에는…하나님의 교회가 존

4 Calvin, *Institutes of the Christian Religion*, ed. John T. McNeill, trans. Ford Lewis Battles (Philadelphia: Westminster, 1960), King Francis I에게 바치는 헌사, 25.

재한다."[5]

참된 교회의 유일한 특징을 "올바른 권징"에서 찾는 것은 과도하게 실현된 종말론(over-realized eschatology)을 전제로 삼는다. 다시 말해, 그것은 그리스도의 재림 이전에 완전한 것을 기대한다. 우리는 아무런 의문, 유보, 혹은 불확실성도 없이 유일한 참된 교회를 가리킬 수 있기를 바란다. 우리는 그리스도의 재림 때까지 기다리지 않고 우리 스스로 알곡과 가라지를, 양과 염소를 분리시키기를 원한다. 이제는 모든 것이 뚜렷해서 더 이상 모호하지 않기를 바란다.

몇 해 전에 로마 가톨릭 신학자들 중 하나가 그런 견해를 요약한 바 있다. 그는 교회가 "혼합된 집회"(mixed assembly)라는 아우구스티누스의 견해를 비판하면서 이렇게 썼다. "확실히 교회는 죄인들로 가득 차 있다. 하지만 그들은 죄인인 만큼 교회에 포함시키면 안 된다. 그들은 교회 안에 '부적절한,' '이른바,' '겉보기의,' '그렇게 간주되는,' '자칭' 구성원들로 존재할 뿐, 죄인으로서 사랑의 공동체의 구성원이라고 주장해서는 안 된다."[6] 제1차 바티칸 공의회에 따르면, "놀라운 확장성, 탁월한 성결, 온갖 선한 일로 드러나는 무한한 열매, 그리고 가톨릭적 연합과 불굴의 안정성을 지닌 교회는 크고 영속적인 신뢰의 동기이자 또한 그것이 갖고 있는 신적 사명을 보여주는 반박할 수 없는 증거다."[7]

물론 프로테스탄트 분파들 중에도 카리스마를 지닌 지도자들, 기적

5 앞의 책, 4.1.9.

6 Hans Urs von Balthasar, *Church and World*, trans. A. V. Littledale with Alexander Dru (Montreal: Palm, 1967), 145-46.

7 Avery Dulles, SJ, *Models of the Church* (Garden City, NY: Doubleday, 1974), 123에서 재인용.

들, 외적인 경건, 그리고 가시적인 영향력 등에 호소하면서 그와 같은 주장을 하는 이들이 많다. 분명히 이런 운동들과 그 지도자들 혹은 특정한 분파들 역시 참된 교회임이 분명하다. 그들이 주장하는 가시적인 열매를 바라보라. 그러면 그것이 지니고 있는 하나님의 승인의 징표를 확인시켜줄 것이다. 우리 중 다수는 성숙한 신자들이 마을 교회들은 매우 경건하지 않다는 이유로 거짓 교회라고 치부하는 소리를 들으며 자랐다. 우리와 달리 그들은 참으로 거듭나지 않았다. 그들은 예수님과 **인격적** 관계를 맺고 있지 않다.

그러나 칼뱅은 이에 대해 "아니오"라고 말한다. 우리는 자신의 눈을 믿어서는 안 되고, 오직 귀를 기울여야 한다. 그럴 경우, 비록 그 교회가 여전히 악할지라도 말씀과 성령의 강력한 힘에 의해 의롭게 되고 갱신되리라는 약속을 듣게 된다. 우리는 교회가 언젠가는 도달하게 될 상태에 관한 약속을 듣고 그 약속을 믿는다. 지금 여기서 세례와 성찬을 통해 확증되고 있는 복음의 메시지를 듣는다. 교회의 일치, 성결, 보편성, 그리고 사도성은 전적으로 교회가 듣고 말하는 것에 달려 있다. 교회의 표지들은 교회 자체 안에 있는 것이 아니라, 교회를 낳는 그리고 땅 끝까지 이르도록 계속 교회를 먹이고, 자라게 하고, 확대시키는 사역 안에 있다. 그리고 칼뱅은, 설령 당신이 완전한 정원을 만들려 할지라도, 당신은, 예수께서 말씀하셨듯, 결국 가라지와 함께 알곡도 뽑아버리게 될 것이라고 경고한다.[8]

칼뱅의 견해에 따르면, 올바른 **사역**이 올바른 **사역자**를 결정하는 것이지, 그 반대가 아니다. 바울이 경고했듯, 다른 복음을 전하는 자들은, 그가 사도이든 하늘의 천사이든 상관없이(갈 1:8), 누구라도 저주를

8 Calvin, *Institutes* 4.1.13.

받는다. 칼뱅은 우리에게 교황 역시 이런 위협으로부터 제외되지 않는다고 상기시킨다.[9] "교회가 망하지 않고 유지되는 것은 오로지 하나님의 은혜에 대한 선포 때문이다"라고 칼뱅은 확신한다. 또한 성례는 이 복음을 우리 각자에게 개인적으로 확증해준다.[10] 그러므로 교회와의 교제를 깨뜨리는 것이 유일하게 적법한 경우는 교회가 이런 메시지와 사역을 포기할 때뿐이다. "주님은 교회의 교제를 아주 귀하게 여기시기에, 만약 어떤 이가 교회가 참된 말씀 사역과 성례를 베풀고 있을 때 교만하게 그리스도인들의 모임을 떠난다면, 그를 기독교에 대한 반역자요 배교자로 여기신다."[11]

완벽한 교회를 요구하는 것은 상한 갈대를 꺾고 희미한 촛불을 끄는 것으로 이어진다. 혹은 자만심으로 가득 찬 영혼을 가진 자들은 더 이상 자신들의 탁월한 영적 수준에 미치지 못하는 교회 안에 머물러 있지 못할 것이다.

> 불완전한 삶을 참는 문제와 관련해 우리는 좀더 신중해져야 한다. 그런 경우에는 경사로가 아주 미끄러울 뿐 아니라, 범상치 않은 책략을 지닌 사탄이 매복한 상태로 우리를 노리고 있기 때문이다. 자신들의 완전한 거룩함에 대한 헛된 확신에 물들어 마치 자기들이 이미 영적인 존재가 되기라도 한 것처럼, 자기들이 보기에 인간적 본성이 조금이라도 남아 있는 모든 이들과의 교제를 끊어버리는 자들이 늘 있었다.

---

9 Calvin on Gal 1:2-10, in *Calvin's Commentaries*, vol. 21, trans. William Pringle (Grand Rapids: Baker, 1996), 25-35.

10 Calvin on Ps. 22:31, in *Calvin's Commentaries*, vol. 4. trans. James Anderson (Grand Rapids: Baker, 1996), 389.

11 Calvin, *Institutes* 4.1.10.

> 오래 전의 카타리파(Cathari)가 그러했고, 도나투스파(Donatists) 역시 그러했는데, 그들은 어리석게 행동했다. 오늘날에는 자기들이 다른 이들보다 훨씬 진보한 것처럼 보이고 싶어 하는 아나뱁티스트들 중 일부가 그런 짓을 하고 있다. 또한 정신 나간 오만함 때문이 아니라 의에 대한 잘못된 조언을 듣고 마음이 뜨거워져서 죄를 짓는 이들도 있다. 그들은 복음의 교리가 선포된 곳에서 그것에 상응하는 삶의 질이 나타나지 않을 때면 즉각 그곳에 교회가 존재하지 않는다고 판단한다.…주님이 친절을 요구하는 데도 그들은 그것을 거부하고 스스로를 과도한 엄격함에 철저하게 내맡긴다. 사실 그들은 완전히 순결하고 순전한 삶이 없는 곳에는 교회가 존재하지 않는다고 여기기에 악함을 미워하는 마음 때문에 그런 적법한 교회로부터 떠난다. 그러면서 자기들이 악인들의 무리에서 스스로 돌이켰다고 상상한다.…하지만, 만약 주님이 교회가 심판의 날까지 이런 악 아래에서 애써야 한다고 선언하신다면, 그들이 아무런 흠도 없고 때도 묻지 않은 교회를 찾고자 하는 것은 헛된 수고일 수밖에 없다.[12]

바울 역시 디모데에게 교회 안의 어떤 이들이 심각한 오류를 가르치고 많은 이들을 잘못된 길로 이끌 것이라고 경고했다. "그러나 하나님의 견고한 터는 섰으니 인침이 있어 일렀으되 '주께서 자기 백성을 아신다' 하며 또 '주의 이름을 부르는 자마다 불의에서 떠날지어다' 하였느니라"(딤후 2:19). 이 구절을 주석하면서 칼뱅은 우리가 택함 받은 자와 택함 받지 못한 자를 구분하려는 주제넘은 짓을 하면 안 된다고 상기시킨다.[13]

12 앞의 책, 4.1.13.

개별 신자들이 의인 동시에 죄인인 것처럼, 회중은 단지 몇 차례의 잘못된 설교나 불완전한 교리와 성례 때문에 교회로 불릴 자격을 잃어버리지 않는다. "가장 순결한 교회들도 나름의 오점들을 갖고 있다. 어떤 교회들은 몇 가지 오점들이 아니라 총체적인 추함을 드러내기도 한다."[14] 칼뱅의 평가에 따르면, 로마 교회는 사실상 그런 "총체적인 추함"에 빠져 있었다. 사실 교황의 폭정에 굴복한 그 교회는, 비록 "우리가 그런 이유로 그들 사이에 존재하는 [참된] 교회들을 비난하지는 않으나," 적법한 교회의 지위를 잃었다.[15]

의심할 바 없이 자신의 개인적 경험에 의존하면서 칼뱅은 이렇게 시인한다. "교회는…교회의 구성원보다 더 고질적인 적을 갖고 있지 않다."[16] 그럼에도, "교리와 전례가 순전하게 남아 있는 한, 교회의 구성원들이 저지르는 죄 때문에 교회의 일치가 깨어져서는 안 된다."[17]

제자 만들기: 집안 일

빌리 조엘(Billy Joel)의 노랫말 중 "네 인생이나 살고, 나는 내버려둬!"라는 구절에 표현된 정서는 칼뱅에게도 낯설지 않았다. 그는 인간의 교만의 밑바닥에 이런 정서가 있다고 여겼다. 죄책을 위한 희생제물이 단번에 드려졌기에 우리는 우리의 삶을 감사의 제물로 바칠 수 있다. 그런데 칼뱅에 따르면, "형제의 선의"를 개발하는 것보다 하나님

---

13 Calvin on 2 Tim. 2:19, in *Calvin's Commentaries*, 21:228.

14 Calvin on Gal. 1:2, in *Calvin's Commentaries*, 21:25.

15 Calvin, *Institutes* 4.2.12.

16 Calvin on John 13:18, in *Calvin's Commentaries*, vol 18, trans. William Pringle (Grand Rapids: Baker, 1996), 66.

17 Selderhuis, *Calvin's Theology of the Psalms*, 232, Calvin on Ps. 15:1에서 재인용.

이 더 기뻐하시는 감사의 제물은 없다.[18]

부처는 권징이 교회의 세 번째 징표라고 주장했다. 그리고 이것은 개혁주의 신앙고백들에서 표준적인 견해가 되었다. 비록 아우구스부르크 신앙고백은 첫 번째 두 가지만 포함시켰지만, 루터마저 그의 글 「공의회들과 교회에 관하여」(*On Councils and the Church*)에서 그것을 하나의 징표로 포함시켰을 정도다. 칼뱅이 교회의 안녕을 위해 권징을 높이 평가했던 것은 논란의 여지가 없는 사실이다. 하지만 그는 권징을 교회의 존재의 징표로 여기지는 않았다. 칼뱅은 그것을 세 번째 징표로 간주하기보다는 적절한 말씀의 적용과 성례의 시행의 일부로 여겼다.[19]

우리는 우리 자신이 상황을 통제하는 곳에서는 영적 권징에 관해 많이 듣는다. 하지만 현대 서구 사회라는 정황 속에서 교회의 권징은 개인의 자율성에 대한 위협으로 널리 간주된다. 결국 그것은 예수님과 **나의** 개인적 관계다. 우리는 우리 마음대로 교회에 가입하거나 가입하지 않는다. 또한 우리가 원할 때는 아주 사소한 이유로 교회를 떠나면서도 교회의 장로들과 만나 자신이 교회를 떠나는 이유에 대해 설명하거나 교적 이전을 요청해야 한다는 의무감조차 느끼지 않는다. 우리가 우리 문화에서 결혼의 정절이 붕괴되는 것은 슬퍼하면서도 그

---

18 Calvin on Ps. 16:3, in *Calvin's Commentaries*, 4:219.

19 우리는 이 점과 관련해 칼뱅과 개혁교회 신앙고백들 사이의 차이를 과장해서 말하지 않도록 조심해야 한다. 어느 정도 그것은 의미론적 차이라 할 수 있다. 우리가 사용하는 "권징"이라는 말의 의미는 무엇인가? 칼뱅의 반대자들은 권징을, 교회가 그 구성원들 가운데 있는 배교, 죄, 그리고 잘못과 뒤섞이는 것을 허락하지 않기 위한 엄격한 관습으로 보았다. 우리의 신앙 고백들은 교회가 교리와 삶의 잘못들을 바로잡고 교인들의 영적이고 현실적인 필요들을 돌보면서 교회의 구성원들을 감독하기 위한 충분한 질서와 적절한 직무를 갖고 있다고 이해한다. 비록 칼뱅은 고린도 교회가 그 무질서에도 불구하고 여전히 교회였다고 적절하게 주장했지만, 그럼에도 바울이 교회의 지도자들에게 그가 이미 정해 놓은 권징을 시행할 것을 명령하고 있었던 것도 사실이다.

보다 훨씬 큰 맹세와 보증으로 맺은 언약 관계 안에서 우리 마음대로 교회를 오고가는 자유를 누리고 있는 것은 굉장한 아이러니가 아닐 수 없다. 어떤 그룹들은 사람들이 결혼이라는 공식적인 관계 밖에서 동거하는 일이 유행되고 있음을 비난하면서도 자기들은 교인의 자격조차 갖고 있지 않다. 16세기의 논쟁가들은 누구나 할 것 없이, 그들 서로간의 차이에도 불구하고, 적어도 오늘 우리들보다는 교회를 훨씬 더 진지하게 여겼다.

루터는 그의 대요리문답에서 교부 키프리아누스의 격언을 상기시키며 교회를 우리의 "어머니"라고 불렀다. "기독교 교회 밖에, 즉 복음이 존재하지 않는 곳에는 용서가 존재하지 않는다. 그러하기에 거룩함도 존재하지 않는다.…교회는 하나님의 말씀을 통해 모든 그리스도인을 낳고 기르는 어머니다." 칼뱅 역시 교회를 "하나님이 그 품속으로 자기 자녀들을 모으시기를 기뻐하시는" 어머니로 묘사했다. "[이것은] 그들이 유아와 아이들일 때 교회의 도움과 사역을 통해 양분을 공급받게 하시기 위함일 뿐 아니라, 또한 그들이 성숙해서 마침내 믿음의 목표에 이르게 될 때까지 교회의 어머니다운 돌봄을 통해 인도를 받게 하시기 위함이다."

> 하나님이 짝지어주신 것을 나누는 것은 불법이다. 따라서 하나님이 아버지가 되시는 이들에게 교회는 또한 어머니가 된다.…더 나아가, 그 어머니의 품을 떠나서는, 이사야(사 37:32)와 요엘(욜 2:32)이 증언하듯, 우리는 죄에 대한 그 어떤 용서나 구원에 대한 소망도 가질 수 없다.…이런 말씀을 따라, 하나님이 아버지로서 베푸시는 은혜와 신령한 삶에 대한 특별한 증거는 그분의 양떼에게 국한된다. 따라서 교회를 떠나는 것은 언제나 치명적인 일이다.[20]

사실 "확실히 교회의 아들이 되기를 거부하는 자가 하나님을 자신의 아버지로 모시기를 바라는 것은 헛된 일이다. 왜냐하면 우리가 '하나님께로부터 난 자'(요일 3:9)가 되고 다양한 단계를 통해 성장하는 것은 오직 교회라는 기구를 통해서만 가능하기 때문이다."[21] 우리는 언제나 약해서 교회 이상으로 성장하지 못한다. 이것은 양떼가 그들의 목자 이상으로 성장하지 못하는 것과 마찬가지다.

오늘날 우리의 귀에 "교회의 권징"은 누군가에게 불려가 야단을 맞는 것으로 들린다. 하지만 신약성경 시대에 그것은 단순히 "제자," 즉 자신의 조수 목자들을 통해 자기 양떼를 가르치고 인도하시는 그리스도께서 지우시는 멍에를 메는 자가 되는 것을 의미했다. 정기적인 권징은 엄한 견책과 파문 같은 긴급한 처방의 필요성을 줄이기 위함이었다. "징계하다(discipline)"를 의미하는 그리스어 단어는 통상적으로 훈련 – 예컨대, 정기적으로 포도나무를 돌보는 것 같은 – 을 가리키는 데 사용되었다. 당신은 포도나무가 올바른 방향으로 성장해 열매를 맺게 하려고 그것에 격자를 대주고, 가기치기를 하고, 물을 공급해주어야 한다. 또한 그 용어는 군인들에게 사용될 수도 있었다. 군인들은 상관의 지시와 모범과 훈련에 복종함으로써 전쟁에 대비한다. 우리가 성경의 분명한 명령들을 무시하거나 사소한 것으로 여기는 순간부터 그동안 우리가 그리스도인의 삶에서 핵심적인 것이라고 여겨왔던 많은 것들이 성경에서 발견되지 않는다는 것은 놀라운 일이다. 아이러니하게도, 신약성경이 사회, 경제, 그리고 외교 정책을 위한 청사진을 제공한다고 여기는 많은 이들은 마치 교회의 정체와 예배에 대해서는

---

20 Calvin, *Institutes* 4.1.1, 4.

21 Calvin on Gal. 4:26, in *Calvin's Commentaries*, 21:140–41.

사실상 침묵하고 있는 것처럼 생각한다.

칼뱅은 신약성경이 우리에게 정확한 전례나 교회 질서를 제공한다고 여기지 않았다. 하지만 우리에게 분명한 지침들을 준다고 확신했다. 칼뱅은 신약성경에 대한 연구를 통해 교회에 다음 네 가지 직무가 있다고 주장했다. 박사, 목사-교사, 장로, 그리고 집사. 그러나 그는 뒤에 나오는 세 직분을 특히 강조했다.

목사: 양떼를 먹이는 직무

목사들은 설교하고, 가르치고, 성례를 집행하기 위해 훈련을 받고, 시험을 치르고, 안수를 받는다. 그들은 그들의 시간 전체를 말씀과 기도 사역에 바친다. 로마 교회에 맞서서 종교개혁자들은 사제를 만드는 것은 안수가 아니라 세례라고 가르쳤다. 교회에서 직무를 맡은 자들은, **인격**의 측면에서는, 다른 모든 성도들과 함께 "한 주, 한 믿음, 한 세례"를 공유한다. 하지만 **직무**의 측면에서는, 단순히 어떤 일을 촉진하는 사람이나 팀의 리더에 불과한 것이 아니다. 오히려 그리스도가 그들을 통해 그분의 나라를 세우고 확장해 나가시는 그분의 대사들이다. 칼뱅이 상기시켜주듯, 그리스도는 사도들에게 "복음 사역자들은, 이를테면, 하늘 왕국의 짐꾼들이다"라고 가르치셨다. "왜냐하면 그들은 그 왕국의 열쇠들을 갖고 있기 때문이다. 그리고 둘째로, 그분은 그들이 하늘에서도 승인되는 묶고 푸는 권세를 받았다고 덧붙이신다."[22] 사역자들은 설교와 사죄와 성례에서 "복음의 교리를 따라" 이런 사역의 권위를 행사한다.[23]

---

22 Calvin on Mark 8:19, in *Calvin's Commentaries*, vol. 16, trans. William Pringle (Grand Rapids: Baker, 1996), 292.

"우리 가운데 어떤 사역자들은 물론 학식이 대단치 않다. 그럼에도 그들 중에 가르치는 일에 부적합한 사람이 임명되어서는 안 된다."[24] 칼뱅은 교회의 직책을 사고팔던 당시의 일반적인 관행에 맞서서 그 어떤 목사도 교회 안에서 목사의 직무를 실제로 수행하지 않으면서 그 직책을 가져서는 안 된다고 주장했다. 귀족들이 청소년 자녀들을 위해 감독직을 구매하는 것은 일상적인 일이었다. 교구의 사제직뿐 아니라 고위급 사제직, 심지어 대주교나 추기경까지도 그런 직분에 따르는 일을 수행하기 위해 어떤 공식 교육을 받거나 시험을 치를 필요가 없었다.

칼뱅은 그들이 그 직무에 관한 분명한 규정을 따르지 않고 신약성경에 제시된 자격을 갖추지도 않은 상태에서 어떻게 사도적 계승을 자랑할 수 있는지 의아하게 여겼다.[25] "고대의 정경들은 감독이나 장로의 직무를 수행할 이들은 그에 앞서 삶과 교리의 측면에서 엄격한 시험을 통과할 것을 요구한다"라고 칼뱅은 말한다. 더 나아가, 안수를 받기 위해서는 회중의 만장일치의 찬성이 요구되었다. 모든 감독들은 가르치는 사역을 했으나 세속의 일을 관장하지는 않았다.[26] "장로 안수와 관련해, 각 감독들은 담당 장로들의 자문을 받아들였다." 칼뱅은 과연 우리가, 그들이 사도들의 저술에 제시된 교리와 체제를 아무리 무시하더라도, 그들을 실제로 사도들의 계승자들로 믿어야 할지에 대

---

23 앞의 책, 293.

24 Calvin, "The Necessity of Reforming the Church," in *Selected Works of John Calvin: Tracts and Letters*, ed. Henry Beveridge and Jules Bonnet, 7 vols. (Grand Rapids: Baker, 1983), 1:170.

25 앞의 책, 170-71.

26 앞의 책, 171.

해 묻는다.[27]

스콧 마네치가 지적하듯, 칼뱅의 교회론의 핵심은 "교회 사역의 다양성에 대한 신념"이었다. "칼뱅에게 교회의 운영은 결코 어느 한 사람의 특권이나 심지어 목사들만의 책임의 문제가 되어서는 안 되었다."[28] "그러므로 칼뱅과 그의 동료들은 목사단 안에 존재하는 어느 한 권위의 우월성 혹은 계층이라는 개념을 거부했다." 칼뱅 자신을 포함해 모든 목사들이 다수의 결정에 복종했다.[29]

목사는 봉건 영주가 아니고 회중은 목사의 봉토가 아니다. 목사는 그의 인격이 아니라 직무로 인해 다스린다. 좋은 목사는 양떼를 자기 자신이 아니라 위대한 선한 목자에게 배속시킨다. 칼뱅은 설교뿐 아니라 주중에 젊은이들에게 교리문답을 가르치는 일과 관련해서도 순번을 따라 정기적으로 자신의 일을 수행했다. 칼뱅은 "그리스도께서 사역자들을 가르치는 직무로 부르시는 것은 교회에 군림하게 하기 위해서가 아니라 그들의 신실한 노동을 통해 교회를 자신과 연합시키기 위함이다." "사람들이 하나님 아들의 인격을 대표하기 위해 교회를 다스리는 권위 있는 자리에 임명되는 것은 아주 멋진 일이다. 그런 사람들은 신랑과 함께 결혼식을 축하하기 위해 신랑 곁에 서 있는 친구들과 같다. 비록 그들이 자기들에게 속한 것과 신랑에 속한 것 사이의 차이점을 유의해야 하지만 말이다." 그들은 "오직 그리스도만이 그분의 교회 안에서 지배권을 갖고 그분의 말씀을 통해 교회를 다스리시는 것을 가로막아서는 안 된다.…교회를 그리스도가 아니라 자기에게

---

27 앞의 책, 172.

28 Scott M. Manetsch, *Calvin's Company of Pastors: Pastoral Care and the Emerging Reformed Church*, 1536-1609 (New York: Oxford University Press, 2012), 62.

29 앞과 동일.

이끄는 자들은 신의를 저버리고 마땅히 존중해야 할 결혼관계를 해치는 셈이다."[30]

장로: 양떼를 다스리는 직무

사역자들은 설교, 가르침, 성례의 집행 외에도 장로들과 함께 양떼의 영적 필요를 돌보는 일에 참여한다.[31] 평신도로부터 선발된 장로들은 영적 관리자이다. 목사는 CEO가 아니며 그리스도의 조수 목자로서 장로들과 함께 회중을 섬긴다. 목사와 장로들은 오직 한 몸으로서 교회를 다스린다. 교회의 직분자들도 누가 참으로 선택되고 중생했는지를 결정할 수 없다. 다만 신뢰할 만한 신앙고백들을 승인할 수 있을 뿐이다. 결국 거짓으로 판명나는 경우도 있지만 말이다. 때로 우리보다 믿음이 더 좋아 보이던 어떤 이들이 결국에는 바른 길에서 벗어나고, 반면에 믿음과 순종의 측면에서 연약하고 미성숙해 보이던 많은 이들이 끝까지 그 길을 지킨다는 것을 알고 있다고 칼뱅은 말한다.[32]

교회의 권징에서도 장로들은 오직 한 몸으로서 묶거나 풀 수 있다. 정확하게 말하자면, 그들의 사역은 **문을 풀어주거나 여는 것**이다. 문을 **묶거나 닫는** 일은 명백한 불신자를 교회에서 쫓아내는 경우처럼 "복음의 본질에 속하지 않고 부수적인 것일 뿐이다."[33] 신자들은, 안수를 받아 그런 직무를 수행하도록 임명된 동료 죄인의 입술을 통해 사죄 선언을 받을 때, 자기들이 단지 사람들이 아니라 그리스도를 대하

30 Calvin on John 3:29, in *Calvin's Commentaries*, 4:80.

31 Calvin, *Institutes* 4.3.2-8.

32 앞의 책, 3.24.7-9.

33 Calvin on Mark 8:19, in *Calvin's Commentaries*, 16:293.

고 있다고 여기며 위안을 얻어야 한다. 반대로 반역하는 자들은 자신들의 완고함에 대해 하늘의 심판이 이 세상에서 이루어지고 있다고 여기며 충격을 받아야 한다.[34] 설교와 성례와 마찬가지로, 이런 행위 역시 **사역자의 직무**이다. 그리스도는 대개 그분의 대사들을 통해, 그러나 오직 그분 자신의 말씀에 기초해 말씀하신다. 그 왕은 마지막 관대함을 베풀 유일한 권리를 갖고 계시다.[35]

좋은 부모는 자녀들을 먹이고 씻길 뿐 아니라, 또한 그들을 가르치고, 훈련시키고, 훈육한다. 그러나 칼뱅은 로마 교회와 아나뱁티스트 교회 모두에서 복음에 어긋나는 권징이 시행되고 있음을 알아차렸다. 로마 가톨릭 신학자 킬리언 맥도넬(Killian McDonnell)이 주장하듯, "그러나 도덕적 성품의 측면에서 칼뱅은 너무 많이 요구한 게 아니라 오히려 너무 적게 요구했으며, 무엇보다도 그 자신이 로마 가톨릭 교회와 재세례파 안에서 발견한 고통스럽고 초조한, 그리고 가련한 양심을 회피하고자 했다."[36]

언젠가 루터는 아나뱁티스트들이 순결한 교회를 추구하는 것을 지켜보면서 이렇게 말한 적이 있다. "그러나 나는 그런 교회를 세울 수도 없고 세울 생각도 없다. 왜냐하면 나는 아직까지 그런 교회에 적합한 사람들을 만나지 못했기 때문이다. 그러나 만약 때가 이르러 내가 그 일을 해야만 한다면, 그리고 온전한 양심과 함께 그 일을 하지 않을 수 없다면, 그때 나는 내 몫을 할 것이다."[37] 칼뱅은 개인에 대한 충

---

34 앞의 책, 294.

35 앞의 책, 296-97.

36 Killian McDonnell, *John Calvin, the Church, and the Eucharist* (Princeton: Princeton University Press, 1967), 276.

37 Martin Luther, Leonard Verduin, *The Reformers and Their Stepchildren* (Grand Rapids: Eerdmans, 1964), 127에서 재인용.

고와 악한 일에 대한 교정은 (파문과 재입교 같은 경우가 아니라면) 공적 예배를 통해서가 아니라 잘못을 저지른 사람과 직접 대면해서 이루어져야 한다는 루터의 확신을 공유했다.[38] 칼뱅은 로마 교회는 참된 교회의 지위를 잃었다고 본 반면, 아나뱁티스트들은 영지주의와 도나투스파의 후계자들이라고 여겼다.[39]

칼뱅은 권징을 성찬의 적절한 시행을 위해 필요한 것으로 여겼다. 하지만 그는 성찬을 잘못을 저지르지 않은 자들을 위한 보상으로 여기는 것에는 반대했다. 『기독교강요』(1536년)에서 그는 성찬에서 "당신에게 주어진 말씀"보다 먹을 자격을 강조하는 것에 대해 경계했다. "어떤 사역자들은 사람들이 먹을 자격을 갖추도록 준비시킬 때 무서울 정도로 그들의 가련한 양심을 괴롭히고 학대했다." 마치 "자격을 갖추는 것"이 "모든 죄로부터 깨끗해지는 것"을 의미하는 것처럼 말이다. "그런 교의는 지금까지 세상에 살았던 혹은 지금 살고 있는 모든 이들에게 이 성례를 이용하지 못하게 만든다. 만약 그것이 우리가 스스로 자격을 획득하는 문제라면, 우리는 망한 것이나 다름없다. 그럴 경우 우리 안에는 오직 멸망과 혼돈만 남는다." 아나뱁티스트들은 성찬을 약하고 죄 많은 신자들에게 대한 하나님의 객관적인 징표로 여기지 않는다. 그들에 따르면, "우리는 성찬에 앞서는 하나님의 말씀이 그분의 참된 뜻이라는 것을 알거나…알지 못하거나 한다. 만약 우리가 그것을 안다면, 우리는 그 성례로부터 그 어떤 새로운 것도 배우지

---

38 앞의 책, 128.

39 Calvin, Institutes 4.1.23. Verduin은 이런 연관성을 부인하지 않는다. "도나투스주의자들은 최초의 아나뱁티스트였다"(*The Reformers and Their Stepchildren*, 192). 중세의 다양한 영지주의 그룹으로부터 여러 가지 자료들을 인용한 후, 그는 이렇게 덧붙인다. "비록 이미 온 것은 아니지만, 사람들이 스스로 중세의 '이단'으로 돌아가는 전통에 서 있음을 인정하는 것을 자랑스러워하게 될 때가 다가오고 있다"(159).

못한다. 만약 우리가 그것을 모른다면, 그 성례 - 성례의 모든 힘과 에너지는 말씀 안에 있다 - 역시 그것을 가르쳐주지 않을 것이다."[40]

아나뱁티스트들은 일차적으로 순결한 교회를 만드는 수단으로서 교회의 권징에 관심을 가졌던 반면, 칼뱅은 하나님의 영광과 그리스도의 양떼를 돌보는 일에 더 많은 관심을 보였다.[41] 양과 염소를 분리시키는 일은 우리의 몫이 아니다. 칼뱅은 계속해서 서둘러 판단하는 것에 대해 경고한다.[42] 우리는, 비록 "파문이 시행되지는 않고 있으나" 그럼에도 "교회가 그 토대가 되는 교리를 유지하고 있다면," 그곳에 교회가 존재하지 않는다고 말해서는 안 된다.[43] 칼뱅은 아나뱁티스트들이 "고의로 죄를 짓는 일"을 아주 심각하게 여긴다고 말한다. 하지만 "우리는 하나님을 알고 난 후 고의적으로 죄를 짓지 않은 사람을 열 명 중 하나도 발견하기 어려울 것이다."[44]

그러나 칼뱅은 목사와 장로들을 위한 신약성경의 직무 내역서에는 격려와 교육뿐 아니라 교정과 책망도 포함되어 있다고 확신했다. 교회의 권징의 목표는, 칼뱅이 자주 강조하듯, 무법한 자를 회복시키는 것과 순례자들에게 유익한 조언을 제공하는 것이다. "목사는 두 가지 목소리를 갖고 있어야 한다"라고 칼뱅은 조언한다. "하나는 양떼를 모으기 위한 것이고, 다른 하나는 늑대와 도둑들을 물리치고 쫓아내기 위한 것이다."[45] 오직 회개치 않는 자들과 믿지 않는 마음을 지닌 자들

---

40 McDonnell, *John Calvin, the Church, and the Eucharist,* 151, 칼뱅이 그의 1536년판 Instititutes (ed. Battles)에서 요약한 내용을 재인용.

41 Willem Balke, *Calvin and the Anabaptist Radicals*, trans. William J. Heynen (Grand Rapids: Eerdmans, 1981), 223.

42 Selderhuis, *Calvin's Theology of the Psalms*, 230.

43 Calvin, Balke, *Calvin and the Anabaptist Radicals,* 225에서 재인용.

44 Calvin, 앞의 책, 226에서 재인용.

이 끈질기게 훈계를 거부할 때만 권징을 배제할 수 없다. 그러나 칼뱅은 그때조차 그 탕자가 환영을 받으며 돌아올 수 있도록 문을 열어 두어야 한다고 주장한다.

원리와 세부사항

예배에서든 혹은 정체와 권징에서든, 교회의 일치는 상황이 아니라 원리에 있다. **원리들**(elements)은 성경이 직접 명령한 것들 혹은 다양한 성경구절로부터 얻은 필연적 결론이다. 공적 예배에 설교, 기도, 그리고 성례가 있어야 하는 것은 아주 분명하다. **세부사항들**(circumstances), 즉 그런 원리들을 수행하는 방법과 시기와 순서와 관련된 상세한 내용들은 장로들의 재량에 맡겨진다. 자유로이 선택할 수 있는 세부사항을 필수적인 원리로 바꿀 때, 우리는 율법주의의 위험에 빠진다. 반대로, 필수적인 원리를 자유롭게 선택할 수 있는 세부사항으로 바꿀 때, 우리는 반율법주의의 위험에 빠진다.

예컨대, 칼뱅은 성찬식을 할 때 배찬의 방식이나 "빵에 누룩이 있어야 하는지 없어야 하는지, 적포도주를 사용해야 하는지 아니면 백포도주를 사용해야 하는지"와 같은 외형과 관련된 세부 사항은 중요하지 않다고 말한다. 그런 문제에 대해서는 "우리가 자유롭게 결정할 수 있다."[46] 사실 칼뱅은 세부사항이 시대와 장소에 따라 달라질 것이라고 말한다.[47] 그는 이렇게 덧붙인다.

---

45 Calvin on Titus 1:9, in *Calvin's Commentaries*, 21:296.

46 Calvin, *Institutes* 4.17.43.

47 Andres Pettegree, "The Spread of Calvin's Thought," in The Cambridge Companion to John Calvin, ed. Donald K. McKim (Cambridge: Cambridge University press, 2004), 207-8.

만약 주님이 우리에게 교회의 교화를 위해 더 큰 재량을 주시려고 우리에게 자유를 허락하신 이런 문제들과 관련해, 교회의 삶의 올바른 질서를 배려하지 않은 채 그저 노예적인 획일성을 위해 애쓴다면, 그것은 어이없는 일이 될 것이다. 우리가 하나님의 심판대 앞에 서서 우리의 행위에 대해 설명해야 할 때, 우리는 의식(儀式)들에 관한 질문을 받지 않을 것이다.…[우리의 자유의] 올바른 사용은 교회의 교화에 가장 크게 기여한 것이 될 것이다.[48]

너무 많은 이들이, 특정한 형식을 부과하든 아니면 그것을 배제하든, 교회의 문제들 중 그런 핵심적인 부분에서 획일화를 꾀한다. 그러나 "기독교 신앙은 그런 문제들에 있지 않다."[49]

칼뱅과 그의 후계자들의 또 다른 중대한 공헌은 행동과 관련하여 특정한 상황을 강조한 점에 있다. 우리는 각각의 상황을 살피고 그 구체적인 상황에 일반적인 성경의 원리들과 경건한 상식을 적용함으로써 다른 상황에서는 다른 해결책을 허용할 수 있어야 한다. 이것은 신중함 – 문자적으로 "주위를 돌아봄"을 의미한다 – 을 요구한다. 영국의 대표적인 청교도 사역자들 중 어떤 이들은 "양심의 사례들"(cases of conscience)에 대해 글을 썼다. 종종 장황하게 쓰인 책들에서 그들은 특정한 목회적 문제들과 자기들이 그 문제들을 해결한 방식에 대해 상세하게 설명했다. 하지만 그들은 다른 모든 목회자들이나 교회회의가 정확하게 자기들과 동일한 과정을 따를 것을 기대하지 않았다. 그들

48 Calvin, Wilhelm Niesel, *The Theology of John Calvin*, trans. Harold Knight (Philadelphia: Westminster, 1956), 207에서 재인용.
49 앞과 동일.

의 기본적인 가정은 하나님의 명령의 원리들은 지켜야 하고, 세부사항은 경건한 자유의 문제라는 것이다.

이는 교회 정체에도 똑같이 해당된다. 사실 칼뱅은 원리들로 여겼던 문제들에 관해서도 자기와 다른 견해를 보이는 이들에게 놀라울 정도의 관용을 보였는데, 실제로 그의 추종자들 중 일부 사람보다 더 그러했다. 그는 신약성경이 장로회의 모델을 제시하고 있다고 확신했으나 그것을 참된 교회의 결정적인 표지로 여기지는 않았다. 영국, 헝가리, 폴란드 등지의 개혁교회들은 감독을 갖고 있었다. 칼뱅은 크랜머 대주교에게 자기는 개혁교회들(감독이 있는 교회들까지 포함해)의 일치를 위해서라면 "열 개의 바다라도 건널 것"이라고 말했다 – 비록, 우리가 확신하기로는, 만약 그가 실제로 그런 여행을 했다면 좀더 장로회적인 정체를 옹호했으리라는 것이 분명하지만 말이다.[50] 이처럼 칼뱅은 원리들 가운데도 순위가 있음을 보았고 정체(polity)보다는 일치(unity)를 우선시했다. 여기서 우리는 원리를 중시하는 사람을 발견한다. 하지만 그의 원리들 중에는 사랑이 들어 있었다. 그는 그리스도께서 명령하신 모든 것을 지키고자 하면서도 모든 것이 똑같이 분명하거나 똑같이 중요한 것은 아님을 인식했다.

집사: 하나님의 환대를 베푸는 직무

목사와 장로의 직무에 더하여, 성도를 한동안 구제하는 일을 위해 집사 직무가 제정되었다.[51] 앞에서 우리는 교회가 하나님의 은혜를 보여주는 "천상의 무대"라는 것 외에도, 풍성한 잔치자리에 비유되는

---

50 Calvin, "Letter to Cranmer," in *Selected Works of John Calvin*, 5:345.

51 Calvin, *Institutes* 4.3.8–9.

것을 살펴본 바 있다. 교회에서 우리는 오직 성령만이 낳으실 수 있는 유대로 인해 관대한 아버지와 이타적인 연회장으로부터 대접을 받는다. 그런 신적 환대 외에 다른 무엇에 구원이 비견될 수 있겠는가?

그러나 우리는 단지 영혼에 불과한 존재가 아니라 육체이기도 하다. 그리고 그리스도는 모든 측면에서 우리를 돌보신다. 사실 가난한 자들만 부유한 신자들의 관용을 필요로 하는 것이 아니다.[52] 하나님이 우리에게 베푸시는 환대는 결국 흘러넘쳐서 성도들이 서로에게 선물을 제공하는 선순환을 이끌어낸다. 스트라스부르와 제네바에서 칼뱅과 그의 아내 이들레뜨는 이 소명을 받아들였는데, 특별히 물밀듯 밀려오는 외국인들에 대한 그 도시 주민들의 험악한 냉대로 인해 사정이 몹시 어려웠던 제네바에서 그러했다. 칼뱅은 제네바에서 피난처를 찾았던 사람들의 자녀들을 위한 기금의 지출과 가난한 망명자들을 위한 기금의 설립 문제를 직접 감독했다. 그가 그리스도인의 삶을 순례, 추방, 그리고 용서의 피난처로의 도피의 견지에서 보았던 것은 놀랄 일이 아니다.

크리스틴 폴(Christine E. Pohl)은 『공간 만들기: 기독교 전통인 환대의 회복』(*Making Room: Recovering Hospitality as a Christian Tradition*)이라는 책에서 칼뱅의 본보기에 주목한다.[53] 칼뱅은 특히 망명자들에 대한 환대 이상으로 "하나님을 기쁘게 해드리는 의무는 있을 수 없다"고 말했다.[54] 칼뱅에 따르면, 당시의 환대는 고대 교회들이 보여준 모범, 특히

---

52 이 주제에 관한 여러 가지 연관된 연구들 중에서도, Jeannine E. Olson, *Calvin and Social Welfare: Deacons and the Bourse Française* (Selinsgrove, PA: Susquehanna University Press, 1989)를 보라.

53 Christine E. Pohl, *Making Room: Recovering Hospitality as a Christian Tradition* (Grand Rapids: Eerdmans, 1999).

크리소스토무스가 보여준 모범과 대조적으로, "사람들 사이에 제대로 지켜지는 것이 거의 중단되었다. 역사상 유명했던 고대의 환대는 지금 우리에게는 알려져 있지 않다. 지금은 여관이 나그네에게 숙소를 제공하고 있다."[55]

> 당신의 도움이 필요한 그 어떤 사람을 만나더라도, 당신은 그를 돕는 것을 거절할 이유를 갖고 있지 않다. 그는 낯선 사람일 수도 있다. 그러나 주님은 당신에게 분명히 익숙한 표를 그에게 주셨다. 주님은 당신이 당신 자신의 골육을 멸시하는 것을 금하신다는 사실이다(사 58:7). 그는 경멸할 만하고 무가치한 사람일 수도 있다. 그러나 주님은 그 사람이 그분의 아름다운 형상을 부여하기로 계획하신 자임을 알려주신다. 당신은 그에게 빚진 것이 전혀 없을 수도 있다. 그러나 하나님은 당신을 그분에게 묶으시며 베푸셨던 수많은 커다란 은혜들을 그에게 베풀게 하시기 위해 그분의 자리에 그 사람을 놓으신 것이다. 그는 우리가 무언가를 해주려고 애쓸 만한 자격이 없는 사람일 수도 있다. 그러나 그를 당신에게 추천하는 그 하나님의 형상은 그에게 당신 자신과 당신의 모든 소유를 내어줄 만한 가치가 있다.[56]

이 관대한 환대의 기초는 우리를 다른 신자들과의 교제로 부르는 "구속"만이 아니라 우리를 모든 이웃과의 교제로 부르는 "창조"에도

---

54 Calvin on Isa. 16:4, in *Calvin's Commentaries*, vol. 7, trans. William Pringle (Grand Rapids: Baker, 1996).

55 Calvin on Heb. 13:2, in *Calvin's Commentaries*, vol. 22, trans. John Owen (Grand Rapids: Baker, 1996), 140.

56 Calvin, *Institutes* 3.7.6.

있다.

> [하나님은] 우리 안에 그분의 형상을 새겨 넣으셨고 또한 우리에게 공통의 본성을 주셨다. 그 본성은 우리로 하여금 서로를 돌보도록 자극한다. 자기 이웃을 돕는 일에서 면제되기를 원하는 사람은 자신에게 흠을 내는 것이며, 자기가 더 이상 사람이기를 원치 않는다고 선언하는 것이다. 왜냐하면 우리가 사람인 이상 우리는 가난하고, 조롱당하고, 기진맥진하고, 짐에 눌려 신음하는 사람들 안에서 마치 거울로 얼굴을 보듯 우리 자신의 모습을 보아야 하기 때문이다.…만약 어떤 무어인(Moor, 아프리카 북서부에 사는 베르베르인과 아랍인의 자손—역주)이나 야만인이 우리에게 온다면, 그는 그 자신이 우리의 이웃임을 알 수 있게 해주는 거울을 들고 온다.[57]

우리보다 불행한 이웃을 만날 때, 우리는 그에게 생색을 내거나 그를 깔볼 근거가 없다. 오히려 우리는 이렇게 생각해야 한다.

> 나는 그런 상황에 처해본 적이 있고 그때 분명히 도움을 받기를 원했다.…평안을 누릴 때 우리는 우리의 인간적 연약함을 기억하지 않는다. 오히려 우리가 그런 것으로부터 면제되었고 자신들이 더 이상 그런 보통 사람들 중의 일부가 아니라고 여긴다. 이 때문에 우리는 우리의 이웃과 그들이 겪고 있는 모든 일을 잊어버리고 그에 대해 그 어떤 연민도 보이지 않는 것이다.[58]

---

57 Calvin, *Corpus Reformatorum: Johannis Calvini opera quae supersunt omnia*, 51.105.

환대의 명령은 모든 그리스도인에게 주어진 것이긴 했으나, 특별히 칼뱅은 중세 내내 빈사 상태에 빠진 집사직을 회복시키려고 했다. 칼뱅이 초안을 작성한 「교회법령」(*Ecclesiastical Ordinances*)은 두 종류의 집사직을 규정하고 있다. 하나는 행정을 맡은 자들이고, 다른 하나는 가난하고 병들고 늙은 교우를 돌보는 자들이다. 성찬과 성도의 교제 및 돌봄 사이에는 긴밀한 연관성이 있다. 교회의 예배에서 헌금은 형식적인 것에 불과한 게 아니다. 앙드레 비엘레가 언급하듯, "칼뱅은 원시 교회를 모방하여 돈이 영적 생활의 회로 안으로 다시 들어가게 했다."[59] 망명자들을 수용하는 일과 더불어 일반적인 환대가 하나의 제도로 정립된 것은 집사들과 여집사들(그들 중 일부는 전직 간호사들이었다)이 장기적인 주택과 일자리를 찾는 망명자들을 돕기 시작했을 때였다. 그것은 얼마간 복잡한 협력을 요구하는 사업이었다. 그러나 "구별되지만 분리되지 않는" 관계에 있는 교회와 국가에 대한 칼뱅의 견해가 이런 집사직의 역할에서보다 더 분명하게 드러난 경우는 없었다.

프랑스의 개혁교회들은 그 모델을 따랐다. 실제로 전직 간호사들은 자애자매회(Order of the Sisters of Charity)를 설립했다. 하지만 그 단체는 평생서약을 강요하지 않았다. 적십자(Red Cross)가 칼뱅주의의 부활의 일환으로 제네바에서 설립된 것은 놀랄 일이 아니다.[60] 우리에게 망명자, 증명서가 없는 노동자, 적절한 서류를 구비하지 못한 외국인들보다 더 먼 사람이 있는가? 칼뱅은 우리들 역시 주님의 선한 사마

---

58 Calvin, *John Calvin's Sermons on the Ten Commandments*, trans. Benjamin W. Farley (Grand Radpids: Baker, 1980), 127.

59 André Biéler, *The Social Humanism of Calvin*, trans. Paul T. Fuhrmann (Richmond, VA: John Knox, 1961), 38.

60 John B. Roney and Martin I. Klauber, eds. *The Identity of Geneva: The Christian Commonwealth*, 1564-1964 (Westport, CT: Greenwood, 1998), 2, 14, 179, 186.

리아인 비유를 듣자마자 "누가 나의 이웃인가?"라고 물으며 그냥 넘어간다고 말한다. "그리스도께서 사마리아인의 비유를 통해 '이웃'이라는 용어에 우리에게서 가장 먼 사람들까지 포함된다는 것을 알려주셨으므로(눅 10:36), 우리는 사랑의 계명을 우리와 친밀한 사람들에게만 국한시켜서는 안 된다."[61] 물론 우리는 현명해져야 한다. 그러나 칼뱅은 "우리의 인색함을 신중함이라는 그림자로 덮지 않도록 조심하자"라고 경고한다. 물론 진정한 필요를 분별하는 것은 옳은 일이다. 하지만 우리는 우리의 탐색이 "지나치게 엄격해지지" 않게 해야 한다. 오히려 그 일은 "동정심과 연민으로 기울어지는 인간적인 마음"을 품고서 수행되어야 한다.[62]

여기서 다시 한 번 우리는 칼뱅의 생각이 공적인 것에서 사적인 것으로, 형식적인 것에서 비형식적인 것으로, 하나님의 사역을 통해 그분의 섬김을 받는 것에서 세상에서 육신을 입고 살아가는 우리들과 이웃을 섬기는 일로 넘어가는 것을 보게 된다. 그리스도의 몸 안에는 각 구성원의 섬김을 위한 중요한 자리가 있다. 고린도전서 12장과 로마서 12장은 영적 은사의 확대된 목록을 제공하는 데 비해 에베소서 4장은 말씀 사역자들을 지목하는데, 그것은 그 특별한 직무를 통해 성도의 일반적인 직무가 꽃을 피울 수 있기 때문이다. 목사, 장로, 그리고 집사의 특별한 직무들로 풍성하게 섬김을 받는 일반 성도들은 모든 신자에게 부과된 일반적 직무를 매일의 삶속에서 덜 공식적인 방식으로 수행할 준비가 된다. 비록 우리는 목회자가 아닐지라도 동료 신자들에게 그리고 아직 그리스도를 알지 못하는 자들에게 "사

61 Calvin, *Institutes* 2.8.55.
62 Calvin, *Sermons from Job* (Edinburgh: Banner of Truth, 1993), 202.

랑 안에서 진리를 말하는" 일에 참여할 수 있다. 비록 우리는 장로가 아닐지라도, 서로에게 믿음과 선행을 권면하고 요구할 수 있다. 또한 우리가 환대의 은사를 받기 위해 굳이 집사가 될 필요가 없다. 우리는 그리스도께서 그런 공식적인 직무들을 제정하신 까닭이 경직된 제도를 만들기 위함이 아니라, 오히려 그 생명의 샘물이 그리스도의 몸 전체로 흘러나가고, 또한 그 물이 각 사람의 은사를 통해 세상으로 퍼져나가는 원천이 되게 하려는 것임을 알아야 한다.

우리의 하나됨

우리가 참된 구속을 찾을 수 있는 유일한 장소는 어디일까? 복음 안에 계시된 그리스도 안에서만 가능하다. 그러므로 우리는 오직 복음 안에서만 "하나의 거룩하고, 보편적이며, 사도적인 교회"의 근원을 발견한다. 교회가 하나이고 보편적인 까닭은 우리가 그 안에서 동일한 정치적 견해, 문화적 유사성, 연령 분포, 혹은 오락을 공유하기 때문이 아니라, 우리의 온갖 다양성에도 불구하고 "한 주, 한 믿음, 한 세례"를 공유하기 때문이다.

칼뱅에게 교회의 일치(unity)는 결코 작은 문제가 아니었다. 그는 가시적 교회 안에 있는 분열을 정당화하기 위해 비가시적 교회의 개념 뒤로 숨지 않는다. 칼뱅은 이렇게 조언한다. "교회가 폐허가 되어 있을 때조차 우리는 여전히 그 잔해 더미를 사랑해야 한다."[63] 그는 "일치는 가치를 헤아리기 어려울 만큼 선한 것이다"라고 강조한다. 실제로 그것은 어떤 목적을 위한 수단 이상의 가치가 있다.[64] 교회의 분열

---

63 Selderhuis, *Calvin's Theology of the Psalms*, 235, Calvin on Ps. 102:15에서 재인용.

64 앞의 책, Calvin on Ps. 133:1에서 재인용.

을 바라볼 때 "우리의 눈은 눈물을 그저 몇 방울이 아니라 홍수처럼 쏟아내야 한다."[65]

우리는 종교개혁을 비극적인 분열로 볼 수도 있고 혹은 그리스도의 몸의 영광스러운 치유로 볼 수도 있다. 어느 쪽으로 볼지는 우리가 교회의 성패가 걸린 문제들을 얼마나 진지하게 여기느냐에 달려 있다. 종교개혁자들에 따르면, 오래된 신앙을 타락시키고, 복음을 부정하고, 그리스도의 몸을 경쟁적인 분파들로 쪼갠 것은 교황이었다. 종교개혁자들과 그 추종자들을 파문하고 복음주의자들을 멸절시키기 위해 군대를 움직인 사람도 교황이었다. 종교개혁은 가시적 교회의 참된 일치, 즉 황제나 교황에 의해 혹은 공통의 문화와 법률에 의해서가 아니라 그리스도와 그분의 복음에 의해 규정된 - 영적인, 그리고 폭정이 아니라 상호성으로 결합된 정체를 지닌 - 일치를 추구했다. 많은 감독들과 사제들이 종교개혁을 분명하게 받아들였다. 그리고 대주교와 추기경들을 포함하는 다른 이들은 그 가르침 - 심지어 칭의에 대한 가르침까지 포함해 - 에 대해 공감을 표현했다. 종교개혁자들은 종종 자신의 목숨을 내걸고 초대받은 모든 중요한 회의에 참석했다. 그럼에도 1560년대에 이르러 트렌트 공의회에서 "파문" 결정이 내려졌을 때, 오직 은혜로, 오직 그리스도 안에서, 그리고 오직 믿음을 통해 의롭다 하심을 얻는다고 믿었던 모든 사람은 로마 교회의 저주 아래 놓이게 되었다.

칼뱅은 그의 가르침, 경고, 그리고 개인적 모범을 통해 계속해서 사소한 분쟁에 대한 경멸을 드러냈다. 황제를 향한 연설에서 칼뱅은 "그 동안 교회는 경건한 자들이 찬성하면 안 되지만 격렬한 분쟁의 원인

---

65 앞의 책, 237, Calvin on Ps. 119:136에서 재인용.

으로 삼기보다 차라리 감내해야 할 몇 가지 결함에 늘 빠지기 쉬웠고 앞으로도 그럴 것"이라고 인정했다. 하지만 복음의 완전한 타락과 예배의 오염은 그저 "몇 가지 결함"에 불과한 것이 아니다.[66] 칼뱅은 사실상 로마 교회가 그 몸을 그 머리로부터 분리시켰는데, 어떻게 종교개혁자들이 교회 분열에 대한 책임을 질 수 있느냐고 묻는다.[67]

> 황제 폐하께서는 저와 관련해 얼마나 광범위한 논쟁이 벌어지고 있는지 아십니다. 그러나 그 문제에 대해 몇 마디로 결론을 내리자면, 저는 로마의 주교좌가 사도직이라는 주장을 부인합니다. 그 안에서 보이는 것이라고는 충격적인 배교뿐입니다. 저는 로마의 교황이 그리스도의 대리자임을 인정하지 않습니다. 그는 복음을 격렬하게 박해함으로써 그 자신의 행위로 자신이 적그리스도임을 드러내고 있을 뿐입니다. 저는 그가 베드로의 후계자임을 부인합니다. 그는 오직 베드로가 세운 모든 체계를 파괴하는 데 혈안이 되어 있을 뿐입니다. 저는 그가 교회의 머리임을 부인합니다. 그는 그의 폭정을 통해 교회를 그 참되고 유일한 머리이신 그리스도로부터 갈라놓은 후 그것을 찢고 해체하고 있을 뿐입니다.[68]

칼뱅이 여전히 스트라스부르에서 살고 있던 1539년에, 제네바 의회는 그에게 그 도시가 교황의 울타리 안으로 돌아가야 한다고 주장하는 추기경 사돌레토에게 보낼 답신을 작성해 달라고 요청했다. 그 요청을 따라 칼뱅은 이렇게 썼다.

---

66 Calvin, "The Necessity of Reforming the Church," 186.
67 앞의 책, 213.
68 앞의 책, 219-20.

사돌레토여, 참으로 우리는 당신이 관장하고 있는 교회들이 그리스도의 교회라는 사실을 부인하지 않습니다. 그러나 우리는 로마 교황과 목회 직무를 움켜쥐고 있는 그의 휘하의 가짜 주교들의 무리는 약탈하는 이리떼에 불과하다고 주장합니다. 지금까지 그들의 유일한 관심사는 그리스도의 왕국을 흩뜨리고 짓밟아 황폐하게 만드는 것뿐이었습니다.

이어서 그는 역사적 기록에 호소하면서 "그리고 우리는 이런 불만을 터뜨린 첫 번째 사람들이 아닙니다"라고 덧붙인다. 그는 시토 수도회 출신의 종교개혁자 클레르보의 베르나르(Bernard of Clairvaux, 1090-1153)를 언급하며 이렇게 말했다. "베르나르가 에우게니우스(Eugenius)와 그 시대의 모든 주교들에게 맞서 얼마나 격렬하게 호통을 쳤습니까? 그러나 당시의 상황은 지금보다 얼마나 더 참기 쉬웠습니까?"[69]

칼뱅은 종교개혁이 발생하기 이전이 훨씬 평온했었다고 분명하게 인정한다. 하지만 그것은 모두가 복음에 대해 무지했었기 때문이다. "그러므로 당신은 오직 그리스도께서 침묵하셨기에 고요함이 존재했던 시절에 고요한 왕국을 세운 공을 내세워서는 안 됩니다."[70] 오늘날 교회 안에 많은 분파들이 존재하는가? 그렇다, 기독교 신앙은 그 상태가 가장 좋았을 때조차 늘 그 안의 분파들로 인해 비난을 받았다.[71] 자신의 마음에서 우러나오는 대로 자유롭게 말한 후에, 칼뱅은 다음과 같은 은혜롭고 열정적인 탄원으로 글을 맺는다.

---

69 Calvin, "Reply by John Calvin to Cardinal Sadoleto's Letter," in *Selected Works of John Calvin: Tracts and Letters*, ed. Henry Beveridge and Jules Bonnet, 7 vols. (Grad Rapids: Baker, 1983), 1:50.

70 앞의 책, 67.

71 앞의 책, 68.

사돌레토여, 나는 주님께서 마침내 당신과 당신의 모든 무리에게, 교회의 일치를 위한 유일하게 참된 끈은 오직 우리를 성부 하나님과 화해시키신 주 그리스도께서 지금처럼 분산되어 있는 우리를 한데 모아 그분의 몸의 교제 안으로 이끄심으로써 그분의 말씀과 성령을 통해 한 마음과 한 영으로 하나가 되게 해주실 때만 존재하게 되리라는 것을 알려주시기를 바랍니다.[72]

종교개혁자들은 에큐메니컬 공의회가 그 문제들을 해결해주기를 갈망했다. 하지만 1547년에 소집된 트렌트 공의회는 그 이전의 공의회들과는 "아주 다른 모습을 보였다."[73] 그것은 "에큐메니컬 공의회"라고 불렸다. "마치 전 세계의 모든 주교들이 트렌트로 몰려왔던 것처럼 말이다. 그러나 설령 그것이 그저 어느 지방의 공의회에 불과했을지라도, 그들은 참석자들이 적은 것 때문에 부끄러워해야 했을 것이다."[74] 당연히 동방 교회로부터 온 대표자들은 없었다(동방교회와 서방교회가 서로를 파문했기 때문이다). 또한 종교개혁자들의 복음주의적 견해에 동조하는 이들은 참석을 허락받지 못했다. "아마도 고작해야 40여 명 정도의 주교들이 참석했을 것이다." 그리고 그들 중에 교회의 탁월한 목회자는 하나도 없었다.[75] 하나님의 말씀을 선포하는 성령이야말로 교황과 공의회들이 복종해야 하는 궁극적 권위다. 그럼에도, 칼뱅의 보고에 따르면, 성경의 가르침에 관한 양측의 제대로 된 토론 같은 것은

72 앞과 동일.
73 Calvin, "Acts of the Council of Trent," in *Selected Works of John Calvin*, 3:31.
74 앞의 책, 57.
75 앞의 책, 33.

존재하지 않았다.[76] 프랑스에서는 오직 두 명의 주교만 참석했는데, "그 두 사람 모두 똑같이 둔하고 무식했다."[77] 이런 문제들 중 어느 것도 중요하지 않다. "왜냐하면 로마 교황의 동의가 없으면 아무것도 결정되지 않았기 때문이다."[78] 요컨대, 칼뱅은 트렌트 공의회가 엉터리 법정이었음은 누구나 다 아는 사실이라고 비난했다.[79]

칼뱅은 공의회의 각 회기에 대해 차근차근 설명하면서, 역사적 증거들에 비추어볼 때, 로마 교회는 사도적 관습으로부터 이탈했다고 평가한다. 그는 그리스도의 수위권 이외의 그 어떤 보편적 수위권도 부정했던 3세기의 카르타고의 주교 키프리아누스, 그리고 그런 식의 수위권을 주장하는 사람은 누구나 "적그리스도의 선구자"라고 말했던 로마의 그레고리오 대교황을 인용한다. 또한 칼뱅은 "마귀의 선동으로" 주교들이 수위권을 얻기 위한 다툼을 시작하기 전까지 주교들 사이에 존재했던 동등성에 대한 제롬의 상세한 설명에 호소한다. "그러나 비록 한 번의 동의로 로마의 주교좌가 세 번째 하늘로까지 높아졌을지라도, 양의 탈을 쓴 이리보다도 못한 주교 하나를 모든 주교들의 우두머리로 만드는 것은 얼마나 어리석은 짓인가?"[80] 로마 교회는 성경이나 고대 교회에 그 어떤 근거도 두지 않은 채 오로지 힘에만 의존했다. "따라서 우리는 그들이 폭군들이나 따르는 일반적인 과정을 밟고 있다고 여긴다. 그들은 더 이상 온건한 방법으로 자신들의 지배권을 뒷받침할 수 없을 때 잔인함과 야만적인 포악에 의존한다."[81]

---

76 앞과 동일.
77 앞과 동일.
78 앞의 책, 35.
79 앞의 책, 36-37.
80 앞의 책, 49.

그러나 칼뱅은 로마 교회와의 화해에 대한 모든 희망이 끊어진 것처럼 보였을 때조차 포기하지 않았다. 실제로 그의 후계자인 베자는 개인적인 위험과 스러져가는 희망에도 불구하고 계속해서 그런 회의에 참석했다. 루터파를 향해서는, 복음주의 교회들을 화해시킬 것으로 칼뱅 자신과 멜란히톤이 기대했던 성찬에 관한 견해에 지지를 표명했다.[82] 하지만 안타깝게도 멜란히톤은 루터의 여러 제자들 – 가령, 칼뱅이 진술한 견해들을 완전히 잘못 대변하는 잘못을 범하면서 승리를 주장했던 논쟁가 요아킴 베스트팔 같은 – 사이에서 차츰 루터파의 으뜸 신학자로서의 명성을 잃어가고 있었다. 다른 한편, 취리히 사람들은 츠빙글리에 대한 그 어떤 비판에 대해서도 지나치게 예민한 반응을 보였고 어째서 칼뱅이 루터파와의 화해에 그토록 집착하는지 – 실제로 그는 그의 글 「주의 만찬에 관한 소론」(*Small Treatise on the Lord's Supper*)에서 그런 시도를 했다 – 의아하게 여겼다.[83]

칼뱅은 직접 취리히를 방문해 불링거와 함께 스위스의 교회들 사이에 좀더 큰 일치를 낳은 합의문을 작성했다.[84] 때때로 불링거로부터 공정하지 않은 대우를 받았음에도, 칼뱅은 언제나 주도적으로 친구

81 Calvin, "Articles Agreed Upon by the Faculty of Sacred Theology of Paris, with Antidote (1542)," in *Selected Works of John Calvin*, 1:120.

82 Calvin, *Institutes* 4.14.17.

83 T. H. L. Parker, *John Calvin* (Tring, UK: Lion, 1975), 162. "루터는 그 글을 읽고서 한 친구에게 이렇게 말한 것으로 알려져 있다. '이 사람은 분명히 학식이 있고 경건한 자일세. 그리고 나는 처음부터 이 논쟁을 그에게 맡기는 편이 좋았을 뻔했네. 만약 나의 적대자들이 같은 일을 했더라면, 아마도 우리는 곧 화해했을 것일세.' 그러나 그 전에도 루터는 이미 『기독교강요』 – 아마도 1539년판 – 을 읽었고 부처를 통해 다음과 같이 우호적인 인사를 전한 바 있었다. '나를 대신해 Sturm과 칼뱅에게 경의를 표해주게. 나는 그들이 쓴 책들을 특별한 기쁨을 갖고서 읽었다네.' 그리고 칼뱅 자신은 이렇게 기록했다. '루터와 Pomeranus가 칼뱅을 환영해줄 것을 요청했다. 칼뱅은 그들에게 굉장한 호의를 얻었다."

84 Theodore Beza, "Life of Calvin," in *Selected Works of John Calvin*, 1:1iv.

관계를 새롭게 하는 사람이었다. "친애하는 불링거여, 도대체 우리가 지금 할 수 있는 모든 수단을 동원해 우리 가운데서 친절한 형제관계를 유지하고 강화하는 것 외에 다른 무엇에 관심을 보여야 하겠습니까?"[85] 굳건한 의지로 노력을 거듭한 끝에 결국 그는 1549년에 불링거와 함께 성찬에 관한 비(非)츠빙글리적 이해에 대한 합의를 이끌어 냈다.[86] 불링거가 「제2 스위스 신앙고백」을 작성할 무렵에는 그마저도 그의 스승의 견해로부터 얼마간 멀어져 칼뱅과 다른 종교개혁 지도자들의 견해 쪽으로 기울어져 있었다.

비록 모든 관계자들이 그 문제에 대해 선한 의지를 갖고는 있었으나, 당시의 정치적 상황은 교황이 승인하고 프로테스탄트 국가교회들, 왕들, 그리고 시의회들이 협상할 수 있는 정도 이상의 가시적 교회의 일치를 허락하지 않았다. 특히 영국의 캔터베리 대주교 크랜머가 계획했던 에큐메니컬 총회가 무산되었을 때, 칼뱅은 그리스도의 몸이 "피를 흘리고, 그 구성원들이 분리된 채" 남아 있게 된 것을 한탄했다.[87] 그가 품었던 여러 목표들과 마찬가지로, 그리스도의 몸의 가시적 일치 역시 그가 얻기 위해 끊임없이 노력했으나 종종 성공보다는 실망으로 끝나고 말았다.

특히 우리 시대와 비교해볼 때, 16세기의 개혁교회들은 하나가 된 프로테스탄티즘에 가장 근접한 모습을 보여주었다. 때때로 루터파 진영이 제기한 격렬한 논쟁으로 홍역을 치른 후에도 개혁주의와 청교도 저자들은 중요한 루터파 신학자들을 여전히 "우리 신학자들"이

---

85 Calvin, Parker, *John Calvin*, 164에서 재인용.

86 François Wendel, *Calvin: Origins and Development of His Religious Thought*, trans. Philip Mairet (New York and London: Harper & Row, 1963), 101.

87 Calvin, Parker, *John Calvin*, 165에서 재인용.

라고 부르며 인용했다. 베자는 그의 책 『개혁주의 신앙고백의 조화』(*Harmony of Reformed Confessions*, 1581)에 아우구스부르크 신앙고백을 포함시켰다. 또한 영국교회는 계속해서 추가적인 개혁의 토대를 "대륙의 개혁교회들의 본보기"에서 찾았다.

안타깝게도 영국에서는 특히 국가 교회의 정치로 인해 개혁교회의 일치가 실패로 끝났다. 영국교회는 스스로를 매우 개혁주의적인 교회로 보았을 때 가장 에큐메니컬한 성격을 지녔다. 영국교회가 "성공회적"(Anglican) 특징을 지니고 그 자체의 신조(Articles of Religion)로부터 점차 벗어나기 시작한 것은 찰스 1세(Charles I, 1600-1649) 치하에서 알미니안적이고 고교회적인 대주교 윌리엄 로드(William Laud)가 득세한 후부터였다. 교회의 일치를 위한 칼뱅의 열정은 오늘날 공통의 신앙을 지닌 교단들이 계속 확산되고 수많은 교단으로 분열되는 것을 그냥 수용하는 그의 영적 후계자들의 안일한 태도와 뚜렷이 대조된다.

공동 선교

칼뱅이 생각하기에 에큐메니즘과 선교는 떼려야 뗄 수 없는 관계였다. 그리스도의 나라는 교회를 창조하는 바로 그 복음에 의해 온 세상으로 퍼져나간다. 칼뱅은 이스라엘이라는 포도나무로부터 새로운 언약 교회가 성장해 나온 것에 깊은 감명을 받았다. 그는 유대인들이 "하나님의 교회에서 언제나 으뜸"으로서 "장자의 권리"를 갖고 있다고 거듭해서 말한다.[88] 이스라엘은, 예언자들이 예고했던 것처럼, 외국인들의 도착과 함께 확대된다.

---

88 Calvin on Acts 13:45, in *Calvin's Commentaries*, vol. 18, trans. Henry Beveridge (Grand Rapids: Baker, 1996), 551.

그렇게 해서 그동안 유대라는 좁은 경계 안에 갇혀 있었던 참된 종교가 전 세계로 퍼져나갔다. 그로 인해 그때까지는 오직 한 민족에게만 알려져 있던 하나님의 이름이 모든 나라의 서로 다른 언어들로 불리기 시작했다.…그로 인해 서로 경쟁하는 모든 이들이 예전에 자기들이 혐오했던 유대인들의 집단에 무리지어 가담했다.[89]

칼뱅은 이렇게 덧붙인다. "우리가 하나님의 자녀로 간주되는 것은 오직 아브라함과 그의 후손에게 접붙여져야 가능하다."[90] 시편 47:4절을 주석하면서 칼뱅은 그런 식으로 "이방인이 이스라엘에 종속된다"고 주장했다. "그들이 하나님이 온 땅을 적실 물의 근원이 되는 것이야말로 유대인들의 기쁨이다." 그러므로 그들은 그리스도를 신뢰해야 할 더욱더 큰 이유를 갖고 있는 셈이다.[91]

어느 오순절 주일 설교에서 칼뱅은 역사를 바꾼 이 명절에 사도들 가운데 놀라운 변화가 일어났다고 말한다. 성령이 불꽃같은 혀 모양으로 강림했다. 무엇보다도 그것은 "이런 수단을 통해 복음의 가르침이 하나님에 의해 승인되고 재가되었음을 보여줌으로써" 그분의 대사들이 복음을 증언할 수 있도록, 또한 그 복음을 듣는 자들을 영적 죽음에서 일으켜 마음으로 그것을 수용할 수 있도록 하기 위함이었다.[92] 바벨탑에 대한 심판 때 성령은 교만한 나라들을 흩으시고 그들의 언어를 갈라놓기 위해 내려오셨으나, 오순절 때 그분은 사람들을 비록

89 Calvin on Ps. 87:16, in *Calvin's Commentaries*, 5:395.

90 Selderhuis, *Calvin's Theology of the Psalms*, 219, Calvin on Pss. 47:10 and 110:2에서 재인용.

91 앞의 책, 239, Calvin on Ps. 47:4, 10에서 재인용.

92 Calvin, "First Sermon on Pentecost," in *John Calvin: Selections from His Writings*, ed. John Dillenberger (Atlanta: Scholars Press, 1975), 560-73.

다양한 언어이기는 하지만 하나의 복음으로 묶으시기 위해 내려오셨다. 그렇게 하나님은 복음이 수많은 언어로 땅 끝까지 선포되게 하셔서 심판을 복으로 바꾸셨는데, 그것은 "담장이 무너질 때까지는 오직 유대인들에게만 속해 있던 구원의 언약에 우리가 참여할 수 있게 하기 위함이었다."[93] 이어서 칼뱅은 이렇게 덧붙인다. "또한 이것이야말로 우리를 위해 성찬이 준비되어 있는 이유다." 비록 승천하신 주님이 세상에 육신으로 돌아오시지는 않을지라도, "우리는 사람들이 이해할 수 없는 일이 성령의 은밀하고 비가시적인 은혜에 의해 성취됨을 알아야 한다. 왜냐하면 바로 그것이 우리가 예수 그리스도의 살과 피에 참여하는 방법이기 때문이다."[94] 그 초기의 공동체처럼 오늘날의 교회 역시 작고 흩어진 남은 자에 불과하다. 그럼에도 교회는 주님의 말씀을 통해 그리고 성령에 의해 자신의 머리되시는 분과 연합하며, 온 세상에 복음을 선포하기 위해 박해에도 불구하고 보존된다.[95]

칼뱅의 조국 프랑스에서 순교를 피해 살아남았던 소수의 복음주의 그리스도인들이 1562년에 이르러서는 3백만 명이 넘을 정도로 늘어났다. 그리고 칼뱅은 그런 노력을 이끌고 있던 목사들 및 선교적 복음주의자들과 긴밀하게 접촉하며 정기적으로 서신을 교환했다. 프랑크 제임스 3세(Frank James III)는 이렇게 말한다. "역사는 칼뱅이 선교에 무관심했기는커녕 오히려 그것에 사로잡혀 있었음을 보여준다."[96] 우리가 설교를 하는 것은 단지 성도를 세우기 위함만이 아니라, 또한 "믿

93 앞의 책, 564-65.
94 앞의 책, 571.
95 앞의 책, 572-73.
96 Frank A. James III, Keith Coleman, "Calvin and Missions," *WRS Journal* 16, no. 1 (February 2009), 29-30.

음이 없는 자들 그리고 하나님의 친절을 완전히 박탈당한 것처럼 보이는 자들을 설득해 구원을 받아들이게 하기 위함이다. 예수 그리스도는 몇 사람만의 구주가 아니다. 그분은 모든 사람을 위해 자신을 내어주신다." "하나님은 마음에 모든 사람의 구원을 품고 계시다. 왜냐하면 그분은 모든 사람이 자신의 진리를 인정하도록 초대하시기 때문이다.…하나님은 복음이 예외 없이 모든 이들에게 선포되기를 바라신다."[97] 우리가 세상 끝까지 가져가는 바로 그 복음이 매주 우리가 출석하는 교회를 창조하고 유지해 나간다.

종교개혁은 그 자체로 사도 시대 이후 가장 방대한 규모의 선교 운동이었다. 유럽 전역의 수많은 이들이 스스로 종교개혁을 통해 재복음화되었다고 생각했다. 선교신학자 루스 터커(Ruth Tucker)가 지적하듯, 당시에 복음주의자들이 선교사를 파송하는 것은 지극히 어려웠다. 교황에게 충성하는 나라들이 항구를 통제하고 있었을 뿐 아니라, 선교하는 수도사들이 바다를 가로지르는 유럽의 정복자들과 동행하고 있었기 때문이다.[98] 터커는 "그러나 칼뱅 자신은, 적어도 외적으로는, 모든 종교개혁자들 중 가장 선교적인 정신을 지닌 사람이었다"라고 주장한다. "그는 수십 명의 복음주의자들을 그의 고향 프랑스로 돌려보냈을 뿐 아니라, 또한 여러 명의 프랑스 위그노파들과 함께 4명의 선교사들에게 브라질에 식민지를 세우고 그곳의 인디언들을 복음화하도록 위임했다." 실제로 그들은 신대륙에 발을 디딘 최초의 프로테스탄트 선교사들이었다. 그런데 그 무리의 지도자가 변절해 포르투

---

97 Calvin on 1 Tim. 2:4, in *Calvin's Commentaries*, 21:54-55.

98 Ruth Tucker, *From Jerusalem to Irian Jaya: A Biographical History of Christian Missions* (Grand Rapids: Zondervan, 1983), 67. 또한 Fred Klooster, "Missions, the Heidelberg Catechism, and Calvin," *Calvin Theological Journal* 7, no. 2 (1972): 183을 보라.

갈로 망명했고 "무방비 상태로 남아 있던 자들은 예수회 수사들의 손에 살해되었다."[99]

칼뱅은 선교사들이 고국의 다른 사역자들처럼 철저하게 준비되고 훈련되어야 한다고 믿었다. 유럽 전역은 물론이고 아프리카, 중동, 터키로부터 열정적인 선교사들이 훈련을 받기 위해 몰려왔다. 제네바는 "선교적인 관심과 활동의 역동적인 중심"이자 복음주의 선교사들을 훈련하고 파송하는 최초의 중요한 센터였다.[100] 이런 교회들은 오늘날까지 이르는 현대적인 선교 운동의 전 과정을 통해 선교 지도자들을 배출했다.[101]

오직 머리이신 그리스도만이 그분의 지체들을 한 몸 안에서 자기에게 연결시키실 수 있다. 성령은 오직 그분의 복음을 통해서만 이 몸을 세상 끝 날까지 창조하고, 보존하고, 확장시키신다. 복음을 바르게 듣는 것과 그 복음을 밖으로 내보내는 것은 불가분의 관계에 있다. 그리스도 안에 있는 하나님의 구원의 은혜에 관한 좋은 소식이 계속해서 선포될 때, 세상의 분열은 극복되고, 황무지는 꽃을 피우고 풍성한 들판을 이루면서 영광스러운 추수를 위해 익어간다.

---

99 Tucker, *From Jerusalem to Irian Jaya*, 57-68.

100 P. E. Hughes, ed. *The Register of the Company of Pastors of Geneva in the Time of Calvin* (Grand Rapids: Eerdmans, 1966), 25.

101 Michael Horton, *For Calvinism* (Grand Rapids: Zondervan, 2012), 151-69.

제 4 부

세상에 사는 삶

12. 그리스도와 황제

어떤 이들에 따르면, 칼뱅은 현대 세계 - 우리가 사랑하거나 혐오하는 모든 것 - 의 아버지다. 그는 제네바 신정정치의 아야톨라인 동시에, 종교적이고 정치적인 자유를 위한 길을 놓은 혁명적인 민주주의자다. 우리의 의제에 따라 그는 기업적 자본주의 혹은 국가 사회주의의 배후에 도사리고 있는 정신이다. 그러나 앙드레 비엘레의 말은 아주 옳다. "사실은 이런 운동들 각각이 나름의 확신을 품고 그 프로그램을 정당화해주는 칼뱅의 일부 저술로부터 영감을 취한 반면에 (그 종교개혁자의 방대하고 난해한 작품들 중) 자기들의 강령에 어긋나는 부분들은 도외시했다는 것이다."[1] 더 중요한 것은, 이런 모든 호소들(혹은 용법들)이 역사적 시대착오로 인해, 즉 16세기 프랑스 출신의 한 목회자에게 거꾸로 현대적인 동기, 확신, 그리고 그가 이해조차 하지 못했을 비전을 투사한다는 문제다. 오히려 칼뱅 자신의 목표는 때를 얻든지 못 얻든지 말씀을 선포하고 그 결과를 하나님께 맡기는 것이었다. 사실 그가 문명의 흐름을 바꾸려는 야망을 품었다는 증거는 어디에도 없다.

한편으로, 리처드 니버(H. Richard Niebuhr)의 유명한 유형학에 따르면,

---

1 André Biéler, *The Social Humanism of Calvin*, trans. Paul T. Fuhrmann (Richmond, VA: John Knox, 1960), 27.

아우구스티누스와 칼뱅은 "문화를 변혁시키는 그리스도" 유형의 조상들이다.[2] 그러나 다른 한편으로, 칼뱅 연구가인 리처드 갬블은 그런 주장에 대해 어안이 벙벙한 표정을 짓는다. "과연 '문명이나 창조세계를 구속한다'는 개념이 칼뱅 자신의 글에 의해 지지를 받을 수 있는가?" 이 주장을 뒷받침하기 위해 그는 존 리스를 인용하는데, 리스는 칼뱅이 비록 국가에 관한 짧은 대목을 포함시키긴 했으나 『기독교강요』의 어디에서도 그리스도인들이 세상을 변혁시켜야 한다는 주장을 하지 않는다고 말한 바 있다.[3]

내가 보기에 그리스도와 문화의 관계에 대한 칼뱅의 견해는 쉽게 "세상의 변혁"이라는 범주에 포함될 수 없다. 그러나 칼뱅에게 "인간의 삶은 일차적으로 '세상의 변혁'이 아니라 '세상과의 싸움'이다"라고 주장하는 것은 과도한 교정(overcorrection)이다.[4] 다른 논점과 마찬가지로, 이 문제에 대한 칼뱅의 견해 역시 복잡할 뿐 아니라 역설적이기까지 하다.

종교개혁은 근대 민족국가의 발흥과 함께 일어났으나, 칼뱅은 문화와 사회가 어느 정도 정치로 환원될 수 있는지 가늠할 수 없었다. 그럼에도 우리가 그리스도와 문화에 대한 그의 폭넓은 이해와 관련해

---

2 H. Richard Niebuhr, *Christ and Culture* (New York: Harper, 1951, 『그리스도와 문화』, IVP 역간). Niebuhr는 네 가지 유형을 소개한다. 문화 위의 그리스도(로마 가톨릭 교회), 문화의 그리스도(자유주의자), 역설 가운데 있는 그리스도와 문화(루터교), 그리고 문화를 변혁시키는 그리스도(아우구스티누스/칼뱅). 이런 유형론은 무언가를 밝혀주기보다는 오히려 모호하게 만든다. 그리스도와 문화에 대한 칼뱅의 견해는 루터의 그것과 크게 다르지 않으며, 아우구스티누스는 Niebuhr가 선호했던 "문화 변혁자"로 분류되는 적이 거의 없다.

3 Richard Gamble, "Calvin and Sixteenth-Century Spirituality: Comparison with the Anabaptists," in *Calvin Studies Society Papers*, 1995, 1997: *Calvin and Spirituality; Calvin and His Contemporaries*, ed. David Foxgrover (Grand Rapids: CRC Product Services, 1998), 50.

4 앞의 책, 49.

구체적인 통찰을 얻을 수 있는 것은 바로 그 주제, 즉 교회와 국가의 관계를 통해서다.

이 주제에 관한 칼뱅의 핵심적인 저술들 중 몇 가지를 살피기에 앞서 한 가지 예화를 드는 것이 도움이 될 것 같다. 기즈(Guise) 가(家)는 어린 왕 프랑수아 2세(Francois II)를 이용해 종교개혁파 그리스도인들을 학살하려 했다. 그러자 1560년에 프랑스의 일단의 종교개혁파 귀족들(그들 중에는 루이 요제프 콩데 왕자[Prince Louis Joseph de Bourbon Condé] 이 포함되어 있었다)이 어린 군주를 납치한 후 기즈 공작 프랑수아(Francois de Guise)와 그의 형제 추기경 로랭(Lorraine)을 반역자로 몰아 처형하려는 음모를 꾸몄다. 칼뱅은 당시 해군 제독이었던 한 종교개혁파 지도자에게 보낸 편지에서 그런 음모에 대해 심한 경멸을 표명했다.

> 그런 저항에 대해 나는, 만약 한 방울의 피가 떨어지면 피의 홍수가 유럽을 휩쓸게 될 것이며, 우리로서는 기독교와 복음을 그런 비난에 노출시키느니 백번이라도 죽는 편이 낫다고 분명하게 답했습니다. 나는 만약 황족들[그들은 직접적인 계승권자들입니다]이 공동의 선을 위해 자신들의 권리가 유지되어야 한다고 요구한다면, 그리고 의회가 그 싸움에서 그들의 편을 들어준다면, 모든 선량한 백성들이 그들에게 군사적 도움을 제공하는 것이 적법함을 인정합니다. 나중에 그 사람은 나에게 만약 황족들 중 하나가, 비록 서열상 첫 번째가 아닐지라도, 그런 과정을 밟기로 결단한다면, 우리가 그를 지지하는 것이 정당화될 수 있는 것 아니냐고 물었습니다. 나는 그런 가정에 대해 그에게 부정적으로 답했습니다.[5]

두 가지 중요한 유보조건에 주목하라. 첫째, 폭군을 자리에서 끌어

내리는 일조차 일반시민에 의해서가 아니라 오직 세속적 권리를 지니고 의회의 지원을 받는 적절한 권위자들에 의해서 이루어져야 한다. 둘째, 그들의 권리에 대한 호소는 특별히 복음을 보호하거나 사적인 이득을 얻기 위해서가 아니라 "공동의 선을 위해" 이루어져야 한다. 나중에 밝혀진 것처럼, 칼뱅의 경고는 예언적 성격을 갖고 있었다. 앙부아즈 음모(Conspiracy of Amboise, 1560년 프랑스에서 젊은 위그노 귀족들이 가톨릭 가문인 기즈 가를 상대로 꾸민 음모—역주)는 비록 콩데 왕자가 특히 칼뱅의 비난에 영향을 받아 짧게 지속된 앙부아즈 평화협정을 끌어내는 데 성공하기는 했으나 결국 프랑스 종교 전쟁(French Wars of Religion, 1562-1584)을 촉발시키고 말았다.

그리스도의 왕국과 이 시대의 왕국들

칼뱅이 그리스도의 왕국과 세속 국가들의 관계의 문제를 다룰 때, 다시 한 번 "분리되지 않고 구별된다"는 원칙을 따랐다. 한편으로 그는 크리스텐덤이라는 "인위적인 제국"에 반대했다.[6] 십자군, 거룩한 전쟁, 그리고 종교재판소 등이 구약성경의 구절들에 근거해 정당화되었다. 그로 인해 유럽은 마치 주님이 가나안 민족들을 쫓아내기 위해

---

5 Calvin, "To the Admiral de Coligny"(Geneva, April, 16, 1561), in *Selected Works of John Calvin: Tracts and Letters*, ed. Henry Beveridge and Jules Bonnet, 7 vols. (Grand Rapids: Baker, 1981), 7:176-77.

6 Oliver O'Donovan and Joan Lockwood O'Donovan, eds., *From Irenaeus to Grotius: A Sourcebook in Christian Political Thought*, 100-1625 (Grand Rapids: Eerdmans, 1999), 662. 또한 David VanDrunen, "The Context of Natural Law: John Calvin's Doctrine of the Two Kingdoms," *Journal of Church and State* 46 (Summer 2004): 503-25; VanDrunen, *Natural Law and the Two Kingdoms: A Study in the Development of Reformed Social Though* (Grand Rapids: Eerdmans, 2009)를 보라. 우리의 맥락 속에서 이런 이해의 적절성에 대한 긍정적인 진술을 위해서는, VanDrunen, *Living in God's Two Kingdoms: A Historical Vision for Christianity and Culture* (Wheaton, IL: Crossway, 2010)을 보라.

세우신 거듭난 신정국가였던 이스라엘처럼 되었다. 그리고 교황은 주님이 기름 부어 세우신 대제사장이 되고 황제와 왕들 역시 주님이 기름 부어 세우신 자들이 되었다. 칼뱅은 그리스도의 왕국을 이 시대의 모든 왕국들과 완전히 구별했다. 다른 한편으로, 그는 아나뱁티스트들이 옹호했던 그리스도와 문화의 반립관계도 거부했다.

우리는 아나뱁티스트들을 평화주의자로 기억한다. 그러나 첫 세대 아나뱁티스트의 여러 지도자들은 사실상 자기들이 그리스도의 천년 왕국이라고 여겼던 것을 무력으로 끌어들이려 했던 혁명주의자들이었다. 마르크스와 특히 엥겔스가 보았듯, 급진적인 아나뱁티스트들은 근대적 혁명 정신의 선구자들이었다. 대개 해방에 대한 유토피아적 비전은, 그것의 수사학적 표현들에도 불구하고, 이 세상과 인간에 대한 사랑보다는 완벽주의 이데올로기의 제단 위에서 그 둘 모두를 희생시키는 성마른 태도로 인해 유발된다. 에릭 푀겔린(Eric Voegelin)이 잘 지적했듯, "세상의 변혁을 역사를 초월하는 하나님의 은혜에 맡기지 않고 자기 스스로 지금 이곳에서, 즉 역사 안에서 하나님의 일을 행하려 하는 성도는 영지주의자다."[7]

이런 국면에서 아나뱁티스트 운동은 그리스도와 제국에 대한 광범위한 중세적 혼동을 공유했다. 이른바 신성로마제국이 "가나안 민족들"처럼 버림받았다는 언급은 심각한 왜곡이었다. 처음에 토마스 뮌처(Thomas Müntzer)는 공작들에게 이른바 성령의 시대에 대한 자신의 유토피아적 비전을 받아들이도록 압력을 가했다. 그러나 그들이 (부분적으로는 루터의 영향 때문에) 그렇게 하기를 거부했을 때, 뮌처와 레이든

---

7 Eric Voegelin, *The New Science of Politics* (Chicago: University of Chicago Press, 1952), 147.

의 존(John of Leyden)은 자신들이 조직한 농민군을 이끌고 도시들로 쳐들어가 왕을 참칭하면서 남자와 여자와 아이들을 고문하고 학살했다. 비록 짧은 기간만 유지되었을 뿐이지만, 콜럼비아 대학교의 역사학자인 유진 라이스(Eugene F. Rice)는 그들이 만들어낸 제도를 "폭력적, 일부다처주의적, 공산주의적"이라고 묘사했다.[8] 아이러니하게도, 그들이 중세의 크리스텐덤과 달랐던 것은 원칙의 측면이 아니라 열정과 비전의 순수성의 측면에서였다. 그들은 지금 이곳에서 완전하게 실현된 하나님의 나라를 원했다. 뮌처와 다른 혁명가들은 현대 공산주의 전통 안에서 역사적인 아이콘이 되었다.

아나뱁티스트들은 그리스도의 천년 왕국을 세운다는 웅대한 소망을 갖고 사회로부터 철수했다. 그러나 사실 사정이 그렇게 된 중요한 원인은 불결한 세상과 성도의 순결한 공동체 사이의 근본적인 대립이었다. 예컨대, 「쉴라이다임 신앙고백」(Schleitheim Confession, 1527년 스위스 샤포하우젠에서 열린 교회회의에서 작성된 아나뱁티스트 신앙고백—역주)에서 거룩한 신자와 불경한 세상 사이의, 그리고 빛과 어둠 사이의 마니교적 대립이 명백하게 드러난다.[9] 아나뱁티스트자들은 (교회와 국가의 융합을 포함하는) 기독교 사회라는 이념이 아니라 그들의 이상주의의 급진적 순수성

---

8 Eugene F. Rice Jr. and Anthony Grafton, *The Foundations of Early Modern Europe*, 1460-1559 (New York: W. W. Norton, 1994), 138.

9 The Schleitheim Confession, trans. and ed. John Howard Yoder (Scottdale, PA: Herald, 1977), 8-12. 세상(그리고 가시적 교회)과 "세상으로부터 구별된" 선택된 자들 사이에는 절대적 대립이 존재한다. 아나뱁티스트 공동체에 가담하지 않은 이들은 "하나님 앞에서 아주 혐오스러운 존재들이기에, 그들로부터는 혐오스러운 것들 외에는 아무것도 자라나거나 발생하지 못하며 앞으로도 그럴 것이다. 세상과 창조세계 안에서 선과 악, 신앙과 불신앙, 어둠과 빛, 세상과 세상으로부터 나온 자들이 함께 사귀는 것은 불가능하다.…주님은 우리에게 세상과 분리되고 구별된 삶을 살라고 명하신다.…더 나아가 그분은 우리에게 자신이 그리로 가져가실 고통과 고난을 분담하지 않기 위해 바벨론으로부터 그리고 세속적인 애굽으로부터 나오라고 권하신다"(4항).

의 측면에서 중세의 가정들과 결별한 것처럼 보였다. 중미와 남미의 해방신학이 말하는 "기초 공동체들"(base communities)에서처럼, 교회와 사회는 로마 교회와 프로테스탄트 국가들에서 그랬던 것보다 훨씬 더 급진적으로 동일시되었다.

대표적인 종교개혁자들은 최소한 이론적으로나마 유럽이 그리스도의 왕국이라는 관념에 도전했고, 고대의 언약적 신정정치의 부활이라는 개념에 대해서는 더더욱 그러했다. 그러나 또한 그들은, 아나뱁티스트들과 달리, 당대의 교회를 바벨론을 떠나 거룩한 땅으로 돌아가고 있는 유배자들과 연결시키지도 않았다. 오히려 이 시대의 교회의 상황은 바벨론에 있는 유배자들의 그것과 더 흡사했다. 다니엘처럼 그들은 이방 예배를 거부했으나 이방의 교육을 받았고, 그 도시의 유익을 위해 기도하고, 거기에 참여하고, 또한 그 유익에 공헌했다.

칼뱅은 하나님이 그분의 교회를 이스라엘이라는 특정한 민족과 동일시하셨을 때 그 민족이 하나님과의 특별한 언약 관계를 즐겼음을 강조했다. 그러나 지금은 모든 민족이 동일하다. "그리스도의 영적 왕국과 민사 재판권은 완전히 구별된다.…하지만 이 구별은 우리가 정부의 총체적 성격을 오염된 것으로, 그리고 그리스도인들과는 아무런 상관이 없는 것으로 여기도록 이끌어가지 않는다." 이 두 왕국은 "구별된다," 하지만 "그것들은 서로 다투지 않는다."[10] 옛 언약 아래에서도 왕과 제사장은 구별되었으나, 크리스텐덤 안에서는 그렇지 않다. 그곳에서 교황과 그의 사제들은 세속적인 권력을 탐한다. 마태복음 20장에서 예수님은 "사도들이 법정에서 호의를 바라지 않게 하려

10 Calvin, *Institutes of the Christian Religion*, ed. John McNeill, trans. Ford Lewis Battles (Philadelphia: Westminster, 1960), 4.20.1-2.

고 자신의 교회의 영적 통치와 세상의 제국들을 구별하신다.…그리스도가 그분의 교회를 위해 목회자들을 임명하신 것은 **다스림**이 아니라 **섬김**을 위해서다." 이것은 교황과 아나뱁티스트 둘 다를 논박한다고 칼뱅은 주장한다.[11]

아우구스티누스는 특히 그의 책 『하나님의 도성』(*City of God*)을 통해 칼뱅의 사상에 분명한 영향을 끼친 인물이다. 히포의 아우구스티누스에 따르면, 현세의 왕국들은 이 세상에서 하나님이 악을 억제하시는 중요한 수단이지만, 그것들이 곧 그리스도의 왕국은 아니다.[12] 만약 교회 자체가 택함 받은 자들과 택함 받지 못한 자들의 "혼합된 공동체"라면, 확실히 우리는 제국을 그리스도의 왕국과 동일시해서는 안 된다. 그러므로 각 도시는 독특한 수단을 통해 구별된 목적을 이루어 가는 그 나름의 정치 형태를 갖는다. 아우구스티누스는 이 두 개의 도시가 "현 세상에서 서로 뒤섞여 있음을" 우리가 발견한다고 말한다.[13] 우리가 공유하는 공동의 선은, 비록 궁극적이지는 않더라도, 가치가 있다. 그러나 택함 받은 자들은 그리스도의 재림을 고대한다. 그때에는 "모든 불의가 사라지고, 모든 인간적인 지배와 권력이 무효화될 것이고, 하나님이 만유 안에 계실 것이다."[14] 그 두 도시를 이렇게 구별했음에도 불구하고, 아우구스티누스는 국가가 도나투스 분파를 근절해야 한다고 주장하는 등 자신의 이론과 모순되게 행동했던 것으로 보인다.

---

11 Calvin on Matt. 20:25, in *Calvin's Commentaries*, vol. 16, trans. William Pringle (Grand Rapids: Baker, 1996), 424.

12 Augustine, *City of God*, ed. David Knowles, trans. Henry Bettenson (New York: Penguin, 1972), 527.

13 앞의 책, 430.

14 앞의 책, 875.

아우구스티누스처럼 루터도 "하늘의 것들"과 "땅의 것들," 그리고 하나님 앞에서의 참된 의와 동료 인간들 앞에서의 시민법적 의를 구별해야 한다고 강조했다. 루터는 그의 중요한 저술인 「세속의 권위에 관하여」(*On Temporal Authority*)에서 세속적 영역과 영적 영역 사이의 관계를 몸과 영혼의 관계에 비유하면서 그의 두 왕국론을 상세하게 설명해 나간다.[15] 그는 이렇게 불평한다.

> 마귀는 이 두 왕국을 지지고 볶아 하나로 만드는 일을 절대로 중단하지 않는다. 세속의 지도자들은 늘 마귀의 이름으로 그리스도의 주인이 되어 그분에게 교회와 영적 정체를 다루는 방법을 가르치려 든다. 이와 비슷하게, 거짓된 성직자들과 종파분열적인 영들은 늘, 비록 하나님의 이름으로 그렇게 하는 것은 아니지만, 사람들의 주인이 되어 그들에게 세속의 정체를 조직하는 방법을 가르치려 든다. 그런 까닭에 마귀는 양쪽 모두에서 많은 일을 하느라 아주 분주하다.[16]

루터는 계속해서 말한다. "어떤 통치자도 누구든지 자신이 좋아하는 것을 – 그것이 복음이든 거짓말이든 간에 – 가르치거나 믿는 것을 막아서는 안 된다. 그가 폭동과 반역을 가르치는 것을 막기만 한다면, 그것으로 충분하다."[17] "고난, 고난, 십자가, 십자가! 이것이, 그리고 오직 이것만이 그리스도인의 법이다!"[18] 그리스도인들은 그들의 조국과

---

15 Bernhard Lohse, *Martin Luther's Theology: Its Historical and Systematic Development*, trans. Roy A. Harrisville (Minneapolis: Fortress, 1999), 151–59.

16 Martin Luther, "Commentary on Psalm 101," in *Luther's Works*, American Edition, 55 vols., ed. Jaroslav Pelikan and Helmut T. Lehmann (Philadelphia: Fortress; St. Louis: Concordia, 1955–1986), 13:194–95.

재산을 지키기 위해 무기를 들 수 있다. 그러나 복음을 옹호하기 위해 무기를 들어서는 안 된다.[19] 바울이 아덴을 찾았을 때, 그는 무력으로 우상들을 파괴하지 않고 말씀을 선포했다.

> 말씀이 천지와 만물을 창조하셨다. 이런 일은 가련한 죄인들인 우리가 아니라 말씀이 하셔야 한다.…요컨대, 나는 그것에 대해 선포하고, 가르치고, 글을 쓸 것이다. 하지만 나는 아무에게도 억지로 강요하려 하지 않을 것이다. 왜냐하면 믿음은 강압이 없이 자유로이 생겨야 하기 때문이다. 나 자신을 예로 들어보자. 나는 면죄부와 교황주의자들에게 반대했으나 힘으로 하지 않았다. 그저 나는 하나님의 말씀을 가르치고, 선포하고, 그에 대해 글을 썼을 뿐이다. 나는 그것 외에 아무것도 하지 않았다. 그리고 내가 잠을 자고 내 친구 필립과 암스도르프와 함께 비텐베르크 맥주를 마시는 동안, 그 말씀이 그 어떤 공작이나 황제도 이제껏 교황제도에 손실을 입힐 수 없었을 만큼 교황제도를 크게 약화시켰다. 나는 아무것도 하지 않았다. 그 말씀이 모든 것을 하셨다.[20]

루터가 다음과 같이 덧붙일 때 자화자찬을 하고 있었던 게 아니다. "만약 내가 문제를 유발하고자 했다면, 나는 독일에 굉장히 많은 피를 흘릴 수도 있었을 것이다. 실제로 나는 황제조차 안전하지 못했을 만한 게임을 시작할 수도 있었다. 그러나 그것은 어떤 결과를 낳았을까?

---

17 Martin Luther, "Friendly Admonition to Peace Concerning the Twelve Articles of the Swabian Peasants," in *The Protestant Reformation*, ed. Hans Hillerbrand (New York: Harper & Row, 1968), 71.

18 앞의 책, 76.

19 앞의 책, 78.

20 Martin Luther, "On God's Sovereign," in *Luther's Works*, 51:77.

그저 바보들의 놀이가 되고 말았을 것이다. 나는 아무것도 하지 않았다. 대신 그 일을 말씀이 수행하도록 맡겨두었다."[21]

그럼에도 그는 1530년에 공작이 "분명하게 성경에 근거를 두고 세계의 모든 크리스텐덤이 믿는" 가르침을 거부하는 자들을 벌할 권위를 갖고 있다고 말할 수 있었다.[22] 아우구스티누스가 도나투스파를 칼로 징벌하는 것을 수용했듯, 루터도 종교적 자유라는 현대적 개념에 대해선 알지 못했던 것이다.

그리스로마와 중세의 법률에 대한 칼뱅의 전문지식은 그의 성찰에 급진적인 사회-종교적 의제들에는 없는 깊이와 뉘앙스를 더해주었다. 그는 문화적, 정치적, 그리고 사회적 개입이 무엇을 이룰 수 있고 무엇을 이룰 수 없는지에 대해 냉철한 신학적이고 역사적인 감각을 갖고 있었다.

비엘러는 우리에게 칼뱅의 뿌리가 복음주의적 휴머니즘(evangelical humanism)에 있음을 상기시킨다. 그 영향력은 그가 교회와 세상 안에서의 우리의 삶에 관해 이야기하는 방식을 통해 분명하게 드러난다. "그러므로, 복음주의적 휴머니즘, 즉 칼뱅의 휴머니즘은 일차적으로 사회적 휴머니즘이다.…칼뱅은 말한다. '하나님이 인간을 창조하신 것은 그들이 교제하는 피조물이 되게 하기 위함이었다.'"[23] 시민사회에서 "이와 같은 질서는 그리스도께서 인간을 새롭게 만들어 해방시키는 것을 통해서가 아니라, 오히려 반대로 인간이 적절한 도덕성을 유지할 수 있게 하는 외적 제어장치를 통해서 이루어진다."[24] 그것은

---

21 앞과 동일.

22 Martin Luther, "Psalm 82," in *Luther's Works*, 13:61.

23 Biéler, *The Social Humanism of Calvin*, 17.

24 앞의 책, 23.

"일시적인" 질서다. 그것은 궁극적인 질서도 아니고 하찮은 질서도 아니다. "이 최종적 완성을 기다리는 동안, 그리고 이 세상에서 살아가기 위하여, 모든 사회는 임시적인 질서, 즉 정치질서와 같은 인간적인 시스템을 필요로 한다."[25] "물론 칼뱅은 행정관들이 그리스도인이기를 바랐다. 하지만 박해당하는 교회들을 격려할 때 칼뱅은 국가 공무원들에 대한 그리스도인의 순종은 그런 당국자들이 신자인지 불신자인지 여부에 달려 있지 않다고 강조했다."[26] 비엘러는 이렇게 덧붙인다.

> 칼뱅의 정치적 가르침의 결론은 그리스도인은, 아주 예외적인 경우들을 제외하고, 자신이 살고 있는 사회의 질서를 뿌리째 뽑아버리려 하는 급진적 혁명가가 되어서는 안 된다는 것이다. 다른 한편으로, 그리스도인은 철저하게 보수적인 사람이 되어서도 안 된다.…요컨대, 그리스도인들이 그들의 믿음으로부터 흘러나오는 책임을 인식할 때, 그들은 정치적 삶에 적극적으로 참여해야 할 의무를 지니게 된다.[27]

비록 존 녹스 같은 체류자들이 그 도시를 "사도 시대 이후 가장 완벽한 그리스도의 학교"라고 부르며 칭송했지만, 칼뱅은 임종하는 자리에서 자기를 찾아온 제네바의 의원들을 향해 그들은 "왜곡되고 불행한 나라"의 수탁자(受託者)들이라고 말했다.[28] 그는 이런 결론을 내릴 수밖에 없었다. "당신들도 알다시피, 문제들은 어지간히 해결되었습

25 앞과 동일.
26 앞의 책, 24.
27 앞의 책, 25.
28 William Monter, *Calvin's Geneva* (New York: John Knox Wiley and Sons, 1967), 120.

니다." 그리고 이렇게 마지막 권면을 덧붙였다. "그러므로, 만약 그 문제들이 당신들의 게으름 때문에 악화된다면, 당신들은 하나님 앞에서 큰 죄를 짓는 셈이 될 것입니다."[29] 이것은 결코 승리의 연설이 아니다. 칼뱅이 보기에 우리 모두는 하나님 앞에서 우리가 수행해야 할 의무를 이행하지 못한다. 그리고 세상의 왕국은 결코 하나님의 도성이 아니다.

『기독교강요』에서 칼뱅은 "두 왕국"(Two Kingdoms)이라는 주제를 "그리스도인의 자유"(Christian Freedom)와 "시민정부론"(On Civil Government) 사이에서 다룬다. 그가 시민정부론에 앞서 그리스도인의 자유를 다루는 까닭은 당시 유럽 사람들의 기억에 – 특별히 칼뱅이 『기독교강요』를 바쳤던 프랑스 왕의 기억에 – 여전히 생생하게 남아있던 뮌처와 레이든의 존 같은 과격한 아나뱁티스트들을 둘러싼 긴장감 때문이었다. 호민관인 서머셋의 공작에게 보낸 편지에서 칼뱅은 복음을 핑계 삼아 연방 전체를 뒤엎고자 하는 "열광주의자들"을 징계하라고 촉구했다.[30]

그래서 칼뱅은 『기독교강요』에서 이렇게 말한다.

> 그러므로 아무도 그 문제에 걸려 넘어지지 않기 위해 먼저 우리는 이중의 통치 기관이 존재함을 생각해야 한다. 하나는 영적 통치 기관으로 그 안에서 사람들은 양심이 경건해지도록 그리고 하나님을 경외하도록 가르침을 받는다. 다른 하나는 정치적 통치 기관으로 그 안에서 사람들은

29 Theodore Beza, "Life of Calvin," in *Selected Works of John Calvin*, 1:xciv.
30 Calvin, "To the Protector Somerset" (Geneva, October 22, 1548), in *Selected Works of John Calvin*, 5:187.

그들 사이에서 유지되어야 하는 인간과 시민으로서의 의무에 대해 교육을 받는다.[31]

몸과 영혼을 (분리하지 않고) 구별할 수 있는 사람은 누구나 이 점을 이해할 수 있을 것이다. 그는 덧붙여 말한다. "그 문제는…모호하지도 어렵지도 않다." 그것은 단지 사회의 법률에 대한 외적인 순종과 그리스도 안에 있는 하나님의 은혜를 확신하며 오직 하나님께만 바치는 양심의 궁극적 항복을 구별할 것을 요구할 뿐이다.[32]

이 토대 위에서 칼뱅은 세속사회에 대한 아나뱁티스트의 거부와 (등급상으로 낮은) 국가가 (등급상으로 높은) 교회의 지시를 받아야 한다는 중세적 견해 모두에 도전했다. 루터처럼 그 역시 두 왕국 혹은 "이중의 통치 기관"에 대해 말했다. "인간은 다양한 통치자들과 다양한 법률들에 의해 통치될 수 있는 두 가지 세계를 갖고 있다. 양자의 구별은 복음이 영적 자유에 대해 가르치는 내용이 정치적 규약들에 잘못 적용되는 것을 막아줄 것이다."[33]

신약성경은 이스라엘의 신정정치가 갖고 있던 시민법 같은 것을 갖고 있지 않다. 그것은 지금의 교회가 더 이상 특정한 나라와 동일시되지 않기 때문이다. "사도들의 목적은 국가의 통치 체계를 세우는 것이 아니라 그리스도의 영적 왕국을 세우는 것이다."[34] 성벽과 탑을 갖고 있는 예루살렘의 영광은 새 언약의 교회를 장식하는 영적 은사들의 더 큰 영광에 대한 예표일 뿐이었다.[35]

---

31 Calvin, *Institutes* 3.19.15.

32 앞과 동일.

33 앞과 동일.

34 앞의 책, 4.20.12.

국가와 교회를 몸과 영혼에 비유하는 것은 그 나름의 문제를 안고 있다. 그러나 흥미로운 것은 칼뱅이 그 관계를 바라보는 방식이다. 칼뱅에 따르면, 영혼(교황제도)은 로마 교회의 견해처럼 몸(제국)보다 우월하지 않다. 그렇다고 루터파나 다른 동료 개혁주의자들의 견해처럼 국가가 교회보다 우월한 것도 아니다. 또한 그 둘은 아나뱁티스트의 견해처럼 서로 대립하지도 않는다. 칼뱅에게 그 둘은 구별되지만 분리되지 않은 채 나란히 서 있다. 비엘러는 이렇게 말한다. "오로지 복음에 기반을 둔 그리스도인으로서 칼뱅은 물질적 실체와 위장된 영적 가치를 대립시키는 이교적 적대관계에 대해 전혀 아는 바가 없다. 칼뱅은 심령주의(spiritualism)와 물질주의(materialism)를 대조시키는 고대로부터 계속되어 온 오랜 싸움을 비난한다.[36]

일반은총

칼뱅에 따르면, 하나님의 말씀은 우리를 구원하는 말씀일 뿐 아니라 또한 유지시키는 말씀이기도 하다. 존 머리(John Murray)는 일반은총 교리에 관해 올바른 결론을 내렸다. "이 문제와 관련해 칼뱅은, 신학적 논술의 측면에서, 새로운 전망뿐 아니라 새로운 시대를 열었다."[37] 선천적으로 모든 사람 안에 남아 있는 하나님의 형상에 더하여, 칼뱅은 하나님의 일반은총을 "본성을 정화시키는 은혜가 아니라 내적으로 본성을 억제하는 은혜"라고 말한다. 이 일반은총은 섭리와 묶여 있다.

---

35 Herman J. Selderhuis, *Calvin's Theology of the Psalms* (Grand Rapids: Baker Academic, 2007), 130.

36 Biéler, *The Social Humanism of Calvin*, 30.

37 John Murray, *The Collected Writings of John Murray, vol. 2, Select Lectures in Systematic Theology* (Edinburgh: Banner of Truth, 1978), 94.

하나님은 섭리를 통해 본성을 제어하시지만 "그것을 내적으로 정화시키지는 않으신다."[38] 오직 복음만이 내적으로 정화시킬 수 있다. 그러므로 일반은총은 구원하는 은혜가 아니며, 자연법은 성경이 아니다. 하지만 양자는 제각기 하나님의 이중적 통치 안에서 그 나름의 적법한 기능을 갖고 있다. 이런 개념들은 (로마 교회가 가정하듯) 서로 동일하지도 않고 (아나뱁티스트가 가르치듯) 서로 대립하지도 않는다. 그것들은 서로 구별되지만 서로 모순되지 않는다.[39]

그런 까닭에 칼뱅은 문화적 활동의 중요성을 긍정하기 위해 그런 활동을 **거룩함**과 **구속**의 범주에 포함시킬 필요가 없었다.[40] 경건치 않은 로마 황제들조차 하나님의 "사역자들"로 불릴 수 있다(롬 13:1-7). 그리스도는 참으로 만유의 주님이시다. 그분은 이 시대의 왕국들을 그분의 섭리와 일반은총을 통해, 그분의 거룩한 왕국을 교회의 사역을 매개로 하는 구원의 은혜를 통해 다스리신다. 그리스도인들은 세상에서 빛과 소금이 되도록 부르심을 받는다. 그러나 칼뱅은 결코 그들의 "구속하는 문화"(redeeming culture)에 대해 말하지 않는다. 오직 그리스도만이 구속의 은혜의 주체이시다. 그리고 그분은 자신의 구속을 칼이 아니라 말씀과 성례라는 거룩한 사역을 통해 이루신다.

우리는 타당한 이유가 있어서 자연스럽게 신자들의 삶 속에서 일어나는 성령의 사역에 대해 생각한다. 그러나 성령은 또한 불신자들의 삶 속에서도 일하신다. 성령은 일반은총을 통해 불신자들에게 제공한 은사들을 흔들어 깨우신다. 급진적인 프로테스탄트들은 비그리

---

38 Calvin, *Institutes* 2.3.3.

39 정확하게 동일한 견해를 보려면, Phillip Melanchthon, *Loci communes* (1543), trans. J. A. O. Preus (St. Louis, Concordia, 1992), 70을 참고하라.

40 Calvin, *Institutes* 2.2.15.

스도인에게 아무 것도 배울 수 없다고 가정한다. 하지만 칼뱅은 "그러나 만약 주님이 우리가 물리학, 변증학, 수학, 그리고 불경건한 자들의 업적과 활동으로 이루어진 다른 학문들의 도움을 받기를 원하신다면, 우리는 그런 도움을 받아야 한다"라고 말한다. "만약 우리가 이런 학문들을 통해 값없이 제공된 하나님의 선물을 무시한다면, 우리는 우리의 게으름에 대해 정당한 벌을 받아야 마땅할 것이다."[41] 예술, 과학, 철학, 의학 등과 관련된 예들을 제공한 후에 칼뱅은 이렇게 결론짓는다. "그러므로 우리는 이런 예들을 통해 인간의 본성이 그 참된 선을 빼앗긴 후에도 주님이 얼마나 많은 은사를 남겨두셨는지를 배우자."[42] 인간을 포함한 세상은 비록 타락했으나 하나님의 지혜와 선하심, 진리와 정의, 아름다움과 사랑을 반영한다. 빌렘 발케(Willem Balke)는 이렇게 말한다,

> 아나뱁티스트의 영적 지도자들에게는 성령의 "소유"가 그들이 교육을 받지 못했던 것을 완벽히 보상해주었다. 뮌스터에서는 도서관의 책과 문서들이 불태워졌다. 성경을 제외한 모든 책들이 금서가 되었다. 뮌스터의 아나뱁티스트들은 자기들이 책을 통해 배우는 죄를 짓지 않은 것을 자랑스러워했다. 반면에, 비록 칼뱅에게도 "학문"은 성령의 선물만큼 귀하게 간주될 수는 없었으나, 그는 반복해서 그리고 강력하게 아나뱁티스트의 반지성주의적 경향에 반대했다.[43]

---

41 앞의 책, 2.2.16.

42 앞의 책, 2.2.15.

43 Willem Balke, *Calvin and the Anabaptist Radicals*, trans. William J. Heynen (Grand Rapids: Eerdmans, 1981), 237-38.

일반법

하나님은 교회를 다스리시는 것처럼 국가들도 다스리신다. 하지만 교회는 그분의 기록된 말씀과 선포된 말씀으로, 그리고 국가는 자연법과 일반은총을 통해 다스리신다. 칼뱅은 정부가 "국가들의 일반법"이 아닌 "모세의 정치 체계"를 따라 조직되기를 바라는 것은 "치명적인 잘못"이라고 생각한다.[44]

칼뱅은, 성경에 계시된 도덕법이 곧 창조세계에 나타난 자연법이라는 바울의 주장을 따르면서, 타당한 시민 질서는 반드시 성경에 기반을 두어야 한다는 개념에 강력하게 반대한다.

> 만약 어떤 이가 하나님의 율법을 준수하기 위해 완벽하게 개조된 다양한 법률들에 대해 언짢게 여긴다면, 그는 공적 안녕을 얼마나 악의적으로 혐오하고 있는 것인가! 모세를 통해 주어진 하나님의 율법을 폐기하고 새로운 법을 선호하는 것은 하나님의 율법을 모독하는 것이라는 어떤 이들의 주장은 완전히 헛소리일 뿐이다.[45]

마침내 칼뱅은 이렇게 말한다. "우리가 도덕법이라고 부르는 하나님의 율법은 하나님이 인간의 마음에 새겨놓으신 양심과 자연법에 대한 증거일 뿐이다."[46]

모든 사람의 양심에 쓰인 하나님의 율법인 자연법은 헌법, 정부 형태, 그리고 법률에서의 놀라운 다양성을 허용한다.[47] 모세의 신정정치

44 Calvin, *Institutes* 4.20.14.

45 앞의 책, 4.20.16. 칼뱅의 정치 신학의 기본적인 골격은 4.20.1-32절에서 발견된다.

46 앞과 동일.

47 앞과 동일.

는 옛 언약에 국한되어 있을 뿐 더 이상 민족 국가들을 위한 청사진이 될 수 없다.[48] 이 자연법은 급진적인 계몽운동이 계속 주장하는 것처럼 자율적인 이성에 기반을 두고 있지 않다. 오히려 그것은 창조세계 안에 있는 그분의 형상의 담지자들에 대한 그분의 애초의 요구로서 궁극적으로 우리를 하나님 앞에서 책임 있는 존재가 되게 하는 것을 그 목적으로 삼는다.[49] 칼뱅은 그로부터 한 세기 후에 작성된 「웨스트민스터 신앙고백」과 동일한 주장을 한다. 즉 모세의 재판법은 "기한이 끝났으며, 지금은 그 법이 요구하는 일반적인 공정성 이상의 다른 어떤 의무도 요구하지 않는다"는 것이다.[50] 그러므로 칼뱅의 성경 주해가 엄격하게 금지하는 한 가지 정치체계가 있다면, 그것은 바로 **신정정치**다. 모든 진리는 하나님으로부터 나오지만, 그것들이 반드시 성경으로부터 나오는 것은 아니다.

모세의 정치법은 세속 국가들에 의해 **폐기될** 수 없다. 왜냐하면 그것들은 애초에 그들에게 **주어진** 것이 결코 아니었기 때문이다.[51] 자연법은 "공정성"(equity)이라는 말로 요약될 수 있는데, 그것은 보통 엄격한 정의(strict justice)와 관대한 중용(charitable moderation)의 조화를 꾀하는 인간관계에서의 공평함을 의미한다. 그것은 특별한 경우에 대한 신중한 분별을 요구한다. 그러므로 "오직 공정성만이 모든 법들의 목

---

48 앞과 동일.

49 Francis Turretin, *Institutes of Elenctic Theology*, trans. John Musgrave Giger, ed. James T. Dennison, vol. 2 (Phillipsburg, NJ: P&R, 1994), 2.1.7. 17세기의 제네바 신학자 Francis Turretin은 세속적인 정부는 독재자이든 사회 계약이든 자율적 권력으로부터 출현한다고 주장하고 있던 이들에 대해 이미 알고 있었다. "그러나 [종교개혁적] 정통은 아주 달리 말한다"라고 그는 말한다. "그들은 자연법이 있음을 인정한다. 하지만 그것은 자발적 계약이나 사회의 법으로부터가 아니라 창조 시에 하나님이 인간의 양심에 새겨 넣으신 신성한 의무로부터 출현한다."

50 Westminster Confession of Faith, 19.4.

51 Calvin, *Institutes* 4.20.16.

표와 한계가 되어야 한다."[52] 이 공정성은 모든 사람에게 해당되는 자연의 덕목으로 모든 율법의 토대가 되는 "사랑의 영원한 원칙"이다. "분명히 모든 나라는 자기들에게 유익하리라고 예견되는 바에 따라 자유롭게 법을 만들 수 있다. 그러나 그것은 사랑의 영원한 원칙을 따름으로써, 비록 형태는 다를지라도, 동일한 목적을 지향해야 한다."[53] 하나님의 일반은총 아래에서 영위되는 우리의 일반적인 삶을 위해 성경이 특별하게 명령하는 정부 형태 같은 것은 존재하지 않는다.

루터마저도 (출애굽기 22:25절에 근거해) 빚에 이자를 물리는 것에 반대하는 중세의 금지명령을 옹호했다. 그러나 칼뱅은 그런 관습은 "만약 그것이 공정성과 형제의 연합을 깨뜨리는 경우가 아니라면, 지금은 비합법적이지 않다"라고 주장한다.[54] 다시 한 번 칼뱅은 일반적인 공정성의 원리가 이 문제를 다루는 적절한 길을 제공한다고 여긴다. "이방인 저자들 역시, 비록 아주 분명하지는 않지만, 이것에 대해 알고 있었다. 그들은 모든 인간이 서로를 위해 태어나기 때문에 인간 사회는 서로 간에 호의를 주고받지 않고서는 적절하게 유지될 수 없다고 선언했다."[55] 모든 종교개혁자들 중에서 칼뱅이야말로 이방인들도 일반은총의 계몽을 통해 상식을 갖고 있음을 가장 확실히 믿었다.

도덕법이 명령하는 공정성은 다양한 법령들의 형태로 나타날 수 있다. 이것은 마치 예배와 그리스도인의 삶의 요소들이 특정한 상황에 따라 다양한 방식으로 적용되는 것과 같다. 보편적 원칙에 동의하

52 앞과 동일.

53 앞의 책, 4.20.15.

54 Calvin on Ex. 22:25, in *Calvin's Commentaries*, vol. 3, trans. Charles William Bingham (Grand Rapids: Baker, 1996), 132.

55 앞의 책, 126.

는 이들조차 정책과 관련해서는 서로 다른 결론에 이를 수 있다. 칼뱅은 "힘 있는 자들이 연약한 자들을 압제하고 짓누르기 위해 이용하는 냉혹하고 비인간적인 법들"에 맞서 하나님의 심판을 선언하는 것을 주저하지 않는다.[56] "그러므로 당국자들은 가난한 자의 '보호자들'이다."[57] 프레드 그레이엄(Fred Graham)은 이렇게 말한다. "칼뱅이 보기에 어느 정치 체제의 가치를 실제로 결정하는 것은 그 사회가 연약한 자들을 대하는 방식이었다."[58] 하지만 그는 몸소 행정관의 외투를 입거나 정책이나 법을 제공하는 대신, 법률의 적용을 그런 일을 위임받은 이들의 지혜에 맡겼다.

칼뱅은 정치 조직 같은 중요한 문제에 대해서도 동일하게 신중한 태도를 보인다.[59] 그런 문제들에 대한 그의 전문 지식에도 불구하고(혹은 아마도 바로 그 때문에) 그는 굉장히 신중하게 말한다. 그는 순수한 민주주의와 전제정치의 위험을 지적하면서 개인적으로는 "귀족정치 혹은 귀족정치와 민주주의의 혼합된 형태"를 선호한다고 말한다. 그는 교회와 국가 모두에서 무정부주의와 폭정 모두를 반대한다. 그 두 영역에서 그는 권력을 공유하는 대의정체(代議政體)를 권한다. 그럼에도

---

56 Calvin, *Institutes* 2.8.45.

57 Selderhuis, *Calvin's Theology of the Psalms*, 153, on Ps. 82:3.

58 W. Fred Graham, *Constructive Revolutionary: John Calvin and His Socio-Economic Impact* (Richmond, VA: John Knox, 1971), 62.

59 칼뱅의 정치사상과 관련된 수많은 연구서들이 있다. 그 중 중요한 것들로는, Harro Hopfl, *The Christian Polity of John Calvin* (Cambridge: Cambridge University Press, 1982); Quentin Skinner, *The Foundations of Modern Political Thought: The Age of the Reformation*, vol. 2 (Cambridge: Cambridge University Press, 1978); Ronald Wallace, *Calvin, Geneva and the Reformation* (Eugene, OR: Wipf & Stock, 1998) 등이 있다. 칼뱅의 정치사상에 관한 훌륭한 에세이로는, David W. Hall, "Calvin on Human Government and the State," in *A Theological Guide to Calvin's Institutes*, ed. David W. Hall and Peter A. Lillback (Phillipsburgh, NJ: P&R, 2008), 411-40이 있다.

즉각 이것은 보편적인 법칙이 아니며 어떤 문화들은 그들의 역사적 특성상 다른 형태의 정체를 갖는 편이 더 나을 수도 있다고 덧붙인다.[60]

칼뱅은 선천적으로, 그리고 신학적 성향의 측면에서 보수적이었다. 하지만 그의 사상은 정치적 영향력을 갖고 있었다. 로마의 법학을 공부한 덕분에 선천적 권리와 법 앞에서의 평등에 관한 칼뱅의 통찰은 이후 세대에 큰 영향을 끼쳤다.[61] 그리고 분명히 그의 영적 후계자들 중 많은 이들이 그의 사상을 발전시키거나 어떤 면에서는 넘어서기도 했다. 특히 그의 신학적 후계자들은 정체론, 폭군에 대한 저항권, 그리고 종교적 자유 같은 분야에서 중요한 진전을 이뤘다.[62] 더 나아가, 칼뱅의 성경 해석, 특정한 교리들에 대한 강조, 그리고 그것들이 낳은 경건의 형태 등은 중요한 사회적 영향력을 갖고 있다. 의심할 바 없이, 이것은 여러 대표적 사상가, 예술가, 교육자, 법률가, 그리고 정치 이론가들이 부분적으로나마 성경에 대한 칼뱅의 가르침에 의존하고 있기 때문이다. 모든 그리스도인 - 그들은 두 왕국 모두의 시민이다 - 의 삶에서 두 왕국이 교차한다. 칼뱅의 통찰과 강조점들은 이 두 가지 소명을 이해하고, 성공적으로 이행하고, 현명하게 개입하는 데 필요

---

60 Calvin, *Institutes* 4.20.8. 또한 이에 대한 VanDrunen의 탁월한 작품을 보라.

61 John Witter Jr. The Reformation of Rights: Law, Religion and Human Rights in Early Modern Calvinism (Cambridge: Cambridge University Press, 2007), 2: "칼뱅은 권위와 자유, 의무와 권리, 그리고 교회와 국가에 관한 매력적인 새로운 가르침을 발전시켰는데, 그 가르침은 프로테스탄트 국가들에게 지속적인 영향을 주었다."

62 예컨대, Beza는 폭군에 대한 저항에 관한 최초의 현대적인 논문들 중 하나를 썼고, 그의 견해를 공유했던 동시대의 많은 사람들 역시 개혁주의 신자들이었다. 독일의 개혁주의 정치 이론가 Johannes Althusius는 계약 신학(federal theology)에 관한 통찰들을 사용해 그가 주장한 입헌정치에 입각한 연방제도(federal system)의 개념을 만들어냈다. 그러나 칼뱅은 혼란을 우려하는 보수주의자였고, 그의 저작들에는 그가 현대 세계에 익숙한 자유주의적 정치 경제 시스템을 승인하거나 선도했다고 주장할 만한 것이 전혀 들어 있지 않다.

한 풍성한 자원을 제공했다.

칼뱅은 루터처럼 두 왕국이 서로 상관이 없다고 생각한 적이 없었다. 그들 시대의 기준으로 본다면, 프로테스탄트 국가들에서 종교적 법률과 실행은 무척 관대한 편이었다. 그러나 현대적 기준으로 본다면, 당시에 교회와 국가의 분리 같은 것은 존재하지 않았다.[63] 상대적으로 제네바의 상황은 무척 자유로웠다. 그럼에도 아우구스티누스, 루터, 츠빙글리, 그리고 다른 사람들이 그랬던 것처럼, 칼뱅 역시 두 왕국을 이론적으로 구별하면서도 여전히 왕, 황제, 그리고 시의회들이 참된 교회를 보호할 책임을 갖고 있다고 여겼다. 황제 샤를 5세(Charles V, 1500-1558) 앞에서 행한 연설에서 칼뱅은 황제에게, 오래 전에 콘스탄티누스, 데오도시우스, 샤를마뉴가 했던 것처럼, 교회에 대한 부성적인 책임을 이행할 것을 촉구했다.

칼뱅이 이 점에서 다른 종교개혁자들과 차이를 보인 것이 있다면, 그것은 그가 교회를 정치적 간섭에서 독립시키기 위해 애씀으로써 두 왕국을 더욱 뚜렷하게 구별했던 것이다. 심지어 그는 주교들이 "그들의 직무와 상관없는" 세속의 일들에 개입했던 아우구스티누스 시절의 오랜 관습까지 비난했다. 그는 교회의 일을 맡은 자들이 "하나님의 권위와 명령을 자신들의 소명에서 이탈하기 위한 핑계거리로 삼음으로써 하나님께 잘못을 저질렀다"고 지적했다.[64] 그러나 만약 우리가 이

63 Leonard Verduin, *The Reformers and Their Stepchildren* (Grand Rapids: Eerdmans, 1964), 202. 그는 슈파이어 제국의회(Diet of Speyer, 1529)이 다음과 같이 포고했던 것을 지적한다. "모든 아나뱁티스트 신자들 혹은 다시 세례를 받은 자들은, 그들의 성별이 무엇이든, 화형이나 참형 혹은 어떤 다른 방식으로든 죽음에 처해져야 한다." 그러나 스트라스부르에서조차 세례를 받지 않은 아이들은 필요하다면 "법 집행관들에 의해" 세례를 받아야 했다.

64 Calvin on 1 Cor. 6:5, in *Calvin's Commentaries*, vol. 2, trans. John Pringle (Grand Rapids: Baker, 1996), 203.

런 문제들과 관련해 칼뱅의 지혜를 우리의 것으로 만들고자 한다면, 그런 일은 매우 상이한 역사적 상황들에 대한 분별력과 민감성을 갖고서 이루어져야 한다. 아이러니한 것은, 그리스도와 문화에 관한 그의 가장 위대한 통찰들 중 많은 것이 그 자신이 상상할 수 없었던 - 그리고 예상한 적은 더더구나 없었던 - 크리스텐덤 이후의 상황에 훨씬 더 적합하다는 사실이다.

13. 직업과 소명: 선행의 자리

우리 모두의 마음 깊은 곳에는 우리가 "일" 혹은 "직업"으로 여기는 "평범한 소명"보다 더 영적이고 특별한 생활방식을 따름으로써 하나님을 진정시키고 싶은 갈망이 존재한다. 교회에 출석하기 시작한 새 신자들이 교회에서 "사역을 찾으라"는 권고를 받는 경우가 종종 있다. 그런데 실은 신자는 누구나 사역자이다. 의사, 제빵사, 혹은 전업주부가 되는 것은 좋은 일이다. 그러나 "전임 기독교 사역"은 그보다 더 좋은 일이다. 어쩐 일인지 우리는 우리가 매일 행하는 노동을 "하나님 나라의 일"로 정당화해야 한다. 혹은 어쩌면 우리의 평범한 소명을 개인적인 복음전도나 사회변혁의 수단으로 삼음으로써 그것을 거룩한 소명으로 바꿔놓을 수 있다. 아이러니하게도, 그런 반(反)성직주의적인 경향은 좀더 깊은 성직주의, 즉 교회의 모든 구성원은 사역자임에 틀림없다는 생각을 드러낸다. 베드로와 같이 우리는 세상에서 우리의 이웃을 섬기기 위해 그리스도에게 **섬김을 받는 것**을 어려운 일로 여긴다(요 13:8-9).

우리가 이 장에서 살피게 되겠지만, 칼뱅은 수도원 제도 안에서, 특히 모든 구성원이 수도사적 이상에 가까운 삶을 살기를 기대했던 아나뱁티스트 운동 안에서, 그것과 유사한 무언가를 발견했다. 오늘날 복음주의자들은 종종 복음전도와 도덕주의로 위장한 채 세상을 그대로 반영하는 하위문화를 만들어냈다. 그러나 위험한 것은 우리가 세상에서 물러나 "기독교적" 활동의 벌통 안에서 분주히 움직이는 동안에도 세상과 같아질 수 있다는 점이다. 즉 우리는 세상 안에 있되 세상에 속하지 않는 대신, 세상 안에 있지 않으면서도 세상에 속할 수 있다.

소명: 우리의 선행이 있어야 할 자리

루터 못지않게 칼뱅은 모든 신자의 제사장직을 인정한다. 하지만 두 사람 중 누구에게도 이것은 모든 신자가 목사 - 훈련을 거치고 시험을 통과해 안수를 받은 가시적인 교회의 목회자와 교사가 된 자 - 임을 의미하지 않았다. 오히려 칼뱅은 우리가 무엇보다도 먼저 섬김을 받기 위해 교회에 온다고, 즉 목회자들을 통해 그리스도의 풍성한 양식을 공급받고, 장로들을 통해 지혜로운 지도를 받고, 또한 집사들을 통해 그리스도에게서 우리의 현세적 필요들을 공급받기 위해 교회에 오는 것이다. 모든 주일은 성탄절 아침에 자녀들이 선물을 주고받기 위해 거실에 모이는 것과 같다. 이런 사역을 통해 모든 구성원들 사이에 유통되는 영적 은사들이 나타난다. 그 구성원들은 그들의 평범한 직업을 통해 세상에서 이웃을 사랑하고 섬긴다. 칼뱅은 특별한 직무들(목회자, 장로, 집사)과 일반적인 직무들(만인제사장직)을 구별하는 면에서 풍성한 통찰을 제공한다.[1]

종교개혁자들의 경건에는 선행이 들어설 큰 자리가 있다. 하지만

---

1 예컨대, Calvin on Eph. 4:11, in *Calvin's Commentaries*, vol. 21, trans. William Pringle (Grand Rapids: Baker, 1996), 278을 보라. 참고. Calvin, *Institutes of the Christian Religion*, ed. John T. McNeill, trans, Ford Lewis Battles (Philadelphia: Westminster, 1960), 4.1.3.

그 자리는 "칭의"가 아니라 "소명"이라는 주제에 속해 있다. 우리는 하나님께 배상하기 위해 그분께 우리의 선행을 가져가는 것이 아니라, 오히려 선행을 우리 이웃의 유익을 위해 그들에게 가져간다. 루터가 말했듯, "그러므로 나는 그리스도인은 우리 자신 안에서가 아니라 그리스도와 이웃 안에서 살아간다고 결론짓는다. 그리스도인은 믿음을 통해 그리스도 안에서, 그리고 사랑을 통해 이웃 안에서 살아간다."[2] 교회는 제자들이 만들어지는 곳이고, 세상은 제자들이 나아가는 곳이다.

여기서 다시 "분리되지 않고 구별된다"는 원칙이 두 왕국에 적용된다. 우리는 직접 그리스도의 나라를 확장시키고 있지 않을 때조차 그 나라의 상속자들, 즉 "그리스도 예수 안에서 거룩하여진 자들"이다(고전 1:2). 다시 말해, 비록 우리가 하는 일 자체가 평범할지라도 우리는 거룩하다(즉 구별되어 있다). 불신자들과 함께 온갖 일에 종사하는 신자들은 그리스도의 나라에 속한 거룩한 시민이긴 하지만, 기독교적 농업, 거룩한 의학, 혹은 하나님 나라의 예술 같은 것은 존재하지 않는다. 잡역부, 주부, 의사, 혹은 사업가가 제공하는 섬김은 자신의 피조물에 대한 하나님의 섭리적인 돌봄의 일부이다. 그것은 추가적인 칭의를 요구하지 않는다.

그러므로 우리가 하나님을 위해 일한다는 개념은 오히려 하나님이 (구원의 과정 속에서) 우리를 **위해**, 그리고 (우리의 소명의 현장에서) 우리를 **통해** 일하신다는 확신으로 대체된다. 우리가 연로한 부모를 돌보거나 도랑

---

2 Martin Luther, "The Freedom of a Christian," in *Luther's Works*, American Edition, 55 vols., ed. Jaroslav Pelikan and Helmut T. Lehman (Philadelphia: Fortress; St. Louis: Concordia, 1955-1986), 31:371.

을 파거나 법정에서 논쟁을 벌일 때, 일차적인 행위자는 하나님이시고 우리는 그분의 도구이다. 루터에 따르면, 우리가 "우리에게 일용할 양식을 주옵시고"라고 기도할 때, 하나님은 "그분이 이스라엘 백성에게 만나를 주셨을 때처럼 직접 응답하지 않으시고, 농부와 제빵업자의 일을 통해 응답하신다." 그들은 하나님의 "가면들"이다.[3] 그는 이렇게 쓴다. "의로운 사람과 불의한 사람에게, 신자와 불신자에게 똑같이 관대함을 베푸시는 하나님은 평범한 혹은 심지어 가장 비천한 사회적 기능들과 신분들 속에 자신을 숨기신다. 하나님이 젖 짜는 하녀의 소명을 통해 몸소 젖소의 젖을 짜신다."[4] 칼뱅은 이 견해를 공유한다. "이로부터 특별한 위로가 생긴다. 그래서 만약 당신이 그 일에서 당신의 소명을 따른다면, 하나님이 보시기에 빛을 발하고 아주 값진 것으로 간주되지 않을 만큼 더럽고 천한 일은 없음을 알게 될 것이다."[5]

당신의 밖을 보라: 선물의 윤리

칼뱅에 따르면, 성경적 경건은 우리의 믿음을 하나님께 그리고 우리의 사랑을 우리의 이웃에게 이끌어 간다. 그러므로 그리스도인의 삶은 외향적이다. 즉 그들은 그들 자신의 밖을 바라본다. 물론 우리가 우리 자신을 살펴야 할 때가 있다. 그러나 일차적으로 그것은 우리 안에서 하나님께 드릴만한 가치 있는 무언가를 발견하기 위해서가 아

---

3 Gene Edward Veith, "The Doctrine of Vocation: How God Hides Himself in Human Work," *Modern Reformation* 8, no. 3 (May/June 1999): 4. 또한 Veith, *The Spirituality of the Cross*, 2nd ed. (St. Louise: Concordia, 2010); Veith, *God at Work*, rev. ed. (Wheaton, IL: Crossway, 2011); Gustaf Wingren and Carl C. Rasmmussen, *Luther on Vocation* (Eugene, OR: Wipf & Stock, 2004)을 보라.

4 Martin Luther, Veith, "The Doctine of Vocation," 5에서 재인용.

5 Calvin, *Institutes* 3.10.6.

니라, 우리에게 그리스도가 얼마나 절실히 필요한지를 깨닫기 위해서다. 칼뱅은 우리에게, 우리 자신의 죄와 죽음이라는 내적 감옥에서 탈출해 그리스도 안에서 우리의 유일한 피난처를 발견하라고 권면한다. 만약 우리가 그리스도를 외면한다면, 내적 평안과 안정, 순결에 대한 우리의 추구는 결국 우리를 절망이나 독선으로 이끌 뿐이다. "만약 당신이 스스로를 곰곰이 생각해본다면, 거기에는 확실한 정죄만 있을 뿐이다."[6] 아이러니하게도, 당신이 마침내 자신에 대한 집착에서 벗어나 믿음으로 그리스도를 그리고 사랑으로 이웃을 끌어안을 수 있게 되는 것은 오직 이 토대 위에서만 가능하다. 당신이 하나님의 심판을 견뎌낼 내적 고결함을 추구한다면 결국 그리스도와 타인을 무시한 채 오로지 당신 자신에게만 초점을 맞추게 된다. 그러나 그런 종류의 경건으로 무언가를 얻을 수 있는 사람은 아무도 없다. 그것은 하나님의 진노를 불러일으키고, 우리의 이웃을 회피하고, 그로 인해 결국 우리에게 아무런 도움이 되지 않는 헛수고일 뿐이다.

다른 유명한 종교개혁자들의 경우처럼, 칼뱅의 경건 역시 다음 두 가지를 강조한다. (1) 모든 선한 선물은 하나님으로부터 우리에게 내려온다. 그러므로 하나님 앞에서 우리는 그저 "받는 자"일 뿐이다(행 17:25-26; 롬 11:35-26; 약 1:17). (2) 하나님은 우리를 사랑하고 섬기실 뿐 아니라, 또한 우리를 통해, 즉 우리의 소명이라는 수단을 사용해 우리의 이웃을 사랑하고 섬기신다. 그러므로 다른 이들 앞에서 우리는 "주는 자"이다. 따라서 우리는 하나님께는 오직 믿음만을 가져가고 우리의 이웃에게는 선행을 가져간다. 그러므로 어린아이로서, 배우자로서, 부모로서, 자원봉사자로서, 고용주로서, 그리고 피고용인으로서 우리의

6 앞의 책, 3.2.24.

소명은 그런 선한 일이 하나님으로부터 다른 이들에게 흘러가게 하는 통로가 되는 것이다. 그와 동시에 우리는 여러 가지 다른 소명들에 관여하고 있다. 그러므로 이것은 "직업윤리"(a work ethic)보다는 "선물의 윤리"(a gift ethic)와 더 관계가 있다.[7]

따라서 첫째, **하나님이 기뻐하신다**. 우리가 믿음으로 그리스도 안에 숨겨져 있고, 하나님은 그리스도를 기뻐하시기에 우리를 기뻐하신다. 이제 하나님은 우리의 심판관이 아닌 아버지로서 그리스도의 공로로 인해 우리의 선행에 들러붙은 죄를 용서하시며 우리를 자녀로 대하신다. 그러므로 우리의 불완전함은 심판관이신 그분을 결코 만족시킬 수 없음에도, 성부께서는 우리가 그리스도 안에 있기에 우리를 기뻐하실 뿐 아니라, 또한 우리가 하는 일까지도 기뻐하신다. 칼뱅은 아우구스티누스를 따라 하나님이 우리를 위해 보유하신 보상이야말로 그분의 선물들 중 최고라고 주장한다.[8]

둘째, **나의 이웃이 도움을 받는다**. 우리는, 하나님이 우리에게 호감을 품게 할 만한 선물을 그분께 가져가는 방법에 대해 재잘대거나, 그분이 결코 명령하신 적이 없는 우리 나름의 규례와 관습들을 만들어 내는 대신, 그분의 선물을 다른 이들에게 가져가는 도구가 될 수 있다. 하나님은 우리 각자에게 서로 다른 재능, 지식, 능력, 그리고 관심사를 주셨다. 그리고 그분의 계명들은 우리 주변에 있는 모든 이들의 실제적 필요를 향하고 있다.

셋째, **나 역시 유익을 얻는다**. 칼뱅은 자주 스토아 철학을 공격한다.

---

7 소명의 다른 측면들은 물론 이 주제를 다루고 있는 유익한 자료를 보려면, Veith, God at Work를 참고하라.

8 Calvin, *Institutes* 3.18.1-10.

그는 그 철학이 수도원의 삶의 바탕을 이루고 있다고 여긴다. 스토아 학파는 우리에게 다른 이들로부터 멀리 떨어져 푸른 하늘 위에 살면서 우리의 의무를 이행해야 한다고 주장했다. 그 어떤 것도 이기심 때문에 행하면 안 된다. 그러나 칼뱅은 이런 주장에 거듭 반대한다. 우리는 언약 안에서 하나님을 위해 그리고 서로를 위해 지음을 받았다. 하나님은 우리를 필요로 하지 않으시나 우리는 그분이 필요하며 또한 서로를 필요로 한다. 그러므로 나의 행복은 내 이웃의 유익에 달려 있다. 하나님이 영광을 받으시고 내 이웃이 섬김을 받을 때, 나 역시 큰 기쁨과 만족을 발견한다. 내가 다른 이들을 섬길 때, 나 역시 이 은혜의 경륜을 통해 하나님의 선행의 혜택을 입는다. 하나님의 영광과 다른 이들의 유익 안에서 우리 자신의 기쁨과 행복을 발견하는 것은 이기적인 것이 아니라 경건한 것이다.

오직 우리 자신의 영적 성장과 그 보상에만 초점을 맞출 때, 우리는 하나님의 선물의 교환이라는 순환과정에서 벗어나게 되며, 그 결과 하나님이 그리스도 안에서 우리를 위해 행하신 일의 충분성을 믿는 대신 오히려 하나님께 우리의 선행을 가져가서 그 선물들의 흐름을 역전시킨다.

종교개혁자들은 로마 교회와 아나뱁티스트 모두 이런 선물 제공의 흐름을 역전시켰다고 생각했다. 그들은 하나님께 올라가는 사다리 위에 자신들의 경건을 쌓아 올리면서 그리스도와 이웃보다 자신들에게 더 초점을 맞췄다. 물론 칼뱅이 특히 염두에 두었던 것은 수도원 생활이었다. "바울은 인류를 돕기 위한 공동의 섬김에는 전혀 기여하지 않으면서 다른 사람들의 땀에 의지해 살아가는 게으른 밥벌레들을 비난한다. 이런 종류의 사람들 중에는 지루함을 달래려고 성당 안에서 웅얼거리며 찬송을 부르는 것 외에는 아무것도 하지 않으면서 배나 두

드리고 있는 우리의 수도사들과 사제들이 있다." 만약 사람들이 무지해서 그들을 칭송하지 않았더라면, 그들은 도둑으로 간주되었을 것이다.[9] 당시에 **부르심** 혹은 **소명**이라는 용어는 성직자와 수도사들에게 국한되었다. 그러나 이 구도 안에서는 아무도 승리하지 못한다. 아나뱁티스트 지도자들은 사실상 수도원 생활에 도전했던 것이 아니라 공동체 전체가 완전함을 추구하면서 세상으로부터 분리되기를 기대했을 뿐이다.

막스 베버(Max Weber, 1864-1920) 이후, 칼뱅주의야말로 자본주의 정신이 된 프로테스탄트 노동윤리에 대해 책임이 있다는 소문이 돌았다. 베버의 주장에 따르면, 칼뱅주의자들은 자신이 선택받았음을 입증하기 위해 헤픈 소비에 대해서는 눈살을 찌푸리면서도 세속적인 성공을 위해 노력한 끝에 엄청난 부를 창조했다. 그로 인한 결과는 근면, 저축, 그리고 박애적 목적을 위한 기부였다. 사실 우리가 알고 있는 소위 프로테스탄트 노동윤리는 칼뱅보다는 벤자민 프랭클린에게서 유래한다. 한데 그것은 사실 **노동윤리**(work ethic)라기보다는 **가치윤리**(worth ethic)였다. 참으로 당신은 지위가 아니라 스스로 성취한 것을 통해 하나님의 섭리로 은혜를 입고 있음을 보여주게 된다. 이것은 사회에서 당신의 "시장가치"(market value)를 입증하는 냉혹한 개인주의다. 오늘날에도 우리는 어느 개인의 "순자산"(net worth)에 대해 이야기한다. 그런데 이처럼 돈으로 계산할 수 있는 **행위로 인한 의**(works-righteousness)가 칼뱅과 무슨 상관이 있는가?

베버는 종교개혁의 가르침이 낳은 결과들은 인식했으나, 그가 주장하는바 그런 결과들을 낳은 원인은 일차 자료에 근거한 것이 아니

---

9 Calvin on 2 Thess, 3:10, in *Calvin's Commentaries*, 21:355.

라 그 자신의 사색의 산물이었다. 사실 그것은 칼뱅의 사상과는 정반대다. 칼뱅은 이렇게 말한다. "만약 우리가 그리스도 안에서 택하심을 받았다면, 우리는 자신의 선택에 대한 확신을 자신 안에서 찾으면 안 된다." 그리스도를 신뢰하는 것이야말로 우리의 선택을 확신하는 것이다.[10] 빌헬름 니젤이 상기시켜주듯, "그동안 많이 논의된 칼뱅의 활동주의(activism)는 그 근거를, 우리가 그리스도께 속해 있는 고로 염려 없이 그리스도 안에서 우리의 지체됨을 고백하는 길로 나갈 수 있다는 사실에 두고 있다. 그것은 우리의 기독교 신앙을 선행을 통해 입증하려는 열정에서 나오는 게 결코 아니다."[11]

자주 칼뱅은 우리는 우리가 받은 선물들을 받을 만한 자격이 없으며, 우리의 신실함은 이생에서의 성공을 보장하지 않으며, 세속적인 성공은 하나님의 은혜에 대한 증거라기보다 오히려 믿음에 위험한 요인이 될 수 있다고 말한다. 그는 하나님이 주시는 복에 대한 징표로서 근면을 부로 직접 연결시키는 이들을 결코 격려하지 않는다.[12] 오히려 그가 강조하는 것은 감사로부터 나오는 관대함이다. "'왜냐하면 관대해지는 것 이상으로 우리가 하나님을 닮을 수 있는 방법은 없기 때문이다.' … 칼뱅은 자신의 이웃을 사랑하는 것 이외의 다른 규칙을 제공하지 않는다."[13]

칼뱅에 따르면, 금욕생활에는 그 어떤 미덕도 존재하지 않는다. 우

---

10 Calvin, *Institutes* 3.24.5.

11 Wilhelm Niesel, *The Theology of John Calvin*, trans. Harold Knight (Phildadelphia: Westminster, 1956), 99.

12 Herman J. Selderhuis, *Calvin's Theology of the Psalms* (Grand Rapids: Baker Academic, 2007), 199. "시편에 대한 칼뱅의 주석은, 유명한 가정들에 도전하면서, 그가 자본주의의 조상이라는 개념을 부인한다."

13 앞의 책, 200, on Ps. 30:5.

리는 사치스러운 방종을 통해서뿐 아니라 금욕을 통해서도 자신을 하나님의 선물들의 흐름에서 제외시킬 수 있다. 앙드레 비엘러는 칼뱅에게 희생은 영적인 가치를 지녔을지 모르지만 "영과 물질을 대조시키는 오래된 기독교 전통"과는 아무런 상관이 없으며, "공로로 간주되는 행위"는 더더욱 아니었다고 설명한다.[14] "칼뱅은 탐욕과 축적을 두려워했다. 그런 까닭에 그는 축적된 재화는 상호 도움을 위해 다시 순환되어야 한다고 주장했다."[15] 또한 이후의 좀더 세속화된 시대의 사람들처럼 저축에 집착하지도 않았다.[16] 칼뱅은 모든 선물은 하나님으로부터 우리에게 오는 것이며, 따라서 우리는 그것을 즐기고 다른 이들과 나눠야 한다고 주장한다. "요컨대, 예수 그리스도가 그분 자신을 우리에게 주신 것처럼, 우리는 박애를 통해 그분에게 받은 은혜를 다른 이들에게 나눠주어야 한다. 부는 곤경에 처한 이들을 돕기 위한 수단이다. 바로 그것이 나아갈 길이고 행운의 매개체를 보유하는 길이다."[17]

만약 우리의 확신이 세상에서 하는 **일**에서 오지 않는다면, 우리는 또한 **안식** 자체를 목적으로 삼지 않는다. "사람이 안식하라는 처방을 받은 유일한 이유는…그가 하나님의 노동에 접근하게 하기 위함이다." 결과적으로, 하나님을 위한 우리의 일이 들어설 자리는 남아 있지 않다. 오직 우리를 위한 하나님의 일, 그리고 우리를 통해 또 우리와 함께 다른 이들의 유익을 구하는 하나님의 일만 있을 뿐이다.

---

14 André Biéler, *The Social Humanism of John Calvin*, trans. Paul T. Fuhrmann (Richmond, VA: John Knox, 1960), 41.

15 앞의 책, 60-61.

16 앞의 책, 61.

17 Calvin, 앞의 책, 63에서 재인용.

"그렇게 회복되고 또한 하나님의 위대한 일에 재통합된 일은 다시 창조적인 것이 되고 해방시키는 것이 된다."[18] 칼뱅의 사상에는 공로로 여길 만한 일의 개념이 들어설 자리가 없다. 그리고 사실 그 자리는 번영이나 결핍 안에도 없고, 일하는 것이나 쉬는 것 안에도 존재하지 않는다.

하나님은 우리가 우리의 의무를 이행할 때 급여를 지불할 책임도 없다. 그럼에도 그분은 우리에게 필요한 것들을 공급하시는데, 그것은 그분이 우리의 고용주가 아니라 아버지로서 하시는 일이다. 하지만 피고용인들을 학대하거나 정당한 임금을 빼앗는 고용주들은 선물의 순환을 가로막는 책임을 장차 하나님 앞에서 져야 할 것이다.[19] 그것은 하나님의 법에, 그리고 고용주와 피고용인이 공유하는 인간성에 위배되는 "이상한 잔인함"이다.[20]

종교개혁은 민족국가 및 상업적 자본주의와 함께 일어났다. 후자는 전자의 계층 안에서 준비된 배우들을 발견했는데, 부분적으로는 세속적인 직업에 대한 새로운 인정 덕분이었다. 종교개혁자들은 사람들에게 시민적 책임, 자유, 그리고 경제 성장에 기여하는 직업들에서 탁월해질 것을 고무했다. 그러나 칼뱅주의와 자본주의 사이에는 그 어떤 신학적 연관관계도 존재하지 않는다. 특히 베버가 추정했던 그런 관계는 더더욱 없다. 수도사들은 보상을 얻기 위해 하나님께 자신의 일을 제공했다. 반면에 오늘날 세속주의자들은 일을 주로 물질적 보상, 자존심, 혹은 개인적인 권리의 견지에서 정당화한다. 종교개혁자들의

---

18 앞의 책, 44-45.
19 앞의 책, 48.
20 앞의 책, 49.

관점이 지닌 혁명적 요소는 우리의 가장 평범하고 일상적인 노동이 하나님의 선물 제공이라는 흐름 안으로 통합된다는 것이었다. 과장된 말이긴 하지만, 비엘러는 "칼뱅주의는 일에 종교적 성격을 부여한 최초의 기독교 윤리이다. 즉, 생계유지를 떠나서도 정당화될 수 있는 " 신적 소명"으로 본 것이다"라고 주장했다.[21] 여기서 우리는 자신의 피조물을 향한 하나님의 사랑의 행위에 포섭되는데, 그것은 우리가 그분과 공동 구속자가 되기 때문이 아니라, 오히려 그분이 우리 이외에 다른 이들에게 동일한 구원의 은혜를 제공하시는 도구가 되기 때문이다. 요컨대, 우리는 산타 할아버지가 아니라 그분의 꼬마 요정들인 셈이다.

방랑자가 아닌 순례자

종종 칼뱅은 우리의 소명을 주제넘게 다른 사람들의 문제에 간섭하며 "방랑하는" 우리의 선천적 성향에 대한 해독제로 여길 것을 권한다. 우리에게는 하나님이 우리를 세상의 특정한 자리로 부르시는 것이 필요하다.

> 우리의 어리석음과 경솔함으로 인해 모든 것이 혼란에 빠지는 일이 없도록 하시기 위해, 그분은 나름의 특정한 방식으로 살아가는 각 사람에게 각기 다른 의무로 부여하셨다. 또한 아무도 경솔하게 그의 한계를 벗어나지 않게 하시기 위해, 이런 다양한 삶을 "소명"이라고 부르셨다. 그러므로 각 사람은 주님에 의해 일종의 초소(哨所)처럼 그에게 할당된 나름의 삶의 방식을 갖고 있는데, 이것은 그가 살아가는 동안 부주의하게

21 앞의 책, 59.

방황하지 않게 하기 위함이다.[22]

이 말은 우리가 이웃의 필요를 무시하게 하는 핑계거리로가 아니라 오히려 이웃에게 유용하고 탁월한 섬김을 베풀게 하는 자극제로 사용되어야 한다.[23] 하나님은 우리 모두를 나름의 특정한 자리에 위치시키셨고, 우리의 이웃은 그런 소명에 대한 우리의 헌신이 제공하는 섬김을 필요로 하며, 우리 역시 그들의 섬김을 필요로 한다. 그것은 단순한 **직업**이 아니라 **소명**(calling)이다. 그리고 그것은 우리의 고용주가 아니라 하나님으로부터 온다.

베자를 비롯한 측근들이 죽어가는 칼뱅이 글을 쓰느라 자신을 혹사하는 것을 나무랐을 때 칼뱅이 보였던 반응을 떠올려 보라. "뭐라고, 자네들은 주님께서 내가 빈둥거리는 걸 보게 하시려는 셈인가?" 우리는 우리의 본보기를 찾을 때 수도사보다는 경건한 통치자였던 다윗, 현명한 사사였던 드보라, 이방인의 궁정에서 경건한 고문으로 살았던 다니엘, 그리고 자기 아버지의 목공소에서 일했던 예수를 택하는 편이 나을 것이다. 교회는 하나님의 은혜를 드러내는 무대이다. 하지만 온 세상은 그분의 영광을 드러내는 극장이다. 만약 예수께서 오늘 오후에 재림하시리라는 것을 안다면, 오늘 당신은 무슨 일을 하겠는가? 이 질문에 대해 칼뱅은 다른 날에 하던 바로 그 일을 할 것이라고 답한다. 이것은 마치 바울이 데살로니가 교인들에게 그리스도의 재림에 유념하면서 계속 그들의 일을 잘 수행하라고 권고했던 것과 같다(살후 3:1-13).

---

22 Calvin, *Institutes* 3.10.6.

23 Calvin on 2 Thess. 3:13, in *Calvin's Commentaries*, 21:358.

가족을 위해 집을 짓는 목수는, 스스로 하나님을 기쁘게 한다고 생각하며 하나님이 명령하신 적이 없는 경건한 일을 수행하는 수도사보다 더 귀하다. 사실 칼뱅은 "수녀들이 자부하는 순결은, 하나님이 아내들과 어머니들에게 부여하신 소명과 비교한다면, 하나님 앞에서 아무것도 아니다"라고 말한다. 남자들은 그 소명을 자신의 것보다 열등한 듯 깔보아서는 안 된다. "남자들이 게으름을 피우기 위해 태어난 것이 아니듯, 여자들 역시 그러하기 때문이다."

> 하나님은 그 일을 아주 기뻐하신다.…그러므로 여자들로 자신들의 의무를 이행할 때 기뻐하는 법을 배우게 하라. 비록 세상이 그것을 깔볼지라도, 이런 위로를 통해 그들이 얻을 수 있는 모든 존경이 더욱 향기롭게 되게 하라. 그리고 이렇게 말해야 한다. "비록 세상은 그 일들을 인정하지 않을지라도, 하나님이 나를 보고 계시며, 내가 하는 일에 대한 충분한 증인인 그분의 천사들 역시 그러하다."[24]

하나님이 우리에게 내려와 배내옷을 입으시고 우리를 위해 십자가에 달리셨으므로 우리는 우리의 어떤 소명도 비천하거나 중요하지 않다고 여겨서는 안 된다. 온 우주의 하나님이신 그리스도께서 허리에 수건을 두르시고 제자들의 발을 씻기셨을 때, 그분은 가장 비천한 소명들에 위엄을 부여하셨던 것이다. 만약 그것이 다른 이들에게 유익을 준다면, 그 어떤 섬김도 "우리 밑에" 있지 않다. 두 세대쯤 후에 시

---

24 Calvin, sermon on 1 Tim. 2:13-15, in *A Sermon of Master John Caluine, upon the first Epistle of Paul, to Timothie, published for the benefite and edifying of the Churche of God* (London: G. Bishop and T. Woodcoke, 1579).

인이자 설교가였던 조지 허버트(George Herbert)는 기도문을 통해 이런 경건을 잘 표현했다.

이런 목적을 지닌 종은
단조로운 일을 거룩한 것으로 만듭니다
주님의 법을 위하듯 방을 청소하는 이는
그 일과 그 행동을 훌륭한 것으로 만듭니다

이것은 모든 것을 금으로 바꾸는
그 유명한 돌입니다
하나님이 만지시고 인정하시는 일은
결코 하찮지 않습니다[25]

세상의 변화 혹은 세상에 대한 개입?

사회학자 제임스 헌터(James D. Hunter)는 『기독교는 어떻게 세상을 변화시키는가』(*To Change the World*, 새물결플러스 역간)에서 최근에 그리스도인들이 문화를 변혁하기 위해 시도했던 일들이 근시안적이고 종종 반(反)문화적이었다는 자신의 주장을 입증하기 위해 설득력 있는 증거들을 제시한다. 그리고 헌터는 신자들에게 그런 일들 대신에 "신실한 현존"(faithful presence), 즉 개인으로서뿐 아니라 세상의 일부로서 그들의 소명을 따라 충실히 살아갈 것을 요구한다.[26]

나에게는 이 모델이야말로 칼뱅의 경건과 잘 어울리는 것처럼 보인

---

25 George Herbert, *Poets and Prophets: A Selection of Poems by G. Herbert* (Tring, UK: Lion, 1988), 38.

다. 그동안 나는 칼뱅이 자기 사역의 영향력을 무시한 것으로 인해 – 자신의 "유산"에 대해서는 더더욱 그랬다 – 거듭 충격을 받아왔다. 자신의 소명에 충실하기 위해 혹독하리만큼 헌신했던 그는 그 영향력을 자기가 통제할 수 없음을 알고 있었다.

> 교회의 회복은 하나님의 일이다. 그것은 죽은 자의 부활 혹은 그와 비슷한 인간의 희망사항과 견해들에 달려 있는 것이 아니다. 기적들과 마찬가지로…자신의 복음이 선포되는 것은 우리 주님의 뜻이다. 우리는 그분의 명령에 순종하고 그분이 부르시는 곳이면 어디든지 가야 한다. 어떤 성공을 거둘지에 대해 묻는 것은 우리의 몫이 아니다.[27]

혁명가라기보다 개혁가였던 칼뱅은 세상의 현 상황에 대해 당대나 우리 시대의 급진적인 프로테스탄트들이 보여주는 조급함을 전혀 드러내지 않는다. 그는 "이 슬픈 세상"에서 너무 많은 것을 기대하지 않았기에 자신의 일상적인 의무를 이행할 수 있었다. 자기가 자신의 소명에 미치지 못함을 알면서도 그럴 수 있었다. 하나님이 그에게 기대하셨던 것은 세상을 바꾸는 것이 아니라 그 자신의 소명을 이루는 것, 즉 하나님이 그에게 주신 선물로 이웃을 섬기며 그들을 사랑하는 일이었다. 이 세상에 침투한 하나님의 첩자들 중 하나로서 그는 마지막 때에는 모든 것이 바로잡힐 것과, 그때까지는 그리스도께서 그분의 나라를 세우고 계시며 심지어 황제의 일까지도 그의 등 뒤에서 돌보

---

26 James Davison Hunter, *To Change the World: The Irony, Tragedy, and Possibility of Christianity in the Late Modern World* (New York: Oxford University Press, 2010).

27 Calvin, Scott H. Hendrix, *Recultivating the Vineyard: The Reformation Agendas of Christianization* (Louisville: Westminster John Knox, 2004), 94에서 재인용.

고 계심을 알았다.

신실한 현존의 모델은 또한 칼뱅이 그토록 많은 이들에게 끼친 영향을 설명하는 데 도움이 된다. 우리가 보았듯, 칼뱅은 "황금 시간대를 위해 태어난" 사람이 아니었다. 루터와 달리 칼뱅은 수줍음이 많았고, 그 자신이 밝혔듯, 남들과 교류가 별로 없는 "소심한" - 보다 정확하게는 "겁이 많은" - 사람이었다. 우리는 그가 황제 샤를 5세(Charles V) 앞에서 당찬 - 겁이 많다고는 도저히 생각할 수 없는 - 연설을 한 후 대기실에서 극도로 허탈한 상태가 되어 앉아 있는 모습을 상상할 수 있다. 상황이 그것을 요구했을 때 - 사실 거의 매일이 그랬다 - 자신의 소명에 대한 강한 의식이 공적 무대의 밝은 빛을 피해 달아나려는 그의 성향을 극복했다.

칼뱅은 잿더미에서 일어선 불사조가 아니었다. 그는 성경을 이해하는 문제와 관련해 교부들에게 그리고 가톨릭교회의 유산들 중 최고의 것들에 빚을 지고 있었다. 더 나아가 우리는 그의 사역을 그의 탁월한 주석 능력은 물론 세상에 대한 심원한 지식과 세상을 해석할 수 있는 좌표들을 제공해준 프랑스 르네상스의 영향과 분리해서 생각할 수 없다. 매릴린 로빈슨이 주장하듯, "칼뱅이 프랑스 사람임이 가장 분명하게 드러나는 것은 그가 인식(perception)의 미학적 성격을 강력하게 주장했다는 점이다."[28] 그녀는 계속해서 말한다. "그는 교육적 측면에서는 고전적인 르네상스 인문주의자였고, 라틴어와 관련해서는 위대한 문장가였고, 그리스어와 히브리어에 대한 섬세한 해석자였으며, 프랑스어를 사유의 언어(language of thought)로 만들었던 이들 중 하나였

28 Marilynne Robinson, *John Calvin, Steward of God's Covenant: Selected Writings, ed.* John F. Thornton and Susan B. Varenne (New York: Vintage, 2006), xxii.

다."[29] 루터가 현대 독일어의 아버지로 간주되듯, 칼뱅은 현대 프랑스어의 아버지로 기억된다. 또한 칼뱅의 사역 기간에 영국의 종교적 망명자들이 만든 제네바 성경(Geneva Bible)은 현대 영어를 형성했다. 그러나 이런 일 중에 칼뱅이 홀로 직접 이룬 것은 없다. 만약 그에게 수많은 선배들, 동료들, 그리고 그의 영적 후계자들이 없었다면, 그는 그의 일을 이룰 수 없었을 것이다. 특히 그의 후계자들 중 많은 이들은 그와 동등하거나 때로는 그를 능가하는 재능을 갖고 있었다.

칼뱅 사역의 전성기(1550-1564)에 제네바에 매력을 느껴 그 도시로 찾아온 사역자들과 교수들은 "거의 전적으로 프랑스의 귀족들과 프랑스어를 말하는 유럽의 도시 계층 사람들"이었다.[30] 칼뱅의 조수이자 결국 그의 후계자가 된 베자는 부르고뉴의 귀족의 후손으로 그 자신이 유명한 시인이자 라틴어 학자였다. 다른 이들은 이탈리아로부터, 특히 베니스로부터 왔다. 그들 중 어떤 이들은 전직 사제들(심지어 주교들)이거나 교수들이었다. 다른 이들은 과학자, 시인, 장인, 음악가, 의사, 그리고 법률가들이었다. 예컨대, 나폴리의 비코 공작 게레아쪼 카라치올로(Geleazzo Caraccilolo)는 1551년에 그의 대부인 황제 샤를 5세의 궁정으로부터 도망쳤다. 당시 그는 아내로부터 종교 재판소에 넘기겠다는 위협을 받고 있었다. 교황 바오로 4세(Paul IV) - 그는 만약 자기 할머니가 종교개혁을 받아들인다면 그녀를 화형시키겠다고 말했던 것으로 알려져 있다 - 의 조카이기도 했던 카라치올로는 모든 것을 포기했고 그의 삶을 제네바에 있는 이탈리아 교회와 그곳에 도착하는

29 앞의 책, xv.

30 Scott M. Manetsch, *Calvin's Company of Pastors: Pastoral Care and the Emerging Reformed Church*, 1536-1609 (New York: Oxford University Press, 2012), 47.

망명객들을 돕는 일에 바쳤다.[31]

제네바 아카데미(Geneva Academy, 제네바 대학의 전신으로 1559년에 칼뱅에 의해 설립되었다—역주) 출신의 많은 학생들은 각각 베르미글리와 부처에 의해 개혁되고 있던 두 개의 영어권 대학교인 옥스퍼드와 케임브리지는 물론이고 하이델베르크, 라이덴, 그리고 바젤 같은 다른 개혁주의 대학교들로 진학했다. 메리(Mary) 여왕 치하에 제네바에서 망명생활을 했던 영국 학생들 중 다수가 엘리자베스(Elizabeth) 여왕 때 고국으로 돌아가 교회와 국가의 지도자들이 되었다. 만약 르네상스가 자신도 모르는 사이에 종교개혁을 위한 수레의 역할을 했다면, 그 영향은 또한 거꾸로도 진행되었다. 개혁주의적 확신이 발판을 얻은 모든 곳에서는, 단순히 교육을 많이 받은 사람들뿐 아니라 기초 교육에 예전보다 훨씬 수월하게 접근할 수 있었던 일상 노동자들 사이에서까지도 고전적인 학문 및 예술과 과학에 대한 관심이 일어났다. 실제로, 종교개혁에 대해 비판적이었던 이들이 "새로운 학문"(new learning)이라고 불렀던 것과 더불어, 늘 영적이고 문화적인 중생이 동시에 나타났다. 요컨대, 칼뱅의 중요성은 그가 그 이전과 이후에 존재했던 전통을 형성하는 데 도움을 주었다는 사실에 있다.

제네바 목사단과 컨시스토리 안에서 칼뱅이 실천했던 "신실한 현존"은 교리의 회복에서뿐 아니라, 공동의 목회적 돌봄, 영적 감독, 그리고 집사들을 통한 구제라는 건강한 시스템을 통해서도 분명하게 드러났다. 온 도시가 변혁되었는데, 그것은 칼뱅의 목표였기 때문도 아니고 오로지 칼뱅의 사역 때문만도 아니었다. 그 도시가 변혁된 것은 칼뱅이 품었던 이상에 의해서만이 아니라 사실상 그의 통제에서 벗어

---

31 William Monter, *Calvin's Geneva* (New York: John Wiley and Sons, 1967), 184-86.

난 역사적 요인들로 인한 것이었다. 어쨌거나, 유럽의 다른 사역자들 처럼, 칼뱅 역시 국가에 의해 임명된 사람이었다. 제네바의 통치자들은 그가 초안을 마련한 신앙고백, 전례, 그리고 교회질서를 채택했다. 오늘날에는 그 어떤 목회자라도 고도로 다원화된 민족국가에 대해 그와 같은 유형의 영향력을 행사할 것을 우리는 기대할 수 없다.

요컨대, 여러 실패와 좌절에도 불구하고, 칼뱅은 변화를 일으키는 그 자신의 영향력보다는 믿음의 눈으로 그리스도에게 그리고 사랑의 눈으로 이웃에게 초점을 맞췄다. 그는 날마다 자신의 소명을 지킴으로써 만약 자신의 영향력에만 초점을 맞췄더라면 불가능했을 큰 영향력을 미칠 수 있었다.

일상에서 하나님 찾기

혁명가들은 대개 일상 세계에 지루함을 느낀다. 그들은, 적어도 그들 자신의 판단으로는, 아주 비범한 존재라서, 평범한 세계에서 영위되는 평범한 삶에 만족하지 못한다. 칼뱅의 영향과 영향력에 대해 살필 때, 기본적으로 우리는 이렇게 묻고 싶을 것이다. 도대체 그는 어떻게 정치적, 예술적, 과학적, 그리고 교육적 지형을 바꿨을까? 아마도 칼뱅 자신은 이런 식의 질문을 영광의 신학으로 여겼을 것이다. 이렇게 접근하면 그의 가르침이 거의 모든 분야의 사람들에게 끼쳤던 훨씬 광범위한 역사적 영향력을 제대로 이해하지 못하기 때문이다.

그럼에도 칼뱅이 끼친 문화적 영향은 부정할 수 없다. 아이러니하게도, 이런 영향은 문화적 엘리트주의 때문이 아니라, 평범하고 일상적인 세상에서 이루어지는 하나님의 활동에 대한 그의 강조 때문이다. 설교 스타일과 관련해 칼뱅은 "간결함과 단순함"을 원칙으로 삼았는데, 그로 인해 그의 설교는 교수들에게만큼 농부들에게도 호소력을 가질 수 있었다. 우리가 살펴보았듯, 그는 우리가 하나님을 찾기 위해 "구름 위로 솟아오르는 것"을 단념시킨다. 대신 우리에게 그분이 이미 우리를 찾으신 곳에서, 즉 자연에서, 일반계시를 통해, 그리스도 안에서, 그리고 복음을 통해 그분을 찾으라고 촉구한다. 수도원적 경건은 우리의 정신이 사색적인 숙고를 통해 이 세상과 역사를 벗어나 하늘로 올라가도록 부추기지만, 칼뱅의 경건은 그분의 말씀과 그분의 세계 안에 있는 하나님의 현존이라는 실재를 향하도록 만든다. 칼뱅은 우리에게 사색에 빠지기보다는 손가락이 가리킬 수 있는 것들에 초점을 맞추라고 권한다. 진선미는 구체적이고 역사적인 특수한 것의 영역 안에서 발견되기 때문이다.

이 강조점은 장인, 젖 짜는 여자, 주부는 물론이고 과학자와 예술가들에게도 공감을 얻었다. 과학과 예술에 대한 칼뱅의 관심은 학문적인 것이 아니라 그의 경건의 일부였다. 셀더르하위스는, 비록 칼뱅이 끼친 영향에 대한 과장일 수도 있으나, 이렇게 주장한다. "칼뱅이 우주를 하나님의 영광의 계시로 묘사하는 방식은 어쩌면 자연과학 연구에 대한 충동이 궁극적으로 칼뱅에게 기인할 수도 있다는 통찰을 제공한다."[32] 그의 영적 후계자들은 과학과 예술 분야의 지도자들 가운데 압도적으로 많았다. 그들은 영국 아카데미(British Academy)의 설립자였고, 비록 박해받는 소수였음에도 프랑스 과학 아카데미(Académie des Sciences)와 미술 아카데미(Académie des Beaux-Arts)의 설립자 중에 포함되어 있었다.

예술사가들이 자주 주장하듯, 칼뱅의 경건은 예술을 금지하기는커녕 예술이 번성하도록 고무했다. 사실 "조각과 그림은 하나님의 선물

---

32 Selderhuis, *Calvin's Theology of the Psalms*, 69.

이다." 그러나 "오직 우리가 눈으로 볼 수 있는 것들만 조각하거나 그려야 한다." "몸의 형상이나 형태"는 물론 "역사와 사건들"도 이런 종류에 속한다. 두 가지를 다 수용할 수 있으나, 오직 후자만이 "가르침과 권면에 얼마간 도움이 된다." 어느 경우이든 예술의 목적은 존경의 대상을 제시하기보다는 기쁨을 주는 것이다.[33]

영국과 네덜란드에서 예술, 문학, 그리고 과학의 황금시대는 고교회적 개혁주의 정통(high Reformed orthodoxy)의 절정기와 함께 도래했다. 상세한 것(이 세상에서 영위되는 특수하고 지역적이며 일상적인 삶)에 대한 관심이 과학은 물론 예술과 문학의 특징이 되었는데, 이는 칼뱅의 후예들로부터 나왔다. 예술사가들은 그 시대에 역사상 처음으로 대장간, 술집, 그리고 가정에 그림이 걸렸음을 종종 지적한다. 그림과 조각은 일상생활에서 사용되었을 뿐 아니라 또한 매일의 삶을 묘사하기도 했다.

드라마 역시 일상적인 주제들로 돌아섰다. 물론 교회가 예술의 위대한 후원자나 가정교사는 아니었다. 말씀은 상연되지 않고 선포되었다. 하지만 전례는 그 자체의 드라마를 갖고 있었다. 그 드라마의 등장인물은 극작가이신 성부, 주인공이신 성자, 그리고 배역 담당 책임자이신 성령이었다. 그것은 그 자체의 대본, 소도구들, 그리고 매혹적인 줄거리를 갖고 있었다. 그러나 다른 예술 분야에서 자연적이고 친숙하며 일상적인 주제들을 위한 공간이 열렸듯, 드라마에서도 역시 그러했다. 칼뱅 자신이 연극을 즐겼을 뿐 아니라, 그의 후계자인 베자는 프랑스 최초의 비극을 썼고, 칼뱅의 작품들을 영어로 옮겼던 아서 골딩(Arthur Golding)은 무대에서 상연된 최초의 영어 드라마를 썼다.

이런 예술가들은 그들의 작품을 예배당 안으로 가져가지 않았고,

---

33 Calvin, *Institutes* 1.11.12.

오히려 매주 예배당을 떠나 세상 속에서 살아가는 이들을 섬겼다. 그들의 작품 전반에 죄와 은혜의 드라마가 섞여 있었다. 하나님과 진리와 선과 아름다움에 대한 확신, 섭리와 삶의 명백한 무질서, 사랑과 전쟁, 그리고 "더 나은 세상에 대한 희망"이, 비록 아주 분명하거나 직접적이지는 않으나, 심도 있게 표현되었다. 매우 종교적인 세계관의 여러 요소들과 모티브들이 일상의 삶에 충만했다.

우리는 예술을 복음전도나 도덕주의를 퍼뜨리기 위한 선전물로 이용하는 수많은 현대적 시도에 익숙하다. 그런 선전들은 기분이 좋게 느껴질 만큼 낙관적이고 유쾌한 등장인물과 줄거리 그리고 주제들을 갖고 있다. 그러나 개혁주의 신학은 삶의 희극적 측면은 물론 비극적 측면을 위한 여지까지 갖추고서 좀더 풍성하고 완전하며 실제적인 세계관을 제공했다. 모든 종류의 예술에서, "허영"(*vanitas*)과 더불어 "당신이 죽는다는 것을 기억하라"(*memento mori*)는 주제가 주목할 만한 장르가 되었다. 그 중 가장 탁월한 예로 우리는 프란스 할스(Frans Hals, 1580-1666, 네덜란드의 초상화·풍속화의 대가다—역주)의 작품 「해골을 들고 있는 젊은이」(*Youth with a Skull*)를 꼽을 수 있다. 우리가 칼뱅과 연관시키는 신학적 신념과 경건은 종종 현대의 기독교 미술가들로 하여금 타락한 세상 안에 존재하는 삶의 비극적 측면들을 회피하도록 만드는 감상주의보다 훨씬 풍성한 팔레트를 제공한다. 들판에서, 실험실에서, 혹은 스튜디오에서 일하는 동안 시편을 노래했던 이들에게는 세상에 개입하는 동안 도움을 얻을 수 있는 충분한 레퍼토리가 있었다. 그리고 그들의 일이 복음 전도나 도덕적 교훈이라는 목적을 위해 동원되지 않고서도 그것이 하나님을 대신해 다른 이들에게 사랑의 섬김을 제공할 때 드러나는 탁월성으로 정당화되었던 것은 굉장한 영향을 미쳤다.

칼뱅의 가르침이 삶의 모든 분야에 끼친 영향력을 탐색하는 학문적인 글들이 지금도 계속 쏟아져 나오고 있다. 칼뱅은 하나님으로부터 온 성경이 하나님의 선물인 세상을 좀더 분명하게 볼 수 있는 "안경"을 제공한다고 확신했다. 그러나 칼뱅은 성경을 교회 안에서의 숭배용 그림과 조각에 필요한 주제들을 담고 있는 보관소로 보지 않았다. 그는 성경을 정치학, 법학, 의학, 경제학, 혹은 과학에 관한 백과사전으로 여기지 않았다. 또한 그는 정당을 창설하거나, 특별한 미술 양식을 내세우거나, 자연과학이나 수학이나 경제학에 관한 학파를 만들지도 않았다. 그런 것을 하찮게 여겼기 때문이 아니라, 오히려 **그 모든 것**이 하나님의 일반은총이 펼쳐지는 현장이라고 여겼기 때문이다. 우리가 시편 136편에서 하나님이 낮과 밤을 주관하기 위해 두 개의 큰 빛(해와 달)을 만드셨다는 글을 읽을 때, 성령께서는 그분의 말씀을 "가장 단순하고 가장 배우지 못한 사람들에게" 맞추고 계신 것이다. "성령께서는 천문학을 가르치실 의도가 없었다."[34] 예배 형식과 문화의 중세적 일치는 독특한 건축 양식을 낳았고 그 중에 고딕 양식이 가장 두드러졌다. 그러나 칼뱅은 강단과 성찬용 식탁과 세례반을 두드러지게 만든 것만 제외하면 교회에 그 어떤 보편적 양식도 남기지 않았다. 개혁교회의 예배당들은 놀랄 만큼 다양한 양식을 뽐낸다.

일상생활의 다양성

특수하고 구체적이며 지역적인 것이 강조될 때마다 다양성에 대한 감사가 뒤따라 나온다. 오늘날과 마찬가지로 중세의 세계관 역시 다양성보다는 단일성을, 그리고 다름보다는 동일함을 선호했다. 하향식

---

34 Calvin on Ps. 136:7, in *Calvin's Commentaries*, vol. 6, trans. James Anderson (Grand Rapids: Baker, 1996), 184-85.

위계질서를 갖고 있는 우리의 문명(크리스텐덤)은 하늘에 있는 그 원형의 영원하고도 불변하는 사본(寫本)이었다. 모든 길은 로마로 통했다. 중국에서조차 로마 가톨릭 교회는 이탈리아 어느 곳에서나 발견될 수 있는 교회와 비슷하다. 스티븐 툴민(Stephen Toulmin)이 주장했듯, 르네상스 휴머니즘은 이 점에서 달랐다. 그것은 사색보다 역사를, 추상적 개념보다 특수하고 구체적인 것을, 그리고 보편적이고 무시간적이며 이론적인 것보다 지역적이고 시간적이며 실천적인 것을 선호했다.[35]

자연과 역사에 관한 칼뱅 사상의 특징 중 하나는 **다양성**이다. 이것은 그가 특수한 것을 강조하는 데서 나온다. 다른 고전적 인문주의자들처럼, 칼뱅 역시 아름다움(美)은 적절한 비율과 전체를 이루는 모든 부분들의 질서라는 고대 철학자들의 견해를 공유했다. 하지만 그의 심미적 감수성은 좀더 역동적인 안목을 보여준다. 그에게 하나님의 질서가 지닌 아름다움은 그 동일성(sameness)이 아니라, 특수한 사람과 장소와 사물들이 제각기 전체를 이루는 데 기여하는 다름(difference)이었다.

그의 인문주의적 배경을 고려한다면, 우리는 하나님의 질서의 핵심인 다양성과 차별성에 대한 칼뱅의 관심을 그의 신학 전반에서 찾아낼 수 있다. 앞에서 우리는 그의 삼위일체론을 논하면서 그가 본질적 일치에 못지않게 "세 분의 영광"에 의해 큰 감명을 받았음을 살핀 바 있다. 우리는 신적 본질의 일치를 고백하는데, 칼뱅은 신적 위격과 신성의 모든 외적 활동에서 독특한 행동 방식들 간의 "차이를 억누르는

35 Stephen Toulmin, *Cosmopolis: The Hidden Agenda of Modernity* (Chicago: University of Chicago Press, 1992), 20-35.

것은 합당하지 않다"고 말한다.[36] 칼뱅이 서구 신학이 때로 삼위의 연합을 강조하느라 그들 간의 차이점을 흐리게 한다고 생각했던 것은 『기독교강요』에 나오는 그의 주장을 통해 분명하게 드러난다. 또한 그는 동방 교부들의 도움을 받아 좀더 큰 균형을 추구한다.

이 삼위일체 하나님이 또한 그분 자신의 아름다움을 반영하고 우리에게 기쁨을 주시기 위해 다양성을 지닌 세계를 창조하셨다. "사람들에게 도움과 위안을 주기 위함이 아니라면, 도대체 무슨 목적으로 그토록 많은 종류의 과일들이 그토록 풍성하게 존재하고 또한 어째서 유쾌하고 즐거운 나라들이 그토록 많이 존재하는 것일까?"[37] 여기서 그가 자연의 다양성을 문화의 다양성과 연관시키는 것에 주목하라. 더 나아가, 그는 영혼만큼이나 몸을 긍정하면서 인간 존재의 다양성을 기뻐한다. 또한 그는 이 다양성을 섭리 안에서도 발견한다. "차례대로 겨울이 지나면 봄이 오고, 봄이 지나면 여름이 오고, 여름이 지나면 가을이 오는 것보다 자연스러운 것은 없다"라고 그는 쓴다. "그러나 이 연속적인 계절 속에서 우리는 매년, 매달, 그리고 매일이 어떤 새롭고 특별한 하나님의 섭리에 의해 다스려지는 가운데 한결같지 않은 큰 다양성이 있음을 목격하게 된다."[38]

자연과 섭리 안에 그토록 큰 다양성이 존재하는 이유가 무엇일까? 그것은 단순히 수학적 질서를 도모하는 것은 아닌 듯하고, 실제적인 유용성을 위해서는 더더욱 아닌 듯하다. 오히려 하나님이 세상 안에 그토록 많은 다름을 창조하신 이유는 그분과 우리의 즐거움을 위해서

---

36 Calvin, *Institutes* 1.13.18.

37 Calvin on Ps. 24:1, in *Calvin's Commentaries*, vol. 4, trans. James Anderson (Grand Rapids: Baker, 1996), 402.

38 Calvin, *Institutes* 1.16.2.

인 듯하다. 나중에 칼뱅은 이렇게 덧붙인다.

> 풀, 나무, 그리고 열매들 안에는, 그것들의 용도와는 별도로, 아름다운 모양과 향긋한 냄새가 있다. 만약 그렇지 않다면, 그 예언자는 그것들을 하나님이 주시는 유익으로 여기며 "사람의 마음을 기쁘게 하는 포도주와 사람의 얼굴을 윤택하게 하는 기름"(시 104:15)이라고 노래하지 않았을 것이다.…주님이 꽃들을 우리의 눈을 즐겁게 하는 굉장한 아름다움으로, 우리의 코를 간질이는 달콤한 향기로 옷 입히셨다면, 정작 우리의 눈이 그 아름다움에 매료되고 우리의 후각이 그 달콤한 향기에 매혹된다면, 그것이 과연 비합법적인 것일까?

계속해서 그는 스토아주의 철학을 공격한다. 그는 삶의 즐거움을 멀리하고 생필품만 고집하는 수도원적 경향 배후에 바로 그 철학이 있다고 여긴다.

> 뭐라고? 그분이 색깔들을 구분하심으로써 그 중 어떤 것들을 다른 것들보다 더 사랑스럽게 하시지 않았는가? 그분이 금과 은 그리고 상아와 대리석에 그것들을 다른 금속이나 돌들보다 더 귀한 것으로 만들어주는 사랑스러움을 부여하시지 않았는가? 요컨대, 그분은 많은 것을 그 필수적인 용도와 무관하게 우리에게 매력적인 것으로 보이도록 만드시지 않으셨는가? …그러므로 사물의 필수적 용도만 인정하고, 우리에게서 하나님이 적법하게 베풀어주신 은혜의 열매들을 악랄하게 빼앗아갈 뿐 아니라, 우리의 모든 감각을 빼앗아 우리를 목석으로 만들지 않는 한 실천할 수 없는 그런 비인간적인 철학은 내버려야 한다.[39]

만약 하나님이 그토록 다양한 것 – 우리에게 필요한 것보다 더 많은 색깔, 모양, 문화, 직업, 형태, 향기 – 을 만드셨다면, 우리가 그런 것을 기뻐하지 않는 것은 배은망덕한 모습일 것이다. "우리가 하나님으로부터 아무리 많은 것을 기대할지라도, 그분의 무한한 관대함은 우리의 모든 바람과 생각을 언제나 초월하신다." 사실 "하나님이 우리를 위해 세상을 그토록 화려하게 장식하신 것은 결코 작은 일이 아니다. 그분이 그렇게 하신 것은 우리가 단순히 이 **아름다운 극장**의 구경꾼이 되는 것에 그치지 않고 우리에게 제공된 **풍성한 것**과 **온갖 좋은 것**을 즐기게 하기 위함이다."[40]

칼뱅이 모든 나라가 모세의 율법에 복종해야 한다는 주장을 거부하는 대목에도 다양성에 대한 언급이 나온다.

> 하나님의 율법을 준수하는 데 잘 맞춰진 **이런 다양성 때문에 언짢아하는** 사람이 있다면, 그는 공적 안녕에 대해 얼마나 악의적이고 증오에 찬 마음을 갖고 있는 것인가! 모세를 통해 주어진 하나님의 율법을 폐기하고 새로운 법을 택하는 것은 율법을 모독하는 것이라는 어떤 이들의 주장은 완전히 헛소리다.[41]

심지어 칼뱅은 성경의 다양성에 대해서도 기뻐한다. 성경의 핵심 줄거리는 여러 시대에 걸쳐 다양한 우여곡절을 거치며 그때마다 놀랍도록 다양한 인간 저자들과 찬조 출연자들이 등장한다. 창세기로부터

---

39 앞의 책, 3.10.2-3.

40 Calvin, Howard I. Rice, *Reformed Spirituality: An Introduction for Believers* (Louisville: Westminster John Knox, 1991), 59에서 재인용. 강조체는 덧붙인 것임.

41 Calvin, *Institutes* 4.20.8, 16, 강조체는 덧붙인 것임.

요한계시록에 이르기까지 우리가 일상의 삶속에서 만나는 모든 감정, 성격, 그리고 인물들이 나타난다.[42] 물론 성경의 각 구절을 읽을 때 우리는 성경의 각 책 안에서 그리고 그보다 넓은 정경 안에서 그 구절의 앞뒤 문맥을 살펴야 한다. 그러나 화가, 과학자, 혹은 농부는 말할 것도 없고, 설교자들도 숲만이 아니라 나무들에도 적절한 주의를 기울여야 한다. 칼뱅은 시편에 매료되었는데, 부분적 이유인즉 우리가 거기에서 "영혼의 온갖 감정들에 대한 해부"를 발견하기 때문이다.[43] 칼뱅은 "이 보화 속에 포함된 다양하고 빛나는 풍요로움은 말로 표현하기가 쉽지 않다"라고 말한다.[44]

칼뱅은 교회 생활에 관한 논의에서도 다양성을 잘 이해하고 있다. 보편적인 개념과 원리와 법칙들은 모든 시간과 장소에서 그리고 모든 상황에서 차별 없이 적용되어야 한다. 하나님의 말씀은 명료한 복음과 함께 예배의 여러 요소들, 교회 정체, 그리고 일상생활에 대한 명령을 잘 전달하는데, 이는 하나님이 그것들을 알려주기를 기뻐하시기 때문이다. 의식(儀式)의 외적 형식은 시간과 장소에 따라 달라질 수 있다.[45] 앞서 지적했듯, 상황에 따른 다양성은 동방 교회나 라틴 교회의 비잔틴 양식이나 고딕 양식에 비견될 만한 "칼뱅주의 양식" 같은 것이 존재하지 않는다는 사실에서 드러난다. 강단, 세례반, 그리고 성찬용 테이블에서 두드러지게 나타나는 성경적 요소들은 일치해야 하지만, 건축, 전례의 순서, 음악의 양식, 그리고 교회의 질서 등은 각 교회가

---

42 Calvin on Heb. 1:1-2, in *Calvin's Commentaries*, vol. 22, trans. John Owen (Grand Rapids: Baker, 1996), 21-32.

43 Calvin, Selderhuis, *Calvin's Theology of the Psalms*, 23에서 재인용.

44 Calvin, *Commentary on the Psalms*, in *Calvin's Commentaries*, 4:xxxvi.

45 Andrew Pettegree, "The Spread of Calvin's Thought," in *The Cambridge Companion to John Calvin*, ed. Donald K. McKim (Cambridge: Cambridge University Press, 2004), 207-8.

속한 문화에 따라 달라질 수 있다.

하나님이 말씀하시는 주제라면 우리가 순종해야 한다. 그러나 그분이 말씀하시지 않는 것이라면 우리가 처한 특정한 상황을 살피면서 경건한 지혜를 사용할 수 있다. 성경의 명령들조차 경우에 따라 다를 수 있는 구체적이고 특수하고 다양한 상황에 알맞게 적용되어야 한다. 우리는 구체적 상황을 두루 "살피면서" 신중해질 필요가 있다.[46]

칼뱅이 일상의 특수한 문제들을 다루면서 다양한 상황에 초점을 맞췄던 것은 오늘 우리에게 필요한 지혜를 제공한다. 칼뱅은, 비록 가난한 자들을 억압하는 것에 반대하면서 성경 본문에 비추어 아주 많은 말을 했음에도, 결코 그 어떤 구체적인 정책(예컨대, 적정 임금이나 대부금에 대한 이자율 제한 같은)도 제시하지 않았다. 만약 목회자가 성경에 대한 그의 우월한 지식을 바탕으로 그의 소명을 이행한다면, 그의 교구민들 역시 그들의 지식을 바탕으로 그들의 소명을 이행할 수 있다. 사실 그들은 일반적 원칙을 넘어서 활용할 수 있는 특정한 상황에 대한 나름의 데이터와 경험을 갖고 있다. 개혁주의 신앙고백은 그런 문제들과 관련해 "자연의 빛"에 크게 주목한다. 그 빛은 비록 "은총의 빛"은 아니지만, 성경이 분명한 답을 제공하지 않는 문제에 관해 어떤 결정을 내릴 때 핵심적인 역할을 한다.

요컨대, 일치는 획일성을 의미하지 않았다. 문화에서처럼, 그리고 창조세계에서처럼, 교회 안에서도 다양성은 일치를 이루지 못한 상태

---

46 Toulmin, *Cosmopolis*, 32: "현대의 도덕 철학은 세밀한 '사례 연구'나 특수한 도덕적 차별에 대해서보다는 윤리학의 포괄적이고 일반적인 원칙들에 관심을 갖는다. 한마디로, 일반적인 원칙들은 포함되고 특수한 경우들은 배제된다." 그러나 청교도들은 특별히 상세한 "양심의 문제들"에 관해 글을 썼는데, 그들은 모두에게 공통되는 답이 존재하지 않는 경우에 특정한 상담 상황과 성경과 경건한 지혜를 적용하는 문제를 결부시켰다. Toulmin은 칼뱅과 그의 후계자들이 현대 윤리학의 추상적 원칙들과 대조적으로 목회 사역에서 발생한 특수한 사례들에 초점을 맞추었던 것을 지적한다.

가 아니다. 오히려 다양성은 삼위일체 하나님이 창조하시고 축복하시는 그 일치의 고유한 요소이다. 창조와 구속 안에 있는 하나님의 아름다운 질서는 **다름**이 아니라 **죄**와 맞선다. 죄는 다양성을 격렬한 반대와 분개의 대상으로 만든다. 칼뱅은 제네바 원주민들의 외국인 혐오증과 맞서 싸우면서 그들에게 낯선 이들을 환영하도록 촉구했다. 결국 프랑스 사람들뿐 아니라 스페인 사람들, 이탈리아 사람들, 그리고 동유럽 사람들까지도 제네바 시민이 되었고, 그들 중에는 나중에 제네바의 시의원이 된 이들도 있었다. 여러 가지 방식으로 칼뱅은 다름을 하나님이 반드시 선한 창조 세계의 하나됨의 필수 요소로 여기며 환영했다.

칼뱅이 고무했던 경건은 분명히 그리스도인들이 문화에 참여하는 방식에 영향을 비친다. 그럼에도 칼뱅은 누군가 그에게 "칼뱅주의 문화"(Calvinist culture)를 만들자고 호소한다면 그 말이 무슨 뜻인지를 이해하지 못했을 것이다. 의식(儀式)의 획일화에 반대한 그의 입장을 감안한다면, 교회마저 – 아니, 특별히 교회가 – 획일적인 인종, 세대, 사회경제, 혹은 문화적 인구통계학의 거울이 되어서는 안 된다.

"여러 장소, 모든 사람!"

칼뱅은 루터와 더불어 이렇게 말할 수 있었다. "말씀이 모든 것을 하셨다." 필립 베네딕트는 칼뱅의 사역을 이렇게 요약한다.

> 그 도시의 모든 측면이 변화되었다. 제네바 정부를 연구하는 지도적인 역사학자에 따르면, 한때 소란스러웠고 당파들로 갈라져 있던 그 도시의 지도적인 인물들은 "낙천적인 선동가들에서 칼뱅이 주창했던 진지한 그리고 고통스러우리만큼 정직한 이상적인 행정관들로 변화되었다."…

그 도시에 터를 잡은 수많은 이민자들은 훗날 그 도시를 위해 부를 창출하게 될 훌륭한 섬유산업과 시계제조 산업을 들여왔다. 그들 중 꽤 많은 수를 차지하고 있던 인쇄업자들과 서적판매상들은 1537년에 세 곳에 불과하던 인쇄소를 1561년에 마흔 여덟 곳으로 늘려놓았다. 칼뱅의 고향인 누와용의 부유한 전직 시장 로렝 드 노르마니(Laurent de Normanie)는 방대하고도 은밀한 유통망을 형성했는데, 그것을 통해 이런 인쇄물들이 프랑스, 사보이, 로렌, 알사스, 그리고 폴란드까지 퍼져나가게 되었다.[47]

요컨대, 칼뱅의 경건에서 문화적 참여는 분명히 그리스도인의 제자도의 일부다. 하지만 그것은 교회 안에서가 아니라 우리의 세속적 직업을 통해 이뤄진다. 문화를 교회 안으로 가져오려 하는 대신, 우선 하나님이 지으신 다양한 사람들이 그리스도 안에서 한 가족이 되고, 그 후에 그들의 소명을 추구하기 위해 문화 속으로 파송된다. "이토록 아름다운 극장 안에서 그토록 분명하고 확실하게 드러난 하나님의 작품들에 대해 경건한 기쁨을 누리는 것을 부끄러워하지 말자."[48]

칼뱅이 고무하는 이런 복음주의적 경건은 은혜의 경륜에 단단하게 고정되어 있고, 우리로 하여금 믿음 안에서 위를 올려다보게, 소망 안에서 앞을 내다보게, 사랑 안에서 자신을 넘어 이웃을 바라보게 하시는 분(내려오셨다 올라가셔서 다시 오실 그리스도)을 주목하게 만든다. 한편, 신자들은 대충이나마 그 이야기가 어떻게 끝나는지 알고 있다. 그들은

---

47 Phillip Benedict, *Christ's Churches Purely Reformed: A Social History of Calvinism* (New York, CT: Yale University Press, 2002), 108.

48 Calvin, *Institutes* 1.14.20.

이 세계를 하나님의 영광이 드러나는 극장으로 바라보며, 비록 지금은 황폐와 무질서에 빠져 있으나 여전히 하나님의 손에 의해 보존되고 있으며 언젠가 원래의 온전한 상태 이상으로 회복될 것을 내다본다. 그러하기에 그들은 그리스도의 두 번의 강림 사이에 속한 이 시대를 살아가면서 이웃의 기쁨과 시련에 다함께 참여하고 또한 결코 끝나지 않을 잔치의 향기를 맡기 위해 정기적으로 다함께 모인다.

14. 오늘 미래의 삶을 살다:
영광의 소망

우리에게 익숙한 경건은 때때로 우리의 평범한 삶과 지금 이곳에서의 소명을 경시하기 쉬운 천국 지향적 의식을 고무한다. 어떤 이들은 지금 이곳으로부터의 도피에 맞서 좀더 현세적인 구원을 설파한다. 이 메시지는 얼핏 서로 다르게 보이는 두 가지 방식으로 나타난다. 하나는 개인적인 평안과 행복에 초점을 맞추는 **번영 복음**이고, 다른 하나는 구속적 성격의 정치 활동에 초점을 맞추는 **사회 복음**이다. 그러나 그 메시지가 "지금 당신의 최고의 삶"(번영 복음)을 약속하든 아니면 "지금 우리의 최고의 세상"(사회 복음)을 약속하든 상관없이, 그 밑에 깔려 있는 가정은 비슷하다. 이제 우리는 "저 멀리 하늘에 있는 파이"를 기다리는 일에 지쳤다는 것이다. 그리고 하나님이 우리와 상관있는 존재가 되려면 지금 우리가 어떤 결과를 보아야 한다는 것이다. 양자 모두 하나님을 어떤 목적을 위한 수단으로, 그리고 그리스도보다는 우리를 구속의 도구로 만든다. 우리의 문화에서는 그 중 어느 것이든 자신에 대해 죽고 그리스도와 함께 일어서라는 예수 그리스도의 요구보다 훨씬 잘 수용되는 편이다. 하지만 우리가 분노나 승리주의에 함몰되지 않으면서도 현재의 악한 세대를 견디는 데 필요한 믿음과 소망과 사랑을 얻는 것은 우리 자신이 다가오는 세대의 첫 열매로서 세례를 통해 그리스도 안으로 들어가는 것이다.

『기독교강요』에서 칼뱅은 그리스도인의 삶을 위한 "도움거리"를 다루면서 독자들에게 "미래의 삶에 대한 묵상"을 권한다.[1] 그가 "저 세상"(the other world)이 아니라 "미래의 삶"(the future life)이라고 말하는 것은 흥미롭다. 이것은 이 세상의 구체적인 영역으로부터의 도피를 의미하지 않는다. "플라톤은 인간의 최고선을 신과의 연합으로 여겼다." 하지만 그것이 인간이 죽을 때 그의 영혼이 육체와 물질계로부터 해방됨으로써 이루어진다고 보았다. 그리스도를 알지 못했던 플라톤은 이런 연합의 "본질에 관해서는 희미하게라도 알 수 없었다." 칼뱅에 따르면, 자기의 마음을 육체로부터 무형적인 보편자들을 향해 들어 올리는 사람이 아니라 "그 마음을 **부활**을 향해 올리는 자만이 그리스도의 은혜의 열매를 받는다."[2]

미래에 대한 이런 강조는, 우리 시대의 "나" 중심적이고 "우리" 중심적인 복음과 달리, 우리가 여전히 하나님의 구속 사역의 완전한 결과를 기다리는 중임을 분명하게 밝힌다. 우리는 우리 자신의 의제나 프로그램이나 활동을 통해 결코 우리의 삶이나 세상을 지상천국으로 만들지 못한다. 오히려 그것은 선물이다. 그리고 오직 그리스도만이 그분의 나라를 완성시킬 수 있으며, 실제로 그분은 영광 중에 이 세상으로 돌아오실 때 마침내 그 일을 이루실 것이다. 하지만 이것은 "나는 날아가리라"(I'll Fly Away, 미국의 싱어송라이터 앨리슨 크라우스[Alison Krauss]가 만든 가스펠 송—역주)와 "대유성 지구의 종말"(Late Great Planet Earth, 근본주의 종말론자인 할 린지 [Hal Lindsey]가 쓰고 만든 책과 영화 제목—역주) 식의 접근법으로

1 Calvin, *Institutes of the Christian Religion*, ed. John T. McNeill, trans. Ford Lewis Battles (Philadelphia: Westminster, 1960), 3.25.1.

2 앞의 책, 3.25.2. 강조체는 덧붙인 것임.

돌아가는 것을 의미하지 않는다. 그 표현 자체가 암시하듯, "미래의 삶에 대한 묵상"은 마지막 날에 있을 이 세상 전체 - 우리의 몸을 포함해 - 의 완전한 갱신에 초점을 맞춘다.

칼뱅은 "비록 고대 철학자들 중 플라톤이 '인간의 최고선은…신과의 연합'이라는 것을 인식한 뛰어난 인물이긴 했으나, 그들 중 이와 같은 선의 성취가 그리스도와의 연합이라는 '거룩한 끈'에 달려 있음을 이해한 사람은 아무도 없었다"고 말한다.[3] 그러나 개인적인 혹은 사회적인 변혁을 통한 자기 구원의 복음 역시 좋은 소식은 아니다. 칼뱅에 따르면, 오히려 그런 묵상을 통해 우리는 부활의 첫 열매이신 그리스도를 바라보아야 한다. 왜냐하면 지금 그분의 상태가 미래에 있을 우리의 상태가 될 것이기 때문이다.[4] 그분이 우리의 육신을 입으신 것은 훗날 승천하실 때 그것을 벗어버리기 위함이 아니었다. 오히려 그분은 자신의 승천을 통해 우리의 육신을 성부 하나님의 오른편에 앉히셨다. 또한 그분은 우리 안에 거주하시기 위한 계약금 형식으로 성령을 보내시면서 자신이 택하신 자들 - 그리고 좀더 넓게는 만물 - 을 죄와 죽음이 미치지 못하는 영광스러운 상태로 이끌어 가신다.

죽은 자의 부활과 영생

칼뱅은 한 마디로 기독교의 최고의 지혜를 종합하고 있을 뿐이다. 미래의 삶에 대한 묵상은 공항에서 비행기의 이륙을 기다리는 상태라기보다는 어린 아이가 크리스마스 전날 흥분으로 설레는 상태와 유사

---

3 Cornelis P. Venema, "Calvin's Doctrine of the Last Things," in *A Theological Guide to Calvin's Institutes: Essays and Analysis*, ed. David W. Hall and Peter A. Lillback (Phillipsburg, NJ: P&R, 2008), 446.

4 Calvin, *Institutes* 3.25.2.

하다. 우리는 우리가 죽을 때 하나님이의 존전에 있게 되리라는 약속 때문에 기뻐하지만 그리스도인의 궁극적 확신은 "몸의 부활과 영생"이다. 죄와 사망의 지배 아래 있는 우리의 역사는 성장해서 새로운 세상을 꽃 피울 수 있는 생명의 씨앗을 내포하고 있지 않다. 우리는 현 시대를 오는 시대로 변혁시킬 능력을 갖고 있지 않다. 하지만 우리의 인성을 취하신 성자 하나님께서 우리의 운명을 이 막다른 골목으로부터 구해내셨다. 그로 인해 우리의 역사는 영원히 그분의 역사와 불가분하게 연합되어 있다. 그리스도는 우리가 부활할 때 "입게" 될 영광스러운 불멸의 옷을 이미 입고 계시다.[5] 그때에는 온 우주가 새롭게 될 것이다. 그리고 역설적으로, 바로 그 미래에 초점을 맞추는 것이 지금의 우리의 삶을 변화시킨다.

칼뱅은 로마서 8:19-25절을 주석하면서 이렇게 말한다. "나는 그 구절이 이런 의미를 갖고 있다고 이해한다. 사실상 현재의 불행을 감지하는 세상의 모든 요소와 부분은 부활을 강렬하게 소망한다고."[6] 우리의 잘못으로 인해 모든 피조물이 저주받아야 한다는 것은 얼마나 비극적인 일인가![7] 그러나 또한 모든 피조물은 마지막 아담의 사역으로 인해 그들의 공동상속자들과 함께 구속을 갈망한다. "하나님은 지금 인간과 함께 타락해 있는 세상을 완전한 상태로 회복시키실 것이다." 여기서 우리는 우리의 사색에 무제한의 자유를 주어서는 안 된다. "그러므로 우리는 이 단순한 교리, 즉 피조물의 구조와 완전한 질서는 너무나 완벽해질 것이기에 아무것도 훼손되거나 사라지지 않을

---

5 Calvin on Rom 8:25-26, in *Calvin's Commentaries*, vol. 19, trans. John Owen (Grand Rapids: Baker, 1996), 310-16.

6 앞의 책, 303.

7 앞의 책, 305.

것이라는 교리로 만족하기로 하자."[8]

피조물은 구속을 기다리며 우리와 함께 신음한다. 하지만 구속은 아직 완성되지 않았고 우리는 그것을 초래할 수 없다. 그러므로 우리는 인내하며 구속을 기다려야 한다.

> [하나님은] 자신의 백성에게 승리를 안겨주시기 전에 그들을 인내의 전쟁터에서 훈련시키신다. 하나님은 사실상 우리의 구원을 그분의 가슴 깊은 곳에 숨겨 두는 것을 기뻐하시므로, 우리로서는 세상에서 수고하고, 압제받고, 슬퍼하고, 고통당하는 것이, 거반 죽은 듯 누워 있거나 죽은 사람처럼 되는 것이 필요하다. 가시적인 구원을 추구하는 이들이 그 구원의 수호자이신 하나님이 명하신 소망을 포기할 때, 사실상 그들은 그것을 거부하는 셈이다.[9]

지금 우리는 약속으로, 즉 우리가 듣는 것 – 비록 그것이 우리가 보는 것과 아무리 다를지라도 – 으로 살아간다.

그러므로 이런 매일의 묵상의 초점은 "이미"와 "아직"의 교차로에 있는 우리의 삶이다. 한편으로 우리는 우리의 선택과 칭의와 양자됨을 확신한다. 확실히 우리는 성령에 의해 다시 태어났고 그리스도의 형상을 따라 변화되고 있는 중이다. 시편에서 칼뱅은 그리스도 안에 계신 우리의 아버지 하나님에 대한 지식에서 최고의 위로를 얻는다. 하지만 또한 우리의 아버지이신 분이 우리의 심판자이기도 하다는 사실에서도 위안을 찾는다. 결국 우리를 의롭게 하신 분이 우리의 심판

8 앞과 동일.

9 앞의 책, 310.

자이기 때문이다. "루터의 사상처럼, 칼뱅의 사상에서도 하나님의 의는 하나님이 우리에게 요구하시는 의가 아니라 그분이 우리에게 제공하시는 의를 의미한다."[10] 이것은 특히 하나님의 언약적 신실함을 강조하며 우리로 하여금 다른 이들의 잘못된 정죄와 모욕을 견디도록 격려한다.[11]

하지만 우리는 우리의 목적지로부터 멀리 떨어져 있다. 우리가 이미 소유하고 있는 것 - 거기에는 내주하는 성령이 포함되어 있다 - 때문에 우리를 기다리고 있는 것을 더욱 갈망한다. 우리는 오는 시대의 능력에 이미 접촉되었기에 그 시대의 완성을 갈망한다. 우리는 우리의 내적 자아가 다시 태어났기에 몸의 부활을 갈망한다. 우리는 우리가 의롭게 되었기에 영화롭게 되기를 갈망한다. 그러는 동안 우리는 타락한 세상의 근심거리들을 견디고, 더 이상 우리를 규정짓거나 우리의 운명을 통제하지 못하는 저주의 일부로 우리 안에 거하는 죄에 맞서 싸운다. 그러므로 우리는 인내하며 살아가는데, 이는 자신을 운명에 맡기는 가운데 스토아주의적 결단을 하며 사는 것도 아니고, 또한 미래가 늘 원칙적으로 현재보다 낫다는 맹목적인 낙관주의를 품고 사는 것도 아니다. 오히려 우리의 인내는 그리스도 안에서 이미 받아서 누리기 시작한 선물들을 통해 입증된 약속 때문에 타당하다.

칼뱅은 자주 바울의 확신을 상기시킨다. "만일 하나님이 우리를 위하시면 누가 우리를 대적하리요…누가 능히 하나님께서 택하신 자들을 고발하리요"(롬 8:31-33). 칼뱅은 설령 죄는 용서받을지언정 그에 대

---

10 Herman, Selderhuis, *Calvin's Theology of the Psalms* (Grand Rapids: Baker Academic, 2007), 157.

11 앞의 책, 157-58.

한 벌은 남아 있다는 로마 교회의 견해를 거부한다. 아니다, 하나님이 우리에게 보내시는 그 어느 것도 공의로부터 나오지 않고 자비로부터 나온다. 그분의 목표는 우리를 벌하시는 것이 아니라 도우시는 것이다.[12] 오히려 "칼뱅에 따르면, 하나님은 진노하시는 중에도 우리의 아버지가 되시기를 그치지 않는다. 더 나아가, 적절하게 말하자면, 하나님은 결코 그분이 택하신 자들에게 진노하지 않으신다. 달리 보이는 경우에는, 그분이 '인간의 가면을 쓰고 계신 것이다.'"[13] 시편 51편에 실려 있는 다윗의 고백은 "인간의 회개가 하나님으로 하여금 죄인에게 은혜를 베푸시도록 만든다는 증거로 간주되면 안 된다."[14] 신자들에게 미래에 있을 판결은 이미 내려져 있다. 그리고 그 판결은 우리의 실제 상황과 경험에 의해 좌우되지 않는다. 이처럼 확실한 미래가 확보되어 있기에 현재 우리는 우리의 십자가를 질 수 있다.

십자가의 길

칼뱅은 1549년부터 1554년까지 매주 일요일 오후에 시편을 본문으로 설교했다. 그의 시편 주석은 1557년에 나왔다. 불과 10년 사이에(1550-1560) 제네바의 인구는 거의 두 배로 늘어났다. 주로 외국인 망명자들 때문이었다. 칼뱅은 다윗에게서 자신을, 그리고 이스라엘의 남은 자들에게서 체류자들과 순교자들의 교회를 보았다. 사실 이 주석은 우리의 자화상과 가장 가깝다. 시편 주석 서문에서 칼뱅은 이렇게 말한다. "나는 본래 내가 그렇게 많은 용기를 갖고 있지 않았으며,

---

12 앞의 책, 164.

13 앞의 책, 165, on Ps. 74:1, 9.

14 앞의 책, 168, on Ps. 51:5.

사실상 소심하고 겁이 많고 약했음을 고백하지 않을 수 없다."[15] 그는 다윗에게서 또 다른 유사점을 발견했다. "칼뱅에 따르면, 다윗이 이런 사람들에게 강력하게 저항한 것은 그 자신 때문이 아니라 교회의 안녕을 위해서였다."[16] 셀더르하위스는 "다윗의 도덕적 탈선에 대한 칼뱅의 묘사는 종종 우리에게 칼뱅이 그 자신의 결함들과 싸웠던 방식에 관한 정보를 전해준다"라고 말한다.[17] "피난처"와 "추방" 같은 모티브들은, 확실히 건전한 주석과 함께, 그러나 또한 의심할 바 없이 그 자신의 삶과의 관련성을 생생하게 의식하면서, 그의 시편 주석 전반에서 나타난다.[18]

> 그러나 시편은 우리에게 참된 하나님 - 너무나 위대하시기에 "값없이 죄를 용서하실" 수 있는 하나님 - 을 계시해준다. 칼뱅은 이렇게 쓰고 있다. "이 책을 통해 우리가 얻을 수 있는 가장 중요한 것은 바로 우리가 하나님과 친밀한 관계를 맺을 수 있을 뿐 아니라, 또한 우리의 수치심 때문에 다른 이들에게 계속 숨기는 약점들을 그분에게 숨김없이 고백할 수 있다는 사실이다."[19]

칼뱅은 다윗의 경험에 끌리기는 했으나, 주로 그를 그리스도를 예시하는 인물로 보았다.[20] "다윗은 그리스도와 그분에게 속한 모든 이

---

15 Calvin, 앞의 책, 27-28, Calvin, *Commentary on the Psalms*의 서문에서 재인용.
16 Calvin, 앞의 책, 32에서 재인용.
17 앞의 책, 34.
18 앞의 책, 34-35.
19 앞의 책, 39.
20 Calvin, *Institutes* 2.10.15-18; 2.12.2.

들의 입이다."[21] 세례 요한처럼, 다윗은 자기 자신이 아니라 참되신 왕, 즉 어린양이기도 한 사자를 가리킨다. 칼뱅은 시편에서 두 종류의 근심을 식별한다. 하나는 절망으로 이어지는 "치명적인 두려움"(mortal fear)이고, 다른 하나는 우리가 그리스도께 도망칠 때 기이하게 우리에게 위안을 주는 것으로 바뀔 수 있는 "빈사 상태의 투쟁"(dying struggle)이다. 종종 다윗은 후자를 표현한다.[22] 낙원에서의 타락으로 인해 인간은 "'자만심'(*superbia*)에 빠졌다." 그것은 교만과 허영이다. "오직 하나님의 자비로운 간섭만이 질서의 회복으로 이어졌다. 이 질서는 그리스도 안에서 회복되고 질서정연한 그리스도인의 그리고 교회생활의 형태를 취한다." 그러나, 칼뱅에 따르면, "그리스도가 다시 오실 때까지 이 세상은 혼돈 속에 남아 있다."[23] 우리는 오직 그리스도 안에 있는 하나님의 긍휼 안에서만 피난처를 발견한다. 하지만 이 피난처는 우리가 그리스도 안에 있을 때 우리에게 "추방과 압제와 치욕"을 가져다준다.[24] "죽음에 대한 그리스도의 승리가 십자가형에서 수의로 감싸인 모습으로 나타났듯, 현실이 그와 정반대 모습으로 드러나는 것이야말로 십자가 신학의 특징이다.…예컨대, 하나님은 우리에게 하나님에 대한 신뢰를 되돌려주시기 위해 우리에게서 그분의 모든 선물들을 빼앗아 가실 수 있다."[25]

바로 이것이 우리가 눈을 감고 오직 하나님의 약속에만 귀를 기울여야 하는 이유다. 그 약속은 숨겨져 있지 않으며 우리에게 모든 자비

---

21 Selderhuis, *Calvin's Theology of the Psalms*, 36, Calvin on Ps. 69:4에서 재인용.
22 앞의 책, 41.
23 앞과 동일.
24 앞의 책, 42.
25 앞의 책, 188, on Ps. 30:8.

의 아버지이신 하나님께 자유롭게 나아가는 열린 길을 제공한다.[26]

중세의 경건에서 자기부인(self-denial)은 지극히 아름다운 구원의 축복에 이르는 급행열차용 선로였다. 이 때문에 수도사들이 가난과 독신에 대한 서약을 했던 것이다. 칼뱅 역시 그리스도인의 삶의 핵심에 자기부인이 있음을 인정한다. 하지만 그는 이 논의를 시작할 때 우리의 단서를 도덕철학이 아니라 복음으로부터 취할 것을 권고한다. 그에 따르면, 복음은 "성부 하나님께서 그리스도 안에서 우리를 자기와 화해시키시고, 또한 우리가 그 형상을 따라 살아가도록 그리스도 안에서 우리에게 자신의 형상을 새겨 넣으셨음을" 보여준다. 철학자들은 "우리에게 특히 미덕을 권고하기는 하는데, 이는 우리에게 본성을 따라 살라고 선포하는 것에 불과하다. 그러나 성경은 그 권면을 참된 원천으로부터 끌어낸다."[27] 이 참된 원천은 모든 은혜를 지닌 그리스도이며, 이 은혜야말로 우리가 우리의 십자가를 지고 그리스도를 따르는 데 필요한 유일하게 적절한 근거이자 동기다. 그러므로 자기부인은 구원에 이르는 수단이 아니라 우리의 구원이 순례 길에서 취하는 형태인 셈이다. 사실 자기부인은 "그리스도인의 삶의 요약이다."[28]

다시 한 번, 그리스도와 그리스도인들 사이에는 그리고 그분의 십자가와 우리의 십자가 사이에는 분리되지 않는 구별이 존재한다. 그 차이는 양적인 것(크고 작음)이 아니라 질적인 것이다. 오직 그분의 십자가만이 우리를 구속한다. 그럼에도 믿음으로 그분과 연합된 우리는

---

26 앞의 책, 193, on Pss. 102:16; 119:123.
27 Calvin, *Institutes* 3.6.3.
28 앞의 책, 3.7.1.

또한 세례를 통해 그분과 연합함으로써 죽음과 생명으로의 부활을 경험한다. 하나님과의 관계에서 이것은 우리가 의, 안전, 그리고 자기 인생에 대한 주권을 주장하지 않는 것을 의미한다. 이웃과의 관계에서 이것은 우리가 "다른 이들을 우리보다 못한 존재인 양 깔보는" "무례한 교만과 자기애"를 포기하는 것을 의미한다. 우리 모두는 다른 이들을 얕보고 "자신을 존경하는" 경향이 있다. "다른 이들에게 어떤 잘못이 있을 경우, 우리는 그것을 신랄하게 꾸짖는 것으로 만족하지 않고 그것을 악의적으로 부풀린다."[29] 특별히 우리 문화에서 - 심지어 미국의 기독교 문화에서 - 자신에 대해 죽으라는 명령은 아주 심각한 것이기에 종종 우리의 경건에서 논의조차 되지 않는다. 칼뱅은 이렇게 가르친다. "오직 한 길, 즉 당신의 마음을 겸손함과 타인에 대한 존경심으로 물들이지 않고는 결코 참된 온유함에 이르지 못할 것이다."[30] 우리의 모든 안전이 그리스도 안에서 이루어진 하나님의 값없는 화해에 있음을 발견할 때, 우리는 다른 이들을 그들의 장점 때문이 아니라 하나님의 자비의 견지에서 사랑할 수 있다. 성경은 우리에게 "사람들에게 어떤 자격이 있는지를 보지 말고, 우리가 마땅히 존경하고 사랑해야할 그들 속의 하나님의 형상을 보라"고 가르친다.[31]

번영의 복음이 그리스도 안에서 영적 축복을 받으면 자연히 세속적인 풍요가 따라온다고 전제하는 반면, 칼뱅은 이렇게 가르친다. "주님이 입양하여 함께 교제를 나누실 만큼 귀하게 여기시는 이들은 누구나 온갖 악으로 가득 찬, 힘들고, 수고롭고, 소란한 삶을 살 준비를 갖

---

29 앞의 책, 3.7.4-5.
30 앞의 책, 3.7.4.
31 앞의 책, 3.7.6.

춰야 한다."[32] 성부께서 우리에게 시련을 겪게 하시는 것은 우리의 죄 때문에 우리를 벌하시는 것이 아니라 우리를 낮추심으로써 우리를 자신에게 이끄시기 위함이다.

> 가장 경건한 사람들조차, 비록 그들이 자신의 힘이 아니라 하나님의 은혜로 서 있음을 아무리 분명하게 인식하고 있을지라도, 만약 그들이 십자가의 시험을 통해 자신에 대한 좀더 깊은 지식을 얻지 않는다면, 결국 자신의 인내와 한결같은 의지를 과신하게 될 수밖에 없다.…그런 까닭에 그들은 평화로운 상황에서는 자신의 큰 인내와 한결같은 의지를 자랑하지만, 역경을 통해 낮아질 때면 모든 것이 위선이었음을 깨닫게 된다.[33]

그는 덧붙여 말한다. "이제 우리는 십자가로부터 얼마나 많은 것들이 뒤섞여 나오는지 알 수 있다. 그것은 우리가 자신의 힘에 대해 갖고 있는 헛된 생각을 뒤집으면서, 또한 우리에게 기쁨을 주는 위선의 탈을 벗기면서, 육체에 대한 우리의 위험한 확신을 공격한다."[34] 그러므로 우리는 구원의 방식과 더불어 구원이 우리의 일상생활에서 이루어지는 방식에 있어서도, 영광의 신학이 아니라 십자가의 신학을 굳게 붙잡아야 한다.

우리는 영광의 신학에 너무 깊이 빠져 있기에 십자가를 지는 것마저도 우리가 하나님께 드리는, 그리고 그로 인해 우리 자신의 덕을 찬

32 앞의 책, 3.8.1.
33 앞의 책, 3.8.2.
34 앞의 책, 3.8.3.

양하는 선행으로 바꿔놓을 수 있다. 수도사들이 십자가를 찾는 것은 자기들의 스토아주의적 결단을 통해 하나님을 기쁘게 해드릴 수 있다고 여기기 때문이다. 때로 우리는 이런 태도를 오늘날 우리가 속해 있는 진영 안에서도 발견한다. 그것은 신자들이 종종 그들의 집에서는 개인적인 절망에 빠져 무너지고 있으면서도 사람들 앞에서는 늘 미소를 지어야 한다는 강박에 사로잡혀 있기 때문이다. 칼뱅은 그런 태도에 반대한다. "모든 신랄하고 고통스런 감정을 배제시킬 만큼 쾌활할 필요는 없다."

> 그것은 오래 전에 스토아주의자들이 어리석게 묘사했던 "위대한 영혼을 지닌 사람"과 같지 않다. 그런 사람은 모든 인간성을 벗어버렸기에 역경과 번성의 영향을 받지 않는다. 그런 사람은 마치 돌과 같아서 그 어떤 것에도 영향을 받지 않는다.…지금 우리 그리스도인들 가운데 새로운 스토아주의자들이 있다. 그들은 탄식하며 우는 것뿐 아니라 슬퍼하고 근심하는 것까지 타락으로 간주한다. 이런 어리석은 생각은 대개 게으른 사람들로부터 나온다. 그들은 행동하기보다는 사색하는 일에 몰두하면서 그따위 어리석은 생각들이나 쏟아낼 뿐이다. 그러나 우리는 이런 냉혹한 철학과는 아무런 상관이 없다. 우리 주님은 그분의 말씀으로뿐 아니라 친히 보이신 모범을 통해서 그것을 배격하셨다. 그분은 자신과 타인의 불행 모두에 대해 탄식하며 눈물을 흘리셨다.…그리고 아무도 그것을 악한 것으로 여기지 않게 하시기 위해 공개적으로 이렇게 선언하셨다. "애통하는 자는 복이 있나니!"[35]

---

35 앞의 책, 3.8.9.

특별히 칼뱅의 후예들 중 어떤 이들이 북유럽의 "불굴의" 스토아주의를 성경적 경건과 혼동해왔음을 감안할 때, 칼뱅이 자주 이것을 "우리를 돌로 만드는" "냉혹한" 철학이라고 비난하며 논박하는 것은 놀랄 만한 일이다.[36] 고통은 부인되거나 경시되어서는 안 된다. 그것은 우리를 일으켜 세워 성령을 통해 성자 안에 있는 성부의 피난처로 달아나게 하기 때문이다.

이런 십자가 신학이 만족을 추구하는 우리의 문화 속에서 베스트셀러의 자리에 오르는 것은 상상조차 할 수 없는 일이다. 그러나 오늘날 예전에 칼뱅이 그랬던 것처럼 지속적인 슬픔을 겪고 있는 이들은 그가 견지하는 순전한 리얼리즘에서 연대감을 느낄 것이다.

> 그러므로 오직 우리가 이 세상의 삶이, 그 자체만으로 판단하면, 모든 면에서 무수히 많은 방식으로 괴롭고, 소란스럽고, 불행하며, 또한 결코 행복하지 않다는 사실을 배울 때에야, 그리고 이 세상에서 유익이 된다고 간주되는 모든 것들이 불확실하고, 덧없고, 온갖 것이 뒤섞인 악에 의

---

36 Calvin, "To Monsieur de Richebourg" (Ratisbon, April 1541), in *Selected Works of John Calvin: Tracts and Letters*, ed. Henry Beveridge and Jules Bonnet, 7 vols. (Grand Rapids: Baker, 1983), 4:253. 그 편지의 시작 부분에서 칼뱅은 그 자신의 슬픔을 드러낸다. "내가 처음으로 클라우드와 당신의 아들 루이스의 죽음에 대한 소식을 들었을 때, 나는 그 소식에 너무나 압도되어 여러 날 동안 슬퍼하는 것 외에는 아무것도 할 수가 없었습니다"(246). 그러나 칼뱅은 주님이 루이스를 데려가신 것을 운명이나 숙명이 아니라 큰 위로로 여겼다. "분명히 우리 모두의 아버지이신 주님이 루이스가 그분의 택함을 받은 아들로서 자신의 자녀들 가운데 있기를 원하셨습니다. 그래서 그분은 그분의 무수히 많은 긍휼 가운데서 당신에게 이 은혜를 베푸셨습니다. 이것은 당신이 그가 죽기 전에 그에게 베풀었던 세심한 교육의 탁월한 열매를 거두게 하시기 위함이었고, 또한 그로 인해 당신이 당신에게 속한 은혜, 즉 '나는 너희 하나님이 되고 너의 후손의 하나님이 되리라'는 약속의 말씀에 대한 당신 자신의 관심에 대해 알게 하시기 위함이었습니다"(249-50). "또한 나는 당신의 모든 슬픔을 밀쳐두라고 말하지도 않습니다. 아닙니다, 그리스도의 학교에서 우리는 하나님이 우리에게 부여하신 공통적인 인성을 벗어버리라고 요구하는, 그래서 인간인 우리가 돌이 되어야 한다고 가르치는 철학에 대해 배우지 않습니다"(253).

> 해 침해당하고 있음을 배울 때에야, 비로소 우리는 십자가의 연단을 통해 올바르게 앞을 향해 나아가게 된다. 그와 동시에 이로부터 우리는 우리가 이 세상에서 추구하거나 소망할 수 있는 것은 오직 분투뿐이라는 결론에 이르게 된다. 우리의 면류관에 대해 생각할 때, 우리는 눈을 들어 하늘을 바라보아야 한다. 왜냐하면, 만약 우리의 정신이 현재의 삶에 대한 멸시로 물들지 않는다면, 그것은 결코 진지하게 깨어 일어나 다가오는 삶에 마음을 쏟으면서 그것에 대해 숙고하지 않을 것이기 때문이다.[37]

그러나 "이 세상은, 그 자체만으로 판단하면," 불행으로 가득 차 있기 때문에, 복음에 나타난 바 우리를 향한 하나님의 은혜에 대한 분명한 증거가 우리를 소망으로 가득 채운다. 우리는 우리의 삶을 단순히 그 자체만으로 판단해서는 안 된다.

이 세상에서 인생의 짐이 우리를 짓눌러 우리의 모든 확신이 오직 그리스도와 다가오는 시대의 복에만 맞춰질 때, 비로소 우리는 이 세상의 삶을 견딜 수 있는 힘을 얻을 뿐 아니라, 현재와 같은 상황에서도 하나님의 친절하심의 밝은 빛을 인식할 수 있게 된다. "그러므로 이처럼 이 세상의 삶이 하나님의 선하심을 알도록 돕고 있으니, 만약 우리가 마치 거기에 선한 것은 전혀 없는 것처럼 그것을 무시한다면, 과연 그것이 옳은 일이겠는가?" 우리가 우리의 유일한 소망이 지금 우리의 삶의 환경 속에는 전혀 없고 오로지 하나님의 친절하심과 사랑과 자비 안에만 있음을 확신할 때, 비로소 우리는 사소한 역경 앞에서도 불평을 늘어놓는 대신 하나님이 우리에게 베푸신 큰 은혜로 인

---

37 Calvin, *Institutes* 3.9.1.

해 놀랄 수 있게 된다. "만약 우리가 이 세상의 삶이 친절하신 하나님의 선물임을 확신한다면, 우리가 은혜를 입은 것을 기억하고 감사해야 한다."[38]

이렇게 약간 을씨년스러운 주석에도 불구하고, 칼뱅은 우리가 이 세상에서 겪는 삶의 불행은 자연스러운 것이 아님을 분명하게 밝힌다. 그는 창조된 세계로부터의 해방이 아닌 죄로부터의 해방을 갈망한다. "물론," 그는 말한다, 이 세상의 삶은 "그것이 우리를 죄에 복속시키려 하지 않는 한, 증오의 대상이 되어서는 안 된다. 또한 그런 상태에 대한 증오조차 삶 자체에 대한 증오로 바뀌어서는 안 된다."[39]

우리의 연약함(심지어 죽음)에 대한 묵상은 그 자체가 목적이 아니다. 그것은 우리를 부활에 대한 소망으로 이끌어가야 한다. 아이러니하게도, 이방인들로 하여금 삶의 비극적 측면들을 억누르도록 만드는 것은 죽음과 육신의 부활에 대한 부정이다. 반면에 "야만스러운 짐승들 그리고 나무나 돌 같은 생명이 없는 피조물들까지도 자신들의 현재의 상태의 공허함을 인식하면서 마지막 날에 있을 부활을 갈망한다." 그리고 그것들은 "이 세상의 부패"가 최종적인 것이 아님을 알고 있다.[40] "한 마디로 결론을 내리자면, 만약 신자들이 시선을 돌려 부활의 권능을 바라본다면, 그리스도의 십자가가 그들의 마음 안에서 마귀, 육체, 죄, 그리고 사악한 인간들을 무찌르고 마침내 승리를 거두게 될 것이다."[41]

사실 미래의 삶에 대한 칼뱅의 묵상은 이 세상에서의 도피가 아니

---

38 앞의 책, 3.9.3.
39 앞의 책, 3.9.4.
40 앞의 책, 3.9.5.
41 앞의 책, 3.9.6.

라 그것과의 좀더 깊은 동일시이다. 그것은 리얼리즘이며, 동시에 우리를 그분의 은혜와 이 세상에서 우리에게 주어진 소명을 향해 열리도록 해주는 복음에 뿌리박은 소망이다. 우리는 자신에게서 기본적인 생필품을 제외한 모든 것을 박탈하는 수도사들이 아니다. "또한 우리는 필요 이상으로 우리를 기쁘게 하는 것들을 피할 수도 없다. 그러므로 우리는 필요를 위한 것이든 기쁨을 위한 것이든 깨끗한 양심을 품고 그것들을 사용할 수 있는 방도를 찾아야 한다."[42] 역설적으로, 이 세상의 삶이 자연스레 흘러가도록 허락하는 이들은 더 이상 건강과 부와 행복에 대한 약속의 노예가 되지 않고, 오히려 이 세상이 제공하는 선물들을 그것들을 허락하신 성부 하나님께 대한 감사의 마음을 품고 자유롭게 즐긴다. 그분이 우리에게 그 선물들을 주신 것은 "우리에게 꼭 필요하기 때문만이 아니라 기쁨과 쾌활함도 누리게 하기 위해서다."[43]

성도의 영화

마지막 일들에 대한 칼뱅의 논의는 우리가 중재자이신 그리스도와의 연합을 통해 얻는 유익들에 대한 논의 다음에 나온다. 코넬리스 베네마(Cornelis Venema)가 주장하듯, "『기독교강요』에서 25장이 차지하고 있는 위치를 고려한다면, 그 장에는 '그리스도와의 연합에서의 신자의 영화(榮化)'라는 제목을 붙이는 것이 나왔을 것이다."[44] 그 장은 그리스도의 구원 사역의 정점이라 할 수 있는 죽은 자의 부활에 초점을

42 앞의 책, 3.10.1.
43 앞의 책, 3.10.2.
44 Venema, "Calvin's Doctrine of the Last Things," 445.

맞춘다. 이때 신자의 몸과 영혼 모두가 영원한 영광을 입고 일어선다. 그리고 그로 인해 그는 불멸의 존재가 되며 도덕적 탁월함의 측면에서 피조물에게 가능한 정도를 넘어서 하나님을 닮는 수준에 이른다. 칼뱅이 우리에게 우리의 마음을 훗날 우리가 그리스도와 함께 앉게 될 하늘에 고정시키라고 권할 때 염두에 두었던 - 그리고 그가 바울이 염두에 두었다고 믿었던 - 것이 바로 이에 대한 묵상이었다.[45] 우리는 이미 칼뱅이 주장하는 구원의 질서 안에서 영화(glorification)가 차지하는 중요성에 대해 살핀 바 있다.

수도사들의 묵상의 목표가 영화로운 위엄에 싸여 계신 하나님을 복에 겨운 눈으로 바라보는 것이었던 반면, 칼뱅은 우리에게 이 세상의 눈으로 보기에는 약하고, 어리석고, 심지어 혐오스럽기까지 한 것 안에 계시되어 있는 가장 특수하고 구체적인 것에 대해 생각할 것을 권한다. 우리가 하나님을 본다는 것은 곧 그분이 배내옷에 싸여 있는 모습을, 그리고 십자가에 달려 있는 모습을 보는 것이다. 우리가 매일 행하는 묵상의 대상은 우리의 영화에서 정점에 이르는 우리와 그리스도의 연합이 제공하는 선물들이어야 한다. 이 영화는 우리가 우리를 신화시키는(deifying) 하나님의 은혜와 협력하여 얻게 되는 그 무엇이 아니라, 오직 그리스도와의 연합을 통해 얻는 선물이다. 예수 그리스도의 현재 상태가 우리의 미래 상태가 될 것이다. 머리가 앞서가신 길을 지체들이 뒤따를 것이다. 사실 칼뱅은 그리스도의 온 몸이 영원한 영광 중에 그분에게 참여하기 전까지 "그리스도는 어느 정도 자신을 불완전하게 여기신다"라고까지 말한다.[46] 그리스도와 그분의 교회

45 Calvin, *Institutes* 3.25.1.

의 유대는 이처럼 실질적이다.

여러 가지 주제들과 관련해 칼뱅은 교회의 교부들, 특히 동방의 교부들로부터 많은 것을 끌어낸다.[47] 그는 영화의 문제를 다루면서도 같은 일을 한다. 그는 이렇게 쓴다. "우리는 복음의 목표가 우리를 마침내 하나님께 순종하도록, 그리고, 만약 이렇게 말하는 것이 가능하다면, 우리를 신처럼 만드는 것이라는 점에 유의하자." 그럼에도 또한 그는 이렇게 덧붙인다.

> 그러나 여기서 "본성"(nature, 벧후 1:4)이라는 단어는 **본질**이 아니라 **성품**을 의미한다(한글 개역개정판에는 "성품"으로 번역되어 있다—역주). 전에 마니교도[영지주의자]는 우리가 하나님의 일부이며, 따라서 삶의 경주를 마친 후에는 마침내 원래의 상태로 돌아가게 될 것이라고 꿈꾸었다. 오늘날에도 우리가 그렇게 하나님의 본성 안으로 넘어 들어가면 그분이 우리의 본성을 삼키신다고 상상하는 광신자들이 있다.…그러나 거룩한 사도들은 그와 같은 섬망증(譫妄症)에 빠진 적이 결코 없었다. 다만 그들은 우리가 육체의 모든 악들을 벗어버릴 때 거룩하고 복된 불멸성과 영광에 참여하게 될 것이고, 그로 인해 **우리의 능력이 허락하는 한에서** 하나님과 하나가 될 것이라고 말하려 했을 뿐이다.[48]

그러므로 칼뱅의 견해와 칼뱅주의 전통에 따르면, 부활과 영화는

---

46 Calvin on Eph. 1:23, in *Calvin's Commentaries*, vol. 21, trans. William Pringle (Grand Rapids: Baker, 1996), 218.

47 나는 이 문제를 *People and Place: A Covenantal Ecclesiology* (Louisville: Westminster John Knox, 2008), 124-52에서 상세하게 다뤘다.

48 Calvin on 2 Pet. 1:4, in *Calvin's Commentaries,* 22:371, 강조체는 덧붙인 것임.

동전의 양면이다. 윌리엄 에이메스(William Ames)는 이렇게 말한다. "[영화는] 사실상 칭의의 선언을 이행하는 것에 불과하다.…영화 안에서 그 선언으로 인한 삶이 나타나고 그로 인한 보상이 우리에게 주어진다. 즉 우리는 실제로 그것을 얻는다."[49] 토마스 왓슨(Thomas Watson)은 웨스트민스터 신앙고백에 관한 그의 주석에서 영혼과 육체의 재결합에 대해 열광적으로 이야기한다. 그는 이렇게 결론짓는다. "한 신자의 티끌은 그리스도의 신비로운 몸의 일부다."[50]

이 모든 것은 그리스도와의 연합에 대한 강조로부터 나온다. 우리는 부패할 수 없는 영광에 싸여 육체적으로 부활하기 전에는 그 연합이 제공하는 온전한 유익을 즐길 수 없다. 하지만 부활할 때 우리의 상태는 타락 이전의 아담과 하와의 상태보다 훨씬 나을 것이다. 완성은 "회복된 낙원"(Paradise Restored)이 아니라 "눈으로 보지 못하고 귀로 듣지 못했던"(고전 2:9) 그 무엇이 될 것이다. 그것은 첫 번째 아담이 그 자신과 그의 후손을 대표해 잃어버렸으나, 우리의 형님이신 두 번째 아담이 우리를 위해 회복하신 것이다. 불멸하는 수치로든 아니면 영광으로든, 모두가 부활할 것이다. 그러나 칼뱅이 주목하는 것은 후자다. 그가 영원한 형벌을 인정하는 것은 분명하지만, 그는 지옥보다는 이런 우주적 회복을 훨씬 강조한다. "또한 그는 자신이 접했던 일반적인 해석, 즉 그리스도께서 대적들에 대해 승리를 거두시는 과정에서 대적들이 흘린 피가 너무 많아 그리스도가 마실 피의 강을 이루게 되리라는 해석을 지나치게 가혹하다고 여기며 일축한다."[51]

---

49 William Ames, *The Marrow of Theology*, trans. John D. Eusden (Boston: Pilgrim, 1968; rept., Durham, NC: Labyrinth, 1983), 172.

50 Thomas Watson, *A Body of Divinity* (Edinburgh: Banner of Truth Trust, 1986), 309.

51 Selderhuis, *Calvin's Theology of the Psalms*, 176, on Ps. 110:7.

베네마는 칼뱅의 견해에 대해 이렇게 말한다. "그리스도는 '세상을 파괴하기 위해서가 아니라 구원하기 위해 오셨다.' 그러므로 이것이야말로 하나님의 말씀에서 발견되는 가장 중요한 강조점이다."[52] 실제로 칼뱅은 요한복음 12:31절에 등장하는 "심판"(judgment)이라는 단어를 "개혁"(reformation)으로 해석한다. 요컨대, 그는 그 구절을 "틀림없이 세계가 적절한 질서를 회복할 것이다"라는 뜻으로 해석한다. 칼뱅은 이렇게 설명한다. "'심판'으로 번역되는 히브리어 '미쉬파트'(*mispat*)는 질서정연한 구조를 의미한다." 그리고 칼뱅은 이것이 그 복음서에 기록된 예수님 말씀의 뜻이었다고 추측한다. "이제 우리는 그리스도 밖의 세상에는 오직 혼돈만 있을 뿐임을 안다. 그리고 비록 그리스도께서 이미 하나님 나라를 세우는 일을 시작하셨을지라도, 세상이 질서정연한 상태와 완전한 회복에 이르는 참된 출발점은 그분의 죽으심이었다."[53] 구속주는 곧 창조주이시고, 종말론(미래의 일들)이 지금 이곳에서의 삶을 위한 우리의 환경을 재조정한다.

"그러므로 칼뱅의 사상 안에 현실 전체의 회복에 대한 관심을 완전히 배제할 만큼의 개인 구원에 대한 집착은 존재하지 않는다. 오히려 그는 하나님이 큰 혼란을 끝내시고 원래의 상태를 회복하실 것이라고 쓴다."[54] 이 "미래의 삶"이 영혼과 육체의 영원한 결합이 될 것이듯, 또한 그것은 다양한 사람들, 언어들, 그리고 문화들을 연합시킴으로써 하나의 지구 가족을 만들어낼 것이다. 그리스 사상(특히 플라톤 철학)에서 모든 존재의 원천은 하나이다. 따라서 "다양성"은 이 연합의 기원으로

---

52 Venema, "Calvin's Doctrine of the Last Things," 451, *Institutes* 3.25.9를 인용하면서.

53 Venema, "Calvin's Doctrine of the Last Things," 451.

54 Selderhuis, *Calvin's Theology of the Psalms*, 173, on Ps. 94:15.

부터 떨어져 나가는 것을, 그리고 "구원"은 그 어떤 다름도 존재하지 않는 이 연합으로 되돌아가는 것을 의미한다. 그러나 우리가 보았듯, 칼뱅은 하나님이 자연과 역사 안에 창조하신 다양성을 기뻐한다. 그리고 이 다양성은 영광 가운데서 계속 이어진다.

미래의 삶에 대한 이런 묵상 안에는 또한 삼위일체적인 비전, 즉 그리스도 안에 계신 하나님과 인류의 연합이라는 비전이 들어 있다. "그리스도가 다시 일어나신 것은 내생에서 우리를 동료로 삼으시기 위해서였다"라고 칼뱅은 말한다. "그분이 성부에 의해 부활하신 것은 교회의 머리가 되시기 위함인데, 성부께서는 어떤 식으로도 그분이 교회로부터 단절되는 것을 허락하지 않으신다. 그분은 그분과 더불어 우리를 소생케 하는 분이신 성령의 권능으로 부활하셨다."[55] 요컨대, 칼뱅은 신자들이 지금 즐기는 칭의가 우리가 부활해 영화롭게 될 때 온전하게 그 모습을 드러낼 것이고, 또한 그로 인해 완전하게 그리고 공개적으로 실현될 것이라고 가르친다. 그런 의미에서 칼뱅은 이 사건을 성도의 "신화"(神化, deification, theōsis)라고 부르기까지 한다.[56]

이런 영화를 통해 그리스도와 우리의 연합의 결과가 완전하게 성취될 것이다. 칼뱅은 히브리서 4:10절에서 "그 안에서 최고의 지복(至福) 상태, 즉 인간과 그들이 연합하게 될 하나님 사이의 유사성이 나타나게 될 영원한 안식의 정의(定義)"를 발견한다. 모든 신성한 존재와의 연합이라는 고대의 이교적 개념은 사실상 자기본위적이며, 아우구스티누스가 "우리 자신을 향해 구부러지는 것"이라고 정의했던 죄의 본질

55 Calvin, *Institutes* 3.25.3.
56 Calvin on 2 Pet. 1:4, in *Calvin's Commentaries*, 22:371. 이 점에 관한 더 많은 논의를 보려면, Michael Horton, *Covenant and Salvation: Union with Christ* (Louisville: Westminster John Knox, 2007), 12장을 참고하라.

의 일부이기도 하다.

> 철학자들이 최고선에 대해 무엇이라고 말했든 간에, 그것은 차갑고 공허할 뿐이다. 왜냐하면 그들은 인간을 그 자신에게 국한시켰기 때문이다. **그러나 우리가 행복을 발견하려면 우리 자신을 넘어설 필요가 있다.** 인간의 최고의 선은 바로 하나님과의 연합인데, 그것은 우리가 우리의 모범이신 그분을 따라 변화될 때 이루어진다.[57]

마지막으로 우리는 복음이 우리를 우리 자신에 대한 개인주의적 집착으로부터 불러내 믿음 안에서 하나님을 바라보고 사랑 안에서 이웃을 바라보게 함을 안다. 칼뱅이 미래의 삶에 대해 묵상하며 염두에 두었던 것은 사회적 비전, 곧 사람들을 사회화시키는 비전이었다.

이 모든 것으로부터 우리는 칼뱅식 "미래의 삶에 대한 묵상"이 우리를 현세에 대한 책임에서 멀어지게 하기는커녕 오히려 이 세상에서 우리의 삶과 소명을 위한 연료를 공급함을 알 수 있다. 그것은 영혼이 지친 세상으로부터 도피하는 것을 의미하지 않는다. 오히려 그것은 모든 이들이 품고 있는 오직 다시 오시는 구주만이 이 세상에 가져다주실 수 있는 영원한 기쁨에 대한 갈망이다. "심판을 수행하시는 분은 그리스도이기에 신자들이 직접 칼을 들어서는 안 된다. 오히려 그들은 인내하면서 자신들의 십자가를 져야 한다."[58] 우리는 우리 앞에 무엇이 놓여 있는지 알기 때문에 이 순례의 길에서 우리의 십자가를 질 수 있다.

---

57 Calvin on Heb. 4:10, in *Calvin's Commentaries*, 22:98, 강조체는 덧붙인 것임.
58 Selderhuis, Calvin's Theology of the Psalms, 177, on Ps. 21:9.

이 경건이 칼뱅 자신의 삶을 어떻게 형성했는지 묻는다면 그의 죽음이 그의 삶만큼이나 많은 것을 알려준다. 한때 프랑스 르네상스의 성좌(星座) 안에서 떠오르는 별이었던 그는, 그 자신의 말처럼, 은혜로우신 하나님에 의해 "주저앉혀졌다." 그리고 이제 55세의 나이에 그는 여러 질병들에 굴복했다. 그는 자기가 살아왔던 대로 미래의 삶에 대해 묵상하며 죽었다.

칼뱅은 상실의 아픔을 자주 경험했다. 그의 외아들 자크(Jacques)가 조산한 직후에 죽은 것도 그중 하나다. 그가 점점 더 외로움을 느끼던 무렵, 하나님께서는 그의 아내 이들레뜨를 데려가셨다. 칼뱅은 비레에게 "[그녀의 죽음은] 나에게 극도로 고통스러운 일이었다"라고 털어놓았다. 그는 친구들의 지지를 소중하게 여겼다. "하지만 당신은 내 마음이 얼마나 예민한지, 혹은 허약한지 아십니다.…그리고 참으로 나의 마음은 모든 슬픔의 근원입니다. 나는 내 인생의 가장 소중한 동반자를 잃었습니다." 칼뱅에 따르면, "나의 빈곤에 기꺼이 참여했던" 그녀는 아마도 그의 순교에까지도 기꺼이 참여하려 했을 것이다.[59] 여러 해에 걸쳐 가까운 친구들 및 동료들과 작별한 후에 – 어떤 이들은 순교했고, 다른 이들은 질병에 걸려 사망했고, 또 다른 이들은 – 그를 가장 슬프게 했던 이를 포함해 – 로마 교회로 돌아갔다. 그리고 이제 마침내 칼뱅 자신이 다른 이들이 그를 영원한 안식처로 떠나보내도록 허락해야 할 상황이 되었다.

1563년 11월, 그는 멜란히톤에게 편지를 보내 지금 자신은 "타는

59 Calvin, "To Viret" (April 7, 1549), in Select Works of John Calvin: Tracts and Letters, ed. Henry Beveridge and Jules Bonnet, 7 vols. (Grand Rapids: Baker, 1983), 5:216-19.

듯한 갈증 때문에 좀더 많이 마실 수밖에 없는 경우를 제외하고" 의사들의 처방을 따르려고 애쓰는 중이라고 말했다. 그러나 그는 의사들이 값싼 포도주로 "나를 단번에 죽이려 했기에" 자기가 그들에게 좀더 질 좋은 부르고뉴 산 포도주를 처방해 달라고 부탁해야 했다며 투덜거렸다.[60]

우리는 칼뱅의 유언장(1564년 4월 25일에 작성되었다)에서 그의 개인적 영성에 관한 몇 가지 통찰을 얻을 수 있다. 그는 유언장을 계기로 제네바의 지도자들을 향해 마지막 "설교"를 했다. 거기서 그는 자신을 우상숭배로부터 건져내 "그분의 복음의 빛 안으로" 들어가도록 이끌어 주신 하나님의 자비에 대해 감사하는 것으로 시작한다.

> 나는 하나님께서 은혜로 나를 양자로 삼아주신 것 외에는 구원을 위한 다른 방어물이나 피난처를 갖고 있지 않습니다. 그것만이 나의 구원의 유일한 근거입니다. 나는 온 영혼으로 하나님께서 예수 그리스도를 통해 나에게 베풀어주신 자비를 받아들입니다. 그분은 그리스도의 고난과 죽음의 공로로 나의 죄를 속하심으로써 나의 모든 죄와 허물을 덮으시고 그분의 기억에서 도말하셨습니다. 또한 나는 나의 구속주께서 인류의 죄를 위해 흘리신 보혈로 나를 씻으시고 깨끗하게 하기를 기뻐하시기를, 그래서 내가 심판대 앞에서 그분의 그늘 아래에 서 있을 수 있게 되기를 간구한다는 사실을 분명히 밝히고 선언합니다. 또한 나는 그동안 내가 주님께서 나에게 베푸신 은혜와 선하심을 따라 설교와 저술과 주석을 통해 그분의 말씀을 순전하고 순수하게 선포하고 또한 그분

60 Calvin, "To Melanchthon" (Geneva, November 19, 1558), Select Works of John Calvin, 6:483.

의 성경을 정확하게 해석하고자 노력해왔음을 분명하게 밝힙니다.[61]

또한 그는 자신이 평생 참여했던 모든 논쟁에서 "솔직하고 진지하게 진리를 수호해왔다"고 증언했다.

그러나, 아 슬프도다, 나의 열정과 열심은 – 만약 그것이 거론할 만한 가치가 있다면 – 너무나 부주의하고 무기력한 것이어서 나의 직무를 적절하게 수행하는 일에서 수없이 실패했으며, 만약 그분이 넘치는 선하심으로 나를 지원해주지 않으셨다면, 나의 모든 열심은 덧없고 허망한 것이 되었으리라는 것을 고백합니다. 아닙니다, 심지어 나는, 만약 그 동일한 선하심이 나를 지원해주지 않았다면, 주님께서 나에게 베풀어주신 그 정신적 재능으로 인해 내가 그분의 심판대 앞에서 더 많은 죄와 게으름에 대해 책망을 받게 되리라는 것을 인정합니다. 이와 같은 모든 이유로, 나는 내가 구원을 얻기 위해 이것, 즉 하나님은 자비로우신 아버지이시기에 자신이 가련한 죄인임을 시인하는 나에게 자신이 아버지이심을 알려주시리라는 것 외에는 다른 아무것도 신뢰하지 않음을 고백하고 선언합니다.[62]

이처럼 지극한 감사를 표명한 후, 칼뱅은 얼마 안 되는 재산을 소년학교, 가난한 나그네들, 그리고 가까운 친구의 자녀들에게 분배했다. 그리고 나머지는 자신의 조카들에게 남겼다.[63] 정말로 얼마 안 되는

61 Theodore Beza, "Life of Calvin," in *Selected Works of John Calvin*, 1:1xxxvi–ixxxvii.
62 앞과 동일.
63 앞의 책, 1xxxvii–1xxxviii.

돈이었다. 칼뱅은 이렇게 말했다. "설령 어떤 이들이 내가 살아 있는 동안에는 그 사실을 믿지 않았을지 모르나, 나의 죽음은 그들에게 내가 돈벌이에 능한 사람이 아니었음을 밝혀줄 것입니다."[64]

칼뱅은 네 명의 행정관들과 시의회 의원들 모두를 향해 의회에서 마지막으로 연설을 하고 싶어 했다. 하지만 그의 상태를 감안한 그들이 직접 칼뱅을 찾아왔다. 칼뱅은 그들이 "그럴 만한 자격이 없는 이에게 베풀어준 여러 가지 영예에 대해, 그리고 나의 수많은 결점들을 그렇게 끈기 있게 인내해준 것에 대해" 감사한 후, 자신은 "공적으로나 사적으로 마땅히 했어야 하는 일에 비추어볼 때 너무나 적은 일을 했을 뿐"이라고 고백했다. 시의회 의원들은 "때때로 지나칠 만큼 격렬했던 나의 열정을 끈기 있게 인내해주었습니다. 그런 점에서 나는 하나님께서도 나의 죄를 용서해주셨으리라 확신합니다." "그러나 내가 여러분이 듣는 데서 전달했던 교리와 관련해서는," 그는 덧붙여 말했다. "나는 나에게 맡겨진 말씀을 경솔하거나 불확실하지 않게, 그리고 순전하고 진지하게 가르쳤다고 분명하게 말씀드릴 수 있습니다. 왜냐하면 나는, 만약 그렇지 않았다면, 그분의 진노가 내 머리에 임했으리라는 것을 알 뿐 아니라, 또한 가르치는 일에서 내가 기울였던 노력이 그분을 불쾌하게 해드리지는 않았을 것이라고 확신하기 때문입니다." 칼뱅은 하나님께 대한 감사와 자신이 섬기는 일에서 좀더 부지런하지 못했던 것에 대한 후회로 얼룩진 복잡한 심정을 드러내면서 자신의 동료들을 향해 이렇게 권면했다.

> 그러므로 번성할 때든지 역경에 처할 때든지, 내가 기도하거니와, 언제나 이것을 명심하십시오. 왕들과 나라들을 세우시는 분은 오직 하나님

64 앞의 책, c.

한분뿐입니다. 그리고 또한 그분은 그런 이유로 사람들이 자신을 경배하기를 바라십니다.…왜냐하면 오직 그분만이 최고의 하나님, 왕중의 왕, 그리고 주님 중의 주님이시며, 자신을 영예롭게 하는 이들에게 영예를 주시고, 자신을 조롱하는 자들을 내던지시는 분이기 때문입니다. 그러므로 그분의 명령을 따라 그분을 경배하십시오. 그리고 이 문제에 더 깊이 마음을 쓰십시오. 왜냐하면 우리는 언제나 자신의 의무를 행하는 일에 게으르기 때문입니다.…민사 문제에 대한 결정을 내릴 때는 편애나 증오가 개입되지 않게 하십시오. 아무도 부당한 계략으로 정의를 왜곡해서는 안 됩니다. 아무도 자신의 의견을 따라 법률이 온전하게 효력을 발휘하지 못하도록 막아서는 안 됩니다. 아무도 의롭고 선한 일에서 떠나서는 안 됩니다.[65]

5월 11일, 어느덧 여든 살의 쇠약한 노인이 된 파렐이 마지막으로 칼뱅을 방문하고 싶어 했다. 칼뱅은 라틴어로 쓴 답장에서 그에게 이렇게 답했다. "안녕히 계십시오, 나의 가장 좋은, 그리고 가장 바른 마음을 지닌 형제여, 하나님은 당신이 이 세상에서 나보다 오래 살기를 바라시니 부디 우리의 우정을 기억하며 사시기 바랍니다. 우리의 우정은 하나님의 교회에 유익한 것이었고, 그로 인한 열매가 하늘에서 우리를 기다리고 있습니다."[66] 24일에 칼뱅은 시의회에 마지막으로 방문했다. 그는 떨리는 음성으로 그가 그때까지도 여전히 쓰고 있던 신약성경에 관한 몇 가지 글을 읽은 후 그곳에 모여 있던 이들에게 의견을 구했다. 이어서 그는 제네바 아카데미의 새로운 교장을 소개한

65 앞의 책, xc-xcii.
66 앞의 책, xciv.

후 "흐느낌과 눈물 속에서" 그곳을 떠났다.

> 부활절이었던 4월 2일, 칼뱅은 거의 탈진한 상태로 의자에 앉은 채 교회로 실려와 예배 시간 내내 자리를 지켰다. 그는 내 손에서 성찬을 받았고, 떨리는 음성으로 다른 이들과 함께 찬송가를 불렀다. 그러나 죽어가는 그의 얼굴에는 가리어지지 않는 기쁨이 서려 있었다.[67]

베자에 따르면, "그는 죽음에 이를 때까지 거의 모든 시간을 중단 없는 기도를 드리며 보냈다."[68]

> 또한 나는 그가 이렇게 기도하는 소리를 들었다. "오 주님, 당신은 저를 때리고 계십니다. 하지만 저는 그것이 당신의 손인 것으로 충분합니다."…그는 5월 19일까지 그렇게 자신의 앞날을 받아들이면서, 그리고 친구들을 위로하면서 지냈다. 그날은 우리 목회자들이 함께 모여 개인적인 잘못을 스스로 비판하고 우리의 우정의 징표로 함께 식사를 하는 날이었다. 이틀 후에는 오순절과 성찬식이 있을 예정이었다.[69]

칼뱅은 5월 27일에 죽었다. 눈을 감기 전 그는 흐느끼는 제네바의 지도자들을 향해 마지막 격려와 사과와 권면을 했다. 예전에 그의 개혁 작업을 그토록 자주 방해했던 지도자들은 안식에 들어가는 그의 요청을 들어주었다. 자기를 "공동묘지"에 아무런 허식 없이 눈에 띄지

---

67 앞의 책, lxxxv.
68 앞의 책, xciv-xcv.
69 앞의 책, xcv.

않는 무덤에 묻어달라는 것이었다. 언젠가 그는 이렇게 쓴 적이 있었다. "인간의 본성이 가장 열성적으로 구하는 것이 하나 있다면, 그것은 바로 아첨을 받는 것이다."[70]

그의 사망 소식은 제네바 시 전체를 울음바다로 만들었다. 그리고 "호기심이 과도해졌기에," 영국 대사마저 그의 시신에 대한 참배를 허락받지 못했다.[71] 칼뱅은 그가 살았던 대로, 즉 자신이 지닌 결함에도 불구하고 예수 그리스도 안에 있는 하나님의 자비에 대한 확신을 갖고서, 그리고 여러 해 전 제네바가 자신을 이전의 지위로 재소환했을 때 그가 고백했던 진리를 깊이 인식하면서 죽었다. 그때 그는 이렇게 말했다. "하지만 내가 내 자신의 것이 아님을 기억했을 때, 나는 나의 마음을 들어 올려 주님께 제물로 바치기로 했습니다."[72]

---

70 Calvin, *Institutes* 1.1.2.

71 Beza, "Life of Calvin": "그날 밤과 이튿날까지 도시 전역에서 비탄의 소리가 울렸다. 온 나라가 가장 지혜로운 시민을 잃은 것을 아쉬워했다. 교회는 신실한 목자가 떠난 것을 슬퍼했다. 아카데미는 그처럼 위대한 스승을 빼앗긴 것을 탄식했다. 그리고 모든 이들이, 하나님 다음으로, 그동안 모든 이들의 부모와 위로자 역할을 해왔던 이를 잃어버린 것을 애통해했다. 수많은 시민들이 그의 시신을 보고자 했기에 시 당국은 억지로 그들을 시신으로부터 떼어 놓아야 했다. 외국인들 중에서도 그의 시신을 보고 싶어 했던 이들이 있었다. 그들은 그의 말을 듣기 위해 멀리서 온 이들이었는데, 그들 중에는 영국의 여왕과 프랑스의 궁전을 대표하는 저명한 대사가 포함되어 있었다. 처음에 그는 시신을 참배할 허가를 받았다. 하지만 시신에 대한 대중의 호기심이 지나칠 정도가 되어 자칫 큰 재앙이 발생할 가능성이 제기되자, 시 당국은 교회에 주일인 다음날 시신을 아마포에 싸서 입관할 것을 권고했다"(xcvi-xcvii). "그는 플랭프레에 있는 공동묘지에 특별한 허식 없이, 그리고, 그 자신이 부탁했듯, 아무런 비석 없이 묻혔다"(xcvii).

72 Calvin, "To Farel" (Strasbourg, August 1541), in Selected Works of John Calvin, 4:281.

칼뱅이 말하는 그리스도인의 삶

하나님의 주권과 영광

초판 1쇄 인쇄 2016년 3월 7일
초판 1쇄 발행 2016년 3월 14일
개정판 1쇄 인쇄 2023년 2월 16일
개정판 1쇄 발행 2023년 2월 23일

지은이 마이클 호튼
옮긴이 김광남
펴낸이 정선숙

펴낸곳 협동조합 아바서원
등록 제 110-86-15973(2005년 2월 21일)
주소 경기도 고양시 덕양구 삼원로 51 원흥줌하이필드 606호
전화 02-388-7944 **팩스** 02-389-7944
이메일 abbabooks@hanmail.net

ISBN 979-11-90376-66-2 03230